公路工程试验检测人员考试复习指南

（三）《桥梁》《隧道》

黎　霞　主编
李宇峙　主审

人民交通出版社

内 容 提 要

本书根据最新《公路工程试验检测人员考试大纲》编写，以考试大纲要求为主线，对考试要点进行了提炼。《桥梁》科目共分七章，内容包括桥梁工程质量评定、桥梁工程结构试验检测仪器设备、桥梁工程原材料、桥梁工程制品检测、桥梁工程地基及基础试验检测、桥梁构件状况及耐久性检测评定、桥梁荷载试验与承载力评定；《隧道》科目共分九章，内容包括基本知识、超前支护与预加固围岩、开挖、初期支护、防排水、隧道施工监控量测、混凝土衬砌、超前地质预报、隧道环境。同时，每章后配有复习思考题。

本书可供公路工程试验检测考试人员复习备考使用，也可供从事公路工程试验检测的人员在工作中参考。

图书在版编目(CIP)数据

公路工程试验检测人员考试复习指南. 3，桥梁、隧道/黎霞主编. —北京：人民交通出版社，2013.5

ISBN 978-7-114-10591-3

Ⅰ. ①公… Ⅱ. ①黎… Ⅲ. ①道路工程—试验—资格考试—自学参考资料②道路工程—检测—资格考试—自学参考资料③桥梁工程—试验—资格考试—自学参考资料④桥梁工程—检测—资格考试—自学参考资料⑤隧道工程—试验—资格考试—自学参考资料⑥隧道工程—检测—资格考试—自学参考资料 Ⅳ. ①U41

中国版本图书馆 CIP 数据核字(2013)第 088835 号

书　　名：公路工程试验检测人员考试复习指南(三)《桥梁》《隧道》
著 作 者：黎　霞
责任编辑：曲　乐　刘永超
出版发行：人民交通出版社
地　　址：(100011)北京市朝阳区安定门外外馆斜街 3 号
网　　址：http://www.ccpress.com.cn
销售电话：(010)59757973
总 经 销：人民交通出版社发行部
经　　销：各地新华书店
印　　刷：北京盈盛恒通印刷有限公司
开　　本：787 × 1092　1/16
印　　张：22
字　　数：535 千
版　　次：2013 年 5 月　第 1 版
印　　次：2014 年 4 月　第 2 次印刷
书　　号：ISBN 978-7-114-10591-3
定　　价：48.00 元
(有印刷、装订质量问题的图书由本社负责调换)

前　言

高等级公路的飞速发展以及试验检测设备和技术的快速更新，对高等级公路建设和管理水平提出了更高的要求。同时，由于试验检测是工程质量控制与评判的基础，试验检测数据的规范、客观、公正、准确直接关系到工程的质量，公路工程试验检测工作更显重要，对参加试验检测和管理工作的技术人员的要求更高。为了贯彻实施交通运输部《公路水运工程试验检测管理办法》，不断提升试验检测人员检测技术实力和水平，进一步规范试验检测人员的管理，满足公路工程试验检测人员业务考试的需要，特编写本套复习指南。

本套复习指南按《公路水运工程试验检测人员考试大纲》(2013 版)中的科目设置分为三册，第一册为《公共基础》；第二册为《公路》、《材料》；第三册为《桥梁》、《隧道》。

本套复习指南由黎霞教授主编，李宇峙教授主审。其中第一册《公共基础》由长沙理工大学高燕希、黎霞编写。第二册《公路》中第一章、第三章～第五章由长沙理工大学黎霞编写，第二章由长沙理工大学黄云涌编写；《材料》中第一章和第八章由长沙理工大学高燕希、黎霞编写，第二章～第四章、第六章和第七章由长沙理工大学黄云涌编写，第五章由长沙理工大学黎霞编写。第三册《桥梁》中第一章和第二章由长沙理工大学蔡长丰编写，第三章和第四章由长沙理工大学肖常青编写；《隧道》中第一～第五章由长沙理工大学张庆彬编写，第六章～第八章由长沙理工大学肖常青编写。

在编写过程中，参考了有关标准、规范、试验规程、教材和论著等，在此谨向有关编者表示衷心感谢！由于编者水平有限，书中缺陷和不妥之处在所难免，敬请各位专家和同仁提出宝贵意见，以便进一步修改完善。

主　编

2013 年 4 月

目 录

第一篇 桥 梁

第二篇　隧　　道

第一篇 《桥 梁》

第一章　桥梁工程质量检测评定及养护管理检查

复习要点：

1. 制定工程质量检验评定标准的目的和适用范围；工程施工安全风险评估的基本要求。

2. 分项、分部、单位工程的概念及划分方法；养护检查的一般规定。

3. 质量检验评定程序；分项工程质量检验内容；工程质量评分方法；工程质量等级评定；分项工程计分规定；养护检查的要求和内容；养护检查评定的基本要求。

第一节　桥梁工程试验检测的任务和意义

一、背景

1. 工程建设质量保证的需求

在今后一个时期，中国公路建设仍将保持高速发展，而质量是公路建设中永恒的主题。在公路建设中，为了加强公路工程施工质量管理，工程建设实行"政府监督、社会监理和企业自检"的质量保证体系，而各级质量监督部门、建设监理机构以及承担建设施工任务的企业控制质量的主要手段则是，依据国家和交通运输部颁布的有关法规、技术标准、规范和规程的试验检测，以确保监督、监理和自检工作的有效实施。

2. 科学养护管理的需求

随着公路大规模建设的开展，桥梁数量迅速增长，由于使用荷载、环境因素以及结构本身缺陷等的作用，桥梁使用性能衰退、结构安全与耐久性降低，致使桥梁适应性不足，甚至出现安全事故。桥梁性能退化、承载能力不足、适应性不够，已成为世界各国普遍关心的问题，而通过先进、适用、有效的方法对桥梁结构进行合理的试验检测与诊断评定是对在用桥梁进行预防性养护管理，科学维修加固的重要手段。

二、桥梁工程试验检测的任务和意义

(1)对于正在施工中的大跨径悬索桥、斜拉桥、拱桥和连续刚构桥，为使结构达到或接近设计的几何线形和受力状态，施工各阶段需对结构的几何位置和受力状态进行监测，根据测试值对下一阶段控制变量进行预测和制订调整方案，实现对结构的施工控制，而试验检测是施工控制的重要手段。

(2)对于各类常规桥涵，施工前先要通过试验鉴定进场的原材料、成品和半成品部件是否

符合国家质量标准和设计文件的要求，对其做出接收或拒收决定。从桥位放样到每一工序和结构部位的完成，均须通过试验检测判定其是否符合质量标准要求，经检验符合质量标准后方可进行下一工序施工，否则，需采取补救措施或返工。桥涵施工完成后需全面检测并进行质量等级评定，必要时还需进行荷载试验，以对结构整体受力性能是否达到设计文件和标准规范的要求做出评价。

(3)对于新桥型结构、新材料、新工艺，必须通过试验检测鉴定其是否符合国家标准和设计文件的要求，同时为完善设计理论和施工工艺积累实践资料。

(4)试验检测又是评价桥涵工程质量缺陷和鉴定工程事故的手段，通过试验检测为质量缺陷或事故评定提供实测数据，以便准确判别质量缺陷和事故的性质、范围和程度，合理评价事故损失，明确事故责任，从中总结经验教训。

(5)开展桥梁检测、评定与维修加固，是保证桥梁安全、路网畅通的重要措施。

总之，桥梁试验检测是大跨径桥梁施工控制，新桥型结构性能研究，各类桥梁施工质量评定，在用桥梁养护管理工作的重要手段。认真做好桥梁试验检测工作，对推动我国桥梁建设水平，确保桥梁工程施工质量，提高建设投资效益，保障人民生命财产安全，都具有十分重要的意义。

第二节　桥梁工程试验检测的内容和依据

一、桥梁工程试验检测的内容

桥梁工程试验检测的内容随桥涵所处位置、结构形式和所用材料不同而异，应根据所建桥梁的具体情况按有关标准规范选定试验检测项目。一般常规桥梁试验检测的主要内容包括如下方面。

1. 施工准备阶段的试验检测

(1)桥位放样测量；

(2)钢材原材料试验；

(3)钢材连接性能试验；

(4)预应力锚具、夹具和连接器试验；

(5)水泥性能试验；

(6)混凝土粗细集料试验；

(7)混凝土配合比试验；

(8)砌体材料性能试验；

(9)其他成品、半成品试验检测。

2. 施工过程中的试验检测

(1)地基承载力试验检测；

(2)基础位置、尺寸和高程检测；

(3)钢筋位置、尺寸和高程检测；

(4)钢筋加工检测；

(5)混凝土强度抽样试验；

(6)砂浆强度抽样试验;

(7)桩基检测;

(8)墩、台位置、尺寸和高程检测;

(9)上部结构(构件)位置、尺寸检测;

(10)预制构件张拉、运输和安装强度控制试验;

(11)预应力张拉控制检测;

(12)桥梁上部结构高程、变形、内力(应力、应变)监测;

(13)支架内力、变形和稳定性监测;

(14)钢结构连接加工检测。

3. *施工完成后的试验检测*

(1)桥梁总体检测;

(2)桥梁荷载试验;

(3)桥梁使用性能监测。

4. *在用桥梁试验检测*

(1)桥梁几何形态参数测量;

(2)桥梁结构荷载变异情况调查;

(3)桥梁结构构件材质强度检测与评定;

(4)混凝土中钢筋锈蚀电位的检测与评定;

(5)混凝土中氯离子含量的测定与评判;

(6)混凝土中钢筋分布及保护层厚度的检测与评定;

(7)混凝土碳化深度的检测与评定;

(8)混凝土电阻率的检测与评定;

(9)混凝土中内部缺陷和表层损伤的超声波检测;

(10)桥梁结构固有模态参数的检测;

(11)索结构索力的测量;

(12)桥梁墩台与基础变位情况调查;

(13)地基与基础的检测。

二、桥梁工程试验检测的依据

公路桥梁工程试验检测应以国家和交通运输部颁布的有关公路工程的法规、技术标准、设计施工规范和材料试验规程为依据进行,对于某些新结构及采用新材料和新工艺的桥梁,有关的公路工程规范、规程暂无相关条款规定时,可以借鉴国外或国内其他行业相关规范、规程的有关规定。

我国结构工程的标准和规范分为四个层次。

第一个层次:综合基础标准,如《工程结构可靠性设计统一标准》(GB 50153—2008),是指导制定专业基础标准的国家统一标准。

第二个层次:专业基础标准,如《公路工程技术标准》(JTG B01—2003)、《公路工程结构可靠度设计统一标准》(GB/T 50283—1999),是指导专业通用标准和专业专用标准的行业统一标准。

第三个层次:专业通用标准。

第四个层次:专业专用标准。

公路工程标准体系包括:综合、基础、勘测、设计、检测、施工、监理、养护与管理八大类。

公路桥梁工程设计、施工和试验检测主要涉及的规范、规程、标准如下:

(1)《公路勘测规范》(JTG C10—2007);

(2)《公路工程水文勘测设计规范》(JTG C30—2002);

(3)《公路桥涵设计通用规范》(JTG D60—2004);

(4)《公路圬工桥涵设计规范》(JTG D61—2005);

(5)《公路钢筋混凝土及预应力混凝土桥涵设计规范》(JTG D62—2004);

(6)《公路桥涵地基与基础设计规范》(JTG D63—2007);

(7)《公路桥涵钢结构及木结构设计规范》(JTJ 025—86);

(8)《公路桥涵施工技术规范》(JTG/T F50—2011);

(9)《公路工程质量检验评定标准》(JTG/T F80/1—2004);

(10)《公路工程岩石试验规程》(JTG/T E41—2005);

(11)《公路桥涵养护规范》(JTG H11—2004);

(12)《公路桥梁技术状况评定标准》(JTG/T H21—2011);

(13)《公路桥梁承载能力检测评定规程》(JTG/T J21—2011);

(14)《普通混凝土力学性能试验方法标准》(GB/T 50081—2002);

(15)《公路工程基桩动测技术规程》(JTG/T F81-01—2004);

(16)《回弹法检测混凝土抗压强度技术规程》(JGJ/T 23—2011);

(17)《钻芯法检测混凝土强度技术规程》(CECS 03:2007);

(18)《超声回弹综合法检测混凝土强度技术规程》(CECS 02:2005);

(19)《公路斜拉桥设计细则》(JTG/T D65-01—2007);

(20)《公路桥梁抗风设计规范》(JTG/T D60-01—2004);

(21)《公路桥梁板式橡胶支座》(JT/T 4—2004);

(22)《公路桥梁盆式支座》(JT/T 391—2009);

(23)《桥梁球型支座》(GB/T 17955—2009);

(24)《公路桥梁伸缩装置》(JT/T 327—2004);

(25)《公路桥梁波形伸缩装置》(JT/T 502—2004);

(26)《预应力混凝土用钢绞线》(GB/T 5224—2003);

(27)《预应力混凝土用钢丝》(GB/T 5223—2002);

(28)《预应力用锚具、夹具和连接器》(GB/T 14370—2007);

(29)《金属材料室温拉伸试验方法》(GB/T 228—2002);

(30)《金属材料线材反复弯曲试验方法》(GB/T 238—2002);

(31)《钢筋混凝土用钢第 2 部分:热轧带肋钢筋》(GB 1499.2—2007);

(32)《钢筋混凝土用钢第 1 部分:热轧光圆钢筋》(GB 1499.1—2008);

(33)《金属材料弯曲试验方法》(GB/T 232—1999);

(34)《预应力混凝土用钢棒》(GB/T 5223.3—2005);

(35)《金属应力松弛试验方法》(GB/T 10120—1996);

(36)《预应力混凝土用螺纹钢筋》(GB/T 20065—2006);

(37)《金属材料夏比摆锤冲击试验方法》(GB/T 229—2007);

(38)《低合金高强度结构钢》(GB/T 1591—2008);

(39)《桥梁用结构钢》(GB/T 714—2008);

(40)《钢筋焊接及验收规程》(JGJ 18—2003);

(41)《钢筋焊接接头试验方法标准》(JGJ/T 27—2001);

(42)《钢筋机械连接通用技术规程》(JGJ 107—2003);

(43)《预应力混凝土桥梁用塑料波纹管》(JT/T 529—2004);

(44)《预应力混凝土用金属波纹管》(JG 225—2007)。

(45)《超声法检测混凝土缺陷技术规程》(CECS 21:2000)

第三节　桥梁工程质量检验评定

一、制定工程质量检测评定标准的目的和适用范围

1. 目的

为了加强公路工程质量管理,统一公路工程质量检验标准和评定标准,保证工程质量,制定该标准。

2. 适用范围

公路工程质量检验评定标准适用于四级及四级以上公路新建、改建工程的质量检验评定,其环保、机电工程部分按相应具体规定执行。

公路工程质量检验评定标准适用于公路工程施工单位、工程监理单位、建设单位、质量检测机构和质量监督部门对公路工程质量的管理、监控和检验评定。

对特大桥梁、特长隧道、特殊地区,或采用新材料、新结构、新工艺的工程,在本标准中缺乏适宜的技术规定时,在确保工程质量的前提下,可参照相关标准或按照实际情况制定相应的技术标准,并按规定报主管部门批准。

二、工程质量等级评定单元的划分

《公路工程质量检验评定标准(土建工程)》(JTG F80/1—2004)(以下简称《评定标准》)根据建设任务、施工管理和质量检验评定的需要,应在施工准备阶段按《评定标准》附录A将建设项目划分为单位工程、分部工程和分项工程。施工单位、工程监理单位和建设单位应按相同的工程项目划分进行工程质量的监控和管理。

单位工程:在建设项目中,根据签订的合同,具有独立施工条件的工程。如桥梁工程(特大、大、中桥)、互通式立交工程等。

分部工程:在单位工程中,应按结构部位、路段长度及施工特点或施工任务划分为若干个分部工程。如桥梁工程(特大、大、中桥)可划分为基础及下部构造、上部构造预制和安装等。

分项工程:在分部工程中,应按不同的施工方法、材料、工序及路段长度等划分为若干个分

项工程。

桥梁工程质量等级评定单元划分的规定见表1-1-1和表1-1-2。其中小桥和涵洞被划分为路基单位工程中的分部工程。

一般建设项目的工程划分　　表1-1-1

单位工程	分部工程	分项工程
路基工程	小桥及符合小桥标准的通道*，人行天桥，渡槽(每座)	基础及下部构造*，上部构造预制、安装或浇筑*，桥面*，栏杆，人行道等
	涵洞、通道(1~3km路段)	基础及下部构造*，主要构件预制、安装或浇筑*，填土，总体等
桥梁工程(特大、大中桥)	基础及下部构造*(每桥或每墩、台)	扩大基础，桩基*，地下连续墙*，承台，沉井*，桩的制作*，钢筋加工及安装，墩台身(砌体)浇筑*，墩台身安装，墩台帽*，组合桥台*，台背填土，支座垫石和挡块等
	上部构造预制和安装*	主要构件预制*，其他构件预制，钢筋加工及安装，预应力筋的加工和张拉*，梁板安装，悬臂拼装*，顶推施工梁*，拱圈节段预制，拱的安装，转体施工拱*，劲性骨架拱肋安装*，钢管拱肋制作*，钢管拱肋安装*，吊杆制作和安装*，钢梁制作*，钢梁安装，钢梁防护*等
	上部构造现场浇筑*	钢筋加工及安装，预应力筋的加工和张拉*，主要构件浇筑*，其他构件浇筑，悬臂浇筑*，劲性骨架混凝土*，钢管混凝土拱*等
	总体、桥面系和附属工程	桥梁总体*，桥面防水层施工，桥面铺装*，钢桥面铺装*，支座安装，搭板，伸缩缝安装，大型伸缩缝安装*，栏杆安装，混凝土护栏，人行道铺设，灯柱安装等
	防护工程	护坡，护岸*，导流工程*，石笼防护，砌石工程等
	引道工程	路基*，路面*，挡土墙*，小桥*，涵洞*，护栏等
互通立交工程	桥梁工程*(每座)	桥梁总体，基础及下部构造*，上部构造预制、安装或浇筑*，支座安装，支座垫石，桥面铺装*，护栏，人行道等
	主线路基路面工程*(1~3km路段)	见路基、路面等分项工程
	匝道工程(每条)	路基*，路面*，通道*，护坡，挡土墙*，护栏等
交通安全设施(每20km或每路段标段)	标志*(5~10km路段)	标志*
	标线、突起路标(5~10km路段)	标线*，突起路标等
	护栏*、轮廓标(5~10km)	波形梁护栏*，缆索护栏*，混凝土护栏*，轮廓标等
	防眩设施(5~10km路段)	防眩板、网等
	隔离栅、防落网(5~10km路段)	隔离栅、防落网等

注：①表内标注*号者为主要工程，评分时给以2的权值；不带*号者为一般工程，权值为1。

②按路段长度划分的分部工程，高速公路、一级公路宜取低值，二级及二级以下公路可取高值。

③斜拉桥和悬索桥可参照表1-1-2进行划分。

特大斜拉桥和悬索桥为主体建设项目的工程划分　　表 1-1-2

单位工程	分部工程	分项工程
塔及辅助、过渡墩（每座）	塔基础*	钢筋加工及安装，扩大基础，桩基*，地下连续墙*，沉井*等
	塔承台*	钢筋加工及安装，双壁钢围堰*，封底，承台浇筑*等
	索塔*	索塔*
	辅助墩	钢筋加工，基础，墩台身浇（砌）筑，墩台身安装，墩台帽，盖梁等
	过渡墩	
锚碇	锚碇基础*	钢筋加工及安装，扩大基础，桩基*，地下连续墙*，沉井*，大体积混凝土构件*等
	锚体*	锚固体系制作*，锚固体系安装*，锚碇块体，预应力锚索的张拉与压浆*等
上部结构制作与防护（钢结构）	斜拉索*	斜拉索制作与防护*
	主缆（索股）*	索股和锚头的制作与防护*
	索鞍*	主索鞍和散索鞍制作与防护*
	索夹	索夹制作与防护
	吊索	吊索和锚头制作与防护*等
	加劲梁*	加劲梁段制作*，加劲梁防护等
上部结构浇筑与安装	悬浇*	梁段浇筑*
	安装*	加劲梁安装*，索鞍安装*，主缆架设*，索夹和吊索安装*等
	工地防护*	工地防护*
	桥面系及附属工程	桥面防水层的施工，桥面铺装，钢桥面板上防水黏结层的洒布，钢桥面板上沥青混凝土铺装*，支座安装*，抗风支座安装，伸缩缝安装，人行道铺设，栏杆安装，防撞护栏等
	桥梁总体	桥梁总体*
引桥		（参见表 1-1-1“桥梁工程”）
互通立交工程		（参见表 1-1-1“互通立交工程”）
交通安全设施		（参见表 1-1-1“交通安全设施”）

注：表内标注*号者为主要工程，评分时给以 2 的权值；不带*号者为一般工程，权值为 1。

施工单位应对各分项工程按《评定标准》所列基本要求、实测项目和外观鉴定进行自检，按《评定标准》附录 J 中“分项工程质量检验评定表”及相关施工技术规范提交真实、完整的自检资料，对工程质量进行自我评定。

工程监理单位应按规定要求对工程质量进行独立抽检，对施工单位检评资料进行签认，对工程质量进行评定。

建设单位根据对工程质量的检查及平时掌握的情况，对工程监理单位所做的工程质量评分及等级进行审定。

质量监督部门、质量检测机构可依据《评定标准》对公路工程质量进行检测、鉴定。

三、工程质量评分

1. 分项工程质量评分

工程质量检验评分以分项工程为单元，采用100分制进行。在分项工程评分的基础上，逐级计算各相应分部工程、单位工程、合同段和建设项目评分值。

分项工程质量检验内容包括基本要求、实测项目、外观鉴定和质量保证资料四个部分。只有在其使用的原材料、半成品、成品及施工工艺符合基本要求的规定，且无严重外观缺陷和质量保证资料真实并基本齐全时，才能对分项工程质量进行检验评定。

涉及结构安全和使用功能的重要实测项目为关键项目（在文中以"△"标识），其合格率不得低于90%（属于工厂加工制造的交通工程安全设施及桥梁金属构件不低于95%，机电工程为100%），且检测值不得超过规定极值，否则必须进行返工处理。

实测项目的规定极值是指任一单个检测值都不能突破的极限值，不符合要求时该实测项目为不合格。

分项工程的评分值满分为100分，按实测项目采用加权平均法计算。存在外观缺陷或资料不全时，须予减分。

$$\text{分项工程得分}=\frac{\Sigma[\text{检查项目得分}\times\text{权值}]}{\Sigma\ \text{检查项目权值}}$$

$$\text{分项工程评分值}=\text{分项工程得分}-\text{外观缺陷减分}-\text{资料不全减分}$$

（1）基本要求检查

分项工程所列基本要求，对施工质量优劣具有关键作用，应按基本要求对工程进行认真检查。经检查不符合基本要求规定时，不得进行工程质量的检验和评定。

（2）实测项目计分

对规定检查项目采用现场抽样方法，按照规定频率和下列计分方法对分项工程的施工质量直接进行检测计分。

检查项目除按数理统计方法评定的项目以外，均应按单点（组）测定值是否符合标准要求进行评定，并按合格率计分。

$$\text{检查项目合格率}(\%)=\frac{\text{检查合格的点（组）数}}{\text{该检查项目的全部检查点（组）数}\times 100\%}$$

$$\text{检查项目得分}=\text{检查项目合格率}\times 100$$

（3）外观缺陷减分

对工程外表状况应逐项进行全面检查，如发现外观缺陷，应进行减分。对于较严重的外观缺陷，施工单位须采取措施进行整修处理。

（4）资料不全减分

分项工程的施工资料和图表残缺，缺乏最基本的数据，或有伪造涂改者，不予检验和评定。资料不全者应予减分，减分幅度可按《评定标准》3.2.4条所列各款逐款检查，视资料不全情况，每款减1～3分。

2. 分部工程和单位工程质量评分

表1-1-1所列分项工程和分部工程区分为一般工程和主要（主体）工程，分别给以1和2的权值。进行分部工程和单位工程评分时，采用加权平均值计算法确定相应的评分值。

$$分部(单位)工程评分值=\frac{\Sigma[分项(分部)工程评分值\times相应权值]}{\Sigma分项(分部)工程权值}$$

3. 合同段和建设项目工程质量评分

合同段和建设项目工程质量评分值按《公路工程竣(交)工验收办法》计算。

4. 质量保证资料

施工单位应有完整的施工原始记录、试验数据、分项工程自查数据等质量保证资料,并进行整理分析,负责提交齐全、真实和系统的施工资料和图表。工程监理单位负责提交齐全、真实和系统的监理资料。质量保证资料应包括以下六个方面:

(1)所用原材料、半成品和成品质量检验结果。

(2)材料配比、拌和加工控制检验和试验数据。

(3)地基处理、隐蔽工程施工记录和大桥、隧道施工监控资料。

(4)各项质量控制指标的试验记录和质量检验汇总图表。

(5)施工过程中遇到的非正常情况记录及其对工程质量影响分析。

(6)施工过程中如发生质量事故,经处理补救后,达到设计要求的认可证明文件等。

四、工程质量等级评定

1. 分项工程质量等级评定

分项工程评分值不小于75分者为合格,小于75分者为不合格;机电工程、属于工厂加工制造的桥梁金属构件不小于90分者为合格,小于90分者为不合格。

评定为不合格的分项工程,经加固、补强或返工、调测,满足设计要求后,可以重新评定其质量等级,但计算分部工程评分值时按其复评分值的90%计算。

2. 分部工程质量等级评定

所属各分项工程全部合格,则该分部工程评为合格;所属任一分项工程不合格,则该分部工程为不合格。

3. 单位工程质量等级评定

所属各分部工程全部合格,则该单位工程评为合格;所属任一分部工程不合格,则该单位工程为不合格。

4. 合同段和建设项目质量等级评定

合同段和建设项目所含单位工程全部合格,其工程质量等级为合格:所属任一单位工程不合格,则合同段和建设项目为不合格。

第四节　工程施工安全风险评估的基本要求

一、目的与适用范围

(1)公路桥梁工程施工环境条件复杂,施工组织实施困难,作业安全风险居高不下,一直以来是行业安全监管的重点环节。在施工阶段建立安全风险评估制度符合国际通行做法。在工程实施前，开展定性或定量的施工安全风险估测，能够增强安全风险意识，改进施工措施，规范预案预警预控管理，有效降低施工风险，严防重特大事故发生。这项工作也是公路桥梁工程设计风险评估结果在施工阶段的落实和深化。

(2)列入国家和地方基本建设计划的新建、改建、扩建以及拆除、加固等高等级公路桥梁工程项目，在施工阶段应按要求进行施工安全风险评估。

二、评估范围

公路桥梁工程施工安全风险评估范围，可由各地根据工程建设条件、技术复杂程度和施工管理模式，以及当地工程建设经验，并参考以下标准确定。

(1)多跨或跨径大于40m的石拱桥，跨径大于或等于150m的钢筋混凝土拱桥，跨径大于或等于350m的钢箱拱桥，钢桁架、钢管混凝土拱桥。

(2)跨径大于或等于140m的梁式桥，跨径大于400m的斜拉桥，跨径大于1 000m的悬索桥。

(3)墩高或净空大于100m的桥梁工程。

(4)采用新材料、新结构、新工艺、新技术的特大桥、大桥工程。

(5)特殊桥型或特殊结构桥梁的拆除或加固工程。

(6)施工环境复杂、施工工艺复杂的其他桥梁工程。

三、评估方法

(1)公路桥梁施工安全风险评估分为总体风险评估和专项风险评估。

①总体风险评估。桥梁工程开工前，根据桥梁工程的地质环境条件、建设规模、结构特点等孕险环境与致险因子，估测桥梁工程施工期间的整体安全风险大小，确定其静态条件下的安全风险等级。

②专项风险评估。当桥梁工程总体风险评估等级达到Ⅲ级(高度风险)及以上时，将其中高风险的施工作业活动(或施工区段)作为评估对象，根据其作业风险特点以及类似工程事故情况，进行风险源普查，并针对其中的重大风险源进行量化估测，提出相应的风险控制措施。

(2)评估方法应根据被评估项目的工程特点，选择相应的定性或定量的风险评估方法。

具体评估方法的选择，可参照《公路桥梁和隧道工程施工安全风险评估指南(试行)》(2011年5月)。

四、评估步骤

公路桥梁工程施工安全风险评估工作包括制订评估计划、选择评估方法、开展风险分析、进行风险估测、确定风险等级、提出措施建议、编制评估报告等方面。评估步骤一般为：

(1)开展总体风险评估。根据设计阶段风险评估结果(若有)，以及类似结构工程安全事故情况，用定性与定量相结合的方法初步分析本项目孕险环境与致险因子，估测施工中发生重大事故的可能性，确定项目总体风险等级。

(2)确定专项风险评估范围。总体风险评估等级达到Ⅲ级(高度风险)及以上桥梁工程，

应进行专项风险评估。其他风险等级的桥梁或隧道工程可视情况开展专项风险评估。

(3)开展专项风险评估。通过对施工作业活动(施工区段)中的风险源普查,在分析物的不安全状态、人的不安全行为的基础上,确定重大风险源和一般风险源。宜采用指标体系法等定量评估方法,对重大风险源发生事故的概率及损失进行分析,评估其发生重大事故的可能性与严重程度,对照相关风险等级标准,确定专项风险等级。

(4)确定风险控制措施。根据风险接受准则的相关规定,对专项风险等级在Ⅲ级(高度风险)及以上的施工作业活动(施工区段),应明确重大风险源的监测、控制、预警措施以及应急预案。其他风险等级的桥梁、隧道工程可根据工程实际情况,按照成本效益原则确定相应的风险控制措施。

五、评估组织与评估报告

(1)公路桥梁工程施工安全风险评估工作原则上由项目施工单位具体负责。当被评估项目含多个合同段时,总体风险评估应由建设单位牵头组织,专项风险评估工作仍由合同施工单位具体实施。

当施工单位的施工经验或能力不足时,可委托行业内安全评估机构承担相关风险评估工作。

(2)评估工作负责人应当具有5年以上的工程管理经验,并有参与类似工程施工的经历。

(3)风险评估工作应形成评估报告。评估报告应反映风险评估过程的主要工作。报告内容应包括评估依据、工程概况、评估方法、评估步骤、评估内容、评估结论及对策建议等。评估结论应当明确风险等级,可能发生事故的关键部位、区域或节点,事故可能性等级,规避或者降低风险的建议措施等内容。

六、实施要求

(1)施工单位应根据风险评估结论,完善施工组织设计和危险性较大工程专项施工方案,制订相应的专项应急预案,对项目施工过程实施预警预控。专项风险等级在Ⅲ级(高度风险)及以上的施工作业活动(施工区段)的风险控制,还应符合下列规定:

①重大风险源的监控与防治措施、应急预案经施工企业技术负责人和项目总监理工程师审批后,由建设单位组织论证或复评估。

②施工单位应建立重大风险源的监测及验收、日常巡查、定期报告等工作制度,并组织实施。

③施工项目经理或技术负责人在工程施工前应对施工人员进行安全技术教育与交底;施工现场应设立相应的危险告知牌。

④适时组织对典型重大风险源的应急救援演练。

⑤当专项风险等级为Ⅳ级(极高风险)且无法降低时,必须提高现场防护标准,落实应急处置措施,视情况开展第三方施工监测;未采取有效措施的,不得施工。

(2)监理单位在审查工程施工组织设计文件、危险性较大工程专项施工方案、应急预案时,应同时审查施工安全风险评估报告;无风险评估报告,不得签发开工令。

工程开工后,监理单位应督查施工单位安全风险控制措施的落实情况,并予以记录。对施工中存在的重大隐患应及时指出并督促整改,对施工单位拒不整改的,应及时向建设单位及公路工程安全生产监督管理部门报告。

(3)风险评估报告经监理单位审核后应向建设单位报备。建设单位应对极高风险(Ⅳ级)的施工作业，组织专家或安全评估机构进行论证或复评估，提出降低风险的措施建议；当风险无法降低时，应及时调整设计、施工方案，并向公路工程安全生产监督管理部门备案。

(4)各级交通运输主管部门在履行施工安全监督检查职责时，应将施工安全风险评估实施情况纳入检查范围。对极高风险(Ⅳ级)的施工作业应切实加强重点督查。

(5)公路桥梁工程施工安全风险评估应遵循动态管理的原则，当工程设计方案、施工方案、工程地质、水文地质、施工队伍等发生重大变化时，应重新进行风险评估。

(6)施工安全风险评估工作费用应在项目安全生产费用中列支。

第五节　桥梁养护检查与评定

一、桥梁养护检查的一般规定

桥梁检查分为经常检查、定期检查和特殊检查。

(1)经常检查：主要指对桥面设施、上部结构、下部结构及附属构造物的技术状况进行的检查。

(2)定期检查：为评定桥梁使用功能，制定管理养护计划提供基本数据，对桥梁主体结构及其附属构造物的技术状况进行的全面检查，它为桥梁养护管理系统搜集结构技术状态的动态数据。

(3)特殊检查：它是查清桥梁的病害原因、破损程度、承载能力、抗灾能力，确定桥梁技术状况的工作。

特殊检查分为专门检查和应急检查。

①专门检查：根据经常检查和定期检查的结果，对需要进一步判明损坏原因、缺损程度或使用能力的桥梁，针对病害进行专门的现场试验检测、验算与分析等鉴定工作。

②应急检查：当桥梁受到灾害性损伤后，为了查明破损状况，采取应急措施，组织恢复交通，对结构进行的详细检查和鉴定工作。

二、经常检查

(1)经常检查的周期一般每月不得少于一次，汛期应加强不定期检查。

(2)经常检查主要采用目测法，也可配以简单工具进行测量。

(3)经常检查内容包括：

①外观是否整洁，有无杂物堆积，杂草蔓生。构件表面的涂装层是否完好，有无损伤、老化变色、开裂、起皮、剥落、锈迹等。

②桥面铺装是否平整，有无裂缝、局部坑槽、积水等；混凝土桥面是否有剥离、渗漏，钢筋是否露筋、锈蚀，缝料是否老化、损坏，桥头有无跳车。

③排水设施是否良好，桥面泄水管是否堵塞和破损。

④伸缩缝是否堵塞卡死，连接部件有无松动、脱落、局部破损。

⑤人行道、缘石、栏杆、扶手、防撞护栏和引道护栏有无撞坏、断裂、松动、错位、缺件、剥落、锈蚀等。

⑥观察桥梁结构有无异常变形，异常的竖向振动、横向摆动等情况，然后检查各部件的技术状况，查找异常原因。

⑦支座是否有明显缺陷，活动支座是否灵活，位移量是否正常。支座的经常检查一般可以每季度一次。

⑧桥位区段河床冲淤变化情况。

⑨基础是否受到冲刷损坏、外露、悬空、下沉，墩台及基础是否受到生物腐蚀。

⑩墩台是否受到船只或漂流物撞击而受损。

⑪翼墙（侧墙、耳墙）有无开裂、倾斜、滑移、沉降、分化剥落和异常变形。

⑫锥坡、护坡、调治构造物有无塌陷、铺砌面有无缺损、勾缝脱落、灌木杂草丛生。

⑬交通信号、标志、标线、照明设施以及桥梁其他附属设施是否完好。

⑭其他显而易见的损坏或病害。

三、定期检查

（1）定期检查的时间要求：

①定期检查周期根据技术状况确定，最长不得超过三年。新建桥梁交付使用一年后，进行第一次全面检查。临时桥梁每年检查不少于一次。

②在经常检查中发现重要部（构）件的缺损明显达到三、四、五类技术状况时，应立即安排一次定期检查。

（2）定期检查以目测观察结合仪器观测进行，必须接近各部件仔细检查其缺损情况。定期检查的主要内容：

①现场校核桥梁基本数据（桥梁基本状况卡片）。

②当场填写“桥梁定期检查记录表”，记录各部件缺损状况并做出技术状况评分。

③实地判断缺损原因，确定维修范围及方式。

④对难以判断损坏原因和程度的部件，提出特殊检查（专门检查）的要求。

⑤对损坏严重、危及安全运行的危桥，提出限制交通或改建的建议。

⑥根据桥梁的技术状况，确定下次检查时间。

（3）特大型、大型桥梁的控制检测。

①设立永久性观测点，定期进行控制检测。

②新建桥梁交付使用前，公路管理机构应事先要求桥梁建设单位在竣工时设置便于检测的永久性观测点。大桥、特大桥必须设置永久性观测点。测点的编号、位置（距离、高程和地物特征）和竣工测量资料，均应在竣工图中标明，作为验收文件中必要的竣工资料予以归档。

③应设而没有设置永久性观测点的桥梁，应在定期检查时按规定补设。

④桥梁主体结构维修、加固或改建前后，必须进行控制测量，以保持观测资料的连续性。若控制点有变动，应及时检测，建立基准数据。

⑤桥梁永久性观测点的设置要牢固可靠。

⑥特大、大、中桥墩（台）旁，必要时可设置水尺或标志，以观测水位和冲刷情况。

（4）桥面系构造的检查。

（5）钢筋混凝土和预应力混凝土梁桥的检查。

（6）拱桥的检查。

（7）钢桥的检查。

（8）通道、跨线桥与高架桥的检查。

（9）悬索桥和斜拉桥的检查。

检测索体振动频率、索力有无异常变化，索体振动频率观测应在多种典型气候下进行。观测周期不超过6年。

（10）支座的检查。

（11）墩台及基础的检查。

（12）调治构造物检查。

（13）桥梁检查中发现的各种缺陷均应在现场用油漆等将其范围及日期标记清楚。发现三类以上桥梁及有严重缺损和难以判明损坏原因和程度的桥梁，应作影像记录，并附病害状况说明。

四、特殊检查

（1）特殊检查应委托有相应资质和能力的单位承担。

（2）下列情况应作特殊检查：

①定期检查中难以判明损坏原因及程度的桥梁。

②桥梁技术状况为四、五类者。

③拟通过加固手段提高荷载等级的桥梁。

④条件许可时，特殊重要的桥梁在正常使用期间可周期性进行荷载试验。

桥梁遭受洪水、流冰、滑坡、地震、风灾、漂流物或船舶撞击，应超重车辆通过或其他异常情况影响造成损害时，应进行应急检查。

（3）桥梁特殊检查应根据需要对以下三个方面问题做出鉴定：

①桥梁结构材料缺损状况。包括对材料物理、化学性能退化程度及原因的测试鉴定；结构或构件开裂状态的检测及评定。

②桥梁结构承载能力。包括对结构强度、稳定性和刚度的检算、试验和鉴定。

③桥梁防灾能力。包括桥梁抵抗洪水、流冰、风、地震及其地质灾害等能力的检测鉴定。

五、桥梁评定

桥梁评定一般分一般评定和适应性评定。

（1）一般评定是依据桥梁定期检查资料，通过对桥梁各部件技术状况的综合评定，确定桥梁的技术状况等级，提出各类桥梁的养护措施。

（2）桥梁适应性评定包括：依据桥梁定期及特殊检查资料，结合试验与结构受力分析，评定桥梁的实际承载能力、通行能力、抗洪能力，提出桥梁养护、改造方案。

一般评定由负责定期检查者进行，适应性评定应委托有相应资质及能力的单位进行。

1)一般评定

全桥总体技术状况等级评定,宜采用考虑桥梁各部件权重的综合评定方法。亦可按重要部件最差的缺陷状况评定,或对照桥梁技术状况评定标准(《公路桥涵养护规范》(JTG H11—2004)表1-3-5、1-2-3)进行评定。

(1)根据缺损程度(大小、多少或轻重)、缺损对结构使用功能的影响程度(无、小、大)和缺损发展变化状况(趋向稳定、发展缓慢、发展较快)等三个方面,以累加评分方法对各部件缺损状况做出等级评定。评分方法见《公路桥涵养护规范》(JTG H11—2004)表1-3-5、1-2-1。

(2)重要部件(如墩台与基础、上部承重构件、支座)以其中缺损最严重的构件评分;其他部件,根据多数构件缺损状况评分。

(3)推荐的各部件权重见《公路桥涵养护规范》(JTG H11—2004)表1-3-5、1-2-2。各地区也可根据本地区的环境条件和养护要求,采用专家评估法修订各部件的权重。

(4)桥梁技术状况评定等级分为一类、二类、三类、四类、五类。桥梁总体及部件技术状况评定标准见表《公路桥涵养护规范》(JTG H11—2004)表1-3-5、1-2-3。

2)桥梁适应性评定

对桥梁的承载能力、通行能力、抗洪能力应周期性进行评定。评定周期一般为3~6年。评定工作可与桥梁的定期检查、特殊检查结合进行。

承载能力、通行能力的评定一般采用现行荷载标准及交通量,也可考虑使用期预测交通量。

3)养护对策

(1)对一般评定划分的各类桥梁,分别采取不同的养护措施:

一类桥梁进行正常保养;二类桥梁需进行小修;三类桥梁需进行中修,酌情进行交通管制;四类桥梁需进行大修或改造,及时进行交通管制,如限载、限速通过,当缺损较严重应关闭交通;五类桥梁需要进行改建或重建,及时关闭交通。

(2)对适应性不能满足的桥梁,应采取提高承载力、加宽、加长、基础防护等改造措施。

复习思考题

一、单项选择题 (四个备选项中只有一个正确答案)

1. 公路工程质量检验和等级评定的依据是(　)

A. 公路工程技术标准　　B. 公路工程质量检验评定标准

C. 公路桥梁养护规范　　D. 公路桥涵设计通用规范

2. 分项工程评分值小于75分者为不合格;机电工程、属于工厂加工制造的桥梁金属构件不小于(　)分者为合格。

A. 60　　B. 90　　C. 75　　D. 85

3. 桥梁单孔跨径为16m,则该桥属于(　)。

A. 大桥　　B. 中桥　　C. 小桥　　D. 涵洞

4. 公路分项工程质量等级评定,评分小于(　)分者为不合格。

A. 60　　B. 70　　C. 75　　D. 85

5. 公路桥梁分类按多孔跨径总长和单孔跨径分为四类，其中大桥之单孔跨径 L_0 为（　）。

A. $L_0>150$　　B. $40\leqslant L_0<150$

C. $20\leqslant L_0<40$　　D. $L_0>200$

二、判断题

（正确的事实在后面括号中打"√"，错误的事实在后面括号中打"×"）

1. 公路工程质量评定等级分为合格与不合格。（　）
2. 每座中桥可划分为一个单位工程。（　）
3. 经检查评为不合格的分项工程，允许进行加、返工；当满足设计要求后，可重新评定其质量等级。（　）

三、多选题

（每道题目抽列出的备选项中，有两个或两个以正确答案，选项全部正确得满分，选项部分正确按比例得分，出现错误选项该题不得分）

1. 分项工程质量检验内容包括（　）。

A. 基本要求　　B. 外观鉴定

C. 质量保证资料　　D. 实测项目

2. 实测项目检测评分常采用如下哪些方法？（　）

A. 数理统计法　　B. 合格率法

C. 专家评分法　　D. 监理人员评分法

3. 一般常规试验检测的主要内容包括（　）。

A. 施工准备阶段的检测　　B. 施工过程中的检测

C. 施工完成后的检测　　D. 在用桥梁试验检测

四、问答题

1. 分项工程质量检验的内容和评分的方法是什么？
2. 质量保证资料有哪些要求？
3. 简述桥涵工程试验检测的依据。
4. 简述桥涵工程质量检验评定的依据。
5. 简述桥涵工程试验检测的任务。

第二章　桥梁工程结构试验检测仪器设备

复习要点：

1. 桥梁试验检测需要使用的各种专业仪器设备及相关原理和使用知识。

2. 构件应变测试仪器设备（引伸仪、电阻应变片及传感器、静态电阻应变仪及数据采集装置、动态电阻应变仪及数据采集装置、振动弦式应力计及数据采集装置）技术指标和使用方法。变形测量用机械仪表类（千分表、百分表、挠度计）、连通管、光学类仪器设备（水准仪、全站仪）技术指标和使用方法；裂缝及缺陷检测仪器设备（刻度放大镜、裂缝图像处理装置、超声波检测仪）技术指标和使用方法；结构振动测试仪器设备（测振传感器、放大器、数据记录与分析系统）技术指标和使用方法。

3. 构件应变测试、变形测量、裂缝及缺陷检测、混凝土质量检测、结构振动测试等仪器设备的适当选用和正确使用。

第一节　仪器性能的基本技术指标

对仪器基本技术指标的了解是正确选用仪器的基础，常用仪器性能一般有下列几项基本技术指标。

1. 测量精度

测量精度系指仪器所具有的可读数能力（最小分辨率）。如千分表的精度为0.001mm。

2. 量程

量程是仪器的最大测量范围（在动态测试中称作动态范围）。如千分表的量程是1mm。

3. 灵敏度

被测物理量的单位变化引起的仪器读数值（输出与输入的比值）叫做灵敏度，数值上它与精度互为倒数。灵敏度的量纲是输出量、输入量的量纲之比。

4. 信噪比（S/N）

仪器测得的信号（signal）与同时测得的噪声（noise）的比值，称作信噪比。信噪比越大，测量效果越好。

5. 稳定性

仪器稳定性指仪器较长时间使用或受环境条件干扰影响时，其指示值的稳定程度。

6. 误差

试验离不开对物理量的测量，测量有直接的，也有间接的。

（1）绝对误差

仪器指示值与被测真值之差称为仪器的绝对误差，它反映一个测量结果的可靠程度。

(2)相对误差

相对误差是一种误差的表示方法，它是绝对误差与测量或多次测量的平均值的比值。

7. 试验仪器标定和校准

试验仪器设备的出厂必须经过国家认可的计量部门论证或检测标定，并出具仪器性能指标说明。具体在使用过程中还需要定期（每一年或半年一次）对仪器主要技术指标进行标定或校准。对一些特别重要的测试，试验前要做专门标定或校准。

8. 桥梁试验检测对仪器设备的要求

(1)性能（如精度、量程等）能够满足桥梁结构（野外、室内）试验的具体要求。

(2)使用时不影响原结构的受力性能和工作情况。

(3)使用方便、结构可靠、经济耐用。

第二节　桥梁荷载试验仪器

桥梁静、动荷载试验仪器按测试对象分类，如表1-2-1所列。

桥梁静、动荷载试验仪器分类表　　表1-2-1

序　号	参　数	机械式仪器	电（声光）测仪器
1	应变	千分表、引伸仪、手持应变仪	电阻应变计、电阻应变仪、数据采集器、数据采集系统
2	变位	千分表、百分表、挠度计	位移计、水准仪、经纬仪、全站仪、测距仪
3	裂缝	读数尺	超声波探测仪、读数显微镜、数码裂缝检测仪

一般所说的机械式测试仪器是指各种用于非电量测试的仪表、器具或设备。它的基本特点是：准确度高，对环境适应性强，读数有一定的灵敏度，可靠直观，可重复使用，其性能在多方面能满足桥梁试验检测要求。

机械式测量仪器的不足之处是灵敏度较差，不便于远距离操作，难以自动测量与记录。电测仪器的特点是发展更新快，精度比较高，量程也比机械式大得多，目前在许多方面已基本取代机械式仪器。

一、应变测试仪器设备

应变（应力）是桥梁结构构件的强度指标，也是桥梁试验检测最重要的参数之一。

1. 引伸计

利用千分表0.001mm的读数精度，可将其装配成检测大型结构构件应变的千分表引伸计。

千分表引伸计在实桥测试中有较多的应用，因为它使用起来非常方便，标距L任意可调（最大可做到500mm，测量精度可达到2$\mu\varepsilon$，量程±1 000$\mu\varepsilon$）。

装配式应变传感器，其实质就是将千分表引伸计一端的千分表转换成电子应变感应装置。其与千分表引伸计的主要区别是使用了电阻应变技术。这类引伸计的发展主要是提高了引伸计的测量精度，且将千分表人工读数转换成自动读数。

2. 电阻应变片(计)

电阻应变测量技术是用电阻应变计测定构件的应变,再根据应力、应变的关系,确定构件应力状态的一种方法。它的基本原理是:将电阻应变计粘贴在被测构件表面上,当构件发生变形时,应变计与构件一起变形,致使应变计的电阻值发生相应的变化;通过电阻应变测量装置,可将这种变化测量出来,换算成应变值或者输出与应变成正比的模拟电信号,用记录仪器记录下来或直接存入计算机,进行处理得到所需要的应力、应变。

(1)工作原理

每一段有确定长度和截面的金属丝都有一个电阻值 R,即有

$$R = \rho \frac{L}{A} \tag{1-2-1}$$

式中:ρ——金属丝的电阻率;

L——金属丝的长度;

A——金属丝的截面积。

金属应变片的工作原理在于导体的"电阻应变效应"。所谓电阻应变效应是指导体或半导体在发生机械变形(伸长或缩短)时,其电阻随其变形而发生变化的物理现象。金属导体产生电阻应变效应,主要是因为电阻丝的几何尺寸改变引起电阻值的变化,当金属丝受拉(或受压)以后,L 伸长(或缩短),A 缩小(或扩大),此时 R 就会有变化。在一定的范围内,R 的相对变化与长度的相对变化之间保持线性关系。现在假定这种变化很小,数学上就可求得作为 L 和 A 函数的电阻 R 的变化。

(2)电阻应变片的优点

电阻应变片又称电阻应变计,简称应变片或电阻片,有如下一些优点:

①灵敏度高。电阻应变仪可以精确地分辨出 1×10^{-6}应变。

②电阻片尺寸小,且粘贴牢固。

③电阻片质量小。

④可以在高温(800~100℃)、低温(-100~70℃)、高压(上万个大气压)、高速旋转(几千转/mm~几万转/mm)、核幅射等特殊条件下成功地使用。

⑤测量结果是电信号,便于长距离测量和采集记录自动化。

⑥可制成各种各样精度很高的传感器,以测量力、位移、加速度等力学量。

(3)电阻应变片的构造

绕线式应变片主要由敏感元件、基底、覆盖层和引出线等几部分组成,见图 1-2-1。

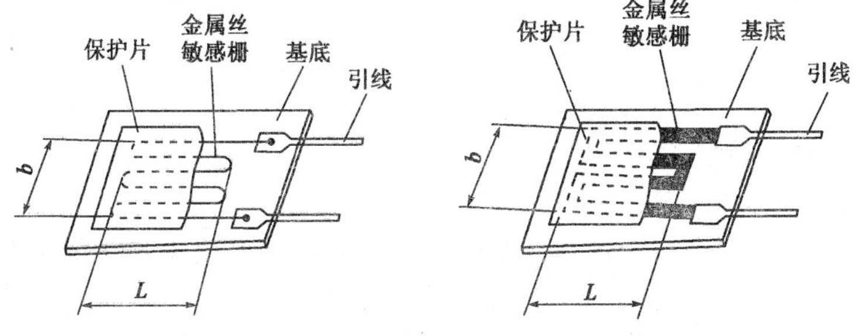

图 1-2-1　绕线式电阻应变片的构造

(4)电阻应变片的分类

根据不同的方法，有图1-2-2的分类。

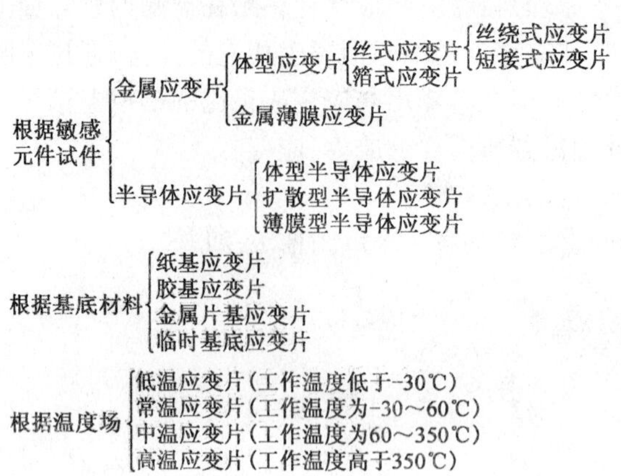

图1-2-2　电阻应变片的分类

(5)电阻应变片的选用

选用应变片时应根据应变片的初始参数及试件的受力状态、应变梯度、应变性质、工作条件、测试精度要求等综合考虑。

电阻应变片的粘贴技术对于一般的结构试验，采用120Ω纸基金属丝应变片就可满足试验要求。同批误差小于0.5Ω。

其标距可结合试件的材料来选定，如钢材常用2mm×3mm、2mm×6mm，混凝土则用10mm×(80～100)mm，石材用20～40mm。

(6)电阻应变片粘贴

电阻应变片是一次传感元件，测试质量的好坏很大程度上依赖于电阻应变片的粘贴质量。

①黏结剂

常规桥梁试验粘贴应变片的胶黏剂一般为快干胶和热固性树脂胶等。

501快干胶和502快干胶是借助于空气中微量水分的催化作用而迅速聚合固化产生黏结强度的。该类胶黏结强度能满足桥梁应变测试要求。

环氧树脂胶是靠分子聚合反应而固化产生黏结强度的。它有较高的剪切强度和防水性能，电绝缘性能好。环氧树脂胶可以自制，其配方是：

环氧树脂 100%

邻苯二甲酸二丁酯　　5%～20%

乙二胺　　6%～7%

注意：乙二胺有毒，须通风操作。

②应变片的粘贴技术

a. 选片。用放大镜对应变片进行检查，保证选用的应变片无缺陷和破损，好的应变计丝栅平直整齐、均匀、无气泡、无霉、无锈蚀，基底和覆盖层无破损，且同批误差小于0.5Ω。

b. 表面处理。先初步画出贴片位置、用砂布或砂轮机将贴片位置打磨平整，混凝土表面无浮浆，必要时涂底胶处理，待固化后再次打磨。在打磨平整的部位准确画出测点的纵、横中

心及贴片方向。

c. 贴片。用镊子夹脱脂棉球蘸酒精（或丙酮）将贴片位置清洗干净。用手握住应变片引出线，在其背面均匀涂抹一层胶水，然后放在测点上，调整应变片的位置，使其可准确定位。

d. 进行干燥处理和质量检查粘贴效果。

e. 应变片的防护。在应变片引线端贴上接线端子，把应变片引线和连接导线分别焊在接线端子上，然后立即涂防护层，以防止应变片受潮和机械损伤，受潮会影响应变片的正常工作。

f. 应变片导线连接。

3. 应变测量的仪器和设备

测量应变的仪器设备类型比较多，有静态和动态的，还有模拟的和数字式的，无论采用哪种机器设备，都要通过惠斯顿电桥得到电信号。

(1) 惠斯顿电桥

惠斯顿电桥是一种常用的电阻—电压转换装置，它能把应变计电阻的微小变化转换为适合放大和处理的电压（图 1-2-3）。

电阻应变片对温度变化十分敏感。当环境温度变化时，因应变片的线膨胀系数与被测构件的线膨胀系数不同，且敏感栅的电阻值随温度的变化而变化，所以测得应变将包含温度变化的影响，不能反映构件的实际应变，因此在测量中必须设法消除温度变化的影响。消除温度影响的措施是温度补偿。在常温应变测量中温度补偿的方法是采用桥路补偿法。它是利用电桥特性进行温度补偿的。

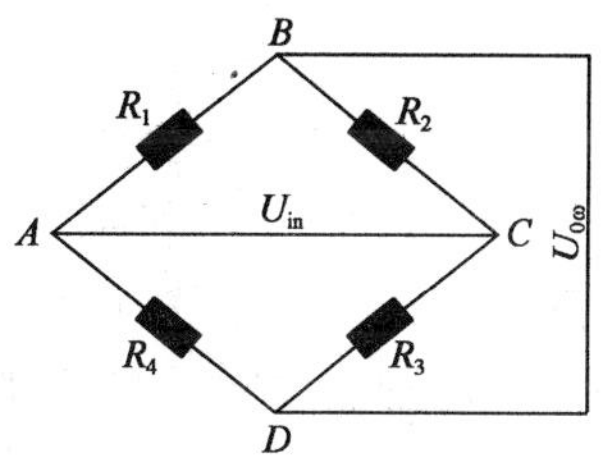

图 1-2-3　惠斯顿电桥

①补偿块补偿法

把粘贴在构件被测点处的应变片称为工作片，接入电桥的 AB 桥臂；另外以相同规格的应变片粘贴在与被测构件相同材料但不参与变形的一块材料上，并与被测构件处于相同温度条件下，称为温度补偿片，将它接入电桥与工作片组成测量电桥的半桥，电桥的另外两桥臂为应变仪内部固定无感标准电阻，组成等臂电桥。由电桥特性可知，只要将补偿片正确地接在桥路中即可消除温度变化所产生的影响。

②工作片补偿法

这种方法不需要补偿片和补偿块，而是在同一被测构件上粘贴几个工作应变片，根据电桥的基本特性及构件的受力情况，将工作片正确地接入电桥中，即可消除温度变化所引起的应变，得到所需测量的应变。

(2) 电阻应变仪

电阻应变仪是一种专用应变测量放大器，一般具有如下三个功能：

①装有几个电桥补充电阻（以适用于 1/4 桥和半桥测量），并提供电桥电源。

②能把微弱的电信号放大。

③把放大后的信号变换显示出来或送给后续设备。

电阻应变仪原理：电阻应变仪中惠斯顿电桥具有四个电阻，其中任一个都可以是应变片电阻，电桥的对角接入输入电压，另一对角来测量输出电压。电桥的一个特点是，四个电阻达到某一关系时，电桥输出为零，这样我们就能应用很灵敏的检流计来测量输出。由于这一特点使电桥能够精确地测量微小的电阻变化。

(3)桥路组合

根据电桥的测量电路,对应变电桥的测量方法有下列几种。

①单点测量

单点测量时,组成测量电桥的四个电阻中,R_1 为电阻片电阻,其余三个为精密电阻(无电阻变化),则

$$\Delta E = \frac{1}{4}uK\varepsilon_1 \tag{1-2-2}$$

②半桥测量

其方法是将半桥接电阻片,另半桥为精密电阻($\Delta R_3 = \Delta R_4 = 0$),则

$$\Delta E = \frac{1}{4}uK(\varepsilon_1 - \varepsilon_2) \tag{1-2-3}$$

③全桥测量

其方法是组成测量电桥的四个电阻全由电阻片组成,即

$$\Delta E = \frac{1}{4}uK(\varepsilon_1 - \varepsilon_2 + \varepsilon_3 - \varepsilon_4) \tag{1-2-4}$$

由此也可看出,电桥的增减特性:相邻的输出符号相反,电桥输出具有相减特性;相对两臂符号相同,电桥输出具有相加特性。

根据电桥的这些特性,我们就可以采用不同的测量(电阻片接线)方法进行选择。

(4)静动态数据采集处理系统

电阻应变仪按使用内容不同,分为静态应变仪、动态应变仪和静动态应变仪。

①国产 YJS-14 型静态数字应变仪

YJS-14 型静态数字应变仪是一种静态应变自动测量装置,能自动平衡(或不需平衡)、自动换点、自动测量、数字显示和自动打印,并可与计算机联机进行数据处理。YJS-14 型主要由五个部分组成:

a. 转换器,在控制器控制下将各测点依次接入桥路,以便进行测量。

b. 电阻应变仪,由桥压线性放大器和数字电压表组成。

c. 运算器,由储存和运算两单元组成。

d. 控制器,包括采样控制和数字钟两部分。

e. 输出装置,分为打印输出和信息输出两种。

YJS-14 型数字应变测量装置的工作过程就是把应变测点组成惠斯顿桥路。电桥的初始不平衡采用初始值存储的办法,即把每一个测点的初始不平衡值通过放大和 A/D 转换器转换成数字信号,记入对应序号内存中。在测量时,测量信号也转换成数字信息送入运算器,运算器从内存中取出对应测点的转换或测量区段的选择均由控制器控制。

②日本产 7V08 型数据采集仪

7V08 型数据采集仪是应变仪的换代产品,该仪器是由单板机组成的一个计算机控制系统,可由键盘或面板触摸功能键直接输出数据或程序,主要是通过接口来输出模拟信号(电压、电流、应变、温度等),并通过 A/D 转换来完成存储、记录、转换、运算和输出。其测试过程如下:

该系统按线扫描箱采用直流电桥,因此,分布电容等不影响电桥平衡。在测试现场用接线

箱连接,在 100mm 内连接电缆可与应变仪连接,测试数据记录和一次计算可进行程序控制或按键控制。

4. 基于应变测量技术的传感器

(1)力(或荷重)传感器

力(或荷重)电测传感器多数是用应变计技术制成的,在圆柱形弹性元件上粘贴应变计(加以特殊固化处理),已知元件截面积和实测应变值通过标定就可以求出拉、压力和荷重。

(2)钢筋应力计

钢筋应力计比较简单,在一根普通钢筋上粘贴 4 片应变计,接成全桥。在试验机上对输入力和输出应变进行率定,得到该传感器的灵敏系数。钢筋应力计一般在钢筋混凝土构件应力测试时预埋用,使用时可直接焊接在钢筋网上。应力计随构件一起受拉(压)时,其输出应变除以灵敏系数就可以得到被测应力。

(3)弓形应变传感器

在一片弹性特别好的弓形钢质元件上粘贴 4 片应变计(弓形上下方各一纵一横),接成全桥。在试验机上对输入应变和输出应变进行率定,得到该传感器的灵敏系数。该应变传感器在受拉轴线上有一个固定标距(8cm 或 10cm),使用时将传感器固定在被测构件上,当应变计随构件一起变形时,其输出应变除以灵敏系数就可以得到被测应变。

弓形应变传感器的优点是灵敏度比较高,可以避免现场贴片,传感器能重复使用。

(4)电阻式位移传感器

应变计电测位移传感器种类很多,其做法基本是在弹性很好的位移传感元件(如悬臂梁)上粘贴应变计,对输入位移和输出应变进行率定,得到传感器的灵敏度。使用时读出应变就可以算出位移。

滑线电阻式位移传感器,这类位移计的工作原理也是利用变电桥进行测量。仪器内部设有 4 个无感电阻 R_1、R_2、R_3和 R_4,在 R_1 和 R_2 之间串有一根电阻丝。当位移计的测杆沿导向槽移动时,带动触点在电阻丝上滑动,使桥臂上产生电阻变化,这样就可以把机械位移转换成电量输出。

这种滑线电阻式位移计的量程为 1 ~20cm,精度一般高于百分表的 2 ~3 倍。

电阻式位移计的特点是结构简单,输出信号大,但因存在活动测点,使用寿命受磨损影响。

5. 振弦式应力计

振弦式应力计是一种与前面所述应变测试技术原理上完全不同的应力传感器,它的实质是一种振弦式换能器,振弦式应力计主要元件是一根长度、面积和质量都确定的张紧的钢丝(振弦),在一定的预拉力情形下该振弦有一个基本频率。其工作过程:当传感器受拉(压)力后,其钢丝的拉力产生变化,钢弦的自振频率会发生相应的变化。电脉冲信号通过传感器内的激振线圈产生电磁力,激发钢弦作正弦机械振动,该振动使钢弦一侧的拾振线圈感应出同频的正弦电信号,通过导线传输到钢弦频率测定仪,显示出振动频率值。按照预先标定的“力—频率”关系曲线,即可得出作用在应力计上的拉(压)力。

用公式来表示,有

$$\varepsilon = \alpha f^2 \tag{1-2-5}$$

式中:α——一个与钢丝特性有关的灵敏系数;

f——钢弦计的频率，按下式计算：

$$f = \frac{1}{2L}\sqrt{\frac{F}{m}} \tag{1-2-6}$$

L——钢丝长度；

F——拉力；

m——钢丝单位长度的质量。

振弦式应变计的测量范围一般可达到几千 $\mu\varepsilon$，测量精度 $1\mu\varepsilon$（也有 $0.1\mu\varepsilon$ 的）。

6. 光纤传感器

(1)光纤光栅传感器的原理

光纤是导光纤维（fiberoptic）的简称，其结构和同轴电缆很类似，也是一根由玻璃或透明塑料制成的导光纤维芯，周围包裹着保护材料，根据需要还可以将多根光纤合并在一根光纤里。

光纤利用光的全反射原理引导光波，光纤光栅是指光纤纤芯中周期性折射率变化所形成的光栅效应。当激光通过光纤时，光纤的折射率将随光强的空间分布发生相应变化，并在纤芯内形成空间相位光栅。对于光纤光栅，满足条件的入射光波长（中心波长）被光纤光栅反射

$$\lambda = 2n\Lambda \tag{1-2-7}$$

式中：λ——光栅中心波长；

n——纤芯有效折射率；

Λ——纤芯折射率的调制周期。

当光纤光栅所处环境的物理量发生变化时，光栅周期或纤芯折射率会随之发生变化，使得光纤光栅反射光的布拉格波长发生变化，借助某种装置测量前后反射光波长的变化（通过建立并标定光纤光栅的响应与被测参量变化关系），就可以获得待测物理量的变化情况。

根据光纤光栅的弹光效应和弹性效应，当光纤光栅在纵向受到变化时会引起布拉格波长的变化，其满足以下关系

$$\frac{\Delta\lambda_B}{\lambda_B} = (1 - P_e)\varepsilon \tag{1-2-8}$$

式中：P_e——光纤光栅的有效弹光系数；

ε——光栅在轴向的应变；

λ_B——光纤光栅的布拉格波长；

$\Delta\lambda_B$——布拉格波长变化量。

上式为光纤光栅传感器的应变传感机理，光纤光栅传感器的设定就是利用此原理，通过光纤应变与布拉格波长一一对应关系，把应变量转化为波长的变化，使精确测量应变成为可能。

(2)光纤光栅传感器的结构分类

光纤光栅主要分两大类：一是布拉格光栅（也称为反射或短周期光栅），二是透射光栅（也称为长周期光栅）。光纤光栅从结构上可分为周期性结构和非周期性结构，从功能上还可分为滤波型光栅和色散补偿型光栅，色散补偿型是非周期光栅，又称为 chirp 光栅。

(3)光纤传感器的安装

外表粘贴式和内部埋入式，两种方式适用于不同情况。对于那些在建或将要兴建的大型工程，用于监测施工过程中材料内部的变化过程或建成后结构使用期间的状态用内部埋入式较好。而对于已经存在的工程结构，通常用外表粘贴式，将光纤传感器用胶粘贴在那些对结构

中感兴趣参数最敏感的部位，与通常在结构上固定加速度传感器或者应变计相似，用来进行结构的安全监测。

光纤光栅传感器同传统的电子传感器相比，具有抗电磁干扰、尺寸小、复用能力强、传输距离远、耐腐蚀、高灵敏度、无源器件等优点。它有个最为突出的优点，即感应的信息用波长编码，而波长这个绝对参量不受光源功率的波动及连接或耦合损耗的影响，传感信号可长距离传输且不受电磁信号干扰。

二、变位测试仪器

1. 线位移测量仪表

桥梁测试中最常用的位移测量仪器有千分表、百分表和挠度计，这些仪表一般是机械式的，可以非常方便地直接测读结构的位移；另外由这类不同精度和量程的仪表再配以其他机械装置可组成各种测量其他参数的仪器（如测量应变的千分表引伸仪、测量拉压力的拉压式测力计等）。

表1-2-2给出了常用机械式位移测量仪表的主要性能指标。

常用机械式位移测量仪表的主要性能指标　　表1-2-2

名　　称	精度(mm)	量程(mm)
千分表	0.001	1~30
百分表	0.01	10~50
挠度计	0.1	不限

位移测量仪由以下三大部分组成。

①传感机构：直接感受被测量的变化；

②转换机构：把传感机构受到的变化转换成可直接读取的量；

③指示机构：用指针在刻度盘或其他读数装置上指示出被测量的大小。

(1)百分表

百分表的基本构造和使用方法：将测杆触头抵在测点上，借助弹簧的使用，使其接触紧密。当测点沿（或背向）测杆方向发生位移时，推动（或放松）测杆，使测杆的平齿带动小齿轮，小齿轮又和它同轴的大齿轮一起转动，最后使指针齿轮和指针旋转，经过一系列放大之后，便在表盘上指示出位移值。使用时，百分表装在表座上（目前大都采用磁性表座），表架安装在临时专门搭设的支架上，支架应具有一定的刚度，并与被测结构物分开。

百分表使用时应注意的事项：

①使用时，只能拿取外壳，不得任意推动测杆，避免磨损机件，影响放大倍数。注意保护触头，触头上不得有伤痕。

②安装时，使测杆与所测位移的方向一致，或者与被测物体表面保持垂直，并注意位移的正反方向和大小，以便调节测杆，使百分表有适宜的测量范围。

③百分表架要安设稳妥，表架上各个螺钉要拧紧，但不可夹得过紧，否则会影响测杆移动。

④百分表安装好，可用铅笔头在表盘上轻轻敲击，看指针摆动情况。若在某一固定值小范

围内左右摆动，说明安装正常。

⑤百分表使用日久或经过拆洗修理后，必须进行标定，标定可在专门的百分表、千分表校正仪上进行。千分表与百分表使用方法完全相同。

(2)连通管

利用物理学上"连通器中处于同一水平面上的静止液体的压强相同"的原理。使用前先在桥跨方向布置直径为10~15mm的白塑料软管，然后在每个测点位置剪断管子，接上三通，把三通开口的一端管子竖起来绑在支架上，最后灌水(或其他有色液体)至标尺位置，桥梁试验时加、卸荷载会引起桥梁结构下挠，此时水管中的水平液面仍需持平，每个测点的相对水位会发生变化，读取这个变化值，经简单计算即可得到桥梁的挠度。

连通管的使用：

①一般采用膨胀螺栓将一个架子架设在梁体侧面，在架子上设置竖向管；

②竖向管一般密封或加个防尘罩，至于液体的蒸发等问题对测试结果没有影响；

③设置连通管一般都需要在梁体侧面布置的，需要一些辅助设施来架设。

当挠度的绝对值大于20mm时，其中1mm的最小读数至少可有5%的相对精度。这个精度对小跨径桥梁是不合适的，所以选用前须对挠度的期望值有所了解。

2.光学(光电)仪器

(1)高精度全站仪

①全站仪的类型

全站仪是指在测站上观测，能一站测得至被测对象的斜距、竖角、水平角，所有数据均能自动显示记录。现在全站仪一般都可以与计算机通信，利用全站仪专用软件可进行水平角测量、竖直角测量、距离测量、坐标测量、结果的计算。

TCA2003型高精度智能型全站仪，该仪器的测距精度1mm±1ppm/D，侧角精度0.5″，D是测距。该全站仪具有可自动控制预学习、360°旋转自寻目标、测读并记录数据等功能。该类型智能型全站仪因其光学和使用性能优异，是目前大中型桥梁变形测量比较理想的全站仪，但其价格昂贵。

全站仪使用时一般目标点都需要安装棱镜，但也有不用棱镜的"免棱镜"测量全站仪，如TCRA1210+R1000型全站仪，其测角精度达到1″，测距精度达到±1mm+1.5ppm/D(D可达到1.3km)。免棱镜全站仪比较适合测量悬索桥主缆、钢管混凝土拱肋坐标等无法安装棱镜的场合。

②全站仪的应用

选用全站仪前应全面了解所选用全站仪的能力及适用性，还必须考虑所测桥梁变形的相对精度，即通过估算确定其实际能力是否能满足待测桥梁变形的相对精度要求。

高精度全站仪被应用在一些大桥成桥状态坐标或变形测量方面，桥梁跨径越大(变形绝对值越大)，其优势越明显(相对精度越高)。另一方面智能型全站仪所具有的预学习、360°旋转自寻目标、自动测读记录数据等功能，对大桥挠度测量无论是保证数据质量或是提高现场测量效率、减轻劳作强度等方面来说都是非常有用的。

(2)精密水准仪

①精密水准仪和数字水准仪

精密水准仪与一般水准仪比较，其特点是能够精密地整平视线和精确地读取读数。为此在结构上应满足：水准器具有较高的灵敏度，望远镜具有良好的光学性能，具有光学测微器装

置，视准轴与水准轴之间的联系相对稳定，受温度变化影响小。此外精密水准仪必须配有精密水准尺。

目前已经发展的数字电子水准仪是结合计算机电子与精密水准仪光学技术的新型精密水准仪。电子水准仪的观测精度高，如徕卡新一代数字水准仪DNA03型的分辨率为0.01mm，测距150m，每千米往返测得高差中数的偶然误差为0.3mm。

电子水准仪要求有一根能与其配套使用的条形编码尺，该水准尺通常由玻璃纤维或铟钢制成，在电子水准仪中装有行阵传感器，它可识别水准标尺上的条形编码。电子水准仪摄入条形编码后，经处理器转变为相应的数字，再通过信号转换和数据化，在显示屏上直接显示中丝读数和视距。

电子水准仪的主要优点是：操作简捷，自动观测和记录，并立即用数字显示测量结果。

②数字电子水准仪的使用

在快速测量高程、高差和放样，以及一等、二等精密水准测量等领域，其外业使用方便、高效，内业可计算处理的特点得到充分发挥，使测量效率大大提高。

(3)桥梁动挠度检测仪

桥梁动挠度检测仪工作原理是：在桥梁的测试点上安装一个测点目标靶，在靶上制作一个光学标志点，通过光学系统把标志点成像在CCD(电荷耦合固定成像器件)的接收面上，当桥梁在动载作用下产生振动时，测试靶也跟着发生振动，通过测出靶上标志点在CCD接收面上图像位置的变化值，就可以得到桥梁振动的位移值，其最小可测动态范围由CCD器件像元的分辨率决定，最大测量范围由镜头的视场角、光学系统的放大率和CCD有效像元阵列长度决定。

桥梁动挠度检测仪可同时实施两维测量。测量范围垂直不小于0.8m，水平不小于0.3m(最大测量距离外)，并具有自动旋转跟踪等功能。

3.全球定位系统GPS

(1)GPS系统的组成

GPS系统包括三大部分：空间部分——GPS卫星星座；地面控制部分——地面监控系统；用户设备部分——GPS信号接收机。

(2)GPS卫星星座

GPS系统的空间部分是由24颗卫星组成，均匀分布在6个轨道面上，地面高度为20 000余公里，轨道倾角为55°，偏心率约为0，周期约为12h，卫星向地面发射两个波段的载波信号。

(3)地面监控系统

GPS系统控制部分由设在美国的5个监控站组成，这些站不间断地对GPS卫星进行观测，并将信号和预报信息由注入站对卫星进行信息更新。卫星上的各种设备是否正常工作，以及卫星是否一直沿着预定轨道运行，都要由地面设备进行监控和控制。地面监控系统另一重要作用是保持各颗卫星处于同一时间标准GPS时间系统。这就需要地面站监测各颗卫星的时间，求出钟差。然后由地面注入站发给卫星，卫星再由导航电文发给用户设备。GPS工作卫星的地面监控系统包括一个主控站、三个注入站和五个监控站。

(4)GPS信号接收机

GPS信号接收机的任务是：能够捕获到按一定卫星高度截止角所选择的待测卫星的信号，并跟踪这些卫星的运行，对所接收到的GPS信号进行转换、放大和处理，以便测量出GPS信号从卫星到接收机天线的传播时间，解译出GPS卫星所发送的导航电文，实时地计算出测站的三维位置、速度和时间。

GPS 的用户系统是一种单程系统，用户只接收而不用发射信号，因此用户的数量也是不受限制的。对于广大用户只要拥有能够接收、跟踪、变换和测量 GPS 信号的接收设备即 GPS 信号接收机，就可以在任何时候对 GPS 信号进行定位测量。

三、裂缝测量仪器

桥梁工程上混凝土出现裂缝的情况十分普遍，这里提到的裂缝均指可视性裂缝。对可视性裂缝的检测主要包括裂缝的长度、宽度和深度，还有裂缝的分布和走向。裂缝的长度、分布、走向等只需通过普通测量即可得到，下面主要介绍裂缝宽度和深度测量的仪器设备。

1. 测裂缝的读数显微镜和裂缝尺

读数显微镜是可以用来测量裂缝宽度的常用光学仪器，计数显微镜种类很多。该类显微镜读数精度一般为 0.01mm，量程几毫米。它主要由物镜、目镜、刻度分划板和测微机械装置等组成，体积小，质量轻，便于现场使用。

2. 数显式裂缝测宽仪

数显式裂缝测宽仪主要由主机、探头（摄像头）及信号线等组成，适用于检测人员无法靠近（如用显微镜）测读的桥梁构件的裂缝宽度检测。测量时程序自动扫描捕获（智能判读）裂缝并在显示屏上实时显示裂缝的宽度数值，也可对需要的裂缝进行拍照。

3. 裂缝深度测试仪

超声波脉动法可以测量裂缝深度。

第三节　桥梁振动试验仪器设备

振动测试仪器一般以电测为主，一套完整的测振仪器系统应包括激振设备、测振传感器、放大器、记录和分析设备等几大部分。

激振设备是产生人为振源的设备。

测振传感器是将非电量机械振动转换成电信号的电器元件，是振动测量仪器中起关键作用的一次仪表。

放大器用来放大测振传感器转换的电信号，是使微小信号得以记录或显示的二次仪表。

记录存储信号是三次仪表——记录仪器的任务，记录仪器有各种类型，它们记录振动信号的方式也不一样。

称作四次仪表的分析设备可直接与二次仪表（或一次仪表）连接，也可以接收来自记录仪器（回放）的信号。

一、桥梁测振常用仪器

1. 激振设备

（1）机械式激振器

机械式激振器的机械部分一般都是根据偏心质量块绕定轴旋转产生离心力的原理制作的。图 1-2-4 是它的作用原理。

两偏心质量绕轴心相向旋转，转至 y 方向时产生合力、x 方向则互相抵消，其转的过程出力大小为

$$F = 2mRw^2\sin(wt) \tag{1-2-9}$$

最大值为

$$F = 2mRw^2 \tag{1-2-10}$$

式中：m——偏心质量（大小可调整）；

R——质量块重心到轴心的距离；

w——偏心块旋转角速度。

激振器的主要技术指标是出力大小和激振频率范围，实际这类激振器有两种形式：一种质量不变，出力随频率的变化而变化，这种激振器构造简单，电路控制方便，但在低频时出力偏小，使用范围有限；另一种是当激振频率改变时，随时调整质量的大小，使出力保持为常数，这种激振器的出力和频率范围主要受制于电路控制方面。

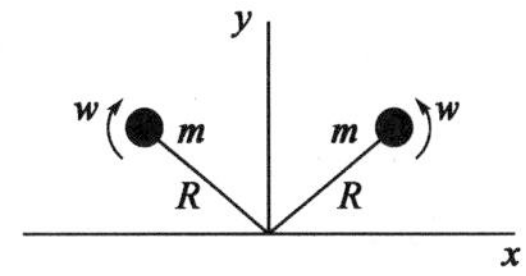

图 1-2-4　机械式激振器的作用原理

（2）电磁式激振系统

电磁式激振系统是利用电磁换能原理产生机械振动的装置，主要由三部分组成：信号发生器→功率放大器→电磁激振器。

信号发生器的任务是产生一种符合使用要求的电信号（如随机信号、正弦信号等）。功率放大器的作用是把电信号发生器参数的控制信号放大，并推动电磁激振器工作。电磁激振器则是将电信号转换成相应的机械振动信号的设备。

2. 测振传感器

测振传感器具有把振动物理量（振动加速、位移等）转换成电量的功能，它的性能好坏，直接关系到是否能真实反映原振动参数，所以在整个测振系统中测振传感器占有非常重要的地位。工程上将能够把振动位移、速度和加速度转换成电参量的测振传感器分别称为位移计、速度计和加速度计。

（1）惯性式测振传感器力学原理

惯性式测振传感器力学原理：测量结构物某一点的振动，往往很难找到一个相对不动的基准点来安装仪器，因此就考虑设计这样一种仪器，其内部设置一个“质量弹性系统”（构成不动点），测振时，把它固定在被测物上，使仪器外壳与物体一起振动，直接测量得到质量块相对于外壳（被测物）的振动（图 1-2-5）。

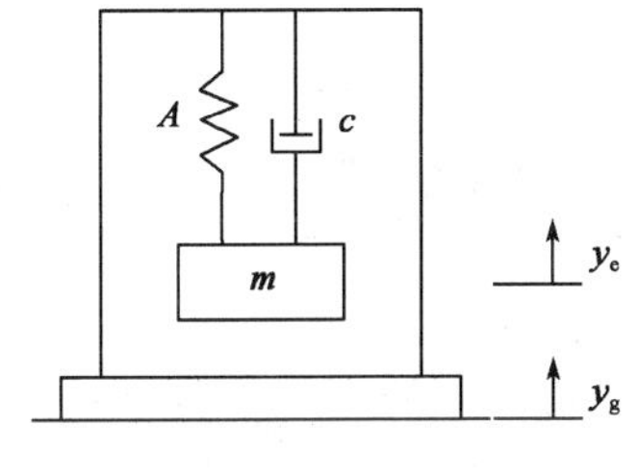

图 1-2-5　惯性式测振传感器力学原理图

（2）常用测振传感器

桥梁测振试验中常用的测振传感器有以下三种：

①磁电式测振传感器

磁电式测振传感器基本测量原理为：测量时将传感器与被测物体刚性连接，传感器与被测物体一起振动。传感器振动时，带动内部的摆体运动，摆体处在磁场中，摆体运动时，绕在摆体上的线圈（称为动圈）切割磁力线产生感应电动势，通过合理

控制可以使该电动势与被测振动形成确定函数关系，这样就能检测出外界振动，通过不同的控制，传感器可以测量速度、加速度，经积分变换还可以测量位移。

②压电式测振传感器

压电式测振传感器是一种加速度计。它的工作原理是利用某些晶体的电压效应，将机械能转换成电能。当被测物的频率远低于测振传感器的固有频率时，惯性质量块相对于基座的振幅，近似地与被测物的振动加速度峰值成正比。此时压电材料受到压力作用，致使加速度计产生于被测物加速度成正比的电荷。

它的突出优点是构造简单，频响范围宽；缺点是因阻抗太高，噪声偏大，使其超低频特性不好。

适用于实桥测量的则是改进型的大质量压电式加速度计。该类传感器与普通压电式加速度计的主要区别，首先是质量加大（一般为 400 ~ 500g），其次是直接在传感器内部设置抗阻变换电路，把压电产生的电荷直接先转换成电压，再输出接电压放大器，这一转换降低了传感器电荷输出、放大过程的噪声，提高了加速度计的信噪比。另一方面由于传感器质量加大，其电压效应增加，不仅提高了传感器灵敏度，同时也较好地降低了频率响应下限。

③伺服式测振传感器

伺服式测振传感器是一种高灵敏度的加速度计，它的基本原理是一个受感振质量激励的机电反馈系统。当加速度计受到沿灵敏轴方向输入的加速度时，震感质量就有运动趋势，定位探测器把它转换成电信号，由此引起伺服放大器的输出电流变化，由电流反馈到位于永久磁场中的恢复线圈，使线圈产生与感振质量经受的初始惯性力大小相等、方向相反的恢复力，故伺服式测振传感器又叫力平衡式加速度计。

（3）测振传感器的选用

表 1-2-3 为桥梁测振试验常用的测振传感器。如何根据实际测试要求合理地选用测振传感器同样也是一个十分重要的问题。下面给出几点原则：

桥梁测振试验常用测振传感器　　表 1-2-3

型号性能	磁电式（941B 型）	伺服式（ASQ－1CA）	压电式（大质量）（510B）
频响范围（Hz）	1 ~ 100	0 ~ 100	0.03 ~ 250
量程	≤20mm	±1g	±0.3g
灵敏度	23V/（cm · s）	5V/g	8mV/g（可放大 1 000 倍）
抗干扰性	好	好	好
后续仪器	电压放大器	专用放大器	直流放大器
质量	1 000g	240g	452g
同类产品	891 型	AKASHIV401 型	B/K8306，V935

①灵敏度

测振传感器灵敏度越高越好，但在要求高灵敏度传感器的同时，应考虑到与测量无关的噪声混入（有时它同样会被放大），所以还要求测振传感器的信噪比越大越好。

②频率响应

测振传感器的频率响应特性是传感器选用技术的核心。实际选用时，还需了解传感器本身的频率响应特性及其适用范围，还要估计（或计算出）被测桥梁的自振特性，原则是被测对象的频率期望值必须在传感器适用范围之内。

③线性度

任何测振传感器都有一定的线性范围，线性范围宽，工作量程大（注意量程范围与灵敏度密切相关），当输入量超出测振传感器标定的线性范围时，除非有专门的非线性校正措施；否则测振传感器不应进入非线性区域，更不能进入饱和区。

④稳定性

这里说的稳定性包括两个方面：一是测振传感器受现场环境影响时，使用性能的稳定性；二是测振传感器使用一段时间后，受各种因素的影响其性能指标是否变化。

⑤工作方式

测振传感器的工作方式，首先要看它的安装方式是惯性式还是非惯性式，是接触式还是非接触式等。其次要结合测振传感器与被测物的传感关系，选择能使测振传感器恰当工作的方式安装测量。

另外，测振传感器的选用还需结合桥梁结构的特殊性：

①摆式测振传感器性能稳定、灵敏度高、使用方便可靠，对一般自振频率在1Hz以上的桥梁结构都适用。类似测振传感器的不足是下限可测频率有限制（幅频特性下落），现在有些改进型的产品频率下限有所下降，但要注意它的实际频响曲线。

②加速度计是振动测试中用的最多的测振传感器，从原理上讲，利用它"零响应"、响应频带宽的优势可满足各种振动测试对象的要求。对大跨径的超低频（$f<0.5$Hz）振动，可选用伺服式或大质量压电式加速度计；对室内模型振动试验，一般压电式加速度计都能满足要求。

3. 测振放大器

测振放大器是从电学原理出发，达到使测振传感器传来的信号真实的放大、输出，又能适用各种下一级仪器要求的目的。使用时测振传感器应与放大器配套使用，因为测振放大器的输入和输出特性、频响特性等往往都是根据测振传感器而定的。

4. 滤波器

在测试系统中，测振传感器拾取的信号一般会有比较宽的频带，有时也会包含很多与测量无关的信号（噪声）成分，采用对信号滤波的方法是解决这些问题的有效手段之一，而滤波器就是实现电信号滤波的装置。滤波器可以使信号中有用的成分通过，滤去不需要的成分。根据它的选频特点，滤波器有低通（通带$0\sim f_c$）、高通（通带$f_c\sim\infty$）、带通（通带$f_{c1}\sim f_{c2}$）、带阻（通带$0\sim f_{c1}, f_{c2}\sim\infty$）四种。桥梁测振中最常用的是低通滤波器。滤波器根据处理信号的不同，分成模拟和数字式两类。测试仪器中使用较多的是模拟滤波，目前一些数据处理设备往往带有数字滤波功能。

桥梁测振仪器中，还用一种把滤波器置于放大器之前并与放大器为一体的"滤波放大器"，其低通滤波频率可以设到很低（1Hz）。测振时，先把测振传感器感应的信号按需要的频率进行滤波，再将获取的感兴趣的低频信号进行放大，这对提高超低频信号的信噪比很有用处。目前该类滤波放大器应用亦较为普遍。

5. 显示记录仪器

显示记录仪器是测振系统人机联系的纽带。一套由测振传感器测到、放大器放大的振动信号，必须通过显示记录，才能供人们观察分析，并对其作进一步的处理。

国内早先用得比较多的现场显示型记录仪器是光线示波器，光线示波器是利用细光束(包括紫外线光束)在感光胶卷、相纸上记录、显示被测信号的。磁带记录仪器的应用曾极为普及，目前计算机直接采样、存储方法已逐步取代磁带记录仪。但在某些比较特殊且重要的场合，为保证原始数据的完整性，磁带记录仪仍有其实用价值。

6. 信号分析处理设备

通用的信号分析处理设备一般都是以快速傅里叶(FFT)变换为核心，它的数字化精度为12bit，能高速采样，频带极宽(DC ~ 100kHz)，其处理功能分成硬件和软件控制，前者速度快，后者任意性强。

7. 动态信号采集分析系统

现今计算机动态信号采集分析系统已方便地将显示、记录和处理分析功能集合在一起。该类动态信号采集分析系统由数据采集箱加一台笔记本计算机组成，其便携性和使用功能均远胜于上述信号分析仪。

二、测振仪的标定

“标定”分为系统标定和分部标定，考虑到实际工作中对测振仪器一般以系统标定居多，这里介绍系统标定的内容和方法。

1. 标定内容

“标定”的内容比较多，仪器出厂时提供的各种性能指标一般都是经厂家标定得到的，用户在使用中主要有灵敏度、频率响应、线性度等三方面指标需要标定。

把测振传感器安装在振动台上，仪器按正常工作状态接好，就可以做系统标定。

(1)灵敏度

一套好的测振仪器，在它的频响范围内，整个系统的灵敏度应该是一个常数。

仪器系统的灵敏度为输出信号与相应输入信号的比值，如系统输出分析以压电或幅值表示，如位移计的灵敏度为

$$S_d = \frac{U}{d}(\mathrm{mV/mm})\ 或\ S_d = A/d(\mathrm{mm/mm}) \tag{1-2-11}$$

(2)频率响应

频率响应包括幅频响应和相频响应，用的较多的是幅频特性，就是输入振幅不变、频率变化时，系统输出的变化。幅频特性用以确定仪器(系统)的频响范围。

(3)线性度

线性度是输入频率不变、幅值变化时仪器(系统)输出的变化，用以确定仪器动态幅值的工作范围和误差。

2. 标定方法

(1)振动台标定

试验室振动台系统标定是把选定的测振传感器、放大器和记录仪器连接好，标定整套仪器的系统灵敏度、频响特性和线性度。框图为：

控制台 → 振动台 → 测振传感器 → 放大器 → 记录或采样 → 定量分析

(2)非振动台标定法

在没有振动台的情况下,标定有时也采用所谓背靠背标定法,把一枚已知其性能指标且精度高一级的测振传感器和要求标定的测振传感器背靠背安装在某个振动构件上(如标准梁),当构件振动时,两测试通道同时测出该振动信号,找出要求标定的测振传感器和标准测振传感器之间的比例关系,确定整个系统的灵敏度等。

(3)现场标定法

采用参考点标定法,在桥梁现场做系统标定。把多个测振传感器集中到某个参考点上一起测量,得到整个测振系统各通道信号之间的相互关系。这对测量振型特别需要,而且相当方便,是实际工作中经常采用的方法。

现场标定法和背靠背标定法特别适合于一些常用的测试仪器的系统标定。

第四节　桥梁无损检测仪器

桥梁无损检测的设备主要有:回弹仪(用于测定混凝土强度)、超声波探测仪(用于测定混凝土强度、缺陷和裂缝等)、数显裂缝测宽仪(用于测定裂缝宽度)、钢筋位置测定仪(用于测定钢筋混凝土构件内钢筋位置和保护层厚度)和钢筋锈蚀仪(测定混凝土内钢筋锈蚀)。无损检测仪器的检测方法可参照第六章。

一、回弹仪

回弹法是采用回弹仪的弹簧驱动重锤,通过弹击杆弹击混凝土表面,并以重锤被反弹回来的距离(称回弹值,即反弹距离与弹簧初始长度之比)作为强度相关指标来推算混凝土强度的一种方法。

对试件的检验结果有怀疑或供检验用的试件数量不足时,可采用回弹法检测,并将检测结果作为处理混凝土质量问题的一个主要依据。

另外,施工阶段,如构件拆模、预应力张拉或移梁、吊装时,回弹法可作为评估混凝土强度的依据。

回弹法的使用前提,是要求被测结构或构件混凝土的内外质量基本一致。因此,当混凝土表层与内部质量有明显差异,例如遭受冻害、化学腐蚀、火灾、高温损伤的混凝土,被检构件厚度小于10cm,碳化严重,表层与内部质量有明显差异或其他内部存在缺陷的混凝土结构等情况时,不宜应用回弹法检测结构混凝土强度。

二、超声波探测仪

超声波是超声频率的机械振动在弹性介质中的传播过程。超声波探测仪是利用超声波在物体中传播时,如遇到不同介质会在其界面反射的原理制成的。

非金属超声波探测仪器框图见图1-2-6。

非金属超声波检测仪可用来测定混凝土的均一性、裂缝、蜂窝以及强度、弹性模量等。目前市售的数字式超声波检测仪分成两类:一类是TICO型为代表的国外的数显式非金属超声波探测仪,这种仪器只能测读到声时;另一类为国产NM-4B型为代表的非金属超声波检测分析仪,该检测仪具有进口数显式非金属超声波探测仪的全部功能，还可以观察声波波形，读取波幅。

图 1-2-6　非金属超声波探测仪

三、钢筋位置测定仪

钢筋位置测定仪一般都是电磁感应型，主要由探头和主机组成。仪器探头产生一个电磁场，当某条钢筋或其他金属物体位于这个电磁场内时，会引起这个电磁场磁力的改变，造成局部电磁场强度的变化。电磁场强度的变化和金属物大小与探头距离存在一定的对应关系。如果把特定尺寸的钢筋和所要调查的材料进行适当的标定，通过探头测量并由仪表显示出来这种对应关系，即可估测混凝土中钢筋位置、深度和尺寸。

混凝土中钢筋保护层厚度的检测针对主要承重构件或承重构件的主要受力部位，或钢筋锈蚀电位测试结果表明钢筋可能锈蚀活化的部位，用于估测混凝土中钢筋的位置、深度和尺寸。

四、钢筋锈蚀仪

目前测量钢筋锈蚀的无损检测方法主要分三类：综合分析法、物理分析法和电化学检测法。电化学检测法是反映钢筋锈蚀本质的检测技术，也是目前检测钢筋锈蚀的主要方法，其所用仪器钢筋锈蚀仪是指应用电化学检测法检测混凝土内部钢筋锈蚀的设备，目前电化学检测法检测钢筋锈蚀的应用及仪器开发，几乎都以半电池电位法为基础。

半电池电位法是利用混凝土中钢筋锈蚀的电化学反应引起的电位变化来测定钢筋锈蚀状态的一种方法。通过测定钢筋/混凝土半电池电极与在混凝土表面的铜/硫酸铜参考电极之间电位差的大小，评定混凝土中锈蚀活化程度。

复习思考题

一、单项选择题（四个备选项中只有一个正确答案）

1. 百分表通常量程范围是（　）。

A. <5mm　　B. <10mm　　C. 10～50mm　　D. >50mm

2. 厚度振动式换能器频率宜选用（　）。

A. 20～250kHz　　B. 10～20kHz　　C. 300kHz　　D. 20～60kHz

3. 对钢筋混凝土梁表面进行正应力检测，应选贴（　）。

A. 应变花　　B. 3～6mm 标准单轴应变片

C. 20 ~ 40mm 标距单轴应变片　　D. 80 ~ 100mm 标距单轴应变片

4. 对于水中的换能器,其水密性应在(　)水压下不渗漏。

A. 10MPa　　B. 5MPa　　C. 1MPa　　D. 0.5MPa

5. 应变式测力传感器实质是(　)原理的推广。

A. 电阻应变　　B. 声波传播

C. 机械转动　　D. 百分表的工作

6. 径向振动式换能器频率宜选用(　)。

A. 20 ~ 250kHz　　B. 10 ~ 20kHz　　C. 300kHz　　D. 20 ~ 60kHz

二、判断题

(正确的事实在后面括号中打"√",错误的事实在后面括号中打"×")

1. 千斤顶的校验只能用压力试验机进行。(　)
2. 补偿片与工作片位置应接近,使两者处于同一温度场条件下。(　)
3. 电测法贴补偿片的试验材料应与测试构件的材质相同。(　)
4. 电阻应变片对外界温度变化不敏感。(　)
5. 电阻应变计主要用来测量结构的挠度。(　)
6. 用电阻式应变仪测试桥梁结构应变时,需用应变仪和电阻应变片(应变计)配合使用。(　)
7. 惠斯顿电桥是一种常用的电阻—电压转换装置。(　)
8. 声波检测管可以采用钢管、塑料管或钢质波纹管。(　)

三、多选题

(每道题目抽列出的备选项中,有两个或两个以正确答案,选项全部正确得满分,选项部分正确按比例得分,出现错误选项该题不得分)

1. 电阻应变计的特点是(　)。

A. 对温度十分敏感　　B. 灵敏度高

C. 重量轻　　D. 测量结果是电信号

2. 测量结构或构件变位的仪器主要有(　)。

A. 千分表　　B 超声换能器　　C. 测力环　　D. 百分表

3. 桥梁线位移测量仪表主要有(　)。

A. 千分表　　B. 电阻应变片　　C. 挠度计　　D. 百分表

4. 电阻应变计温度补偿的方法有(　)。

A. 初读数标定法　　B. 采用温度自补偿应变片

C. 电桥补偿法　　D. 以上都是

5. 应变仪测量电路的电桥测量方法主要包括(　)。

A. 单点测量　　B. 双点测量

C. 半桥测量　　D. 全桥测量

6. 电磁式激振系统由以下(　)部分组成。

A. 信号发生器　　B. 滤波器

C. 功率放大器　　D. 电磁激振器

四、问答题

1. 简述金属电阻应变片工作原理。
2. 百分表及千分表检测挠度注意事项是什么？
3. 使用位移计检测挠度注意事项是什么？
4. 电测法如何进行温度补偿？
5. 桥梁试验检测仪器有哪些基本技术指标？
6. 桥梁无损检测有哪些仪器？
7. 简述混凝土超声探伤判别缺陷的基本依据。
8. 简述电阻应变片的粘贴步骤。
9. 简述金属电阻应变仪的工作原理。
10. 简述钢筋位置测定仪检测原理。

第三章　桥梁工程原材料试验检测

复习要点：

1. 桥梁工程所用主要原材料的种类、性能、用途。

2. 石料、混凝土及其组成材料、钢材性能及相关的试验检测技术标准、规程。

3. 石料的力学性能、质量检测的内容和方法；混凝土抗压强度、抗折强度和弹性模量的试验测试方法；钢筋拉伸、受弯试验检测方法；预应力钢丝和钢绞线检测方法；钢筋焊接质量检测方法。

第一节　桥梁工程所用材料的种类以及用途

一、砂石材料

砂石材料包括天然的或经人工轧制的石料、集料和砂。它是桥涵工程建筑中用量最大的一种建筑材料，它可以直接（或经过加工）用在桥涵的圬工结构中，也可以加工成各种尺寸的集料作为水泥混凝土的粗集料。

二、水泥、水泥砂浆和水泥混凝土

（1）水泥：水泥是一种人造水硬性胶凝材料，水泥与水混合后，经过一系列的物理化学作用，形成坚硬的结构体。它是桥梁建筑中最重要的建筑材料之一。

（2）水泥砂浆：由水泥、砂和水按一定的比例混合而成，经过一定的凝结、硬化时间后形成强度；常分为砌筑砂浆和抹面砂浆两类。砌筑砂浆能把块体材料（砖、石、砌块）黏结为整体结构；抹面砂浆主要用于结构表面装饰。

（3）水泥混凝土：用水泥为胶结材料，用普通砂石为集料，并以普通水为原材料，按专门设计的配合比，经搅拌、成型、养护而得到的复合材料。

三、桥涵用钢及制品

按其形状来分可分为型材、棒材（或线材）和异型材（特种形状）三类。

型材主要包括型钢和钢板，主要用于钢桥建筑。

棒材（或线材）主要包括钢筋、预应力钢筋、高强钢丝和钢绞线等，它是钢筋混凝土桥梁建筑中使用的重要材料之一。

异型材（特种形状）是为特殊用途而制作的，如预应力混凝土中用的锚具、夹具和大变形伸缩件中使用的异型钢梁等。

四、其他材料特殊工程

水泥混凝土外加剂；地基及基础处理的材料；桥梁防水材料；交通安全设施材料等。

第二节 石 料

一、石料（石材）的规格

石料（石材）是无明显分化的天然岩石经过人工开采和加工后外形规则的建筑用材。它具有强度高、抗冻性能好等优点，在有开采和加工能力的地区，石料广泛用于建筑桥梁基础、墩台、挡土墙等。桥涵工程所用石材应选择质地坚硬、均匀、无裂纹且不易风化的石料。常用天然石料的种类主要有花岗岩、石灰岩等。石材根据开采方法、形状、尺寸及表面粗糙度的不同，可分为下列几类：

（1）片石：采用爆破或楔劈法开采的不规则石材。使用时，一般形状不受限制，其厚度不应小于15cm（卵形和薄片者不得使用）；用于镶面的片石，表面应比较平整，尺寸较大者应稍作凿整。

（2）块石：一般是按岩石层理放炮或楔劈而成的石材。形状大致方正，上下面大致平整，厚度在20～30cm，宽度为厚度的1.0～1.5倍，长度为厚度的1.5～3.0倍。块石一般不修凿，但应敲去尖角突出部分。

（3）细料石：是由岩层或大块石材开辟并经修凿而成。要求外形方正，成六面体，厚度为20～30cm，宽度为厚度的1.0～1.5倍，长度为厚度的2.5～4.0倍，其表面凹陷深度不大于1cm。

（4）半细料石：同细料石，其表面凹陷深度不大于1.5cm。

（5）粗细料石：同细料石，其表面凹陷深度不大于2cm、

桥涵工程中所用的石材强度等级有MU30、MU40、MU50、MU60、MU80、MU100、MU120，其中符号MU表示石材强度等级，后面的数字是边长70mm的含水饱和的立方体试件的抗压强度，以MPa为计量单位。

二、石料的力学性能试验方法

（一）单轴抗压强度试验（T 0221—2005）

1. 目的和适用范围

单轴抗压强度试验是测定规则形状岩石试件单轴抗压强度的方法，主要用于岩石的强度分级和岩性描述。

本法采用饱和状态下的岩石立方体（或圆柱体）试件的抗压强度来评定岩石强度（包括碎石或卵石的原始岩石强度）。

在某些情况下，试件含水状态还可根据需要选择天然状态、烘干状态或冻融循环后状态。试件的含水状态要在试验报告中注明。

2. 仪器设备

(1)压力试验机或万能试验机。其测量精度为 ±1%，试件破坏荷载应大于压力试验机全程的 20%，且小于压力试验机全程的 80%，同时应具有加荷速度指示装置或加荷速度控制装置。

(2)钻石机、切石机、磨石机等岩石试件加工设备。

(3)烘箱、干燥器、游标卡尺(精度 0.1mm)、角尺及水池等。

3. 试样制备

桥梁工程用的石料试验，采用立方体试件，边长为 70mm ±2mm，每组试件共 6 个。

有显著层理的岩石，分别沿平行和垂直层理方向各取试件 6 个，试件上、下端面应平行和磨平，试件端面的平面度公差应小于 0.05mm，端面对于试件轴线垂直度偏差不应超过 0.25mm。

4. 试验步骤

(1)对试件编号，用游标卡尺量取试件尺寸(精确至 0.1mm)，对立方体试件在顶面和底面上各量取其边长，以各个面上相互平行的两个边长的算术平均值计算其承压面积。

(2)试件的含水状况可根据需要选择烘干状况、天然状况、饱和状况、冻融循环后状况。

试件烘干方法：将试件放入温度为 105 ~110℃ 的烘箱内烘干至恒重，烘干时间一般为 12 ~24h，取出置于干燥器内冷却至室温(20℃ ±2℃)，称其质量，精确至 0.01g。

试件饱和有如下三种方法：

①自由吸水法：将称量后的试件置于盛水容器内，先注水至试件的 1/4 处，以后每隔 2h 分别注水至试件高度的 1/2 和 3/4 处，6h 后将水加至高出试件顶面 20mm，以利试件内空气逸出。试件全部被水淹没后再自由吸水 48h。

②用煮沸法饱和试件：将称量后的试件放入水槽，注水至试件高度的一半，静置 24h，再加水使试件浸没，煮沸 6h 以上，煮沸停止后静置水槽冷却后取出试件，擦去表面水分，称其质量。

③用真空抽气法饱和试件：将称量后的试件置于真空干燥器内，注入洁净水，水面高出试件顶面 20mm，开动抽气机，抽气时真空压力需达 100MPa，保持此真空状态直至无气泡发生为止(不少于 4h)，经真空抽气的试件放置在原容器中，在大气压力下静置 4h，取出试件擦去表面水分，称其质量。

(3)按岩石强度性质选定合适的压力机。将试件置于压力机的承压板中央，对正上、下承压板，不得偏心。

(4)以 0.5 ~1.0MPa/s 速率进行加荷直至破坏，记录破坏荷载及加载过程出现的现象。抗压试件试验的最大荷载记录以 N 为单位，精度 1%。

5. 结果整理

(1)岩石抗压强度按式(1-3-1)计算：

$$R_i = \frac{P_i}{A_i} \quad (i = 1,2,3\cdots) \tag{1-3-1}$$

式中：R_i——第 i 个试件的抗压强度(MPa)；

P_i——第 i 个试件的极限破坏荷载(N)；

A_i——第 i 个试件的截面积(mm^2)。

（2）岩石软化系数按式(1-3-2)计算

$$K_p = \frac{R_w}{R_d} \tag{1-3-2}$$

式中：K_p——软化系数；

R_w——岩石饱和状态下的单轴抗压强度(MPa)；

R_d——岩石烘干状态下的单轴抗压强度(MPa)。

单轴抗压强度试验结果应同时列出每个试件的试验值及同组的平均值；有显著层理的岩石应分别报告垂直和平行两个方向的试件强度平均值。计算精确至0.1MPa。

软化系数计算精确至0.01，3个试件平行测定，取算术平均值，其中的3个中最大与最小不超过20%，否则，应另取第4个试件试验。取最接近的3个试件算术平均值作为试验结果。

单轴抗压强度试验记录应包括岩石名称、试验编号、试件编号、试件描述、试件尺寸、破坏荷载、破坏形态。

（二）单轴压缩变形试验(T 0222—2005)

1. 目的和适用范围

岩石单轴压缩变形试验用于测定岩石试件在单轴压缩应力条件下的轴向及径向应变值，据此算出岩石的弹性模量和泊松比。

弹性模量是轴向应力与轴向应变之比；泊松比是在弹性模量相对应条件下的径向应变与轴向应变之比。

本试验可分为电阻应变仪法和千分表法，适用于能制成规则试件的各类岩石。坚硬和较坚硬的岩石应采用电阻应变仪法，较软岩石应采用千分表法。

2. 仪器设备

（1）切石机或钻石机、磨平机等岩石加工设备。

（2）斯顿电桥、万用表、兆欧表、千分表。

（3）电阻应变仪。

（4）电阻应变片(丝栅长度大于15mm)及粘贴电阻应变片用的各种工具及黏结剂等。

（5）压力试验机或万能试验机。

（6）其他设备：金属屏蔽线、恒温烘箱及其他试件加工设备。

3. 试样制备

从岩石中制取直径为50mm±2mm、高径比为2:1的圆柱体试件。试件含水状况及烘干和饱和方法同单轴抗压试验，同一含水状况下每组试件不少于6个，试件端面的平面度公差小于0.05mm，端面对于试件轴线垂直度偏差不应超过0.25°。

4. 试验步骤

（1）先测定其中3个试件单轴抗压强度，试验步骤同单轴抗压强度试验。

（2）电阻应变仪法。

①选择电阻应变片：应变片栅长大于岩石矿物最大颗粒粒径的10倍，小于试件半径。同一组试件的工作片与温度补偿片的规格和灵敏度系数应相同，电阻值允许偏差为±0.1Ω。

②贴应变片：试件以相对面为一组，分别贴纵向和横向应变片(如只求弹性模量而不求泊

松比，则仅需贴纵向的一对即可），数量均不应少于两片，且贴片位置应尽量避开裂隙或斑晶。贴片前先将试件的贴片部位用0号砂纸斜向擦毛，用丙酮擦洗，均匀地涂一层防潮胶液，厚度不应大于0.1mm，面积约为20mm×30mm，再使应变片牢固地贴在试件上。

③焊接导线：将各应变片的线头分别焊接导线，并用白胶布贴在导线上，标明编号。焊接时注意：焊接宜用液态松香和金属屏蔽线，以免产生磁场互相干扰；电阻应变仪应与压力试验机靠近些，减少导线长度；导线焊好后要固定，以免拉脱。系统绝缘电阻值应大于200MΩ。

④按电阻应变仪的使用说明书进行操作，接电源并检查电压，调整灵敏度系数；将试件测量导线接好，放在压力试验机球座上；接温度补偿应变片；贴温度补偿电阻应变片的试件应是试验试件的同组试件，并放在试验试件的附近；粘贴温度补偿应变片的操作程序要求尽量与工作应变片相同。

⑤将试件反复预压2～3次，加荷压力约为岩石极限强度的15%。

⑥按规定的加载方式和荷载分级，加载速度应为0.5～1.0MPa/s，分级读数，直至试件破坏，读数不少于10组测量值。

⑦记录加载过程及破坏时出现的现象，对破坏后的试件进行描述。

（3）千分表法

对于较坚硬的岩石，可将测量表架直接安装在试件上测量试件的纵、横向变形。对于变形较大、强度较低的软岩，可将测表安装在磁性表架上，磁性表架安装在试验机的下承压板上，纵向测表表头与上承压板边缘接触，横向表头直接与试件接触，测读初始读数。两对相互垂直的纵向测表和横向测表应分别安装在试件直径的对称位置上。

5.结果整理

（1）按式（1-3-3）计算各级应力：

$$\sigma = \frac{P}{A} \quad (i = 1,2,3\cdots) \tag{1-3-3}$$

式中：σ——应力（MPa）；

P——与所测各组应变值相应的荷载（N）；

A——试件的截面积（mm^2）。

（2）绘制应力与纵向应变及横向应变关系曲线，在应力与应变曲线上找出加载量最大值的0.8倍和0.2倍的点，并作割线，以该割线的斜率表示该试件的弹性模量，按式（1-3-4）计算，计算结果精确至100MPa。

$$E = \frac{\sigma_{0.8} - \sigma_{0.2}}{\varepsilon_{L0.8} - \varepsilon_{L0.2}} \tag{1-3-4}$$

式中：E——弹性模量；

$\sigma_{0.8}$、$\sigma_{0.2}$——加载量最大值的0.8倍和0.2倍时试件应力（MPa）；

$\varepsilon_{L0.8}$、$\varepsilon_{L0.2}$——应力为$\sigma_{0.8}$、$\sigma_{0.2}$时的纵向应变值。

（3）以同一应力下的纵向和横向应变按式（1-3-5）计算弹性泊松比μ，试验结果精确至0.01。

$$\mu = \frac{\varepsilon_{H0.8} - \varepsilon_{H0.2}}{\varepsilon_{L0.8} - \varepsilon_{L0.2}} \tag{1-3-5}$$

式中：μ——弹性泊松比；

$\varepsilon_{H0.8}$、$\varepsilon_{H0.2}$——应力为$\sigma_{0.8}$、$\sigma_{0.2}$时的横向应变值。

(4)按以下两式分别计算割线模量和相应的泊松比：

$$E_{50} = \frac{\sigma_{50}}{\varepsilon_{L50}} \tag{1-3-6}$$

$$\mu_{50} = \frac{\varepsilon_{H50}}{\varepsilon_{L50}} \tag{1-3-7}$$

式中：E_{50}——岩石的变形模量，即割线模量(MPa)；

μ_{50}——岩石的泊松比；

σ_{50}——加载量最大值的0.5倍时试件应力(MPa)；

ε_{H50}——应力为σ_{50}时的横向应变值；

ε_{L50}——应力为σ_{50}时的纵向应变值。

(5)每组试验3个试件平行试验，试验结果为3个试件的平均值，同时列出每个试件的试验结果。

单轴压缩变形试验记录应包括岩石名称、试验编号、试件编号、试件描述、试件尺寸、各级荷载下的应力及纵向和横向应变值、弹性模量和泊松比。

(三)劈裂强度试验(T 0223—1994)

1.目的和适用范围

在工程实践中，通常不允许出现拉应力，但拉断破坏仍是工程岩体主要的破坏方式之一，而且岩石抵抗拉应力的能力最低。

测定岩石抗拉强度的方法，有直接拉伸法和间接拉伸法两种。由于直接法的试件制备困难和试验技术的复杂性，目前多采用间接法(即劈裂法)，所得到的强度称为劈裂强度。

本试验适用于能制成规则试件的各类岩石。

2.仪器设备

(1)切石机、钻石机、磨石机等岩石试件加工设备。

(2)压力试验机或万能试验机。

(3)游标卡尺。

3.试样制备

试件应采用圆柱体，直径为50mm±2mm、高径比为0.5~1.0，试件高度应大于岩石最大颗粒粒径的10倍。试件上、下端面应平行和磨平。试件端面的平面度公差应小于0.05mm，端面对于试件轴线垂直度偏差不应超过0.25°。

4.试验步骤

(1)通过试件直径的两端，沿轴线方向划两条相互平行的加载基线，将两根垫条沿加载基线固定在试件两端。对于坚硬和较坚硬岩石应选用直径为1mm钢丝为垫条，对于软弱和较软弱岩石应选用宽度与试件直径之比为0.08~0.1的胶木板为垫条。

(2)将试件置于试验机承压板中心，调整球座，使试件均匀受荷，并使垫条与试件在同一加荷轴线上。

(3)以0.3~0.5MPa/s的速度连续而均匀地加荷，直至试件破坏为止。试件最终破坏应通过两垫条决定的平面,否则应视为无效试验。

(4)记录破坏荷载,并对破坏后的试件进行描述。

5.结果整理

(1)按式(1-3-8)计算各级应力:

$$\sigma_t = \frac{2P}{\pi DH} \tag{1-3-8}$$

式中:σ_t——应力(MPa);

P——破坏时的极限荷载(N);

D——圆柱体试件的直径(mm);

H——圆柱体试件的高度(mm)。

(2)岩石的劈裂强度试验结果应同时列出每个试件的试验值和同组3个(视所要求的受力方向或含水状态而定,每种情况下须制备3个)试件试验结果的平均值,试验结果精确至0.1MPa。

劈裂强度试验记录应包括岩石名称、试验编号、试件编号、试件描述、试件尺寸、破坏荷载。

(四)抗冻性试验(T 0241—1994)

1.目的和适用范围

岩石的抗冻性是用来评估岩石在饱和状态下经受规定次数的冻融循环后抵抗破坏的能力,岩石抗冻性对于不同的工程环境气候有不同的要求。冻融次数规定:在严寒地区(最冷月的月平均气温低于-15℃)为25次;寒冷地区(最冷月的月平均气温低于-15~-5℃)为15次。

寒冷地区,均应采用本法进行岩石的抗冻性试验。

2.仪器设备

(1)切石机、钻石机及磨石机等岩石试件加工设备。

(2)冰箱:温度能控制在-15~-20℃。

(3)天平:感量0.01g,称量大于500g。

(4)放大镜。

(5)烘箱:能使温度控制在105~110℃。

3.试样制备

采用立方体试件边长为70mm±2mm,每组试件不少于3个。此外再制备同样试件3个,用于做冻融系数试验。

4.试验步骤

(1)对试件编号,用放大镜详细检验,并作外观描述,然后量出每个试件的尺寸计算受压面积。将试件放入烘箱,在(105±5)℃下烘干至恒重,烘干时间一般为12~24h,待在干燥器内冷却至室温后取出,立即称其质量,精确0.01g。

(2)按吸水率试验方法,让试件吸水饱和,然后取出擦去表面水分,放在铁盘中试件与试件之间应留有一定间距。

(3)待冰箱温度下降到-15℃时,将铁盘连同试件一起放入冰箱,并立即开始记时。冻结

4h后取出试件，放入(20±5)℃的水中融解4h，如此反复冻融至规定次数为止（冻融循环的次数分为15次、25次及25次以上）。

(4)每隔一定的冻融循环次数（如10次、15次、25次等），详细检查各试件有无剥落、裂缝、分层及掉角等现象，并记录检查情况。

(5)称量冻融试验后试件的饱水质量 m'_f，再将其烘干至恒重，称其质量 m_f，并按单轴抗压强度的试验方法测定其冻融试验后的试件饱水抗压强度，另取3个未经冻融试验的试件测定其饱水抗压强度。

5. 结果整理

(1)按式(1-3-8)计算岩石冻融后的质量损失率，试验结果精确至0.1%。

$$L = \frac{m_s - m_f}{m_s} \times 100 \tag{1-3-9}$$

式中：L——冻融后的质量损失率(%)；

m_s——试验前烘干试件的质量(g)；

m_f——试验后烘干试件的质量(g)。

冻融后的质量损失率取3个试件试验结果的算术平均值。

(2)按式(1-3-9)计算岩石冻融后的吸水率，试验结果精确至0.1%。

$$w'_{sa} = \frac{m'_f - m_f}{m_f} \times 100 \tag{1-3-10}$$

式中：w'_{sa}——岩石冻融后的吸水率(%)；

m'_f——冻融试验后的试件饱水质量(g)。

(3)按式(1-3-10)计算岩石的冻融系数，试验结果精确至0.01。

$$K_f = \frac{R_f}{R_s} \tag{1-3-11}$$

式中：K_f——冻融系数；

R_f——经若干次冻融试验后的试件饱水抗压强度(MPa)；

R_s——未经冻融试验的试件饱水抗压强度(MPa)。

抗冻性记录应包括岩石名称、试验编号、试件编号、试件描述、冻融循环次数、冻融试验前后的烘干质量、冻融试验后的试件饱水抗压强度、未经冻融试验的试件饱水抗压强度。

判断岩石抗冻性能好坏有三个指标，即：①冻融后强度变化；②质量损失；③外形变化。一般认为，抗冻系数大于75%，质量损失率小于2%时，为抗冻性好的岩石；吸水率小于0.5%，软化系数大于0.75以及饱水系数小于0.8的岩石，具有足够的抗冻能力。

第三节　混　凝　土

以各种水泥为胶结材料，用砂石为集料，并以普通水为原材料，按专门设计的配合比，经搅拌、成型、养护而得到的复合材料为混凝土。现代水泥混凝土中为了调节和改善其工艺性能和力学性能，还加入各种化学外加剂和磨细矿质掺和料。

普通水泥混凝土主要技术性质包括新拌混凝土拌和物的工作性，硬化混凝土的强度、变形和耐久性。

普通混凝土的力学性能包括：抗压强度、轴心抗压强度、静力受压弹性模量、劈裂抗拉强度和抗折强度等。

一、普通混凝土试件的制作方法

1. 试件尺寸公差

公差包括尺寸公差和形位公差。试件的形位公差是否符合要求，对其力学性能，特别是对高强混凝土的力学性能影响甚大。对试件承压面平面公差主要是靠试模内表面的平面度来控制，而试件相邻面夹角公差不但靠试模相邻面夹角控制，而且还取决于每次安装试模的精度。所以要使试件的形位公差符合要求，不但应采用符合标准要求的试模来制作试件，而且必须高度重视对试模的安装。

试件承压面的平面度公差不得超过0.000 5d（d为边长）。

试件相邻面间的夹角应为90°，其公差不得超过0.5°。

试件各边长直径和高的尺寸公差不得超过1mm。

2. 普通混凝土试件的制作方法

（1）混凝土试件的制作应符合下列规定：

①成型前，应检查试模尺寸并符合有关规定，尤其是对高强混凝土，应格外重视检查试模的尺寸是否符合试模标准的要求。特别应检查试模的内表面平整度和相邻面夹角是否符合要求。试模内表面应涂一薄层矿物油或其他不与混凝土发生反应的脱模剂。

②普通混凝土力学性能试验每组试件所用的拌和物应从同一盘混凝土或同一车混凝土中取样。在试验室拌制混凝土时，其材料用量应以质量计，称量的精度：水泥、掺和料、水和外加剂为±0.5%；集料为±1%。

③取样或试验室拌制的混凝土应在拌制后尽量短的时间内成型，一般不宜超过15min。

④根据混凝土拌和物的稠度确定混凝土成型方法，坍落度不大于70mm的混凝土宜用振动振实；大于70mm的宜用捣棒人工捣实；检验现浇混凝土或预制构件的混凝土，试件成型方法宜与实际采用的方法相同。

⑤圆柱体试件的制作见《普通混凝土力学性能试验方法标准》（GB/T 50081—2002）附录A。

（2）混凝土试件制作应按下列步骤进行：

①取样或拌制好的混凝土拌和物应至少用铁锹来回拌和三次。

②用振动台振实制作试件应按下述方法进行：

a. 将混凝土拌和物一次装入试模，装料时应用抹刀沿各试模壁插捣，并使混凝土拌和物高出试模口；

b. 试模应附着或固定在振动台上，振动时试模不得有任何跳动，振动应持续到表面出浆为止，不得过振；

c. 刮除试模上口多余的混凝土，待混凝土临近初凝时，用抹刀抹平。

③用人工插捣制作试件应按下述方法进行：

a. 混凝土拌和物应分两层装入模内，每层的装料厚度大致相等；

b. 插捣应按螺旋方向从边缘向中心均匀进行。在插捣底层混凝土时，捣棒应达到试模底部；插捣上层时，捣棒应贯穿上层后插入下层20～30mm；插捣时捣棒应保持垂直，不得倾斜，然后应用抹刀沿试模内壁插拔数次；

c. 每层插捣次数按在10 000mm^{2}截面积内不得少于12次；

d. 插捣后应用橡皮锤轻轻敲击试模四周，直至插捣棒留下的空洞消失为止；

e. 刮除试模上口多余的混凝土，待混凝土临近初凝时，用抹刀抹平。

④用插入式振捣棒振实制作试件应按下述方法进行：

a. 将混凝土拌和物一次装入试模，装料时应用抹刀沿各试模壁插捣，并使混凝土拌和物高出试模口；

b. 宜用直径为25mm的插入式振捣棒，插入试模振捣时，振捣棒距试模底板10～20mm，且不得触及试模底板，振动应持续到表面出浆为止，且应避免过振，以防止混凝土离析，一般振捣时间为20s；振捣棒拔出时要缓慢，拔出后不得留有孔洞；

c. 刮除试模上口多余的混凝土，待混凝土临近初凝时，用抹刀抹平。

3. 试件的养护

(1)试件成型后应立即用不透水的薄膜覆盖表面。

(2)采用标准养护的试件，应在温度为(20±5)℃的环境中静置一至二昼夜，然后编号、拆模。拆模后应立即放入温度为(20±2)℃，相对湿度为95%以上的标准养护室中养护，或在温度为(20±2)℃的不流动的$Ca(OH)_2$饱和溶液中养护（因为水泥石中存在$Ca(OH)_2$是水泥水化和维持水泥石稳定的重要前提，如果养护水不是$Ca(OH)_2$饱和溶液，那么混凝土中的$Ca(OH)_2$就会溶出，这就影响水泥的水化进程从而影响混凝土的强度）。标准养护室内的试件应放在支架上，彼此间隔10～20mm，试件表面应保持潮湿，并不得被水直接冲淋。

(3)同条件养护试件的拆模时间可与实际构件的拆模时间相同，拆模后，试件仍需保持同条件养护。

(4)标准养护龄期为28d（从搅拌加水开始计时）；非标准养护龄期一般为1d、3d、7d、60d、90d和180d。

二、混凝土的力学性能试验

(一)抗压强度试验

1. 试验步骤

(1)检查所采用的压力试验机是否符合要求，并选择合适的量程。

(2)从养护地点取出后及时进行试验，将试件表面与上下承压板面擦干净。然后将试件安放在试验机的下压板或垫板上，试件的承压面应与成型时的顶面垂直。试件的中心应与试验机压板中心对准，开动试验机，当上压板与试件或钢垫板接近时，调整球座，使其接触均衡。

(3)在试验过程中应连续均匀地加荷，混凝土强度等级小于C30时，加荷速度取0.3～0.5MPa/s，混凝土强度等级不小于C30且小于C60时，取0.5～0.8MPa/s，混凝土强度等级不小于C60时，取0.8～1.0MPa/s。

(4)当试件接近破坏开始急剧变形时，应停止调整试验机油门，直至破坏。然后记录破坏荷载F。

2. 抗压强度结果计算及确定

(1)混凝土立方体抗压强度计算

混凝土立方体抗压强度应按式(1-3-11)计算

$$f_{cc}=\frac{F}{A} \tag{1-3-12}$$

式中：f_{cc}——混凝土立方体试件抗压强度(MPa)；

F——试件破坏荷载(N)；

A——试件承压面积(mm^2)。

混凝土立方体抗压强度计算结果精确至0.1MPa。

(2)混凝土立方体抗压强度值的确定

一般情况下取三个试件测值的算术平均值作为该组试件的强度值(精确至0.1MPa)；但当三个值中的最大值或最小值中如有一个与中间值的差值超过中间值的15%时，则把最大值及最小值一并舍除，取中间值作为该组试件的抗压强度值，若最大值和最小值与中间值的差值均超过中间值的15%，则该组试件的试验结果无效。

(3)非标准试件强度值的确定

当混凝土强度等级小于C60时，用非标准试件测得的强度值均应乘以尺寸换算系数，其值为对200mm×200mm×200mm试件为1.05，对100mm×100mm×100mm试件为0.95。当混凝土强度等级不小于C60时，宜采用标准试件；当采用非标准试验时，尺寸换算系数应有试验确定。

(二)轴心抗压强试验

1. 试验步骤

(1)检查所采用的压力试验机是否符合要求，并选择合适的量程。当混凝土强度等级不小于C60时，试件周围应设防崩裂网罩。

(2)从养护地点取出后及时进行试验，将试件表面与上下承压板面擦干净。然后将试件安放在试验机的下压板或垫板上，试件的承压面应与成型时的顶面垂直。试件的中心应与试验机压板中心对准，开动试验机，当上压板与试件或钢垫板接近时，调整球座，使其接触均衡。

(3)应连续均匀地加荷，不得有冲击。所用加荷速度与抗压强度试验时相同。

(4)试件接近破坏而开始急剧变形时，应停止调整试验机油门，直至破坏。然后记录荷载F。

2. 试验结果计算及确定

(1)混凝土试件轴心抗压强度计算

混凝土试件轴心抗压强度应按式(1-3-13)计算

$$f_{cp}=\frac{F}{A} \tag{1-3-13}$$

式中：f_{cp}——混凝土棱柱体试件抗压强度(MPa)；

F——试件破坏荷载(N)；

A——试件承压面积(mm^2)。

混凝土棱柱体抗压强度计算结果精确至0.1MPa。

（2）混凝土棱柱体抗压强度值的确定

一般情况下取三个试件测值的算术平均值作为该组试件的强度值（精确至0.1MPa）；但当三个值中的最大值或最小值中如有一个与中间值的差值超过中间值的15%时，则把最大值及最小值一并舍除，取中间值作为该组试件的抗压强度值，若最大值和最小值与中间值的差值均超过中间值的15%，则该组试件的试验结果无效。

（3）非标准试件强度值的确定

混凝土强度等级小于C60时，用非标准试件测得的强度值均应乘以尺寸换算系数，其值为对200mm×200mm×400mm试件为1.05，对100mm×100mm×300mm试件为0.95。当混凝土强度等级不小于C60时，宜采用标准试件；当采用非标准试验时，尺寸换算系数应由试验确定。

（三）静力受压弹性模量试验

1. 试验步骤

（1）检查所采用的压力试验机是否符合要求，并选择合适的量程。其测量精度为±1%，试件破坏荷载应大于压力机全量程的20%，且小于压力机全量程的80%。

（2）检查微变形测量仪是否满足以下要求：微变形测量可采用千分表、电阻应变片测长仪和激光测长仪等。但其测量精度不低于0.001mm，微变形测量仪的标距应为150mm。

（3）试件从养护地点取出后先将试件表面与上下承压板面擦干净，取3个试件按测定混凝土轴心抗压强度的方法先测定混凝土的轴心抗压强度（f_{cp}），另取3个试件用于测定混凝土的弹性摸量。

（4）将变形测量仪安装在试件两侧的中线上并对称于试件的两端。仔细调整试件在压力试验机上的位置，使其轴心与下压板的中心线对准。开动压力试验机，当上压板与试件接近时调整球座，使其接触匀衡。

（5）加荷至基准应力为0.5MPa的初始荷载值F_0，保持恒载60s并在以后的30s内记录每个测点的变形读数ε_0。然后立即连续均匀地加荷至应力为轴心抗压强度f_{cp}的1/3荷载值F_a，保持恒载60s并在以后的30s内记录每一测点的变形读数ε_a。所用加荷速度与抗压强度试验时相同。

（6）当两侧变形值之差与它们平均值之比大于20%时，应重新对中试件，再重复以上试验。如果无法使其减少到低于20%时，则此次试验无效。

（7）确认试件对中后，以与加荷速度相同的速度卸荷至基准应力0.5MPa（F_0）恒载60s；然后用同样的加荷和卸荷速度以及60s的保持恒载（F_0及F_a）至少进行两次反复预压。在最后一次预压完成后，在基准应力0.5MPa（F_0）持荷60s，并在以后的30s内记录每一测点的变形读数ε_0；再用同样的加荷速度加荷至Fa持荷60s并在以后的30s内记录每一测点的变形读数ε_a（图1-3-1）。

（8）卸除变形测量仪，以同样的速度加荷至破坏，记录破坏荷载，如果试件的抗压强度与f_{cp}之差超过f_{cp}的20%时，则应在报告中注明。

2. 试验结果计算及确定

（1）混凝土静力受压弹性模量计算

混凝土静力受压弹性模量值应按式（1-3-14）计算

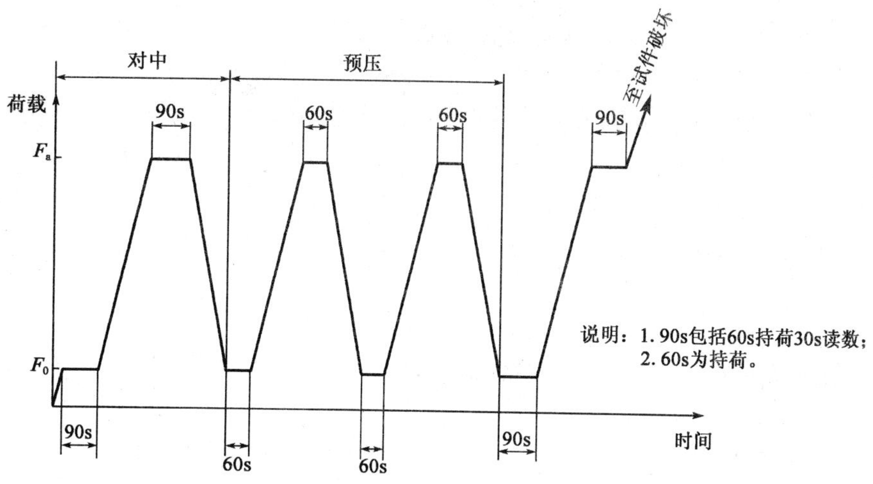

图 1-3-1　弹性模量加荷方法示意图

$$E_c = \frac{F_a - F_0}{A} \times \frac{L}{\Delta n} \tag{1-3-14}$$

式中：E_c——混凝土弹性模量(MPa)；

F_a——应力为 1/3 轴心抗压强度时的荷载(N)；

F_0——应力为 0.5MPa 时的初始荷载(N)；

A——试件承压面积(mm^2)；

L——测量标距(mm)；

Δn——最后一次从 F_0 加荷至 F_a 时试件两侧变形的平均值；

$$\Delta n = \varepsilon_a - \varepsilon_0 \tag{1-3-15}$$

ε_a——F_a 时试件两侧变形的平均值(mm)；

ε_0——F_0 时试件两侧变形的平均值(mm)。

(2)静力受压弹性模量值的确定

弹性模量按每个试件测值的算术平均值计算。如果其中有一个试件的轴心抗压强度值与用以确定检验控制荷载的轴心抗压强度值相差超过后者的 20% 时，则弹性模量值按另两个试件测值的算术平均值计算，如有两个试件超过上述规定时，则此次试验无效。

(四)劈裂抗拉强度试验

1. 试验步骤

(1)检查所采用的压力试验机是否符合要求，并选择合适的量程。

(2)检查所采用的垫块、垫条及支架是否符合以下规定：垫块应为半径为 75mm 的钢制弧形垫块，垫块的长度与试件相同。垫条为三层胶合板制成，宽度为 20mm，厚度为 3～4mm，长度不小于试件长度，垫条不得重复使用。支架为钢支架。

(3)试件从养护地点取出后应及时进行试验，将试件表面与上下承压板面擦干净。将试件放在试验机下压板的中心位置，劈裂承压面和劈裂面应与试件成型时的顶面垂直；在上、下压板与试件之间垫以圆弧形垫块及垫条各一条，垫块与垫条应与试件上、下面的中心线对准并与成型时的顶面垂直。

(4)开动试验机，当上压板与圆弧形垫块接近时，调整球座，使接触均衡。加荷应连续均匀，当混凝土强度等级小于C30时，加荷速度取每秒钟0.02~0.05MPa，当混凝土强度等级不小于C30且小于C60时，取每秒钟0.05~0.08MPa，当混凝土强度等级不小于C60时，取每秒钟0.08~0.10MPa/s，至试件接近破坏时，应停止调整试验机油门，直至试件破坏，然后记录破坏荷载。

2. 试验结果计算及确定

(1)混凝土劈裂抗拉强度按下式计算：

$$f_{ts} = \frac{2F}{\pi A} = 0.637\frac{F}{A} \tag{1-3-16}$$

式中：f_{ts}——混凝土劈裂抗拉强度(MPa)；

F——试件破坏荷载(N)；

A——试件劈裂面面积(mm^2)。

劈裂抗拉强度计算结果精确到0.01MPa。

(2)劈裂抗拉强度值的确定

①取三个试件测值的算术平均值作为该组试件的强度值(精确至0.01MPa)。

②三个测值中的最大值或最小值中如有一个与中间值的差值超过中间值的15%时，则把最大及最小值一并舍除，取中间值作为该组试件的抗压强度值。

③如最大值与最小值与中间值的差均超过中间值15%时，则该组试件的试验结果无效。

④采用100mm×100mm×100mm非标准试件测得的劈裂抗拉强度值，应乘以尺寸换算系数0.85；当混凝土强度等级不小于C60时，宜采用标准试件，使用非标准试件时尺寸换算系数应由试验确定。

(五)抗折强度试验

1. 试验步骤

(1)检查所采用的压力试验机是否符合要求，并选择合适的量程。要求试验机应能施加均匀、连续、速度可控的荷载，并带有能使两个相等荷载同时作用在试件跨度3分点处的抗折试验装置，如图1-3-2所示。试件的支座和加荷头应采用直径为20~40mm，长度不小于b+10mm的硬钢圆柱，支座立脚点固定铰支，其他应为滚动支点。

(2)标准试件尺寸为150mm×150mm×550mm和150mm×150mm×600mm两种。试件从养护地取出后应及时进行试验，将试件表面擦干净，检查试件，试件在长向中部1/3区段内不得有表面直径超过5mm、深度超过2mm的孔洞。

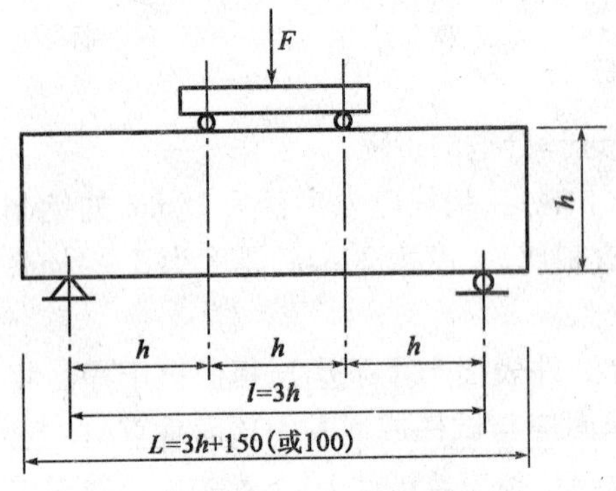

图1-3-2　抗折试验装置

(3)装置试件，安装尺寸偏差不得大于1mm。试件承压面应为试件成型时的侧面，支座及承压面与圆柱的接触面应平稳、均匀，否则应垫平。

(4)均匀、连续施加荷载。当混凝土强度等级小于C30时，加荷速度取每秒钟0.02~0.05MPa，强度等级不小于C30且小于C60时，取每秒钟0.05~0.08MPa，当混凝土强度等级不小于 C60 时，取 0.08 ~0.10MPa，至试件接近破坏时，停止调整试验机油门，直至试件破坏，然后记录破坏荷载和试件下边缘断裂位置。

2. 试验结果计算及确定

(1)若试件下边缘断裂位置处于二个集中荷载作用线之间，则试件的抗折强度 f_f(MPa)按下式计算：

$$f_f = \frac{FL}{bh^2} \tag{1-3-17}$$

式中：f_f——混凝土抗折强度(MPa)；

F——试件破坏荷载(N)；

L——支座间跨度(mm)；

h——试件截面高度(mm)；

b——试件截面宽度(mm)；

抗折强度计算应精确至 0.01MPa。

(2)抗折强度值的确定

①三个试件测值的算术平均值作为该组试件的强度值(精确至 0.01MPa)。

②三个测值中的最大值或最小值中如有一个与中间值的差值超过中间值的 15% 时，则把最大及最小值一并舍除，取中间值作为该组试件的抗压强度值。

③如最大值与最小值与中间值的差均超过中间值 15% 时，则该组试件的试验结果无效。

④三个试件中若有一个折断面位于两个集中荷载之外，则混凝土抗折强度值按另两个试件的试验结果计算。若这两个测值的差值不大于这两个测值的较小值的 15% 时，则该组试件的抗折强度值按这两个测值的平均值计算，否则该组试件的试验无效。若有两个试件的下边缘断裂位置位于两个集中荷载作用线之外，则该组试件试验无效。

⑤当试件尺寸为 100mm ×100mm ×400mm 非标准试件时，应乘以尺寸换算系数 0.85；当混凝土强度等级不小于 C60 时，宜采用标准试件，使用非标准试件时尺寸换算系数应由试验确定。

第四节　桥梁用钢材

桥梁用钢按其形状来分可分为型材、棒材(或线材)和异型材(特种形状)三类。型材主要包括型钢和钢板，主要用于钢桥建筑。棒材(或线材)主要包括钢筋、预应力钢筋、高强钢丝和钢绞线等，它是钢筋混凝土桥梁建筑中使用的主要材料之一。异型材(特种形状)是为特殊用途而制作的，如预应力混凝土中用的锚具、夹具和大变形伸缩件中使用的异型钢梁等。

一、钢材的主要力学性能

1. 强度

强度是钢材力学性能的主要指标，包括屈服强度和抗拉强度：

(1)屈服强度也称屈服极限，它是钢材开始丧失对变形的抵抗能力，并开始产生大量塑性变形时所对应的应力。

中碳钢和高碳钢没有明显的屈服点，通常以残余变形0.2%的应力作为屈服强度。

(2)抗拉强度，它是钢材所能承受的最大拉应力。即当拉应力达到强度极限时，钢材完全丧失了对变形的抵抗能力而断裂。

(3)屈强比是屈服强度与抗拉强度的比值，通常用来比较结构的可靠性和钢材的有效利用率。屈强比越小，结构可靠性越高，即延缓结构损伤程度潜力越大，但比值太小，则钢材的利用率太低。

2. 塑性

塑性是钢材在受力破坏之前可以经受永久变形的性能，通常用伸长率和断面收缩率表示。

(1)伸长率：是钢材受拉发生断裂时所能承受的永久变形能力。试件拉断后标准长度的增量与原标准长度之比的百分率即伸长率。

(2)断面收缩率：是指试件拉断后缩颈处横断面积的最大缩减量占原横断面积的百分率。

3. 冷弯性能

冷弯性能是钢材在常温条件下承受规定弯曲程度的弯曲变形能力，并可在弯曲中显示钢材缺陷的一种工艺性能，规定试件在规定的弯曲角度、弯心直径及反复弯曲次数后，试件弯曲处不产生裂纹、断裂和起层等现象时即认为合格。

4. 硬度

硬度是钢材抵抗其他较硬物体压入的能力，实际上硬度为钢材抵抗塑性变形的能力。测定钢材硬度通常的方法有布氏法、洛氏法和维氏法，相应的作为硬度指标有布氏硬度(HB)、洛氏硬度(HR)和维氏硬度(HV)。硬度常用于检查钢材质量和确定合理的加工工艺。

5. 冲击韧性

钢材的冲击韧性，是指钢材在冲击荷载作用下断裂时吸收能量的能力，它是衡量钢材抵抗脆性破坏的力学性能指标。

6. 耐疲劳性

钢材若在交变应力(随时间作周期性交替变更的应力)的反复作用下，往往在工作应力远小于抗拉强度时发生骤然断裂，这种现象称为“疲劳破坏”。钢材抵抗疲劳破坏的能力称为耐疲劳性。

7. 良好的焊接性

良好的焊接性是指钢材的连接部分焊接后力学性能不低于焊件本身，以防产生硬化脆裂和内应力过大等现象。

二、试验方法

1. 拉伸试验

钢材的屈服强度、抗拉强度和伸长率等性能都可以通过拉伸试验获得，拉伸试验应该按照国家标准《金属材料室温拉伸试验方法》(GB/T 228—2002)进行。

(1)屈服强度

对于有明显屈服现象的钢材，可以采用图解法、指针法或自动装置测定其上屈服强度和下

屈服强度。

①图解法。试段时记录力—延伸曲线或力—位移曲线，从曲线图读取首次下降前的最大力和不计初始瞬时效应时屈服阶段中的最小力或屈服平台的恒定力，将其分别除以试样原始横截面积得到上屈服强度和下屈服强度。

②指针法。试验时，读取测力度盘指针首次回转前指示的最大力和不计初始瞬时效应时屈服阶段中指示的最小力或首次停止转动指示的恒定力，将其分别除以试样原始横截面积得到上屈服强度和下屈服强度。

③自动装置。使用自动装置或自动测试系统等测定上屈服强度和下屈服强度。

没有明显的屈服点的钢材，采用分级加荷，求出弹性直线段相应于小等级负荷的平均伸长增量，由此计算出偏离直线段后各级负荷的弹性伸长。从总伸长中减去弹性伸长即为残余伸长。通常以残余伸长0.2%的应力作为屈服强度，表示为$\sigma_{0.2}$，并按式(1-3-18)计算。

$$\sigma_{0.2}=\frac{F_{0.2}}{A_0} \tag{1-3-18}$$

式中：$F_{0.2}$——相当于所求应力的荷载(N)；

A_0——试件原横截面积(mm^2)。

(2)抗拉强度

也可以采用下列的图解法、指针法或自动装置测定试样的抗拉强度。

①图解法。从试验记录的力—延伸曲线或力—位移曲线上，读取最大力，将最大力除以试样原始横截面积得到抗拉强度。

②指针法。从测力度盘读取试验过程中的最大力，将最大力除以试样原始横截面积得到抗拉强度。

③自动装置。使用自动装置或自动测试系统等测定抗拉强度。

(3)伸长率

工程中钢材塑性指标通常用伸长率和断面收缩率表示，钢筋一般可进行伸长率单项抽验，当试件拉断后标距长度的增量与原标距长度之比的百分率即为伸长率，伸长率(δ_n)以%表达，并按式(1-3-19)计算

$$\delta_n=\frac{L_1-L_0}{L_0}\times 100\% \tag{1-3-19}$$

式中：L_1——试件拉断后标距部分的长度(mm)；

L_0——试件原标距长度(mm)；

n——长、短比例试件的伸长率分别以δ_5、δ_{10}表示。

为了避免因断裂发生在离最接近的标距标记的距离小于原始标距的1/3，而造成试样报废，可以采用移位方法测定断后伸长率。

在试验前将原始标距(L_0)细分为N等份。试验后，以符号X表示断裂后试样短段的标距标记，以符号Y表示断裂试样长段的等分标记，此标记与断裂处的距离最接近于断裂处至标距标记X的距离。如X与Y之间的分格数为n，按如下方法测定断后伸长率(图1-3-3)。

①如$N-n$为偶数，测量X与Y之间的距离和测量从Y至距离为$(N-n)/2$个分格的Z标记之间的距离。按照式(1-3-20)计算断后伸长率：

$$\delta=\frac{XY+2YZ-L_0}{L_0}\times 100\% \tag{1-3-20}$$

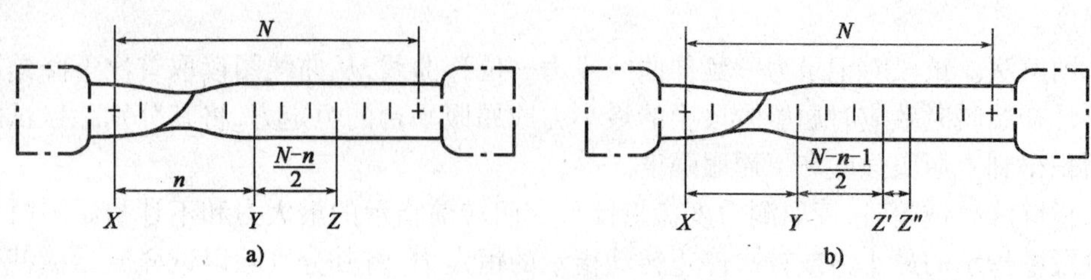

图 1-3-3　移位法测定断后伸长率

②如 $N-n$ 为奇数，按照式(1-3-21)计算断后伸长率：

$$\delta = \frac{XY + YZ' + YZ'' - L_0}{L_0} \times 100\% \tag{1-3-21}$$

2. 弯曲试验

弯曲试验应在配备弯曲装置的试验机或压力机上进行，弯曲装置可以取以下弯曲装置之一：支辊式弯曲装置、V 形模具式弯曲装置、虎钳式弯曲装置或翻板式弯曲装置。平常可采用支辊式弯曲装置(图 1-3-4)进行弯曲试验。

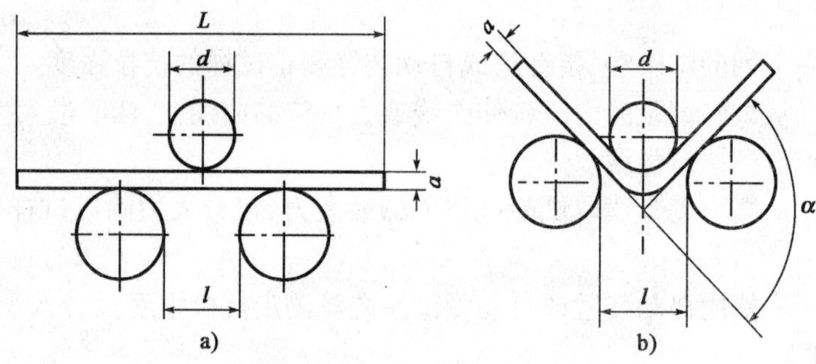

图 1-3-4　支辊式弯曲装置

试验时将试样放在满足以上条件的设备上缓缓弯曲至规定的弯曲角度，无裂纹、起层或断裂等现象，若无则认为合格。

以支辊式弯曲装置为例介绍试验步骤与要求如下：

(1)试样放置于两个支点上，将一定直径的弯心在试样两个支点中间施加压力，使试样弯曲到规定的角度，或出现裂纹、裂缝、断裂为止。

(2)试样在两个支点上按一定弯心直径弯曲至两臂平行时，可一次完成试验，也可先按(1)弯曲至 90°，然后放置在试验机平板之间继续施加压力，压至试样两臂平行。

(3)试验时应在平稳压力作用下，缓慢施加试验力。

(4)弯心直径必须符合相关产品标准中的规定，弯心宽度必须大于试样的宽度或直径，两支辊间距离为 $(d+3a)\pm0.5a$，并且在试验过程中不允许有变化。

(5)试验应在 10 ~ 35℃下进行，在控制条件下，试验在(23 ±5)℃下进行。

(6)卸除试验力以后，按有关规定进行检查并进行结果评定。

3. 反复弯曲试验

按《金属线材反复弯曲试验方法》(GB/T 238—2002)的规定进行，弯曲半径和弯曲次数应符合规定。试验程序如下：

(1)根据线材直径选择支座半径、顶部至拔杆底部的距离及拔杆直径。

(2)使弯曲臂处于垂直状况,将试样插入。

(3)将试样向任一方向弯曲90°,再弯回来作为一次。

(4)将试样向相反方向弯曲90°,再弯回来作为又一次。

(5)依次不间断弯曲到规定次数或出现裂缝为止。

试样断裂的最后一次弯曲不计入弯曲次数。

三、钢材产品检验

1. 钢筋混凝土用钢筋

(1)热轧带肋钢筋

热轧带肋钢筋(包括普通热轧带肋钢筋和细晶粒热轧带肋钢筋)按屈服强度特征值分为335、400、500级,普通热轧带肋钢筋的牌号为:HRB335、HRB400和HRB500,细晶粒热轧带肋钢筋的牌号为:HRBF335、HRBF400和HRBF500。

热轧带肋钢筋横截面为圆形,表面带有横肋,通常还带有纵肋;有些钢筋横肋的纵截面呈月牙形,成为月牙肋钢筋。

①力学性能

钢筋力学性能的试验按照《金属材料室温拉伸试验方法》(GB/T 228—2002)的有关规定进行,试样数量为2根,从任选2根钢筋上切取,计算强度用横截面面积采用公称横截面面积。按表1-3-1的规定切取试样,长度为表1-3-1中自由程度加上两端的夹持长度;在试样的自由程度范围内,均匀划分为10mm或5mm的等间距标记。

试样夹具之间的自由长度　　表1-3-1

钢筋公称直径(mm)	自由程度(mm)	钢筋公称直径(mm)	自由程度(mm)
$d \leqslant 25$	350	$32 < d \leqslant 50$	500
$25 < d \leqslant 32$	400		

②弯曲性能

按规定的弯芯直径弯曲180°后,钢筋受弯曲部位表面不得产生裂纹。钢筋弯曲性能的试验试样数量为2根,从任选2根钢筋上切取。

③其他检验项目

根据工程使用需求,还可能进行其他项目如反向弯曲性能、疲劳性能、焊接性能和表面质量等的检验。

(2)热轧光圆钢筋

根据国家标准《钢筋混凝土用钢第1部分:热轧光圆钢筋》(GB 1499.1—2008)的规定,热轧光圆钢筋(包括热轧直条钢筋和盘卷光圆钢筋)按屈服强度特征值分为235级、300级,其牌号为:HPB235、HPB300。

①力学性能

热轧光圆钢筋的屈服强度R_{eL}、抗拉强度R_m、断后伸长率A、最大力总伸长率A_{gt}等力学性能的试验按照《金属材料室温拉伸试验方法》(GB/T 228—2002)的有关规定进行,试样数量为2根,从任选2根钢筋上切取,计算强度用横截面面积采用公称横截面面积。

②弯曲性能

弯曲试验的弯芯直径为钢筋的公称直径，径弯曲180°后，钢筋受弯曲部位表面不得产生裂纹。钢筋弯曲性能的试验试样数量为2根，从任选2根钢筋上切取。

③其他检验项目

其他检验项目还包括表面质量、表面形状、尺寸允许偏差、重量偏差及相应的检验方法。

2. 预应力混凝土用钢棒

预应力混凝土用钢棒（以下称为钢棒）是低合金钢热轧圆盘条经过冷加工后（或不经过冷加工）淬火和回火所得到，按表面形状分为光圆、螺旋槽、螺旋肋和带肋钢棒。钢棒按不同的制造加工有不同的强度等级和试验要求，此外还有延性级别和松驰级别要求。

(1)力学性能

钢棒的抗拉强度 R_m、规定非比例延伸强度 $R_{p0.2}$，伸长特性（断后伸长率 A、最大力总伸长率 A_{gt}）。钢棒力学性能的试验按照《金属材料室温拉伸试验方法》（GB/T 228—2002）的有关规定进行，抗拉强度试样数量为1根/盘，规定非比例延伸强度试样数量为3根/批，断后伸长率试样数量为1根/盘，最大力总伸长率试样数量级为3根/批，从每（任一）盘中任意一端截取，计算强度用横截面面积采用公称横截面面积。拉伸试验后，目视观察，钢棒应呈现出缩颈韧性断口。

(2)弯曲性能

公称直径不大于10mm的钢棒（螺旋槽钢棒和带肋钢棒除外）进行反复弯曲试验，公称直径大于10mm的钢棒（螺旋槽钢棒和带肋钢棒除外）进行弯曲试验。

钢棒反复弯曲试验按照《金属线材反复弯曲试验方法》（GB/T 228—2002）的有关规定进行，钢棒弯曲试验按照《金属材料弯曲试验方法》（GB/T 232—1999）的有关规定进行，试样数量均为3根/批，从每（任一）盘中任意一端截取。

(3)应力松弛性能

钢棒应进行了初始应力为70%公称抗拉强度时1 000h的松弛试验，如需方有要求，也应测定初始应力为60%和80%公称抗拉强度时1 000h的松弛值。

应力松弛试验应参照国家标准《金属应力松弛试验方法》（GB/T 10120—1996）的有关规定进行。试样数量为不少于1根/每条生产线每个月，从每（任一）盘中任意一端截取。

(4)其他检验项目

疲劳试验、表面质量、横截面面积等，及相应的检验方法，应参照国家标准《预应力混凝土用钢棒》（GB/T 5223.3—2005）。

3. 预应力混凝土用钢绞线

按照国家标准《预应力混凝土用钢绞线》（GB/T 5224—2003）的规定，预应力混凝土用钢绞线（以下称为钢绞线）是由冷拉光圆钢丝及刻痕钢丝捻制而成，按结构形式分为5类，其代号为：

(1)用两根钢丝捻制的钢绞线，1×2。

(2)用三根钢丝捻制的钢绞线，1×3。

(3)用三根刻痕钢丝捻制的钢绞线，1×3I。

(4)用七根钢丝捻制的标准型钢绞线，1×7。

(5)用七根钢丝捻制又经模拔的钢绞线，(1×7)C。

钢绞线的产品标记包含:结构代号、公称直径、强度级别、标准号。

(1)力学性能

按不同的结构形式、公称直径和强度等级,有不同的力学性能要求。

钢绞线力学性能的试验按照《金属材料室温拉伸试验方法》(GB/T 228—2002)的有关规定进行,但试样在夹头内和距钳口2倍钢绞线公称直径内断裂达不到标准要求时,试验无效。计算抗拉强度时用参考截面面积值。规定非比例延伸力 $F_{p0.2}$ 即为引伸计标距的非比例延伸达到原始标距0.2%时的力。测定最大力总伸长率时,如有预加负荷,应考虑将预加负荷所产生的伸长率计入总伸长率内。

整根钢绞线的最大力试样数量为3根/批,规定非比例延伸力试样数量为3根/批,最大力总伸长率试样数量为3根/批,从每(任一)盘中任意一端截取。

(2)应力松弛性能

应力松弛试验应参照国家标准《金属应力松弛试验方法》(GB/T 10120—1996)的有关规定进行,试样的环境温度应保持在20℃ ±2℃内,标距长度不小于公称直径的60倍,试样制备后不得进行任何热处理和冷加工,初始负荷应在3 ~5min内均匀施加完毕、持荷1min后开始记录松弛值,允许用至少100h的测试数据推算1 000h的松弛值。试样数量为不少于1根/每合同批,从每(任一)盘卷中任意一端截取。

(3)其他检验项目

表面质量、外形尺寸和钢绞线伸直性的检验,疲劳性能试验和偏斜拉伸试验,应参照国家标准《预应力混凝土用钢绞线》(GB/T 5224—2003)。

4.预应力混凝土用螺纹钢筋

预应力混凝土用螺纹钢筋(以下称为螺纹钢筋)是采用热轧、轧后余热处理或热处理等工艺生产的,外表有热轧成的不连续外螺纹的直条钢筋,可以与带有匹配形状的内螺纹的连接器或锚具进行连接。

螺纹钢筋按屈服强度划分级别,用其代号为"PSB"加上规定屈服强度最小值表示。

(1)力学性能

螺纹钢筋力学性能的试验按照《金属材料室温拉伸试验方法》(GB/T 228—2002)的有关规定进行,计算应力时用公称横截面面积。最大力总伸长率的测定,试样数量为2根。

(2)应力松弛性能

各个级别螺纹钢筋的松弛性能要求均相同,初始应力取 $0.8R_{eL}$(公称屈服强度),实测1 000h后应力松弛率不大于3%。

应力松弛试验其试样的环境温度应保持在(20 ±2℃)内,标距长度不小于公称直径的60倍,试样制备后不得进行任何热处理和冷加工,初始负荷应在3 ~5min内均匀施加完毕、持荷1min后开始记录松弛值,允许用至少100h的测试数据推算1 000h的松弛值。试样数量为不少于1根/1 000t。

(3)其他检验项目

表面质量、外形尺寸的检验以及疲劳性能试验,应参照国家标准《预应力混凝土用螺纹钢筋》(GB/T 20065—2006)。

5.碳素结构钢

碳素结构钢的牌号由代表屈服强度的字母Q、屈服强度数值、质量等级符号(A、B、C、D)

脱离氧方法符号(F、Z、TZ)组成。强度等级有:Q195、Q215、Q235、Q275。

碳素结构钢的形式有热轧钢板、钢带、型钢和钢棒。

(1)力学性能

对于不同的厚度和直径,有不同的要求。

碳素结构钢力学性能试验按照《金属材料室温拉伸试验方法》(GB/T 228—2002)的有关规定进行,试样数量为1个。

(2)弯曲性能

按规定的弯芯直径弯曲180°后,试样受弯曲部位表面不得产生裂纹,试样数量为1个。

(3)冲击试验

厚度不小于12mm或直径不小于16mm的钢材应做冲击试验,试验方法按照国家标准《金属材料夏比摆锤冲击试验方法》(GB/T 229—2007)执行,试样数量为3个。

6. 低合金高强度结构钢

按照国家标准《低合金高强度结构钢》(GB/T 1591—2008)的规定,低合金高强度结构钢的牌号由代表屈服强度的字母Q、屈服强度数值、质量等级符号(A、B、C、D、E)组成。强度等级有:Q345、Q390、Q420、Q460、Q500、Q550、Q620、Q690。

低合金高强度结构钢的形式有热轧钢板、钢带、型钢和钢棒等。

(1)力学性能

低合金高强度结构钢的力学性能要求,对于不同的厚度和直径,有不同的要求。

低合金高强度结构钢力学性能试验试样数量为1个/批。

(2)弯曲性能

按规定的弯芯直径弯曲180°后,试样受弯曲部位表面不得产生裂纹,试样数量为1个/批。

(3)冲击试验

厚度不小于6mm或直径不小于12mm的钢材应做冲击试验,试样数量为3个/批。

7. 桥梁用结构钢

按照国家标准《桥梁用结构钢》(GB/T 714—2008)的规定,桥梁用结构钢的牌号由代表屈服强度的字母Q、屈服强度数值、桥字的汉语拼音字母、质量等级符号等组成。常用的强度等级有;Q235q、Q345q、Q370q、Q420q、Q460q。

桥梁用结构的形式有钢板、钢带、型钢等。

(1)力学性能

桥梁用结构钢的力学性能要求,对于不同的厚度,有不同的要求。对厚度不大于16mm的钢材,断后伸长率应在《桥梁用结构钢》(GB/T 714—2008)表8中的百分数上提高1%,即现在20%,提高为21%。试样数量为1个/批。

(2)弯曲性能

当钢材厚度≤16mm时,弯芯直径取2倍的钢材厚度;当钢材厚度>16mm时,弯芯直径取3倍的钢材厚度。要求弯曲180°后,试样受弯曲部位表面无肉眼可见裂纹。试样数量为1个/批。

(3)冲击试验

厚度不小于6mm或直径不小于12mm的钢材应做冲击试验,试样数量为3个/批。

四、钢筋焊接连接

钢筋焊接连接,就是通过熔解钢筋或焊接材料(如焊条),将两段钢筋(或钢筋与埋件等)连接,并可传递力的连接方法,分为电阻点焊、闪光对焊、电弧焊、电渣压力焊、气压焊和预埋件钢筋埋弧压力焊等。钢筋的焊接应优先选用闪光对焊,当缺乏闪光对焊条件时,也可采用电弧焊、电渣压力焊、气压焊等。

钢筋焊接接头的质量检验包括外观检查和力学性能试验,力学性能检验包括拉伸试验、弯曲试验、剪切试验、冲击试验和疲劳试验。

纵向受力钢筋焊接接头,应进行拉伸试验,接头抗拉强度应满足标准要求,还应按照标准要求进行弯曲试验,接头弯曲性能也应满足标准要求。

不同焊接方法的质量检测内容和标准如下:

1. 钢筋闪光对焊接头

(1)批量规定

在同一台班内,由同一焊工按同一焊接参数完成的300个同类型(指钢筋级别和直径均相同的接头)接头作为一批。一周内连续焊接时可以连续计算,一周内累计不足300个接头时,也按一批计算。

(2)外观检查

每批抽查10%的接头,并不得少于10个。

(3)力学性能试验

包括拉伸试验和弯曲试验。应从每批成品中切取6个试件,3个进行拉伸试验,3个进行弯曲试验。试验结果应符合下列要求:

①3个热轧钢筋接头试件的抗拉强度均不得小于该级别钢筋规定的抗拉强度。

②应至少有2个试件断于焊缝之外,并呈延性断裂。

当试验结果有1个试件的抗拉强度小于上述规定值,或有2个试件在焊缝或热影响区发生脆性断裂时,应再取6个试件进行复验。

③预应力钢筋与螺丝端杆闪光对焊接头拉伸试验结果,3个试件应全部断于焊缝之外,呈延性断裂。

当试验结果有1个试件在焊缝或热影响区发生脆性断裂时,应从成品中再切取3个试件进行复验,并复验结果。当仍有1个试件在焊缝或热影响区发生脆性断裂时,应确认该批为不合格品。

④闪光对焊接头弯曲试验时,应将受压面的金属毛刺和镦粗变形部分消除,且与母材的外表齐平。

弯曲试验可在万能试验机、手动或电动液压弯曲试验器上进行,焊缝应处于弯曲中心,弯心直径和弯曲角应符合规定,当弯至90°时,至少有2个试件不得发生破断。

当试验结果有2个试件发生破断时,应再取6个试件进行复验,当仍有3个试件发生破断,应确认该批接头为不合格品。

2. 钢筋电弧焊接头

（1）批量规定

以 300 个同类型接头为一批，不足 300 个时仍作为一批。

（2）外观检查

应在接头清渣后逐个进行目测或量测，检查结果应符合下列要求：

①焊缝表面平整，不得有较大的凹陷、焊瘤。

②接头处不得有裂纹。

③咬边深度、气孔、夹渣的数量和大小以及接头偏差，不得超过规定的数值。

④坡口焊及熔槽帮条焊接头，其焊缝加强高度不大于 3mm。

外观检查不合格的接头，经修整或补强后，可再次提交二次验收。

（3）强度检验试验

从成品中每批切取 3 个接头做拉伸试验，试验结果应符合下列要求：

①3 个热轧钢筋接头试件的抗拉强度均不得低于该级别钢筋的规定抗拉强度值，余热处理钢筋接头试件抗拉强度均不得小于 HRB400 钢筋规定的抗拉强度。

②至少有 2 个试件呈塑性断裂，3 个试件均断于焊缝之外。

当检验结果有 1 个试件的抗拉强度低于规定指标或有 2 个试件发生脆性断裂时，应取双倍数量的试件进行复验，复验结果若仍有 1 个试件的抗拉强度低于规定指标，或有 1 个试件断于焊缝，或有 3 个试件呈脆性断裂时，则该批接头即为不合格品。

3. 电渣压力焊

（1）接头质量检查

电渣压力焊接头应逐个进行外观检查。力学性能试验，从每批接头中随机切取 3 个试件做拉伸试验，取样应符合下列要求：

①在一般构筑物中，以 300 个同级别钢筋接头作为一批。

②在现浇钢筋混凝土结构中，每一施工区段中以 300 个同级别钢筋接头作为一批，不足 300 个接头仍作为一批。

（2）外观检查质量要求

电渣压力焊接头应逐个进行外观检查。

电渣压力焊接头外观检查结果应符合下列要求：

①接头焊毕，应停歇适当时间，才可回收焊剂和卸下焊接夹具。敲去渣壳，四周焊包应较均匀，凸出钢筋表面的高度至少 4mm。

②电极与钢筋接触处，无明显的烧伤缺陷。

③接头处的弯折角不大于 4°。

④接头处的轴线偏移不超过 0.1 倍钢筋直径，同时不大于 2mm。

外观检查不合格的接头应切除重焊，或采取补强措施。

（3）拉伸试验质量要求

电渣压力焊接头拉伸试验结果，3 个试件的抗拉强度均不得低于该级别钢筋规定的抗拉强度值。

当试验结果有 1 个试件的抗拉强度低于规定指标，应取 6 个试件进行复验，若仍有 1 个试

件的抗拉强度低于规定指标，则确定该批接头为不合格品。

4. 气压焊

(1)接头质量检查

气压焊接头应逐个进行外观检查。当进行力学性能试验时，应从每批接头中随机切取3个接头做拉伸试验。在梁、板的水平钢筋连接中，应另切取3个接头做弯曲试验，且应按下列规定抽取试件：

以300个接头作为一批，不足300个接头仍作为一批。

(2)外观检查质量要求

气压焊接头外观检查结果应符合下列要求：

①偏心量e不得大于钢筋直径的0.15倍，同时不得大于4mm，当不同直径钢筋焊接时，按较小钢筋直径计算。当超过限量时，应切除重焊。

②两钢筋轴线弯折角不得大于4°，当超过限量时，应重新加热矫正。

③镦粗直径d不得小于钢筋直径的1.4倍，当小于此限量时，应重新加热镦粗。

④镦粗长度不得小于钢筋直径的1.2倍，且凸起部分平缓圆滑。

⑤压焊面偏移不得大于钢筋直径的0.2倍。

(3)拉伸试验质量要求

气压焊接头拉伸试验结果，3个试件的抗拉强度均不得低于该级别钢筋规定的抗拉强度，并断于压焊面之外，呈延性断裂。若有1个试件不符合要求时，应切取6个试件进行复验。若仍有1个试件不符合要求，该批接头为不合格品。

(4)弯曲试验质量要求

气压焊接头弯曲试验时，应将试件受压面的凸起部分除去，与钢筋外表面齐平。

弯曲试验可在万能试验机、手动或电动液压弯曲试验器上进行，压焊面应处在弯曲中心，弯至90°，3个试件均不得在压焊面发生破断。

当试验结果有1个试件不符合要求，应切取6个试件进行复验，若仍有1个试件不符合要求，该批接头为不合格品。

五、钢筋机械连接

根据行业标准《钢筋机械连接通用技术规程》(JGJ 107—2003)的有关规定，钢筋机械连接，是通过钢筋与连接件的机械咬合作用或钢筋端面的承压作用，将一根钢筋中的力传递到另一根钢筋的连接方法。

按照连接形式、加工工艺，分为滚轧直螺纹钢筋连接、镦粗直螺纹钢筋连接、带肋钢筋套筒挤压连接、钢筋锥螺纹连接。

钢筋连接接头应该满足强度及变形性能的要求，根据抗拉强度以及高应力和大变形条件下反复抗压性能的差异，分为三个等级：

(1)Ⅰ级接头，其抗拉强度不小于被连接钢筋实际抗拉强度或1.10倍钢筋抗拉强度标准值，并具有高延性及反复拉压性能。

(2)Ⅱ级接头，其抗拉强度不小于被连接钢筋抗拉强度标准值，并具有高延性及反复拉压性能。

(3)Ⅲ级接头，其抗拉强度不小于被连接钢筋屈服强度标准值的1.35倍，并具有一定的延性及反复拉压性能。

钢筋连接接头的抗拉强度通过拉伸试验得到，试件数量不应少于3个。接头试验时，通常还要进行钢筋母材的拉伸试验，以得到钢筋母材的抗拉强度。

复习思考题

一、单项选择题（四个备选项中只有一个正确答案。）

1. 伸长率是衡量钢材(　)的指标。

A. 硬度　　B. 塑性

C. 疲劳强度　　D. 焊接性能

2. 石料单轴抗强度试验，采用立方体试件，边长为(　)mm，每组试件共(　)

A. (70 ±2)mm3个　　B. (50 ±2)mm3个

C. (70 ±2)mm6个　　D. (50 ±1)mm6个

3. 钢筋拉伸和冷弯检验，如有某一项试验结果不符合标准要求，则从同一批中任取(　)倍数量的试样进行该不合格项目的复核。

A. 2　　B. 3　　C. 4　　D. 1

4. 在热轧钢筋电弧焊接头拉伸试验中，(　)个热轧钢筋接头试件的抗拉强度均不得小于该牌号钢筋规定的抗拉强度，并应至少有(　)个试件是延性断裂。

A. 3,2　　B. 2,1　　C. 3,3　　D. 2,2

5. 当混凝土强度等级小于C60时，用非标准试件测得的强度值均应乘以尺寸换算系数，其值为对200mm×200mm×200mm试件为(　)，对100mm×100mm×100mm试件为(　)。

A. 1.05　0.95　　B. 095　1.05　　C. 1.0　0.95　　D. 1.0　1.0

6. 一组混凝土试件的抗压强度值分别是为24.0MPa、27.2MPa、20.0MPa，则此组试件的强度代表值为(　)。

A. 24.0MPa　　B. 27.2MPa　　C. 20MPa　　D. 23.7MPa

7. 钢材在常温条件下承受规定弯曲程度的弯曲变形能力叫做钢材的(　)。

A. 塑性　　B. 冷弯性能　　C. 韧性　　D. 脆性

8. 锚具、夹具和连接器外观检查时，应从每批中抽取(　)的锚具且不少于(　)套。

A. 2%　10　　B. 10%　10　　C. 5%　10　　D. 2%　5

9. 钢筋电弧焊焊接接头的强度检验时，每批切取(　)个接头作拉伸试验。

A. 1　　B. 2　　C. 3　　D. 4

10. 目前混凝土抗压强度试件以边长为150mm的正方体为标准试件，混凝土强度以该试件标准养护到(　)，按规定方法测的的强度为准。

A. 3d　　B. 4d　　C. 7d　　D. 28d

11. 预应力混凝土钢筋张拉时，其钢筋的实测伸长值与相应的理论计算差值应控制在(　)以内。

A. 10%　　B. 6%　　C. 5%　　D. 3%

12. 预应力管道压浆时留取试件尺寸:(　)进行(　)试验。

A. 40mm×40mm×160mm　抗压强度和抗折强度

B. 100mm×100mm×160mm　抗压强度

C. 70.7mm×70.7mm×70.7mm　抗压强度

D. 7mm×70.7mm×70.7mm　抗压强度和抗折强度

13. 钢筋的屈服强度抗拉强度的比值称为屈强比,屈强比越小,说明(　)。

A. 钢材越硬　B. 钢材越软

C. 结构可靠性高　D. 安全储备小

14. 受力钢筋对接连接应优先采用(　)。

A. 搭接焊　B. 帮条焊　C. 闪光对焊　D. 坡口焊

15. 一般情况下当坍落度小于(　)时,用标准振动台成型,否则,用人工插捣法成型。

A. 50　B. 60　C. 70　D. 80

16 钢筋机械连接接头的抗拉强度通过拉伸试验得到,试件数量不应少于(　)个。

A. 1　B. 2　C. 3　D. 4

17. 钢绞线锚具组装件静载试验:先用张拉设备加载至钢绞线抗拉强度标准值(　)测量试验台座组装件钢绞线标距、千斤顶活塞初始行程,然后以(　)加载速度分4级加载至钢绞线抗拉强度标准值的20%、40%、60%、80%,达(　)后锚固,持荷(　)h,逐步加大荷载至试件破断,记录锚具各零件相对位移,钢绞线锚具组装件内缩量(　)。

A. 10%　100MPa/min　80%　1h　B. 10%　80MPa/min　80%　2h

C. 10%　100MPa/min　80%　2h　D. 10%　80MPa/min　80%　1h

18. 下列说法正确的是(　)。

A. 冷拉后的钢筋强度会提高,塑性、韧性会降低

B. 冷拉后的钢筋韧性会提高,塑性会降低

C. 冷拉后的钢筋硬度增加,韧性提高,但直径减小

D. 冷拉后的钢筋强度提高,塑性不变,但脆性增加

19. 拆模后,混凝土试块养生条件应为(　)。

A. (20±2)℃,相对湿度>95%　B. (23±5)℃,相对湿度>95%

C. (20±5)℃,相对湿度>90%　D. (23±5)℃,相对湿度>90%

20. 水泥混凝土抗压强度试验检测方法,强度等级低于C30的混凝土取(　)的加荷速度。

A. 0.2~0.3MPa/s　B. 0.8~1.0MPa/s

C. 0.3~0.5MPa/s　D. 0.5~0.8MPa/s

21. 钢筋接头采用搭接焊时,接头双面焊缝的长度不小于(　)d。

A. 5　B. 5　C. 8　D. 10

22. 混凝土抗折强度标准试件为(　)的棱柱体试件。

A. 150mm×150mm×600mm　B. 150mm×150mm×150mm

C. 150mm×150mm×300mm　D. 150mm×150mm×200mm

23. 预应力混凝土用钢绞线按结构分类,下列哪种表示方法是不存在的(　)。

A. 1×2　B. 1×3　C,1×5　D. 1×7

24. 混凝土强度等级是以标准条件下制备(　)试件,3块为一组,拆模后,在温度为(　),

相对湿度（　）以上环境条件下，经养护（　）后，以 3 个试件破坏极限荷载测值算术平均值作为测量值计算抗压强度，确定混凝土强度等级。（　）

A. 150mm × 150mm × 150mm（20 ± 2）℃　95%　28d

B. 100mm × 100mm × 100mm（15 ± 2）℃　85%　28d

C. 100mm × 100mm × 100mm（15 ± 2）℃　85%　7d

D. 150mm × 150mm × 150mm（20 ± 2）℃　90%　7d

25. 表示钢材塑性指标的是（　）。

A. 屈服强度　B. 伸长率　C. 冲击韧性　D. 硬度

26. 钢绞线应力松弛性能试验的标距长度，一般不大于公称直径的（　）倍。

A. 60　B. 70　C. 80　D. 50

27. 石料抗压强度试验时，每组试件数量应为（　）块。

A. 3　B. 4　C. 5　D. 6

29. 在进行预应力混凝土用螺纹钢筋钢丝松弛试验时，加在试样上的初始负荷是公称抗拉强度的（　）乘以螺纹钢筋的计算面积。

A. 50%　B. 60%　C. 70%　D. 80%

二、判断题（正确的事实在后面括号中打“√”，错误的事实在后面括号中打“×”。）

1. 桥涵施工不要求测量预应力筋的松弛率。（　）

2. 用于工程的原材料、半成品及成品必须进行预先检验。（　）

3. 石料的抗压试验均需在试块自然状态下进行。（　）

4. 钢筋拉伸试验中，若断口恰好位于刻痕处，试验结果仍然有效。（　）

5. 若混凝土试块中有两个测值与中值的差值均超过中值的 15% 时，则该组混凝土强度不合格。（　）

6. 预应力钢筋一般都应进行松弛试验。（　）

7. 冲击韧性是指钢材抵抗其他较硬物体压入的能力。（　）

8. 在制取混凝土试块时，应采用振动台振捣。（　）

9. 合格钢材连接部分焊接后由于硬化脆裂和内应力增大作用，力学性能低于焊件本身。（　）

10. 钢筋的标距长度对其伸长率无影响。（　）

11. 板式橡胶支座试样的抗剪弹性模量 G_1 与规定 G 值的偏差在 ± 15% 范围之内时，应认为满足要求。（　）

12. 橡胶支座试样的抗剪性模量 G，与规定值的偏差在 ± 15% 范围之内时，应认为满足要求。（　）

13. 热轧钢筋弯曲性能的试验试样数量为 2 根，从任选 2 根钢筋上切取。（　）

14. 混凝土试件的标准养护温度为（25 ± 1）℃。（　）

15. 钢材的屈强比越大，结构可靠性越大。（　）

16. 良好的焊接性是指钢材的连接部分焊接后，力学性能不低于焊件本身，以防止产生硬化脆裂和内应力过大等现象。（　）

17. 在试验过程中应连续均匀地加荷，混凝土强度等级小于 C30 时，加荷速度取 0.3 ~ 0.5MPa/s，混凝土强度等级不小于 C30 且小于 C60 时，取 0.5 ~ 0.8MPa/s。（　）

18. 钢筋电弧焊接头强度试验的 300 个接头为一批，不足 300 个亦按一批取样检验。（　）

三、多选题（每道题目抽列出的备选项中，有两个或两个以正确答案，选项全部正确得满分，选项部分正确按比例得分，出现错误选项该题不得分。）

1. 桥梁工程施工前，首先要对进场的原材料、成品和半成品构件进行试验鉴定，看其是否符合（　）。

A. 外观及性能要求　　B. 国家质量标准
C. 几何尺寸要求　　D. 设计文件的要求

2. 桥涵工程中所用石料的外观要求为（　）。

A. 石质应均匀　B. 不易风化　C. 无裂缝　D. 强度

3. 热轧钢筋试验项目包括（　）。

A. 屈服强度　B. 极限强度　C. 松驰率　D. 伸长率

4. 用于预应力混凝土结构的钢材包括（　）。

A. 高强钢丝　B. 普通钢筋　C. 钢绞线　D. 热处理钢筋

5. 预应力混凝土用 1 ×7 钢绞线（GB/T 5224—2003）力学性能指标有以下各项（　）。

A. 抗拉强度　　B. 最小断裂强度
C. 整根钢绞线的最大力　　D. 规定非比例延伸率
E. 屈服负荷　　F. 应力松驰性能

6. 线材主要包括（　），它是钢筋混凝土桥梁建筑中使用的重要材料之一。

A. 钢板　B. 高强钢丝　C. 钢绞线　D. 预应力钢筋

7. 钢材塑性指标通常用（　）表示。

A. 伸长率　B. 断面收缩率　C. 屈服强度　D. 抗拉强度

8. 预应力混凝土用钢绞线（GB/T 5224—2003）按结构分为（　）。

A. 用两根钢丝捻制的　　B. 用三根钢丝捻制的
C. 用五根钢丝捻制的　　D. 用三根刻痕钢丝捻制的
E. 用七根钢丝捻制的　　F. 用七根刻痕钢丝捻制的
G. 用九根钢丝捻制的

9. 桥涵用钢按其形式来分类时可分为（　）。

A. 型材　B. 钢带　C. 线材　D. 钢板

10. 钢材的强度是钢材重要力学性能指标，包括（　）。

A. 屈服强度　B. 抗压强度　C. 抗拉强度　D. 抗剪强度

11. 冷拉钢筋的力学性能包括（　）。

A. 屈服强度　B. 抗压强度　C. 伸长率　D. 外观检查

12. 焊缝的检测手段主要有：（　）。

A. 外观检查　B. 超声波探伤　C. 磁粉探伤　D. 射线探伤

13. 用于预应力筋的钢材包括(　　)。

A. 高强钢丝　　B. 普通钢筋　　C. 钢绞线　　D. 热处理钢筋

14. 石料抗冻性试验测试项目包括(　　)。

A. 抗压强度　　B. 耐冻系数　　C. 质量损失率　　D. 吸水率

四、问答题

1. 简述石料单轴抗压强度试验试件强制饱水方法。
2. 简述石料抗冻性试验步骤。
3. 简述桥梁工程用钢材的主要力学性能和加工性能。
4. 简述混凝土试件制作步骤。
5. 简述混凝土抗压弹性模量的测定方法与步骤。
6. 简述钢筋冷弯性能试验的步骤。
7. 简述预应力混凝土用钢绞线的检测项目和内容。
8. 钢筋连接的方法有哪些?
9. 简述钢筋闪光对焊接头质量检测内容。
10. 对 7ϕj15.24 钢绞线进行预应力张拉,先张拉直线布筋,张拉长度为 20m,张拉控制应力为 1 090MPa,预应力钢绞线截面积为 973mm^2,$E_y = 1.9 \times 10^5$MPa,张拉到控制应力时,实测伸长值为 11.20cm,试计算理论伸长值,并评价是否符合要求?

第四章　桥梁工程制品检测

复习要点：

1. 各类桥梁支座、伸缩缝、波纹管、锚具的分类和技术性能、结构特点；各类制品的适用范围和使用条件。

2. 上述制品的性能试验检测内容和标准、规范、规程。

3. 板式橡胶支座、盆式橡胶支座、球型支座外观及内部检查和力学性能试验检测方法及结果判定；锚具、夹具和连接器的质量检查、性能试验检测及结果评价；伸缩缝外观质量检查、性能试验检测及结果评价。

第一节　锚具、夹具、连接器试验检测

锚具是在后张法预应力结构或构件中，用于保持预应力筋的拉力并将其传递到混凝土（或钢结构）上所用的永久性锚固装置。锚具可分为两类：

（1）张拉端锚具：安装在预应力筋端部且可用以张拉的锚具。

（2）固定端锚具：安装在预应力筋固定端端部，通常不用以张拉的锚具。

夹具是在先张法构件施工时，用于保持预应力筋的拉力并将其固定在生产台座（或设备）上的临时性锚固装置；或者在后张法结构或构件施工时，在张拉千斤顶或设备上夹持预应力筋的临时性锚固装置（又称工具锚）。

连接器为用于连接预应力筋的装置。

一、产品分类与代号

（1）锚具、夹具和连接器按锚固方式不同，可分为夹片式（单孔和多孔夹片锚具）、支承式（镦头锚具、螺母锚具等）、锥塞式（钢质锥形锚具等）和握裹式（挤压锚具、压花锚具等）四种基本类型。

（2）锚具、夹具或连接器的总代号可以分别用汉语拼音字母 M、J、L 表示，各类锚固方式的分类代号，见表 1-4-1。

（3）锚具、夹具或连接器的标记由产品代号、预应力钢材直径、预应力钢材根数三部分组成。

示例：

①锚固 12 根直径 15.2mm 预应力混凝土用钢绞线的圆形夹片式群锚锚具，标记为“YJM15-12”。

②预应力筋为 12 根直径 12.7mm 钢绞线，用于固定端的挤压式锚具，标记为“JYM13-12”，需要时可续注企业体系代号。

③用挤压头方法连接 12 根直径 15.2mm 钢绞线的连接器，标记为“JYL15-12”。

锚具、夹具和连接器的代号　　表 1-4-1

分类代号		锚具	夹具	连接器
夹片式	圆形	YJM	YJJ	YJL
	扁形	BJM		
支承式	镦头	DTM	DTJ	DTL
	螺母	LMM	LMJ	LML
锥塞式	钢质	GZM	—	—
	冷铸	LZM	—	—
	热铸	RZM	—	—
握裹式	挤压	JYM	JYJ	JYL
	压花	YHM	—	—

注：连接器的代号以续接段端部锚固方式命名。

二、组批和抽样

(1)出厂检验时，每批零件产品的数量是指同一种产品，同一批原材料，用同一种工艺一次投料生产的数量。每个抽检组批不得超过 2 000 件(套)。外观检验抽取 5% ~10%。对有硬度要求的零件应做硬度检验，按热处理每炉装炉量的 3% ~5% 抽样。静载试验用的锚具、夹具或连接器按成套产品抽样，应在外观及硬度检验合格后的产品中抽取，每生产组批抽取 3 个组装件的用量。

(2)锚具及永久留在混凝土结构或构件中的连接器的型式检验，除上述规定抽样外，尚应为疲劳试验、周期荷载试验及辅助性试验(选项)抽取各 3 个组装件用的样品。

(3)大批量连续生产时，出厂检验可按月取样进行。外观检验抽样数量不得少于月生产量的 5%；对有硬度要求的零件，硬度检验量不得少于月生产量的 3%；静载试验数量，按同一规格每两月不得少于 3 个组装件。上述检验结果如质量不稳定，应增加取样。

三、基本性能要求

1. 锚具的基本性能要求

(1)静载锚固性能

用预应力筋—锚具组装件静载试验测定的锚具效率系数 η_a 和达到实测极限拉力时组装件受力长度的总应变 ε_{apu}，来判定锚具的静载锚固性能是否合格。

锚具效率系数 η_a 按式(1-4-1)计算：

$$\eta_a = \frac{F_{apu}}{\eta_p F_{pm}} \tag{1-4-1}$$

式中：F_{apu}——预应力筋—锚具组装件的实测极限拉力；

F_{pm}——按预应力钢材试件实测评断荷载平均值计算的预应力筋的实际平均极限抗

拉力；

η_p——预应力筋—锚具组装件中预应力钢材为 1～5 根时，$\eta_p = 1$；6～12 根时，$\eta_p = 0.99$；13～19 根时，$\eta_p = 0.98$；20 根以上时，$\eta_p = 0.97$。

锚具的静载锚同性能应同时满足下列两项要求：

$$\eta_a \geqslant 0.95, \varepsilon_{apu} \geqslant 2.0\% \tag{1-4-2}$$

预应力筋—锚具组装件的破坏形式应是预应力钢材的断裂（逐根或多根同时断裂），锚具零件的变形不应过大或碎裂。

(2)疲劳荷载性能

预应力筋—锚具组装件，除应满足静载锚固性能外，尚应满足循环次数为 200 万次的疲劳性能试验。

当锚固的预应力筋为钢丝、钢绞线或热处理钢筋时，试验应力上限应为预应力钢材抗拉强度标准值 f_{ptk} 的 65%，疲劳应力幅度不应小于 80MPa。工程有特殊需要时，试验应力上限及疲劳应力幅度取值可另定。

当锚固的预应力筋为有明显屈服台阶的预应力钢材时，试验应力上限应为预应力钢材抗拉强度标准值的 80%，疲劳应力幅度宜取 80MPa。

试件经受 200 万次循环荷载后，锚具零件不应疲劳破坏。预应力筋因锚具夹持作用发生疲劳破坏的截面面积不应大于试件总截面面积的 5%。

(3)周期荷载性能

在有抗振要求的结构中使用的锚具，预应力筋—锚具组装件还应满足循环次数为 50 次的周期荷载试验。

当锚固的预应力筋为钢丝、钢绞线或热处理钢筋时，试验应力上限应为预应力筋抗拉强度标准值 f_{ptk} 的 80%，下限应为预应力钢材抗拉强度标准值 f_{ptk} 的 40%。

当锚固的预应力筋为有明显屈服台阶的预应力钢材时，试验应力上限应为预应力钢材抗拉强度标准值的 90%，下限应为预应力钢材抗拉强拉强度标准值的 40%。

试件经 50 次循环荷载后预应力筋在锚具夹持区域不应发生破断。

(4)辅助性能要求

新研制的锚具应进行本项试验。进行型式试验的产品，可选择部分或全部项目试验。并根据试验所测定的平均内缩量和锚固端预应力摩阻损失与设计规范的对比结果，对施工张拉力进行适当修正。

①锚具内缩量测定

预应力筋张拉应力达到 $0.8f_{ptk}$ 后放张，测定锚固过程中预应力筋的内缩量（以 mm 计），取平均值。

②锚固端摩阻损失测定

从张拉千斤顶工具锚至喇叭形垫板收口处，预应力筋有一次或二次弯折。张拉时会产生预应力摩阻损失，并能降低自锚功能。测定张拉力达到 $0.8f_{ptk}$ 时的预应力损失（以张拉应力的百分率计），取平均值。

③张拉锚固工艺要求

为了证实锚具在预应力工程中的可操作性和适用性，应按研制要求，使用预应力张拉锚固体系的全套机具进行张拉锚固工艺试验。

(5)其他性能要求

锚具应满足分级张拉及补张拉预应力筋的要求。

需要孔道灌浆的锚具或其附件上宜设置灌浆孔或排气孔，灌浆孔的孔位及孔径应符合灌浆工艺要求，且应有与灌浆管连接的构造。

用于低应力可更换型拉索的锚具，应有防松、可更换的构造措施。

锚具应有防腐蚀措施，且能满足工程建设的耐久性要求。

2. 夹具的基本性能要求

(1)夹具的静载锚固性能，应由预应力筋—夹具组装件静载锚固试验测定的夹具效率系数 η_g 按式(1-4-3)确定：

$$\eta_g = \frac{F_{gpu}}{F_{pm}} \tag{1-4-3}$$

夹具的静载锚固性能应符合

$$\eta_g \geqslant 0.92 \tag{1-4-4}$$

(2)在预应力筋—夹具组装件达到实测极限拉力时，应当是由预应力筋的断裂，而不应由夹具的破坏所导致；夹具的全部零件均应有重复使用的品质。夹具应有可靠的自锚性能、良好的松锚性能和重复使用性能。使用过程中，应能保证操作人员的安全。

3. 连接器的基本性能要求

在先张法或后张法施工中，在张拉预应力后永久留在混凝土结构或构件中的连接器，都应符合锚具的性能要求；如在张拉后还须放张和拆卸的连接器，则应符合夹具的性能要求。

四、试验方法

1. 试验要求

(1)试验用的预应力筋—锚具、夹具或连接器组装件由产品零件和预应力筋组装而成。试验用的零件应是经过外观检查和硬度检验合格的产品。组装时应将锚固零件上的油污擦拭干净(允许残留微量油膜)，不得在锚固零件上添加影响锚固性能的介质。组装件中组成预应力筋的各根钢材应等长平行、初应力均匀，其受力长度不应小于3m。

(2)单根钢绞线的组装件试件及钢绞线母材力学性能试验用的试件，不包括夹持部位的受力长度不应小于0.8m；其他单根预应力钢材的组装件及母材试件最小长度可按照试验设备及相关标准确定。

(3)对于预应力钢材在锚具夹持部位不弯折的组装件(全部锚筋孔均与锚板底面垂直)，各根预应力钢材平行受拉，侧面不应设置有碍受拉或产生摩擦的接触点；如预应力钢材的夹持部位与试件轴线有转向角度(锚筋孔与锚板底面倾斜或倾斜安装挤压头的连接器等)时，应在设计转角处加装转向约束钢环，试件受拉力时，该约束环不应与预应力钢材产生滑动摩擦。

(4)试验用预应力钢材应有良好的匀质性，可由锚具生产厂或检验单位提供，同时还应提供该批钢材的质量合格证明书。所选用的预应力钢材，其直径公差应在受检锚具、夹具或连接器设计的匹配范围之内。试验用预应力钢材应根据抽样标准，先在有代表性的部位取至少6根试件进行母材力学性能试验，试验结果应符合国家现行标准的规定(供需双方也可协议采用其他国家的相关标准）。并且，其实测抗拉强度平均值在相关钢材标准中的等级应与受检锚具、夹具或连接器的设计等级相同，超过该等级时不应采用。用某一中间强度等级的预应力钢材试验合格的锚具，在实际工程中，可用于不高于该强度等级的预应力筋。已受损伤的预应力钢材不应用于组装件试验。

（5）试验用的测力系统，其不确定度不得大于2%；测量总应变的量具，其标注不确定度不得大于标距的0.2%，指示应变的不确定度不得大于0.1%。

2. 静载试验

（1）对于先安装锚具、夹具或连接器再张拉预应力筋的预应力体系，可直接用试验机或试验台座加载。各种测量仪表应在加载之前安装调试正确，各根预应力钢材的初应力调试均匀，初应力可取钢材抗拉强度标准值f_{ptk}的5%～10%。测量总应变ε_{apu}的量具标距不宜小于lm。如采用测量加荷千斤顶活塞伸长量（ΔL）计算ε_{apu}时，应减去承力台座的弹性压缩、缝隙并紧量和试验锚具（夹具或连接器）的实测内缩量。而预应力筋的计算长度应为两端锚具（夹具或连接器）的起夹点之间的距离。

（2）施加试验荷载步骤为：按预应力钢材抗拉强度标准值的20%、40%、60%、80%，分4级等速加载，加载速度宜为100MPa/min左右，达到80%后持荷1h，随后用低于100MPa/min加载速度缓慢加载至完全破坏，使荷载达到最大值（F_{apu}）。

（3）用试验机或承力台座进行单根预应力筋—锚具组装件静载试验时，加荷速度可以加快，但不超过200MPa/min，在应力达到$0.8f_{ptk}$时，持荷时间可以缩短，但不应少于10min。应力超过$0.8f_{ptk}$后，加荷速度不应超过100MPa/min。

（4）试验过程中应测量、观察的项目和对试验结果的要求：

①选取有代表性的若干根预应力钢材，按施加荷载的前4级，逐级测量其与锚具（夹具、连接器）之间的相对位移Δa。Δa应与预应力筋的受力增量成比例变化；如不成比例，应检查预应力钢材是否失锚滑动。

②选取锚具（夹具、连接器）若干有代表性的零件，按施加荷载的前4级，逐级测量其间的相对位移Δb。Δb应与预应力筋的受力增量成比例变化；如不成比例，应检查相关零件（锚环、锚板等）是否发生了塑性变形。

③预应力筋应力达到$0.8f_{ptk}$时，在持荷1h期间，Δa、Δb应保持稳定。如继续增加、不能稳定，表明已失去可靠锚固能力。

④试件达到最大拉力时，应记录极限拉力F_{apu}（F_{gpu}）和预应力筋自由长度的总应变ε_{apu}。

达到实测极限拉力时的总应变ε_{apu}，由式（1-4-5）计算

$$\varepsilon_{apu} = \frac{L_2 - L_1 - \Delta a}{L_0} \times 100\% \tag{1-4-5}$$

式中：L_1——千斤顶活塞初始行程读数；

L_2——试件破坏时活塞终了行程读数；

Δa——预应力钢材与锚具、夹具或连接器在预应力筋达到极限拉力F_{apu}时的相对位移。

⑤夹片式锚具的夹片在预应力筋应力达到$0.8f_{ptk}$时不允许出现裂纹和破断；在满足夹具基本性能要求时允许出现微裂和纵向断裂，不允许横向、斜向断裂及碎断。因受预应力筋多根或整束激烈破断的冲击引起夹片的破坏或断裂属正常情况。预应力筋拉力达到极限破断时，锚板及其锥形锚孔不允许出现过大塑性变形，锚板中心残余变形不应出现明显挠度；Δb如比

预应力筋应力为 $0.8f_{ptk}$ 时成倍增加，表明已经失去可靠的锚固能力。

⑥应力筋在未达到锚具(或夹具)基本性能要求之前发生破断时，如是预应力钢材存在对焊接口或损伤因而被拉断的情况，此试件应报废，另补试件重做试验。握裹式锚具的静载试验，在满足 $\eta_a \geqslant 0.95$，$\varepsilon_{apu} \geqslant 2.0\%$ 之后失去握裹力时，属正常情况。

(5)静载试验应连续进行三个组装件的试验，全部试验结果均应作出记录。据此应进行如下计算分析和评定：按式(1-4-1)计算锚具(或连接器)的锚具效率系数 η_a；按式(1-4-3)计算夹具效率系数 η_g；按基本性能要求和静载试验的要求进行评定；最后对试验结果作出是否合格的结论。三个试验结果均应满足规定，不得以平均值作为试验结果。检验单位应向受检单位提出完整的检验报告，其中包括破坏部位及形式的图像记录，并有准确的文字述评。

3. 疲劳试验

(1)预应力筋—锚具或连接器组装件的疲劳试验应在疲劳试验机上进行。当疲劳试验机能力不够时，可以按试验结果有代表性的原则，在实际锚板上少安装预应力钢材，或用本系列中较小规格的锚具组装成试验组装件，但预应力钢材根数不应少于实际根数的1/10。为了保证试验结果具有代表性，直线形及有转折(如果锚具有斜孔时)的预应力钢材都应包括在试验用组装件中。

(2)以约100MPa/min的速度加荷至试验应力上限值，在调节应力幅度达到规定值后，开始记录循环次数。

(3)选择疲劳试验机的脉冲频率，不应超过500次/min。

4. 周期荷载试验

预应力筋—锚具或连接器组装件的周期荷载试验，可以在试验机或承力台座上进行，以100～200MPa/min的速度加荷至试验应力上限值，再卸荷至试验应力下限值为第1周期，然后荷载自下限值经上限值再回复到下限值为第2个周期，重复50个周期。

经疲劳荷载试验合格后且完整无损的预应力筋—锚具组装件，可用于本项试验。

5. 辅助性试验

(1)锚具的内缩量试验

本项试验可用单根或小规格锚具配合预应力筋，在5～10m长的台座或构件的预应力孔道上多次张拉和放张，直接测得锚具内缩量(以mm计)；张拉应力为预应力筋的 $0.8f_{ptk}$，用传感器测量锚固前后预应力筋拉力差值，也可计算求得内缩量。试验用的试件每个规格不得少于3个，取平均值。

(2)锚固端摩阻损失试验

本项试验是测定张拉千斤顶工具锚下至喇叭形垫板收口处的预应力损失。它包括预应力筋在锚具中的摩阻损失和在喇叭形垫板中两次弯折所引起的拉力损失。

试验可在模拟锚固区的混凝土块体或张拉台座上进行，锚具、垫板及附件应安装齐备，两端安装千斤顶及传感器，张拉力按预应力筋的 $0.8f_{ptk} \cdot A_P$ 取用。用传感器测出锚具前后两侧拉力差值即可算出锚固端摩阻损失.通常以张拉力的百分率计。试验用的试件可在锚具规格系列中选取三种规格，试件数量不应少于3个，取平均值。

(3)张拉锚固工艺试验

根据预应力张拉锚固体系的构造安排，设计制作专门的钢筋混凝土模拟块体，做为试验平

台，混凝土块体中，应包含多种弯曲和直线孔道、喇叭形垫板或垫板连体式锚板，各种塑料预埋件均应埋入混凝土中。用该体系的张拉设备进行分级张拉、多次张拉和放松操作。最大张拉力为预应力筋的 $0.8f_{ptk} \cdot A_P$。

通过张拉锚固工艺试验应能证明：

①本预应力体系具有分级张拉或因张拉设备倒换行程需要临时锚固的可能性。

②经过多次张拉锚固后，预应力筋内各根预应力钢材受力仍是均匀的。

③在张拉发生故障时，有将预应力筋全部放松的措施。

④单根垫板连体式锚具，有能使预应力筋在锥形夹片孔中自由对中的构造及不顶压锚固的可靠性。

五、检验分类及检验项目

1. 检验分类

锚具、夹具和连接器的检验分出厂检验和型式检验两类。

(1)出厂检验为生产厂在每批产品出厂前进行的厂内产品质量控制性检验。

(2)型式检验为对产品全面性能控制的检验。在下列情况之一时，一般应进行型式检验；

①新产品或老产品转厂生产的制定型式鉴定；

②正式生产后，如结构、材料、工艺有较大改变，可能影响产品性能时；

③正常生产时，定期或积累一定产量后，每 2 ~ 3 年进行一次检验；

④产品停产两年后，恢复生产时；

⑤出厂检验结果与上次型式检验有较大差异时；

⑥国家或省级质量监督机构提出进行型式检验的要求时。

为技术或质量鉴定用的型式检验应由国家指定的质量检测机构主持进行；为新产品研制和生产厂产品质量控制的各种试验可由本单位自己进行。

2. 检验项目

出厂检验和型式检验的检验项目应符合表 1-4-2 的规定。

产品检验项目　　表 1-4-2

锚具、夹具、连接器类别	出厂检验项目	型式检验项目
锚具及永久留在混凝土结构或构件中的连接器	外观 硬度 静载性能检验	外观 硬度 静载性能检验 疲劳性能检验 周期荷载性能检验 辅助性试验(选项)
夹具及张拉后将要放张和拆卸的连接器	外观 硬度 静载性能检验	外观 硬度 静载性能检验

六、硬度检测

1. 检测设备

硬度检测按产品零件设计图样规定的硬度值种类（洛氏硬度或布氏硬度），选用相应的硬度测量仪（洛氏硬度计或布氏硬度计）进行检测。

2. 温度条件

硬度检测一般在10~35℃室温下进行，对于温度要求严格的试验，温度为(23±5)℃。

七、外观、尺寸检测

1. 外观

产品外观用目测法检测；裂缝可用有刻度或无刻度放大镜检测。

2. 产品外形尺寸检测

(1)测量器具为钢直尺、游标卡尺、螺旋千分尺或塞环规。

(2)锚具外形尺寸检测项目及检测方法见表1-4-3。

锚具外形尺寸检测项目及检测方法　　表1-4-3

检测项目	检测方法	检测结果
锚环（锚板）直径 D(mm)	①距锥孔大端平面约15mm处取直径面 A，在 A 直径面两个互相垂直的方向上测量，取平均值 ②距锥孔小端平面约15mm处取直径面 B，在 B 直径面两个互相垂直的方向上测量，取平均值	A、B 两个直径平面的平均值应分别满足技术图纸要求，不进行平均
锚环（锚板）高度 H(mm)	①每件锚环（锚板）在相互垂直的两个方向取4个测量点，取平均值 ②锚固锥孔大端面为平面时，可沿锚环外圆测量	4个测量点的平均值应满足技术图纸要求
夹片高度 h(mm)	每件夹片在经小端且平行于轴线，取2个测量点，取平均值	平均值应满足技术图纸要求

八、试验检测结果的判定

(1)外观检验：受检零件的外形尺寸和外观质量应符合图样规定。全部样品均不得有裂纹出现，如发现一件有裂纹，即应对本批全部产品进行逐件检验，合格者方可使用。

(2)硬度检验：按设计图样规定的表面位置和硬度范围检验和判定，如有1个零件不合格，则应另取双倍数量的零件重做检验；如仍有1个零件不合格，则应对本批零件逐个检验，合格者方可使用。

(3)静载试验、疲劳荷载试验及周期荷载试验：如符合锚具、夹具和连接器的技术要求的规定，应判为合格；如有1个试件不符合要求，即判定为不合格，但允许另取双倍数量的试件重做试验，若全部试件合格，即可判定本批产品合格；如仍有1个试件不合格，则该批产品为不合格品。

(4)辅助性试验为测定参数及检验工艺设备的项目,不做合格与否的判定。

第二节　桥梁支座试验检测

桥梁支座是连接桥梁上部结构和下部结构的重要结构部件。它能将桥梁上部结构的反力和变形(位移和转角)可靠地传递给桥梁下部结构,从而使结构的实际受力情况与计算的理论图式相符合。

桥梁支座必须满足以下功能要求:

(1)首先桥梁支座必须具有足够的承载能力,以保证安全。

(2)可靠地传递支座反力。其次支座对桥梁变形(位移和转角)的约束应尽可能地小,以适应梁体自由伸缩及转动的需要。此外支座应便于安装、养护和维修,并在必要时进行更换。

一、产品分类、代号及标记

(一)产品分类及代号

1. 板式橡胶支座产品分类及代号

(1)按结构形式分为:

①普通板式橡胶支座区分为矩形板式橡胶支座(代号 GJZ),圆形板式橡胶支座(代号 GYZ)。

②四氟滑板式橡胶支座区分为矩形四氟滑板橡胶支座(代号 $GJZF_4$)、圆形四氟滑板橡胶支座(代号 $GYZF_4$)。

(2)按支座材料和适用温度分为:

①常温型橡胶支座,应采用氯丁橡胶(CR)生产,适用温度为 -25 ~60℃。不得使用天然橡胶代替氯丁橡胶,也不允许在氯丁橡胶中掺入天然橡胶。

②耐寒型橡胶支座,应采用天然橡胶(NR)生产,适用的温度为 -40 ~60℃。

2. 盆式支座产品分类及代号

盆式支座名称代号为 GPZ,使用性能产品分类代号分别为:固定支座代号 GD,双向活动支座代号 SX,单向活动支座代号 DX,减振型固定支座代号 JZGD,减振型固定支座代号 JZDX。

3. 桥型支座产品分类及代号

球型支座名称代号为 QZ,产品分类代号分别为:固定支座代号 GD,双向活动支座代号 SX,单向活动支座代号 DX。

(二)桥梁支座标记

1. 板式橡胶支座标记

板式橡胶支座标记由名称代号、形式代号、外形尺寸及橡胶种类四部分组成。

示例1:公路桥梁矩形普通氯丁橡胶支座,短边尺寸为300mm,长边尺寸为400mm,厚度为47mm 的支座,标记为:GJZ300 ×400 ×47(CR)。

示例2:公路桥梁圆形四氟滑板天然橡胶支座,直径为300mm,厚度为54mm的支座,标记为:$GYZF_4300\times54$(NR)。

2. 盆式支座标记

盆式支座标记一般由支座名称代号、支座设计序列代号、设计竖向承载力(MN)、使用性能产品分类代号、适用温度代号、主位移方向位移量(mm)组成。

示例1:××××年设计系列,设计竖向承载力为15MN的双向活动耐寒型顺桥向位移量为±100mm的盆式支座,标记为:GPZ(××××)15SXF±100。

示例2:××××年设计系列,设计竖向承载力为35MN的单向活动常温型顺桥向位移量为±50mm的盆式支座,标记为:GPZ(××××)35DX±50。

3. 球型支座标记

球型支座标记一般由支座名称代号、支座设计竖向承载力(kN)、产品分类代号、位移量(mm)、转角(rad)组成。

示例1:支座设计竖向承载力为30 000kN的单向活动球型支座,其纵向位移量为±150mm,转角为0.05rad,标记为:QZ30 000DX/Z±150/R0.05。

示例2:支座设计竖向承载力为20 000kN的双向活动球型支座,其纵向位移量为±100mm,横向位移量为±40mm,转角为0.02rad的桥型支座,标记为:QZ20 000SX/Z±100/H±40/R0.02。

二、桥梁支座的力学性能要求

(1)板式橡胶支座力学性能要求见表1-4-4。

板式橡胶支座力学性能要求　　表1-4-4

项目		指标	
		JT/T 4—2004	GB 20688.4—2007
实测极限抗压强度 R_u(MPa)		≥70	
实测抗压弹性模量 E_1(MPa)		$E\pm E\times20\%$	$E\pm E\times30\%$
实测抗剪弹性模量 G_1(MPa)		$G\pm G\times15\%$	
实测老化后抗剪弹性模量 G_2(MPa)		$G+G\times15\%$	$G\pm G\times15\%$
实测转角正切值 $\tan\theta$	混凝土桥	≥1/300	
	钢桥	≥1/500	
实测摩擦系数 μ_f(加硅脂时)		≤0.03	

板式橡胶支座抗压弹性模量和形状系数按式(1-4-6)~式(1-4-8)计算

$$E=5.4G\cdot S^2 \tag{1-4-6}$$

矩形支座

$$S=\frac{L_{0a}\cdot L_{0b}}{2t_1(L_{0a}+L_{0b})} \tag{1-4-7}$$

圆形支座

$$S=\frac{d_0}{4t_1} \tag{1-4-8}$$

式中:E——支座抗压弹性模量(MPa);

G——支座抗剪弹性模量(MPa);

S——支座形状系数;

L_{0a}——矩形支座加劲钢板短边尺寸(mm);

L_{0b}——矩形支座加劲钢板长边尺寸(mm);

t_1——支座中间单层橡胶片厚度(mm);

d_0——圆形支座加劲钢板直径(mm)。

(2)盆式橡胶支座力学性能要求见表1-4-5。

盆式橡胶支座力学性能要求　表1-4-5

项　目	指　标			
竖向承载力	压缩变形	径向变形		残余变形
	在竖向设计承载力作用下支座压缩变形不大于支座总高度的2%	在竖向设计承载力作用下盆环上口径向变形不得大于盆环外径的0.05%		卸载后,支座残余变形小于设计荷载下相应变形的5%
水平承载力	固定支座和单向活动支座		减振型固定支座和单向活动支座	
	不小于支座竖向承载力的10%		不小于支座竖向承载力的20%	
转角	支座设计竖向转动角度不小于0.02rad			
摩擦系数(5201硅脂后)	常温型活动支座		耐寒型活动支座	
	不大于0.03		不大于0.06	

(3)球型支座力学性能要求见表1-4-6。

球型支座力学性能要求　表1-4-6

项　目	指　标	
竖向承载力	压缩变形	径向变形
	在竖向设计承载力作用下支座的竖向压缩变形不应大于支座总高度的1%	在竖向设计承载力作用下盆环径向变形不应大于盆环外径的0.05%
水平承载力	固定支座	单向活动支座
	不小于支座竖向承载力的10%	
支座实测转动力矩	应小于支座设计转动力矩	
摩擦系数(5201硅脂后)	常温适用范围在-25~60℃时	常温适用范围在-40~25℃时
	不大于0.03	不大于0.05

球型支座设计转动力矩按式(1-4-9)计算

$$M_\theta = R_{ck} \cdot \mu_f \cdot R \tag{1-4-9}$$

式中:M_θ——支座设计转动力矩(N·m);

R_{ck}——支座竖向设计承载力(kN);

μ_f——球面镀铬钢衬板的镀铬层与球面四氟乙烯板间的设计摩擦系数;

R——球面镀铬钢衬板的球面半径(mm)。

三、板式橡胶支座试验方法

板式橡胶支座试验检测项目主要为抗压弹性模量、抗剪弹性模量、抗剪黏结性能、抗剪老化、摩擦系数、转角、极限抗压强度试验以及外观质量及尺寸检测等。

1. 试样、试验条件和试验设备要求

(1)试样：随机抽取实样，每种规格试样数量为三对。试样试验前应暴露在标准温度(23±5)℃下，停放24h以使试样内外温度一致。

(2)试验条件：试验室的标准温度为(23±5)℃，且不能有腐蚀性气体及影响检测的振动源。

(3)仪器设备：试验机宜具备下列功能：微机控制，能自动、平稳连续加载、卸载，自动持荷，自动采集数据，自动绘制应力—应变图形，自动储存数据和打印结果。试验用承载板应具有足够的刚度，厚度应大于平面最大尺寸的1/2，且不能用分层垫板代替。平面尺寸必须大于被测试样的平面尺寸，在最大荷载下不应发生挠曲。剪切试验机构的水平油缸、负荷传感器的轴线应和中间钢拉板对称轴线相重合，确保试样水平轴向受力。

试验机的级别为Ⅰ级，示值相对误差允许值为±1.0%，试验机正压力使用可在最大力值的0.4%～90%范围内，水平力的使用可在最大力值的1%～90%范围内。

测量支座变形量的仪表量程应满足测量支座试样变形量的需要，测量转角变形量的分度值为0.001m，测量竖向压缩变形量和水平位移变形量的分度值为0.01mm。

2. 抗压弹性模量试验

试验方法为通过中心受压试验，得出橡胶支座的应力—应变曲线，并据此求出支座的抗压弹性模量，实测出使用荷载作用下的最大压缩量并观察支座在受压情况下的工作状态。

(1)试验步骤为：

①将试样置于试验机的承载板上，上下承载板与支座接触面不得有油渍；对准中心，精度应小于1%的试件短边尺寸或直径。缓缓加载至压应力为1.0MPa且稳压后，核对承载板四角对称安置的四只位移传感器，确认无误后，开始预压。

②预压。将压应力以0.03～0.04MPa/s速率连续地增至平均压应力$\sigma=10$MPa，持荷2min，然后以连续均匀的速度将压应力卸至1.0MPa。持荷5min，记录初始值，制应力—应变图，预压三次。

③正式加载。每一加载循环自1.0MPa开始，将压应力以0.03～0.04MPa/s速率均匀加载至4MPa，持荷2min后，采集支座变形值，然后以同样速率每2MPa为一级逐级加载，每级持荷2min后，采集支座变形数据直至平均压应力σ为止，绘制的应力—应变图应呈线性关系。然后以连续均匀的速度卸载至压应力为1.0MPa。10min后进行下一加载循环。加载过程应连续进行三次。

(2)数据采集与整理

以承载板四角所测得的变位值的平均值，作为各级荷载下试样的累计竖向压缩变形Δ_c，按试样橡胶层的总厚度t_e求出在各级试验荷载作用下，试样的累计压缩应变$\varepsilon_i=\Delta_{ci}/t_e$。

(3)试验结果的计算

①抗压弹性模量的计算。

试样实测抗压弹性模量按式(1-4-10)计算

$$E_1=\frac{\sigma_{10}-\sigma_4}{\varepsilon_{10}-\varepsilon_4} \tag{1-4-10}$$

式中：E_1——试样实测抗压弹性模量计算值，精确至1MPa；

σ_4、ε_4——第4MPa级试验荷载下的压应力和累积压缩应变值；

σ_{10}、ε_{10}——第10MPa级试验荷载下的压应力和累积压缩应变值。

②每一块试样的抗压弹性模量 E_1 为三次加载过程所得的三个实测结果的算术平均值。但单项结果和算术平均值之间的偏差不应大于算术平均值的3%，否则应对该试样重新复核试验一次。如果仍超过3%，应由试验机生产厂专业人员对试验机进行检修和检定，合格后再重新进行试验。

3. 抗剪弹性模量试验

板式橡胶支座抗剪弹性模量试验是以正压力为容许压应力，并在抗剪过程中保持不变的情况下，采用2块支座用中间钢拉板推或拉组成双剪装置，橡胶支座的顶面或底面必须以实桥设计（钢筋混凝土梁、钢梁）图纸一致，而且中间钢拉板的对称轴应和加压设备中轴处在同一垂直面上，剪切变形量的量测一般采用2个大标距的位移传感器或百分表，正压力和剪切力一般采用力传感器进行量测控制。剪切试验设备简图如图1-4-1所示。正式试验前应进行预载，以控制安装偏差和消除初应力，正式加载时，施加水平力至剪应力 $\tau=0.1$MPa 后持荷5min，然后卸载至剪应力为0.1MPa后记录位移计初始值。

（1）试验步骤为：

①在试验机的承载板上，应使支座顺其短边方向受剪，将试样及中间钢拉板按双剪组合配置好，使试样和中间钢拉板的对称轴和试验机承载板中心轴处在同一垂直面上，精度应小于1%的试件短边尺寸。为防止出现打滑现象，应在上下承载板和中间钢拉板上粘贴高摩擦板，以确保试验的准确性。

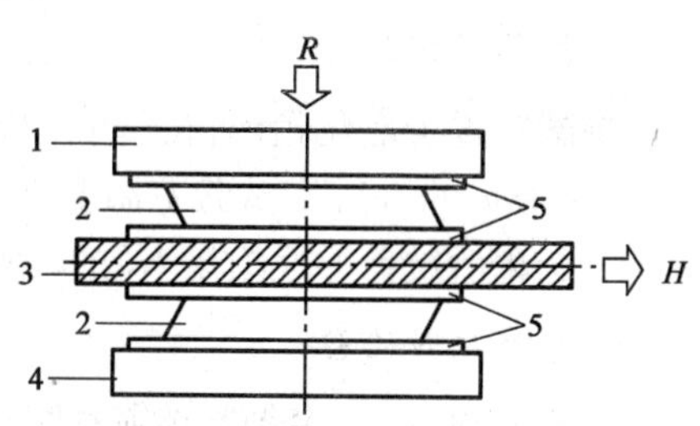

图1-4-1 剪切试验设备图

1-上承载板；2-板式支座试件；3-中间钢拉板；4-下承载板；5-防滑摩擦板

②将压应力以0.03～0.04MPa/s的速率连续地增至平均压应力 σ，绘制应力—时间图，并在整个抗剪试验过程中保持不变。

③调整试验机的剪切试验机构，使水平油缸、负荷传感器的轴线和中间钢拉板的对称轴重合。

④预加水平力。以0.002～0.003MPa/s的速率连续施加水平剪应力至剪应力 $\tau=1.0$MPa，持荷5min，然后以连续均匀的速度卸载至剪应力为0.1MPa，持荷5min，记录初始值，绘制应力—应变图。预载三次。

⑤正式加载。每一加载循环自 $\tau_1=0.1$MPa 开始，每级剪应力增加0.1MPa，持荷1min，采集支座变形数据，至 $\tau=1.0$MPa 为止，绘制的应力—应变图应呈线性关系。然后以连续均匀的速度卸载至剪应力为0.1MPa。10min后进行下一循环试验。加载过程应连续进行三次。

（2）数据采集与整理

将各级水平荷载下位移传感器所测得的试样累计水平剪切变形 Δ_s，按试样橡胶层的总厚度 t_e 求出在各级试验荷载作用下，试样的累积剪切应变 $\gamma_i=\Delta_s/t_e$。

（3）试验结果的计算

①抗剪弹性模量的计算。

试样的实测抗剪弹性模量应按式（1-4-11）计算

$$G_1 = \frac{\tau_{1.0} - \tau_{0.3}}{\gamma_{1.0} - \gamma_{0.3}} \tag{1-4-11}$$

式中：G_1——试样的实测抗剪弹性模量计算值，精确至1%（MPa）；

$\tau_{1.0}$、$\gamma_{1.0}$——第1.0MPa级试验荷载下的剪应力和累积剪应变；

$\tau_{0.3}$、$\gamma_{0.3}$——第0.3MPa级试验荷载下的剪应力和累积剪应变。

②每对检验支座所组成试样的综合抗剪弹性模量G_1，为该对试件三次加载所得到的三个结果的算术平均值。但各单项结果与算术平均值之间的偏差应不大于算术平均值的3%，否则应对该试样重新复核试验一次，如果仍超过3%，应请试验机生产厂专业人员对试验机进行检修和检定，合格后再重新进行试验。

4. 抗剪黏结性能试验

整体支座抗剪黏结性能试验方法与抗剪弹性模量试验方法相同，将压应力以0.03～0.04MPa/s速率连续地增至平均压应力σ，绘制应力—时间图，并在整个试验过程中保持不变。然后以0.002～0.003MPa/s的速率连续施加水平力，当剪应力达到2MPa，持荷5min后，水平力以连续均匀的速度连续卸载，在加、卸载过程中绘制应力—应变图。试验中随时观察试件受力状态及变化情况，水平力卸载后试样是否完好无损。

5. 抗剪老化试验

将试样置于老化箱内，在(70±2)℃温度下经72h后取出，将试样在标准温度(23±5)℃下，停放48h，再在标准试验室温度下进行剪切试验，试验与标准抗剪弹性模量试验方法步骤相同。老化后抗剪弹性模量G_2的计算方法与标准抗剪弹性模量计算方法相同。

6. 摩擦系数检验

摩擦系数试验，除要求必须对四氟板与不锈钢板进行检验外，对橡胶与混凝土、橡胶与钢板间摩擦系数试验可按需要或用户要求进行检验。摩擦系数试验设备如图1-4-2所示。

(1)试验步骤：

①将四氟滑板支座与不锈钢板试样按规定摆放，对准试验机承载板中心位置，精度应小于1%的试件短边尺寸。试验时应将四氟滑板试样的储油槽内注满5201－2硅脂油。

②将压应力以0.03～0.04MPa/s的速率连续地增至平均压应力σ，绘制应力—时间图，并在整个摩擦系数试验过程中保持不变。其预压时间为1h。

③以0.002～0.003MPa/s的速率连续地施加水平力，直至不锈钢板与四氟滑板试样接触面间发生滑动为止，记录此时的水平剪应力作为初始值。试验过程应连续进行三次。

(2)摩擦系数应按式(1-4-12)～式(1-4-14)计算：

$$\mu_f = \frac{\tau}{\sigma} \tag{1-4-12}$$

$$\tau = \frac{H}{A_0} \tag{1-4-13}$$

$$\sigma = \frac{R}{A_0} \tag{1-4-14}$$

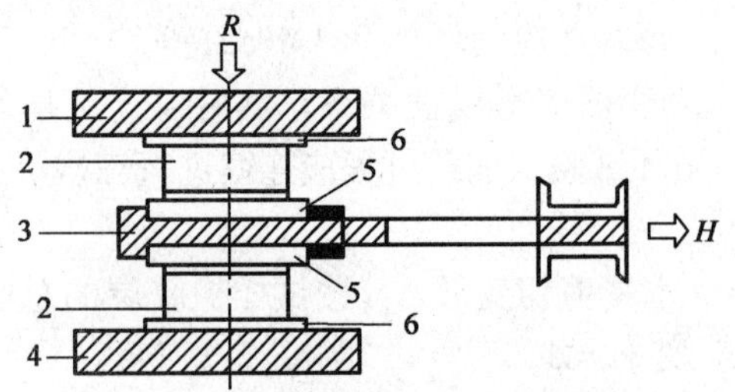

图1-4-2　摩擦系数试验设备图

1-上承载板；2-四氟滑板支座试样；3-中间钢拉板；4-下承载板；5-不锈钢板试样；6-防滑摩擦板

式中：μ_f——四氟滑板与不锈钢板表面的摩擦系数，精确至0.01；

τ——接触面发生滑动时的平均剪应力(MPa)；

σ——支座的平均压应力(MPa)；

H——支座承受的最大水平力(kN)；

R——支座最大承压力(kN)；

A_0——支座有效承压面积(mm^2)。

每对试样的摩擦系数为三次试验结果的算术平均值。

7. 转角检验

(1)试验原理

施加压应力至平均压应力 σ，则试样产生垂直压缩变形；用千斤顶对中间工字梁施加一个向上的力 P，工字梁产生转动，上下试样边缘产生压缩及回弹两个相反变形。由转动产生的支座边缘的变形必须小于由垂直荷载和强制转动共同影响下产生的压缩变形(图 1-4-3 和图 1-4-4)。

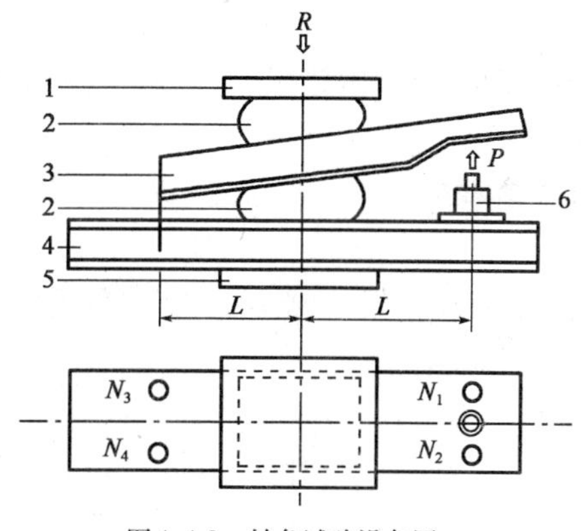

图 1-4-3　转角试验设备图

1-上承载板；2-试样；3-中间工字钢(假想梁体)；4-承载板(梁)；5-下承载板；6-千斤顶

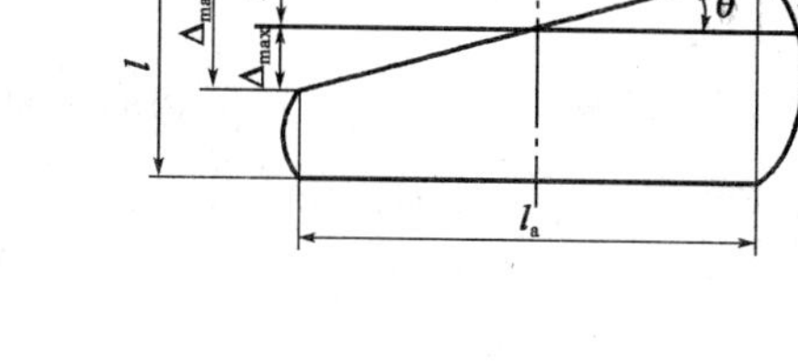

图 1-4-4　转角计算图

在外荷载作用下，支座在发生竖向压缩的同时，由于梁体的挠曲作用还产生转动。支座转动时，一侧的橡胶被压缩，而另一侧则逐渐被抬起。如果竖向压缩回弹变形值大于其总压缩量，支座边缘必将出现脱空现象。这是检验橡胶支座的厚度在梁体端部在可能出现最大转角的作用下能否满足设计要求的必要条件。

(2)试验步骤

①将试样按图 1-4-3 规定摆放，对准中心位置，精度应小于 1% 的试件短边尺寸。在距试样中心 L 处，安装使梁产生转动用的千斤顶和测力计，并在承载梁(或板)四角对称安置四只高精度位移传感器(精度 0.001mm)。

②预压。将压应力以 0.03～0.04MPa/s 的速率连续地增至平均压应力 σ，绘制应力—时间图，维持 5min，然后以连续均匀的速度卸载至压应力为 1.0MPa，如此反复三遍。检查传感器是否灵敏准确。

③加载。将压应力按照抗压弹性模量试验要求增至 σ，采集支座变形数据，绘制应力—应变图，并在整个试验过程中维持 σ 不变。用千斤顶对中间工字梁施加一个向上的力 P，使其达到预期转角的正切值(偏差不大于 5%)，停 5min 后，记录千斤顶力 P 及传感器的数值。

8. 极限抗压强度检验

极限抗压强度试验应按下列步骤进行：

(1)将试样放置在试验机的承载板上，上下承载板与支座接触面不得有油污，对准中心位置，精度应小于1%的试件短边尺寸；

(2)以0.1MPa/s的速率连续地加载至试样极限抗压强度 R_u 不小于70MPa为止，绘制应力—时间图，并随时观察试样受力状态及变化情况，试样是否完好无损。

9. 试验结果判定

(1)试样的抗压弹性模量 E_1 与标准的 E 值的偏差在 ±20% 范围之内时，应认为满足要求。

(2)试样的抗剪弹性模量 G_1 与规定 G 值的偏差在 ±15% 范围之内时，应认为满足要求。

(3)在两倍剪应力作用下，橡胶层未被剪坏，中间层钢板未断裂错位，卸载后，支座变形恢复正常，应认为试样抗剪黏结性能满足要求。

(4)试样老化后的抗剪弹性模量 G_2 与规定 G 值的偏差在 ±15% 范围之内时，应认为满足要求。

(5)在不小于70MPa压应力时，橡胶层未被挤坏，中间层钢板未断裂，四氟滑板与橡胶未发生剥离，应认为试样的极限抗压强度满足要求。

(6)四氟滑板试样与不锈钢板试样的摩擦系数满足表1-4-4时，应认为满足要求。

(7)试样的转角正切值，混凝土、钢筋混凝土桥梁在1/300，钢桥在1/500时，试样边缘最小变形值大于或等于零时，应认为试样转角满足要求。

(8)进行支座力学性能试验时，随机抽取三块（或三对）支座，若有两块（或两对）不能满足要求，则认为该批产品不合格。若有一块（或一对）支座不能满足要求时，则应从该批产品中随机再抽取双倍支座对不合格项目进行复检，若仍有一项不合格，则判定该批产品不合格。

10. 支座外观质量检测

(1)支座外形尺寸检测：支座外形尺寸应用钢直尺量测，厚度应用游标卡尺或量规量测。对于矩形支座，除应在四边上量测长短边尺寸外，还应量测平面与侧面对角线尺寸，厚度应在中点及对角线中心处量测；对圆形支座，其直径、厚度应至少量测四次，测点应垂直交叉，并量测圆心处厚度，外形尺寸和厚度实测的平均值，其尺寸偏差应符合有关规定。

(2)支座外观检测：支座外观用目测方法或量具逐块进行检查。检测项目：气泡、杂质；凹凸不平；四侧面裂纹、钢板外露；掉块、崩裂、机械损伤；钢板与橡胶黏结处开裂或剥离；表面平整度；四氟滑板划痕、碰伤、敲击；四氟滑板与橡胶支座黏结错位等项目。每块支座不允许存在两项以上的缺陷。

11. 解剖检测

解剖检验项目有：支座用钢锯锯后检验项目有橡胶层厚度、钢板与橡胶黏结、剥离胶层后橡胶的性能等，见表1-4-7。

球型支座力学性能要求　　表 1-4-7

名　　称	解剖检验标准
锯开后胶层厚度	胶层厚度应均匀，t_1 为 5mm 或 8mm 时，其偏差为 ±0.4mm；t_1 为 11mm 时，其偏差为 ±0.7mm；t_1 为 15mm 时，其偏差为 ±1.0mm
钢板与橡胶黏结	钢板与橡胶黏结应牢固，且无离层现象，其平面尺寸偏差为 ±1.0mm；上下保护层偏差为(+0.5,0)mm
剥离胶层（应按 HG/T 2198 规定制成试样）	剥离胶层后，测定的橡胶性能与规范规定相比，拉伸强度的下降不应大于 15%，扯断伸长率的下降不应大于 20%

四、盆式支座试验方法

盆式支座成品试验检测项目主要为竖向承载力、摩擦系数以及转动试验。

1. 支座竖向承载力试验

盆式支座竖向承载力试验应测定垂直荷载作用下，盆式支座竖向压缩变形和盆环径向变形。

(1)试样放置

将待测试支座安置于试验机承载板上，并对准中心位置。

(2)预压

正式加载前对支座预压三次，预压荷载为支座设计承载力；预压初始荷载为该试验支座竖向设计承载力的 1.0%，每次加载至预压荷载宜稳压 2min 后卸载至初始荷载。

(3)安装位移传感器

在初始荷载稳压状态，在支座顶、底板间均匀安装四个竖向位移传感器(百分表)，测试支座竖向压缩变形；在盆环上口相互垂直的直径方向安装四只径向位移传感器(千分表)，测试盆环径向变形。

(4)正式加载

正式加载分三次进行，检验荷载为支座竖向设计承载力的 1.5 倍。

①每次检测时预加设计承载力的 1.0% 作为初始压力，分 10 级加载到检验荷载。

②每级加载后稳压 2min，然后记录每一级的位移量，加载至检验荷载稳压 3min 后卸载至初始压力，测定残余变形。

(5)试验结果计算

①每次、每级竖向变形取该次、该级加载时四个竖向位移传感器(百分表)读数的算术平均值。

②每次、每级径向变形取该次、该级加载时四个径向位移传感器(千分表)读数绝对值之和的一半。

③三次测试结果的平均值为该支座试样的测试结果。

2. 成品支座摩擦系数试验

摩擦系数试验所采用的水平加载装置应由千斤顶加载系统、测力传感器等组成。

(1)试样放置

摩擦系数试验选用两个相同规格的单向或双向盆式支座试样，将一个试样放置在压力机的下承载板上，另一个试样放置在水平加载装置的钢拉板上，并对准中心位置。

(2)预压

试验前应对支座预压，预压荷载为该试验支座竖向设计承载力，预压三次；预压初始荷载为该试验支座竖向设计承载力的1.0%，每次加载至预压荷载宜稳压3min后卸载至初始荷载。

(3)正式加载

试验机对试验支座加载到竖向设计承载力时，用千斤顶施加水平力。

①. 盆式支座试样一发生滑动(水平拉力下降)时，即停止施加水平力，并由专用的测力传感器记录水平力值。

②. 依照以上相同的方法再连续重复进行三次。

(4)试验结果计算

第一次滑动记录初始值，然后试验过程应连续进行三次，实测摩擦系数取后三次(第二次~第四次)试验结果的算术平均值。

3. 成品支座转动试验

转动试验所采用的试验装置应由加载横梁、千斤顶加载系统、测量转角变化的位移传感器等组成。

正式加载时使支座分别产生0.010rad、0.015rad、0.020rad设计转角值，每次达到预期的转角后，稳压30min；当加到最大转角后应保持荷载30min后卸载；在整个转动试验过程中都应随时观测试验支座的工作状态；转动试验结束(支座卸载)后，应对试验支座试样进行拆解，检查中间钢衬板、聚四氟乙烯板、黄铜紧箍圈、橡胶承压板等零部件是否完好无损。

支座转动后，要求聚四氟乙烯板和钢件无损伤，橡胶承压板没有被挤出，黄铜密封圈也无明显损伤。

4. 成品盆式支座试验结果的判定

(1)试验支座的竖向压缩变形和盆环径向变形满足表1-4-5的规定，实测的荷载—竖向压缩变形曲线和荷载—盆环径向变形曲线呈线性关系，且卸载后残余变形小于支座设计荷载下相应变形的5%，该支座的竖向承载力为合格。

(2)试验支座的转动角度满足表1-4-5的规定，该支座的转动角度为合格。

(3)试验支座的摩擦系数满足表1-4-5的规定，该支座的摩擦系数为合格。

(4)支座各项试验均为合格，判定该支座为合格支座。试验合格的支座，试验后可以继续使用。

(4)试验支座在加载中出现损坏，则该支座为不合格。

五、球型支座试验方法

球型支座试验检测项目主要为竖向承载力、水平承载力、摩擦系数以及转动试验。

1. 竖向承载力试验

球型支座竖向承载力试验应测定垂直荷载作用下，球型支座竖向压缩变形和底盆径向变形。

(1)试样设置

将待测试支座安置于试验机承载板上,并对准中心位置。

(2)预压

正式加载前对支座预压三次,预压荷载为支座设计承载力;预压初始荷载为该试验支座竖向设计承载力的0.5%,每次加载至预压荷载宜稳压2min后卸载至初始荷载。

(3)安装位移传感器

在初始荷载稳压状态,在支座顶、底板间均匀安装四个竖向位移传感器(百分表),测试支座竖向压缩变形;在盆环上口相互垂直的直径方向安装四只径向位移传感器(千分表),测试盆环径向变形。

(4)正式加载

正式加载分三次进行,试验荷载为支座竖向设计承载力的1.5倍。

①每次试验时预加设计承载力的0.5%作为初始荷载,分10级加载到试验荷载。

②每级加载稳压2min后记录每一级的位移量,加载于试验荷载稳压3min后卸载至初始荷载。

(5)试验结果计算

①每次、每级竖向变形取该次、该级加载时四个竖向位移传感器(百分表)读数的算术平均值。

②每次、每级径向变形取该次、该级加载时四个径向位移传感器(千分表)读数的算术平均值。

③三次测试结果的平均值为该支座试样的测试结果。

2. 摩擦系数试验

摩擦系数试验所采用的水平加载装置应由千斤顶加载系统、测力传感器等组成。

摩擦系数试验选用两个相同规格的单向或双向球型支座试样,将一个试样放置在压力机的下承载板上,另一个试样放置在水平加载装置的钢拉板上,并对准中心位置。

试验前应对支座进行预压,预压荷载为该试验支座竖向设计承载力,将支座以连续均匀的速度加载到预压荷载,在整个摩擦系数试验过程中保持不变。其预压时间为1h。

正式加载时用水平力加载装置连续均匀地施加水平力;桥型支座试样一发生滑动(水平拉力下降)时,即停止施加水平力,并由专用的测力传感器记录水平力值;依照以上相同的方法再连续重复进行四次。

第一次滑动记录初始值,实测摩擦系数取后四次(第二次~第五次)试验结果的算术平均值。

3. 转动性能试验

转动性能试验所采用的试验装置应由加载横梁、千斤顶加载系统、力传感器等组成。

试验前应对支座进行预压,预压荷载为该试验支座竖向设计承载力,将支座以连续均匀的速度加载到预压荷载,在整个转动试验过程中保持不变。

正式试验时用千斤顶以5kN/min的速度施加转动力矩,直至支座发生转动后千斤顶卸载;记录支座发生转动瞬间的千斤顶最大荷载。

试验过程连续进行三次。

4. 水平承载力试验

将试样置于试验机的承载板上，将自平衡反力架及水平力试验装置组合配置好。

水平承载力试验荷载为支座水平承载力的1.2倍，将支座竖向承载力加至设计承载力的50%，将水平力加载至设计水平承载力的0.5%后，核对水平方向位移传感器（百分表）及水平千斤顶数据。确认无误后，进行预推。

支座竖向承载力加至设计承载力的50%持荷后，用水平承载力的20%进行预推，反复三次。

正式加载时将试验荷载由零至试验荷载均匀分为10级；试验时先将竖向力加至50%；以支座设计水平力的0.5%作为初始推力，逐级加载，每级荷载稳压2min后记录百分表数据；待水平力达到设计水平力的90%后，再将竖向力加至设计承载力，然后将水平力加至试验荷载稳压3min后卸载至初始推力。正式加载过程连续进行三次。

水平力作用下变形分别取2个百分表读数的平均值，绘制荷载—水平变形曲线；支座水平承载力试验在拆除装置后，检查支座变形是否恢复。

5. 成品球型支座试验结果的判定

(1)试验支座竖向压缩变形、盆环径向变形应满足表1-4-6的要求。

(2)试验支座水平力应满足表1-4-6的有关要求。

(3)支座水平承载力试验，在拆除装置后，检查支座变形是否恢复。变形不能恢复的产品为不合格。

(4)试验支座摩擦系数应满足表1-4-6的要求。

(5)试验支座实测转动力矩应小于设计转动力矩。

(6)整体支座的试验结果若有两个支座各有一项不合格，或有一个支座两项不合格时，应取双倍试样对不合格项目进行复检，若仍有一个支座一项不合格，则判定该批产品不合格。若有一个支座三项不合格则判定该批产品不合格。

第三节　桥梁伸缩装置试验检测

一、产品分类、代号及标记

1. 分类、代号

桥梁伸缩装置按照伸缩体结构的不同分为模数式伸缩装置、梳齿板式伸缩装置、橡胶式伸缩装置和异型钢单缝式伸缩装置四类。其中橡胶分类代号为氯丁橡胶代号（CR）、天然橡胶代号（NR）、三元乙丙橡胶代号（EPDM）。

2. 标记

伸缩装置产品标记由产品名称代号、伸缩量范围（mm）及橡胶分类代号三部分组成。

示例1：产品名称代号为GQF-C型，伸缩量为80mm的三元乙丙橡胶伸缩装置标记为：GQF-C80（EPDM）。

示例2：产品名称代号为GQF-MZL型，伸缩量为400mm的天然橡胶伸缩装置标记为：

GQF--MZL400(NR)。

二、桥梁伸缩装置的力学性能要求

桥梁伸缩装置的力学性能要求见表1-4-8。

桥梁伸缩装置的力学性能要求　　表1-4-8

<table>
<tr><th rowspan="2">序号</th><th rowspan="2" colspan="2">项目</th><th rowspan="2" colspan="2">模数式</th><th rowspan="2" colspan="2">梳齿板式</th><th colspan="2">橡胶式</th><th rowspan="2">异型钢单缝式</th></tr>
<tr><th>板式</th><th>组合式</th></tr>
<tr><td>1</td><td colspan="2">拉伸、压缩时最大水平摩阻力(kN/m)</td><td colspan="2">≤4</td><td colspan="2">≤5</td><td><8</td><td>≤8</td><td></td></tr>
<tr><td rowspan="4">2</td><td rowspan="4">拉伸、压缩时变位均匀性(mm)</td><td>每单元最大偏差值</td><td colspan="2">-2~2</td><td colspan="2"></td><td></td><td></td><td></td></tr>
<tr><td rowspan="3">总变位最大偏差值</td><td>e≤480</td><td>-5~5</td><td>e≤80</td><td>±1.5</td><td rowspan="3"></td><td rowspan="3"></td><td rowspan="3"></td></tr>
<tr><td>480<e≤800</td><td>-10~10</td><td>e>80</td><td>±2.0</td></tr>
<tr><td>e>800</td><td>-15~15</td><td></td><td></td></tr>
<tr><td>3</td><td>拉伸、压缩时最大竖向偏差或变形(mm)</td><td></td><td colspan="2">1~2</td><td colspan="2">0.3~0.5</td><td>-3~3</td><td>-2~2</td><td></td></tr>
<tr><td rowspan="3">4</td><td rowspan="3">相对错位后拉伸、压缩试验(满足1、2项要求前提下)</td><td>纵向错位</td><td colspan="2">支承横梁倾斜角度不小于2.5°</td><td colspan="2"></td><td></td><td></td><td></td></tr>
<tr><td>竖向错位</td><td colspan="2">相当于顺桥向产生5%坡度</td><td colspan="2"></td><td></td><td></td><td></td></tr>
<tr><td>横向错位</td><td colspan="2">两支承横梁3.6m范围内两端相差80mm</td><td colspan="2"></td><td></td><td></td><td></td></tr>
<tr><td>5</td><td colspan="2">最大荷载时中梁应力、横梁应力、应变测定、水平力(模拟制动力)</td><td colspan="2">满足设计要求</td><td colspan="2"></td><td></td><td></td><td></td></tr>
<tr><td>6</td><td colspan="2">防水性能</td><td colspan="2">注满水24h无渗漏</td><td colspan="2"></td><td></td><td></td><td>注满水24h无渗漏</td></tr>
</table>

三、整体性能试验

1. 试件

试验设备应能对整体组装后的伸缩装置进行力学性能试验。如果受试验设备限制,不能对整体伸缩装置进行试验时:

(1)对模数式伸缩装置的新产品或老产品转厂生产的试制定型鉴定可取不小于4m长并具有4个单元变位、支承横梁间距等于1.8m的组装试样进行试验。

(2)梳齿板式伸缩装置应取单元加工长度不小于2m组装试样进行试验。

(3)橡胶伸缩装置应取1m长的试样进行试验。

(4)异型钢单缝伸缩装置应取组装试样进行试验。

2. 试验

(1)整体试验应在制造厂或专门试验机构中进行。

(2)对整体组装的伸缩装置进行力学性能试验时，应将伸缩装置试样两边的锚固系统用定位螺栓或其他有效方法固定在试验平台上，然后使试验装置模拟伸缩装置在桥梁结构中实际受力状态进行规定项目试验。橡胶伸缩装置的试验应在15～28℃温度下进行。

(3)模数式伸缩装置试验检测项目为拉伸、压缩时最大水平摩阻力，拉伸、压缩时变位均匀性，拉伸、压缩时最大竖向偏差或变形，相对错位后拉伸、压缩试验，最大荷载时中梁应力、横梁应力、应变测定、水平力(模拟制动力)以及防水性能试验。

(4)梳齿板式伸缩装置试验检测项目为拉伸、压缩试验，水平摩阻力及变位均匀性试验。

(5)橡胶伸缩装置试验检测项目为拉伸、压缩试验，水平摩阻力及垂直变形试验。

(6)异型钢单缝伸缩装置试验检测项目为橡胶密封带防水试验。

(7)试验重复三次。

(8)试验结果取三次循环试验的算术平均值。

3. 尺寸偏差

伸缩装置的尺寸偏差，应采用标定的钢直尺、游标卡尺、平整度仪、水准仪等量测。橡胶伸缩装置平面尺寸除量测四边长度外，还应量测对角线尺寸，厚度应在四边量测8点取其平均值。模数式和梳齿板式伸缩装置应每2m取其断面量测后，取其平均值。

4. 外观质量

产品外观质量，应用目测方法和相应精度的量具逐步进行检测，不合格产品可进行一次修补。

5. 内在质量

橡胶板式伸缩装置解剖检验应每100块任取一块，沿中横向锯开进行规定项目检验。

四、检验规则

1. 检验分类

伸缩装置检验分为进厂原材料检验、出厂检验和型式试验。

(1)进厂原材料检验

伸缩装置加工用原材料及外加工件进厂时进行的验收检验。

(2)出厂检验

伸缩装置每批产品交货前应进行检验，出厂检验应由工厂质检部门进行，确认合格后方可出厂。出厂时应附有产品质量合格证明文件和整体性能检验报告，并附有安装使用注意事项及说明书。

(3)型式检验

有下列情况之一时，应进行型式试验：

①新产品或老产品转厂生产的试制定型鉴定。

②正常生产后，胶料配方改变，工艺、材料有较大改变，可能影响产品性能时。

③停产一年以上,恢复生产时。

④重要桥梁工程或用量较大的桥梁工程用户提出要求时。

⑤国家质量监督机构要求时。

伸缩装置型式检验应满足表1-4-9要求。

伸缩装置型式检验要求　　表1-4-9

序号	型式检验分类	检测项目				
		整体性能				原材料检验及出厂检验项目
		模数式	梳齿板式	橡胶式	异型钢单缝式	
1	新产品、老产品转厂试制定型鉴定	表1-4-8 所有序号	表1-4-8 序号1、2、3	表1-4-8 序号1、3	表1-4-8 序号6	全检
2	胶料配方、工艺改变,停产一年恢复生产	表1-4-8 序号1、2、6	表1-4-8 序号1、2	表1-4-8 序号1、3	表1-4-8 序号6	全检
3	重要或用量较大工程、用户提出要求时	表1-4-8 序号1、2、6	表1-4-8 序号1、2		表1-4-8 序号6	异型钢材的基本尺寸及外观和出厂检验项目全检
4	国家质量监督机构要求时	表1-4-8 序号1、2、5、6	表1-4-8 序号1、2	表1-4-8 序号1、3	表1-4-8 序号6	全检

五、检验结果的判定

(1)进厂原材料检验应全部项目合格后方可使用,不合格材料不应用于生产。

(2)出厂检验时,若有一项指标不合格,则应从该批产品中再随机抽取双倍数目的试样,对不合格项目进行复检,若仍有一项不合格则判定该批产品不合格。

(3)型式检验时,对表1-4-8中序号1、2检验,进行整体性能试验全部项目满足要求为合格。对表1-4-8中序号3、4检验,应随机抽取试样进行规定项目检验,若检验项目有一项不合格,则应从该批产品中再随机抽取双倍数目的试样,对不合格项目进行复检,若仍有一项目不合格,则判定该批产品不合格。

第四节　波　纹　管

桥梁工程常用的波纹管产品标准及主要相关标准为《预应力混凝土桥梁用塑料波纹管》(JT/T 529—2004)、《预应力混凝土用金属波纹管》(JG 225—2007)等。

一、产品分类、代号及标记

1.分类、代号

目前桥梁工程常用的波纹管有预应力混凝土桥梁用塑料波纹管和预应力混凝土用金属波

纹管两大类。预应力混凝土桥梁用塑料波纹管按截面形状可分为圆形和扁形两大类。预应力混凝土用金属波纹管按径向刚度分为标准型和增强型;按截面形状分为圆形与扁形;也可按每两个相邻折叠咬口之间凸起波纹的数量分双波、多波。

波纹管产品分类及代号见表1-4-10。

波纹管产品分类及代号 表1-4-10

产品名称	产品代号	管材类别代号		刚度类别代号	
		圆形	扁形	标准型	增强型
塑料波纹管	SBG	Y	B		
金属波纹管	JBG			B	Z

注:①塑料波纹管内径(mm);圆管以直径表示;扁形管以长轴表示。
②金属波纹管内径(mm);圆管以直径表示;扁管以长轴尺寸×短轴尺寸表示。

2.标记

波纹管的标记由产品代号、管材内径及管材(刚度)类别三部分组成。

示例1:内径为50mm的圆形塑料波纹管标记为:SBG-50Y。

示例2:长轴方向内径为41mm的扁形塑料波纹管标记为:SBG-41B。

以上标记适用于交通行业标准《预应力混凝土桥梁用塑料波纹管》(JT/T 529—2004)。

示例3:内径为70mm的标准型圆管标记为:JBG-70B。

示例4:内径为70mm的增强型圆管标记为:JBG-70Z。

示例5:长轴为65mm、短轴为20mm的标准型扁管标记为:JBG-65×20B。

示例6:长轴为65mm、短轴为20mm的增强型扁管标记为:JBG-65×20Z。

以上标记适用于建筑工业行业标准《预应力混凝土用金属波纹管》(JG 225—2007)。

二、波纹管的力学性能要求

预应力混凝土桥梁用塑料纹管力学性能要求如表1-4-11所示,金属波纹管力学性能要求如表4-12所示。

预应力混凝土桥梁用塑料波纹管力学性能要求 表1-4-11

项目	指标
环刚度	不小于6kN/m²
局部横向荷载	塑料波纹管在规定荷载(800N)作用下,管材表面不应破裂,管材残余变形量不得超过管材外径的10%
柔韧性	按规定的弯曲方法反复弯曲5次后,用专用塞规能顺利地从塑料波纹管中通过
抗冲击性	塑料波纹管低温落锤冲击试验的真实冲击率TIR最大允许值为10%

金属波纹管力学性能要求　　　　表 1-4-12

<table>
<tr><td>项　目</td><td colspan="3">指　标</td><td></td><td></td></tr>
<tr><td rowspan="6">金属波纹管径向刚度要求</td><td colspan="3">截面形状</td><td>圆形</td><td>扁形</td></tr>
<tr><td>集中荷载(N)</td><td colspan="2">标准型
增强型</td><td>800</td><td>500</td></tr>
<tr><td>均布荷载(N)</td><td colspan="2">标准型
增强型</td><td>$F=0.31d^2$</td><td>$F=0.15d_e^2$</td></tr>
<tr><td rowspan="2">δ</td><td>标准型</td><td>$d\leqslant75$mm
$d>75$mm</td><td>≤0.20
≤0.15</td><td>≤0.20</td></tr>
<tr><td>增强型</td><td>$d\leqslant75$mm
$d>75$mm</td><td>≤0.10
≤0.08</td><td>≤0.15</td></tr>
<tr><td>抗渗漏性能要求</td><td colspan="5">在规定的集中荷载作用后或在规定的弯曲情况下，预应力混凝土用金属波纹管允许水泥浆泌水渗出，但不得渗出水泥浆</td></tr>
</table>

注：表中圆管内径及扁管长、短轴长度均为公称尺寸；

F——均布荷载值(N)；

d——圆管内径(mm)；

$\delta=\Delta d/h$，其中 Δd 为外径变形值；

d_e——扁管等效内径(mm)，

$$d_e=\frac{2(b+h)}{\pi}$$

式中：b——长轴(mm)；

h——短轴(mm)。

复习思考题

一、单项选择题（四个备选项中只有一个正确答案）

1. 张拉设备重新标定的要求：使用时间超过(　)个月；张拉次数超过(　)次；使用过程中千斤顶或压力表出现异常现象；千斤顶检修或更换配件后。

A. 6　300　　B. 12　300　　C. 6　200　　D. 12　200

2. 在锚具的周期性荷载试验中，加卸载次数为(　)。

A. 2×106 次　　B. 50 次　　C. 100 次　　D. 75 次

3. 板式橡胶支座极限抗压强度部颁标准规定不小于(　)。

A. 70MPa　　B. 75MPa　　C. 80MPa　　D. 100MPa

4. 橡胶支座成品的力学性能指标不包括(　)。

A. 极限抗压强度　　B. 几何尺寸

C. 抗剪弹性模量　　D. 摩擦系数

5. 主跨 100m 的大跨径连续梁桥支座应选用(　)。

A. 矩形板式　　B. 圆形板式

C. 矩形四氟板式　　D. 盆式橡胶支座

6. 锚具的每个验收批不宜超过(　　)套;夹具、连接器的每个验收批不宜超过(　　)套;获得第三方独立认证的产品验收批可扩大(　　)倍。

A. 2 000　1 000　1　　B. 1 000　500　2

C. 1 500　500　0.5　　D. 2 000　500　1

7. 预应力锚具作疲劳试验时抽取(　　)试件进行。

A. 3 套　　B. 5 套　　C. 6 套　　D. 10 套

8. 板式橡胶支座的薄钢板(　　)。

A. 外漏于侧面　　B. 包裹在橡胶内

C. 置于支座顶面　　D. 置于支座底面

9. 橡胶支座的出场检验必须由厂家质量管理部门进行检验,确认合格后才可出厂,使用时必须附有(　　)。

A. 抗压弹性模量检验报告　　B. 支座成品解剖检验报告

C. 力学性能检验报告　　D. 产品质量合格证明文件及合格证

10. 对桥梁板式橡胶支座进行检验前,应将试样直接暴露在标准温度和湿度下停放(　　),以使试样内外温度一致。

A. 24h　　B. 48h　　C. 72h　　D. 96h

11. 锚具的静载锚同性能应同时满足下列两项要求:$\eta_a \geq$(　　),$\varepsilon_{apu} \geq$(　　)。

A. 0.95　2.0%　　B. 1.05　3.0%

C. 0.90　1.0%　　D. 1.00　1.5%

12. 预应力空心板混凝土组合 I 形梁钢筋张拉时,其预应力钢材实测伸长值与理论计算伸长值的差应控制在(　　)以内。

A. 2%　　B. 4%　　C. 6%　　D. 8%

13. 橡胶支座抗剪弹性模量测量:抗剪过程中正压力保持不变,2 块支座用中间钢板推或拉组成双剪装置(且中间钢板对称轴与加载设备中轴处于同一垂直平面),进行测量。正式加载前:施加水平剪应力至 τ = 1.0MPa,持荷 5min 后卸载至剪力 τ = 0.1MPa,记录初始值,开始正式加载。正式加载:自 τ = (　　) MPa 始,剪应力每级增加(　　) MPa,持荷 1min,读取位移计读数,至 τ = (　　) MPa 为止,10min 后进行下一次循环。加载过程连续进行 3 次,抗剪弹性模量取 3 次的所测算术平均值。

A. 0.1　0.1　1.0　　B. 0.2　0.1　1.0

C. 0.1　0.2　1.1　　D. 0.2　0.2　1.0

14. 硬度检验:应从每批中抽取(　　)的锚具且不少于(　　)套,对多孔夹片式锚具的夹片,每套至少抽取(　　)片。

A. 5%　5　5　　B. 3%　5　6

C. 10%　10　10　　D. 5%　6　6

15. 橡胶支座检验时,环境温度的要求是(　　)。

A. (18 ±5)℃　　B. (23 ±5)℃　　C. (25 ±5)℃　　D. (20 ±5)℃

16. 板式桥梁橡胶支座抗压弹性模量检验试验步骤为:将支座对准中心置于加荷承压板上,加荷至压力为(　　),在承压板四角对称安装 4 只位移计后,将压应力以 0.03 ~ 0.04MPa/s 的速率连续地增至平均压应力 σ = 10MPa,持荷(　　) min,再卸至 1.0MPa,如此三次预压完后正式加载。正式加载:自压力 1.0MPa 始,将压应力以 0.03 ~ 0.04MPa/s 速率均匀加载至

4MPa,持荷(　)后,采集支座变形值至平均压应力,然后以同样速率第 2MPa 为一级逐级加载,每级持荷 2min 后,采集支座变形数据直至平均压应力。然后以连续均匀的速度卸载至压应力为 1.0MPa。(　)后进行下一加载循环。正式加载循环过程为三次,根据相应公式计算其抗压弹性模量。

A. 1.0MPa　3min　5min　10min　　B. 1.0MPa　2min　2min　5min

C. 1.0MPa　2min　2min　10min　　D. 1.0MPa　3min　3min　10min

17. 锚具、夹具检测时,每个抽检组批不得超过(　)件(套)。外观检验抽取(　)。

A. 1 000　3% ~5%　　B. 1 500　5% ~8%

C. 2 000　5% ~10%　　D. 2 000　3% ~5%

二、判断题

(正确的事实在后面括号中打"√",错误的事实在后面括号中打"×"。)

1. 预应力筋—锚具组装件的破坏形式应是预应力钢材的断裂(逐根或多根同时断裂),锚具零件的变形不应过大或碎裂。(　)

2. 预应力筋因锚具夹持作用发生疲劳破坏的截面面积不应大于试件总截面面积的 10%。(　)

3. 当锚固的预应力筋为钢丝、钢绞线或热处理钢筋时,试验应力上限应为预应力筋抗拉强度标准值f_{ptk}的 80%,下限应为预应力钢材抗拉强度标准值f_{ptk}的 40%。(　)

4. 支座抗压弹性模量试验的对中精度应为 1% 的短边尺寸。(　)

5. 支座抗剪弹性模量试验工程中不需施加竖向力。(　)

6. 锚具是在后张法预应力结构或构件中为保持预应力筋的张拉力将其传递到混凝土上所用的永久性锚固装置。(　)

7. 预应力锚具组装件的疲劳试验,试验应力上限应取预应力钢材的抗拉强度标准值。(　)

8. 夹具是先张法预应力混凝土结构构件施工时,为保持预应力筋的拉力并将其固定在张拉台座(或设备)上的临时性锚固装置。(　)

9. 板式橡胶支座试样试验前应暴露在标准温度 23℃ ±5℃ 下,停放 48h 以使试样内外温度一致。(　)

10. 板式橡胶支座在不小于 70MPa 压应力时,橡胶层未被挤坏,中间层钢板未断裂,四氟滑板与橡胶未发生剥离,应认为试样的极限抗压强度满足要求。(　)

三、多选题

(每道题目抽列出的备选项中,有两个或两个以正确答案,选项全部正确得满分,选项部分正确按比例得分,出现错误选项该题不得分。)

1. 橡胶伸缩体外观质量检查不允许(　)

A. 少量明疤　B. 骨架钢板外露　C. 变形扭曲　D. 喷霜

2. 球形支座按其水平位移特性分类为(　)

A. 单向活动支座　B. 双向活动支座

C. 三向活动支座　D. 固定支座

3. 通常应在支座进入工地后抽取一定比例送检,主要检验项目有(　)

A. 支座成品力学性能检验　　B. 支座成品解剖检验
C. 外观检验　　D. 几何尺寸检验

4. 橡胶支座成品的力学性能指标包括(　)。
A. 极限抗压强度　　B. 几何尺寸
C. 抗剪弹性模量　　D. 摩擦系数

5. 模数式橡胶伸缩装置作相对错位试验包括(　)。
A. 纵向错位　　B. 横向错位　　C. 切线向错位　　D. 竖向错位

6. 梳齿板式伸缩装置试验检测项目为(　)。
A. 拉伸、压缩试验　　B. 水平摩阻力
C. 变位均匀性试验　　D. 相对错位试验

7. 橡胶支座的出厂检验项目有(　)。
A. 外观质量　　B. 内在质量(解剖)
C. 力学性能　　D. 尺寸

8. 桥梁伸缩装置按照伸缩体结构的不同分为(　)。
A. 模数式伸缩装置　　B 梳齿板式伸缩装置
C. 橡胶式伸缩装置　　D. 异型钢单缝式伸缩装置

四、问答题

1. 简述锚具常规检测项目及抽样方法。
2. 简述锚具静载锚固性能试验步骤。
3. 盆式支座成品和球型支座成品试验检测项目。
4. 简述板式桥梁橡胶支座构造和形状系数的计算。
5. 板式橡胶支座有哪些力学指标需要检测?
6. 简述板式橡胶支座抗压弹性模量的检测方法。
7. 简述橡胶伸缩装置的分类及适应条件。
8. 简述模数式橡胶伸缩装置的检测项目。
9. 简述桥梁伸缩装置产品分类、代号及标记方法。

第五章　桥梁工程地基与基础检测

复习要点：

1. 各类桥梁地基与基础工程分类、常用形式。

2. 各类桥梁地基和基础试验检测的有关标准、规范和规程。

3. 桥梁地基承载力试验方法（承载板法、标准贯入法）；桥梁基桩承载力静力试桩试验方法，数据的处理及承载力评价；基桩完整性检测方法（应力回波法、超声波法）及数据处理和评价；钻孔桩成孔检测方法及数据处理和成孔质量评价。

第一节　地基承载力检测

一、地基岩土分类

按《公路桥涵地基与基础设计规范》（JTG D63—2007），公路桥涵地基的岩土可分为岩石、碎石土、砂土、粉土、黏性土和特殊性岩土。

1. *岩石*

岩石可按地质和工程分为两类。地质分类主要根据其地质成因、矿物成分、结构构造及风化程度表达，如强风化花岗岩、微风化砂岩等，这对工程的勘察设计是十分必要的。工程分类主要根据岩体的工程性状，在地质分类的基础上，概括其工程性质，便于进行工程评价。因此，在评价公路桥涵地基时，除应确定岩石的地质名称外，尚应按其坚硬程度、完整程度、节理发育程度、软化程度和特殊性岩石进行细分。

（1）岩石的坚硬程度应根据岩块的饱和单轴抗压强度标准值分级，见表1-5-1。

岩石坚硬程度分级别　　表1-5-1

坚硬程度类别	坚硬岩	较硬岩	较软岩	软岩	极软岩
饱和单轴抗压程度标准值 f_{rk}（MPa）	$f_{rk}>60$	$60\geq f_{rk}>30$	$30\geq f_{rk}>15$	$15\geq f_{rk}>5$	$f_{rk}\leq 5$

注：岩石饱和单轴抗压强度试验要点，按相关规范执行。

（2）岩体完整程度根据完整性指数，按表1-5-2分为完整、较完整、较破碎、破碎和极破碎5个等级。

岩体完整程度划分　　表1-5-2

完整程度等级	完整	较完整	较破碎	破碎	极破碎
完整性指数	>0.75	0.75～0.55	0.55～0.35	0.35～0.15	<0.15

注：完整性指数为岩体纵波波速与岩体纵波波速之比的平方。

(3)岩体节理发育程度根据节理间距,按表1-5-3分为节理很发育、节理发育、节理不发3类。

岩体节理发育程度的分类　　表1-5-3

程度不同	节理不发育	节理发育	节理很发育
节理间距(mm)	>400	200~400	20~200

此外,岩石可按软化系数、特殊成分、结构、性质等分为软化岩石、易溶性岩石、膨胀性岩石、崩解性岩石、盐渍化岩石等。

2. *碎石土*

(1)碎石土为粒径大于2mm的颗粒含量超过总质量的50%的土。碎石土可按表1-5-4分为漂石、块石、卵石、碎石、圆砾和角砾6类。

碎石土的分类　　表1-5-4

土的名称	颗粒形状	粒组含量
漂石	圆表及亚圆形为主	粒径大于200mm颗粒含量超过总质量的50%
块石	棱角形为主	
卵石	圆形及亚圆形为主	粒径大于20mm颗粒含量超过总质量的50%
碎石	棱角形为主	
圆砾	圆形及亚圆形为主	粒径大于2mm颗粒含量超过总质量的50%
角砾	棱角形为主	

注:碎石土分类时,应根据粒组含量从大到小以最先符合者确定。

(2)碎石土的密度,可根据重型动力触探锤击数$N_{63.5}$,按表1-5-5分为松散、稍密、中密、密实4级。

碎石土的密度　　表1-5-5

锤击数$N_{63.5}$	密实度	锤击数$N_{63.5}$	密实度
$N_{63.5}\leqslant 5$	松散	$10<N_{63.5}\leqslant 20$	中密
$5<N_{63.5}\leqslant 10$	精密	$N_{63.5}>20$	密实

注:①本表适用于平均粒径小于或等于50mm且最大粒径不超过100mm的卵石、碎石、圆砾、角砾。

②表内$N_{63.5}$为经修正后锤击数的平均值,锤击数的修正按规范附录C进行。

3. *砂土*

(1)砂土为粒径大于2mm的颗粒含量不超过总质量的50%、粒径大于0.075mm的颗粒超过总质量的50%的土。砂土可按表1-5-6分为砾砂、粗砂、中砂、细砂和粉砂5类。

砂土的分类　　表1-5-6

土的名称	粒组含量
砾砂	粒径大于2mm的颗粒含量占总质量的25%~50%
精砂	粒径大于0.5mm的颗粒含量超过总质量的50%
中砂	粒径大于0.25mm的颗粒含量超过总质量的50%
细砂	粒径大于0.075mm的颗粒含量超过总质量的85%
粉砂	粒径大于0.075mm的颗粒含量超过总质量的50%

(2)砂土的密实度可根据标准贯入锤击数,按表1-5-7分为松散、稍密、中密、密实4级。

砂土的密实度　表1-5-7

标准贯入锤击数 N	密实度	标准贯入锤击数 N	密实度
$N \leqslant 10$	松散	$15 < N \leqslant 30$	中密
$10 < N \leqslant 15$	精密	$N > 30$	密度

4. 粉土

粉土为塑性指数 $I_P \leqslant 10$ 且粒径大于0.075mm的颗粒含量不超过总质量的50%的土。

粉土的密实度应根据孔隙率比 e 划分为密实、中密和稍密;其湿度应根据天然含水率 w(%)划分为稍湿、湿、很湿。密实度和湿度的划分应分别符合表1-5-8和表1-5-9的规定。

粉土的密实度　表1-5-8

孔隙比 e	密实度	孔隙比 e	密实度
$e < 0.75$	密实	$e > 0.9$	稍密
$0.75 \leqslant e \leqslant 0.90$	中密		

粉土的湿度分类　表1-5-9

天然含水率 w(%)	湿度	孔隙比 e	湿度
$w < 20$	稍湿	$w > 30$	很湿
$20 \leqslant w \leqslant 30$	湿		

5. 黏性土

(1)土为塑性指数 $I_P > 10$ 且粒径大于0.075mm的颗粒含量不超过总质量的50%的土。黏性土根据塑性指数按表1-5-10分为黏土和粉质黏土。

黏性土的分类　表1 5 10

塑性指数 I_P	土的名称	塑性指数 I_P	土的名称
$I_P > 17$	黏土	$10 < I_P \leqslant 17$	粉质黏土

(2)土的软硬状态可根据液性指数按表1-5-11分为坚硬、硬塑、可塑、软塑、流塑5种状态。

黏性土的状态　表1-5-11

液性指数 I_P	状态	液性指数 I_P	状态
$I_L \leqslant 0$	坚硬	$0.75 < I_L \leqslant 1$	软塑
$0 < I_L \leqslant 0.25$	硬塑	$I_L > 1$	流塑
$0.25 < I_L \leqslant 0.75$	可塑		

(3)土可根据沉积年代按表1-5-12分为老黏性土、一般黏性土和新近沉积黏性土。

黏性土的沉积年代分类　表1-5-12

沉积年代	土的分类
第四纪晚更新世(Q_3)及以前	老黏性土
第四纪全新世(Q_4)	一般黏性土
第四纪全新世(Q_4)及后	新近沉积黏性土

6. 特殊性岩土

特殊性岩土是具有一些特殊成分、结构和性质的区域性地基土，包括软土、膨胀土、湿陷性土、红黏土、冻土、盐渍土和填土等。

(1)软土为滨海、湖沼、谷地、河滩等处天然含水率高、天然孔隙比大、抗剪强度低的细粒土，鉴别指标应符合表1-5-13的规定，包括淤泥、淤泥质土、泥炭、泥炭质土等。

软土地基鉴别指标　　表1-5-13

指标名称	天然含水率 w (%)	天然孔隙比 e	直剪内摩擦角 φ (°)	十字板剪切强度 C_U (MPa)	压缩系数 a_{1-2} (MPa^{-1})
指标值	≥35	≥1.0	宜小于5	<35kPa	宜大于0.5

(2)淤泥为由静水或缓慢的流水环境中沉积，并经生物化学作用形成，其天然含水率大于液限、天然孔隙比大于或等于1.5的黏性土。

天然含水率大于液限而天然孔隙比小于1.5但大于或等于1.0的黏性土或粉土为淤泥质土。

(3)膨胀土为中黏成分。主要由亲水性矿物组成，同时具有显著的吸水膨胀和失水收缩特性，其自由膨胀率大于或等于40%的黏性土。

(4)湿陷性土为浸水后产生附加沉降，其湿陷系数大于或等于0.015的土。

(5)红黏土为碳酸盐岩系的岩石经红土化作用形成的高塑性黏土，其液限一般大于50。红黏土经再搬运后仍保留其基本特征且其液限大于45的土为次生红黏土。

(6)盐渍土为土中易溶盐含量大于0.3%，并具有溶陷、盐胀、腐蚀等工程特性的土。

(7)填土根据其组成和成因，可分为素填土、压实填土、杂填土、冲填土。素填土为由碎石土、砂土、粉土、黏性土等组成的填土。经过压实或夯实的素填土为压实填土。杂填土为含有建筑垃圾、工业废料、生活垃圾等杂物的填土。冲填土为由水力冲填泥砂形成的填土。

(8)软弱地基是指主要由淤泥、淤泥质土、冲填土、杂填土或其他高压缩性土层构成的地基。

二、平板荷载试验

1. 浅层平板荷载试验

(1)试验方法原理

浅层平板荷载试验适用于确定浅部地基土层(深度小于3m)承压板下压力主要影响范围内的土层承载力和变形模量。

平板载荷试验是在试验土层表面放置一定规格的方形或圆形刚性承压板，在其上逐级施加荷载，每级荷载增量持荷时间按规范规定进行观测，测记每级荷载作用下荷载板沉降量的稳定值，加载至总沉降量为25mm，或达到加载设备的最大容量为止；然后卸载，其持续时间应不小于一级荷载增量的持续时间，并记录土的回弹值。根据试验记录绘制荷载—沉降(P-S)关系曲线。然后分析地基土的强度与变形特性，求得地基土容许承载力与变形模量等力学参数。

(2)试验设备

荷载试验设备由稳压加荷装置、反力装置和沉降观测装置三部分组成。

①加荷及稳压系统。由承压板、加荷千斤顶、立柱、稳压器和支撑稳压器的三角架组成。加荷千斤顶、稳压器、储油箱和高压油泵分别用高压油管连接,构成一个油路系统。

②反力锚定系统。包括桁架和反力锚定两部分,桁架由中心柱套管、深度调节丝杆、斜撑管、主钢丝绳、三向接头等组成。

③观测系统。用百分表或其他自动观测装置进行观测。

(3)现场测试

①基坑宽度不应小于承压板宽度 b 或直径 d 的 3 倍。

②承压板面积是 50cm×50cm 或 70.7cm×70.7cm 的方板。

③试验土层:应保持土层在原有位置上,保持土的原状结构、天然湿度。试坑开挖时,在试验点位置周围预留一定厚度的土层,在安装承压板前再清理至试验高程。

④承压板与土层接触处,应铺设约 20mm 厚的中砂或粗砂找平,以保证承压板与土层水平、均匀接触。

⑤试验加荷分级不应少 8 级,第一级荷载包括设备重力。每级荷载增量为地基土层预估极限承载力的 1/10 ~ 1/8。最大加载量不应小于设计要求的 2 倍或接近试验土层的极限荷载。

⑥试验精度不应低于最大荷载的 1%,承压板的沉降采用百分表或电测位移计量测,其精度不应低于 0.01mm。

⑦加荷稳定标准:每级如载后,按间隔 10min、10min、10min、15min、15min,以后为每隔半小时测读一次沉降量。当在连续两小时内,每小时的沉降量小于 0.1mm 时,则认为已趋于稳定,可加下一级荷载。

⑧当试验出现下列情况之一时,可终止加载:

a. 承压板周围的土体有明显侧向挤出或发生裂纹。

b. 在某一级荷载下,24h 内沉降速率不能达到稳定标准。

c. 沉降量急剧增大,P-S 曲线出现陡降段,本级荷载的沉降量大于前级荷载沉降的 5 倍。

d. 沉降量与承压板宽度或直径之比等于或大于 0.06。

满足前三种情况之一,其相对应的前一级荷载定为极限荷载。

⑨回弹观测:分级卸荷,观测回弹值。分级卸荷量为分级加荷量的 2 倍,15min 观测一次,一小时后再卸下一级荷载。荷载完全卸除后,应继续观测三小时。

⑩试验完成后,试验点附近应有取土孔提供土工试验指标或其他原位测试资料。试验后,应在沉压板中心向下开挖取土试样,并描述 2 倍承压板直径(或宽度)范围内土层的结构变化。

(4)试验数据处理

根据试验数据绘制 P-S 曲线,利用 P-S 曲线可以得到:

①地基土承载力基本容许值得确定应符合下列要求。

a. 当 P-S 曲线有比例极限时,取该比例极限所对应的荷载值。

b. 当极限荷载值小于比例极限荷载值的 2 倍时,取极限荷载值的一半。

c. 若不能按上述两款要求确定时,当承压板面积为 2 500cm^2 或 5 000cm^2 时,可取 S/d = 0.01 ~0.015 所对应的荷载值,但其值不应大于最大加载量的一半。

同一土层参加统计的试验点不应少于三点。当试验实测值的极差不超过其平均值的

30%时，取其平均值作为该土层的地基承载力基本容许值。

②计算地基土的变形模量 E_0。一般取 P-S 关系曲线的直线段，用下式计算

$$E_0 = (1-\mu^2)\frac{\pi B}{4}\cdot\frac{\Delta P}{\Delta S} \tag{1-5-1}$$

式中：B——承压板直径(m)，当为方形板时，$B=\sqrt[2]{A/\pi}$，A 为方形板面积(m^2)；

$\frac{\Delta P}{\Delta S}$——$P$-$S$ 关系曲线直线段斜率(kPa/m)；

μ——地基土的泊松比，对于砂土和粉土，$\mu=0.33$；对于可塑—硬塑黏性土，$\mu=0.38$，对于软塑—流塑黏性土和淤泥质黏性土，$\mu=0.41$。

当 P-S 关系曲线的直线段不明显时，可用上述确定地基土承载力的方法所确定地基承载力的基本值与对应的沉降量代入式(5-1)计算 E_0，但此时应与其他原位测试资料比较，综合考虑确定 E_0 值。

利用 P-S 关系曲线还可以估算地基土的不排水抗剪强度和地基土基床反力系数等。

2. 深层平板荷载试验

(1)深层平板荷载试验用于确定深部地基及大直径桩桩端在承压板压力主要影响范围内土层的承载力及变形模量。该法适用于埋深等于或大于3.0m和地下水位以上的地基土。承压板的直径为800mm的刚性板，如采用厚约300mm的现浇混凝土板，紧靠承压板周围外侧的土层高度不应小于0.8m。

加载反力装置有压重平台反力装置、地锚反力装置、锚桩横梁反力装置、地锚压重联合反力装置等。

(2)加荷分级可按预估极限承载力的1/15～1/10分级施加。每级加载后，第一个小时内按间隔10min、10min、10min、15min、15min，以后为每隔半小时测读一次沉降量。当在连续两小时内，每小时的沉降量小于0.1mm时，则认为已趋稳定，可加下一级荷载。

(3)当试验出现下列情况之一时，即可终止加载：

①沉降量急剧增大，P-S 曲线上有可判定极限承载力的陡降段，且沉降量超过 $0.04d$（d 为承压板直径）。

②在某一级荷载下，24h内沉降速率不能达到稳定。

③本级沉降量大于前一级沉降量的5倍。

④当持力层土层坚硬、沉降量很小时，最大加载量不小于设计要求的2倍。

(4)地基土承载力基本容许值的确定应符合下列规定；

①当 P-S 关系曲线有比例界限时，取该比例界限所对应的荷载值。

②当极限荷载小于比例界限荷载值的2倍时，取极限荷载值的一半。

③若不能按上述两款要求确定时，当压板面积为2 500cm^2 或5 000cm^2 时，可取 $S/d=0.01\sim0.015$ 所对应的荷载值，但其值应不大于最大加载量的一半。

(5)计算变形模量。深层平板荷载试验的变形模量 E_0 按下式计算：

$$E_0 = w\frac{Pd}{S} \tag{1-5-2}$$

式中：w——试验深度和土类有关的系数；

P——P-S 曲线上线性段的压力(kPa)；

S——与 P 对应的沉降(mm);

d——承压板的直径(m)。

3. 平板荷载试验的局限性

(1)平板荷载试验受荷面积小,加荷影响尝试不超过 2 倍的承压板边长或直径,且加荷时间较短,因此不能通过荷载板试验提供建筑物的长期沉降资料。

(2)在沿海软黏土部分地区,地表往往有层“硬壳层”,当为小尺寸承压板时,对其下软弱土层还未受影响,而实际建筑物基础大,下部软弱土层对建筑物沉降起主要影响。因此,荷载试验有一定的局限性。

(3)当地基压缩层范围内土层单一、均匀时,可直接在基础埋置高程处进行荷载试验。如地基压缩层范围内是成层变化的或不均匀时,则要进行不同尺寸承压板或不同深度的荷载试验。

(4)如果地基土层起伏变化很大,还应在不同地点做荷载试验。

三、圆锥动力触探试验

圆锥动力触探试验(DPT)是利用一定质量的落锤,以一定高度的自由落距将标准规格的锥形探头打入土层中,根据探头贯入的难易程度判定土层的物理力学性质。这是公路桥涵工程勘察中的原位测试方法之一。

1. 圆锥动力触探试验类型及规格(见表 1-5-14)

圆锥动力触探试验类型及规格　表 1-5-14

类　型		轻　型	重　型	超　重　型
落锤	锤的质量(kg)	10	63.5	120
	落距(cm)	50	76	100
探头	直径(mm)	40	74	74
	锥角(°)	60	60	60
探杆直径(mm)		25	42	50~60
指标		贯入 30cm 的锤击 N_{10}	贯入 10cm 的锤击数 $N_{63.5}$	贯入 10cm 的锤击数 N_{120}

2. 锥动力触探试验的适用范围

轻型圆锥动力触探试验一般用于贯入深度小于 4m 的黏性土、黏性土组成的素填土和粉土。可用于施工验槽、地基检验和地基处理效果的检测。

重型圆锥动力触探试验一般适用于中砂、中密以下的碎石土和极软岩。

超重型圆锥动力触探试验一般适用于较密实的碎石土、极软岩和软岩。

3. 试验设备和方法

园锥动力触探试验设备主要由圆锥触探头、触探杆、穿心锤三部分组成。

(1)试验设备安装

试验前和试验过程中,应认真检查机具设备是否完好。安装过程中各部件连接紧固,触探架安装平稳,保持触探孔垂直。

(2)试验方法

触探架与触探头对准孔位,作业过程中始终保持与触探孔垂直。以重型圆锥动力触探为例，试验采用质量为63.5kg的穿心锤自动脱钩，以76cm的落距自由下落，对土层连续进行触探，将标准试验触探头打入土中10cm，记录其锤击数。

(3)重型和超重型圆锥动力触探试验要点

①贯入时，穿心锤应自由脱钩，自由落下。

②地面上触探杆的高度不宜超过1.5m，以免倾斜和摆动过大。

③贯入过程应尽量连续贯入。锤击速率宜每分钟15~30击。

④每贯入10cm，记录其相应的锤击数$N'_{63.5}$,N'_{120}。

4.试验成果整理

(1)实测触探锤击数

各种类型的圆锥动力触探试验是以贯入一定深度的锤击数(如N_{10}、$N'_{63.5}$、N'_{120})作为触探指标，通过与其他室内试验和原位测试指标建立相关关系获得地基土的物理力学性能指标，从而评价地基土的性质。

(2)修正后的触探杆锤击数

①探杆长度的修正。当采用重型和超重型圆锥动力触探试验确定碎石的密实度时，锤击数应按(1-5-3)、式(1-5-4)进行修正。

$$N_{63.5} = a_1 \cdot N'_{63.5} \tag{1-5-3}$$

$$N_{120} = a_2 \cdot N'_{120} \tag{1-5-4}$$

式中：$N_{63.5}$、N_{120}——修正后的重型和超重型圆锥动力触探试验锤击数；

a_1、a_2——重型和超重型圆锥动力触探试验锤击数修正系数，按规范取值；

$N'_{63.5}$、N'_{120}——实测重型和超重型圆锥动力触探锤击数。

②侧壁摩擦影响的修正。对于砂土和松散—中密的圆砾、卵石，触探深度在1~15m范围内时，一般不考虑侧壁摩擦的影响。

③地下水影响的修正。对于地下水位以下的中砂、粗砂、砾砂和圆砾、卵石，锤击数可按式(1-5-5)修正。

$$N_{63.5} = 1.1N'_{63.5} + 1.0 \tag{1-5-5}$$

式中：$N'_{63.5}$——修正前的锤击数。

(3)动贯入阻力

荷兰公式是目前国内外应用最广泛的动贯入阻力计算公式，我国《岩土工程勘察规范》和水利电力部《土工试验规程》的条文说明都推荐该公式。

$$q_d = \frac{M}{M+m} \cdot \frac{M \cdot gH}{A \cdot e} \tag{1-5-6}$$

式中：q_d——动贯入阻力(MPa)；

M——落锤质量(kg)；

m——圆锥探头及杆件系统(包括探头、导向杆等)的质量(kg)；

g——重力加速度；

H——落锤高度(m)；

A——圆锥探头截面积(cm^2)；

e——每击贯入度。

该公式是建立在古典牛顿碰撞理论基础上的，且假定为绝对非弹性碰撞，不考虑弹性变形

能量的消耗。

(4)触探曲线

对于圆锥动力触探试验所获得的锤击数值(或动贯入阻力),应在剖面图上或柱状图上绘制随深度变化的关系曲线($N_{63.5}-h$、$N_{120}-h$ 曲线或 q_d-h 曲线)。根据触探曲线的形态,结合钻探资料,进行地层的力学分层。

5. 试验成果应用

(1)利用触探曲线进行力学分层。

(2)评价地基的密实度,见表 1-5-15。

触探击数与砂土密实度的关系　　表 1-5-15

土的分类	$N_{63.5}$	砂土密实度	孔隙比
砾砂	<5	松散	>0.65
	5~8	稍密	0.65~0.50
	8~10	中密	0.50~0.45
	>10	密实	<0.45
粗砂	<5	松散	>0.80
	5~6.5	稍密	0.80~0.70
	6.5~9.5	中密	0.70~0.60
	>9.5	密实	<0.60
中砂	<5	松散	>0.90
	5~6	稍密	0.90~0.80
	6~9	中密	0.80~0.70
	>9	密实	<0.70

(3)评价地基承载力

①用轻型动力触锤击数 N_{10} 确定地基土的承载力。

②用重型圆锥动力触探锤击数 $N_{63.5}$ 确定地基土的承载力。

③用超重型圆锥动力触探锤击数 N_{120} 确定地基土的承载力。

(4)确定地基土的变形模量。铁道部第二勘测设计院的研究成果(1988 年)如下:

圆砾、卵石土地基变形 E_0 与重型圆锥动力触探锤击数 $N63.5$ 的相关关系为

$$E_0 = 4.48N_{63.5}^{0.7554} \tag{1-5-7}$$

特重型动力触探的实测击数,应先按下式换算成相当于重型动力触探的实测击数后,再进行修正。

$$N_{63.5} = 3N_{120} - 0.5 \tag{1-5-8}$$

(5)确定单桩承载力。

(6)确定抗剪强度、地基检验和确定地基持力层。

(7)评价地基均匀性和确定地基持力层。

标准贯入试验(SPT)是动力触探的一种,是将 63.5kg 的锤从 76cm 高将贯入器先打入土中 15cm,再计数打入土中 30cm 的击数,击数大说明承载力高。适用于砂土和黏性土,不适用于碎石类土和岩层。

四、地基容许承载力

1. 有关地基承载力的术语

(1)地基极限承载力。使地基发生剪切破坏而即将失去整体稳定性时相应的最小基础底面压力,称为地基极限承载力。

(2)地基容许承载力。要求作用于基底的压应力不超过地基的极限承载力,且有足够的安全度,而且所引起的变形不超过建(构)筑物的容许变形。满足以上两项要求的地基单位面积上所承受的荷载称为地基容许承载力。

2. 地基承载力的确定

地基承载力可根据地质勘测、原位测试、野外荷载试验以及邻近建(构)筑物调查对比,由经验和理论公式计算综合分析确定。

地基承载力通常由下列几种途径来确定:

(1)由现场荷载试验或原位测试确定。

(2)按地基承载力理论公式计算。

(3)按现行规范提供的经验公式计算。

(4)在土质基本相同的条件下,参照邻近结构物地基容许承载力。

3.《公路桥涵地基与基础设计规范》(JTG D63—2007)有关地基承载力的规定

(1)地基承载力容许值是在地基原位测试或本规范给出的各类岩土承载力基本容许值$[f]$的基础上经修正而得的,即在地基压力变形曲线上,在线性变形段内某一变形所对应的压力值。

(2)地基承载力基本容许值应首先考虑由荷载试验或其他原位测试取得,其值不应大于地基极限承载力的1/2。

(3)地基承载力基本容许值根据基底埋深、基础宽度及地基土的类别按《公路桥涵地基与基础设计规范》(JTG D63—2007)中第3.3.4条规定进行修正。

当缺乏上述资料时可按规范推荐的方法确定地基承载力基本容许值,对地质和结构复杂的桥涵基础,应根据现场载荷试验确定容许承载力。

4. 地基土承载力基本容许值的确定

地基承载力基本容许值,可根据岩土类别、状态及其物理力学特性指标按下列相关规定采用。

(1)一般岩石地基可根据强度等级、节理,查表确定承载力基本容许值$[f_{a0}]$。对于复杂的岩层(如溶洞、断层、软弱夹层、易溶岩石、软化岩石等)应按各项因素综合确定。

(2)碎石土地基可根据其类别和密实程度查表确定承载力基本容许值$[f_{a0}]$。

(3)砂土地基可根据土的密实度和水位情况查表确定承载力基本容许值$[f_{a0}]$。

(4)粉土地基可根据土的天然孔隙比e和天然含水率w(%)查表确定承载力基本容许值$[f_{a0}]$。

(5)老黏性土地基可根据压缩模量E_s查表确定力基本容许值$[f_{a0}]$。

(6)一般黏性土可根据液性指数I_L和天然孔隙比e确定地基承载力基本容许值$[f_{a0}]$。

(7)新近沉积黏性土地基可根据液性指数 I_L 和天然孔隙比 e 查表确定承载力基本容许值$[f_{a0}]$。

5. 地基土承载力基本容许值的修正

(1)修正后的地基承载力容许值$[f_a]$按下式确定。当地基基础位于水中不透水地层上时,$[f_a]$按平均常水位至一般冲刷线的水深每米再增大10kPa。

$$[f_a] = [f_{a0}] + k_1\gamma_1(b-2) + k_2\gamma_2(h-3) \tag{1-5-9}$$

式中:$[f_a]$——修正后的地基承载力容许值(kPa);

b——基础底面的最小边宽(m),当 $b<2$m 时,取 $b=2$m,当 $b>10$m 时,取 $b=10$m;

h——基础埋置深度(m),自天然地面起算,有水流冲刷时自一般冲刷线起算,当 $h<3$m时,取 $h=3$m,当 $h/b>10$m 时,取 $h=4b$;

k_1、k_2——基底宽度、深度修正系数,查表确定;

γ_1——基底持力层土的天然重度(kN/m^3),若持力层在水面以下且为透水层,应取浮重度。

γ_2——基底以上土层的加权平均重度(kN/m^3),换算是若持力层在水面以下且为不透水层时,不论基底以上土的透水性如何,一律取饱和重度,当透水时,水中部分土层则去浮重度。

(2)软土地基承载力容许值$[f_{a0}]$按下列规定确定:

①根据原状土天然含水量 w,可查规范表3.3.5确定软土地基承载力基本容许值$[f_{a0}]$,然后按式(1-5-9)计算修正后的地基承载力容许值$[f_a]$:

$$[f_{a0}] = [f_{a0}] + \gamma_2 h \tag{1-5-10}$$

式中:γ_2、h 的意义同前。

②根据原状土强度指标确定软土地基承载力容许值$[f_a]$:

$$[f_a] = 5.14K_P\frac{c_u}{m} + \gamma_2 h \tag{1-5-11}$$

式中:m——抗力修正系数,可视软土灵敏度及基础长宽比等因素选用,一般取1.5~2.5;

c_u——地基土不排水抗剪强度标准值(MPa);

K_P——系数。

第二节　钻(挖)灌注桩孔成孔质量检测及质量标准

目前,我国常用的灌注桩施工有钻孔、冲击成孔、冲抓成孔和人工挖孔等方法。人工挖孔为干作业施工,成孔后孔壁的形状、孔深、垂直度、孔底沉渣及钢筋笼的安放位置可通过目测或下到孔内进行检查,质量较容易控制。钻孔、冲击成孔和冲抓成孔等地下湿作业施工的灌注桩,通常需用泥浆护壁,孔内充满泥浆。由于地下施工,加上复杂的地质条件或施工人员操作不当,易导致钻孔过程中塌孔、产生扩径、缩径、夹泥、孔底沉渣过厚等缺陷,这些缺陷只能通过仪器设备进行检测。

一、质量标准与质量检测

(1)钻孔灌注桩在终孔后,应对桩孔的孔位、孔径、孔形、孔深和倾斜度检验,清孔后,应对孔底的沉淀厚度进行检验；挖孔桩终孔并对孔底处理后，应对桩孔孔位、孔径、孔深、倾斜度及孔底处理情况进行检验。

(2)孔径、孔形、倾斜度和孔底沉淀厚度宜采用专用仪器检测，孔深可采用专用测绳检测。钢筋检孔器仅可用于对中、小桥梁工程桩孔的检测，检孔器的外径应不小于桩孔直径、长度宜为外径的4～6倍；采用钻杆测斜法量测桩的倾斜度时，量测应从钻孔平台顶面起算至孔底。

(3)钻(挖)灌注桩成孔质量应符合表1-5-16的要求。

钻(挖)灌注桩孔成孔质量标准 表1-5-16

项　目		规定值或允许偏差
钻(挖)孔桩	孔的中心位置(mm)	群桩:100;单排桩:50
	孔径(mm)	不小于设计桩径
	倾斜度(%)	钻孔:小于1;挖孔:小于0.5
	孔深(m)	摩擦桩:不小于设计规定 支承桩:比设计深度超深不小于0.05
钻孔桩	沉淀厚度(mm)	摩擦桩:符合设计规定。设计未规定时，对直径≤1.5m的桩，≤200;对直径 > 1.5m或桩长 > 40m或土质较差的桩，≤300 支承桩:不大于设计规定;设计未规定时≤50
	清孔后泥浆指标	相对密度:1.03～1.10;黏度:17～20Pa·s;含砂率:2%;胶体率: > 98%。

注:①清孔后的泥浆指标，是从桩孔的顶、中、底部分别取样检验的平均值。本项指标的测定，限指大直径桩或有特定要求的钻孔桩。

②对冲击成孔的桩，清孔后泥浆的相对密度可适当提高，但不宜超过1.15。

(4)钻(挖)孔灌注桩的混凝土质量检测应符合下列规定:

①桩身混凝土和桩底压浆中水泥浆的抗压强度应符合设计规定。每桩的试件取样组数应各为3～4组，混凝土和水泥浆的检测要求应符合规范规定。

②对桩身的完整性进行检测时，检测的数量和方法应符合设计要求，宜选择有代表性的桩采用无破损法进行检测，重要工程和重要部位的桩宜逐桩进行检测；设计有规定时或对桩的质量有疑问时，应采用钻芯取样法对桩进行检测，当需检验柱桩的桩底沉淀与地层的结合情况时，其芯样应钻至桩底0.5m以下。

二、泥浆性能指标检测

泥浆性能指标检测方法如下:

1.相对密度ρ_x

可用泥浆相对密度计测定。当无仪器时，可用一口杯先称其质量设为m_1，再装满清水称其质量m_2，再倒去清水，装满泥浆并擦去杯周溢出的泥浆，称其质量设为m_3，则其相对密度为

$$\rho_x = \frac{m_3 - m_1}{m_2 - m_1} \tag{1-5-12}$$

2.黏度η(s)

工地采用标准漏斗黏度计测定。用两端开口量杯分别量取200mL和500mL泥浆，通过滤

网滤去大砂粒后，将泥浆 700mL 均注入漏斗，然后使泥浆从漏头流出，流满 500mL 量杯所需时间(s)，即为所测泥浆的黏度。

3. 含砂率

工地可用含砂率计测定。量测时，把调好的泥浆 50mL 倒进含砂率计，然后再倒进 450mL 清水，将仪器口塞紧，摇动 1min，使泥浆与水混合均匀。再将仪器垂直静放 3min，仪器下端沉淀物的体积(由仪器刻度上读出)乘 2 就是含砂率(有一种大型的含砂率计，容积 1 000mL 的，从刻度读出的数不乘 2 即为含砂率)。

4. 胶体率(%)

亦称稳定率，用于评价泥浆中土粒保持悬浮状态的性能。测定方法：可将 100mL 泥浆倒入干净量杯中，用玻璃片盖上，静置 24h 后，量杯上部的泥浆可能澄清为透明的水，量杯底部可能有沉淀物。以 100 -(水 + 沉淀物)的体积即等于胶体率。

5. 失水量(mL/30min)和泥皮厚(mm)

用一张 120mm × 120mm 的滤纸，置于水平玻璃板上，中央画一直径 30mm 的圆圈，将 2mL 的泥浆滴入圆圈中心，30min 后，量算湿润圆圈的平均直径减去泥浆坍平成泥饼的平均直径(mm)，算出的结果(mm)值代表失水量，单位：mL/30min。在滤纸上量出泥饼厚度(mm)即为泥皮厚。泥皮愈平坦、愈薄，则泥浆质量愈高，一般不宜厚于 2 ~ 3mm。

三、成孔质量检测

1. 桩位偏差测量

桩位偏差是指成桩后的位置与设计位置的差距。成桩后要对实际桩位进行复测，用精密经纬仪或红外测距仪测量桩的中心位置，看其是否满足设计规定和相应规范、标准对桩位中心位置的偏差要求。

2. 桩倾斜度检查

一般要求对于竖起桩，其允许偏差不应超过 1%，对于斜桩，不应超过设计倾斜度的 ±2.5%。桩倾斜度的简易检查方法：在孔口沿钻孔方向设一标尺，标尺上 O 点与钻孔中心重合，并使滑轮、标尺 O 点和钻孔中心在同一铅垂线上，其高度为 H。穿过滑轮的测绳一端连接于用钢筋弯制的圆球(圆球直径比钻孔直径略小些)，另一端通过转向滑轮用手拉住。将圆球慢慢放入钻孔中，并测读测绳在标尺上的偏距 e，则倾斜角 $a = \arctan(e/H)$。该方法工具简单，操作方便，但测读范围以 e 值小于钻孔的半径为最大限度，且读数较为粗糙。

3. 桩的孔径和垂直度检测

(1)钢筋笼检测

钢筋笼检测是一种简易便捷的方法，其制作简单，检测方便、可行。

(2)伞形孔径仪检测

伞形孔径仪由测头、设调放大器和记录仪三部分组成。测头为机械式的构件，测头放入测孔之前，将四条腿合拢并用弹簧锁定，待测头放入孔底后，四条腿即自动张开。当侧头缓缓上提时，在弹簧作用下，四条腿端始终紧贴孔壁，随着孔壁凹凸不平状况相应张开和收拢，带动测头密封筒内的活塞上下移动，使四组串联滑动电阻来回滑动，将电阻变化转化为电压变化，经信号设调放大器放大，并由记录仪记录，即可绘出孔径大小随孔深的变化情况。

(3)超声波法检测孔径和垂直度

4. 孔底沉淀土厚度检查

测定沉淀土厚度常用的几种方法：

(1)垂球法

将质量约 1kg 的铜制锥体垂球，顶端系上测绳，把垂球慢慢沉入孔内，凭手感判断沉淀土顶面位置，其施工孔深和量测孔深之差值即为沉淀土厚度。

(2)电阻率法

(3)电容法

第三节　桩身完整性检测方法

钻孔灌注桩桩身完整性检测方法有低应变发射波法、声波透射法和钻探取芯法三种。低应变反射波法具有仪器轻便、操作简单、检修速度快、成本低等特点，可检测桩身缺陷及位置，判定桩身完整性类别，但检测深度有限，在桩基工程质量普查中应用较广。声波透射法需在基桩混凝土浇注前预埋声测管，测试操作较复杂，可检测灌注桩桩身缺陷及其位置，较可靠地判定桩身完整性类别。经上述两种方法检测后，对桩身缺陷仍存在疑虑时，可用钻芯法进行验证。钻芯法使用设备笨重、操作复杂、成本高，但检验成果直观可靠。它可以检测桩长、桩身混凝土强度、桩底沉渣厚度，鉴别桩底岩土性状，准确地判定桩身完整性类别。

一、桩身完整性检测方法

1. 钻芯检测法

用地质钻机在桩身沿长度方向钻取芯样，通过对芯样的观测和测试确定桩的质量。这种方法只能反映钻孔范围内小部分混凝土质量，且设备庞大、费工费时、价格贵，只能用于抽样检查，一般抽检总桩数的 3% ~5% ，或作为对无损检测结果的校核手段。

2. 振动检验法

它是在桩顶用各种方法(例如锤击、敲击、电磁激振器、电水花等)施加一个激振力，使桩体乃至桩土体系产生振动，或在桩内产生应力波，通过对波动及振动参数的种种分析，以推定桩体混凝土质量及总体承载力的一类方法。包括：敲击法和锤击法、稳态机械阻抗法、瞬态机械阻抗法、水电效应法等。

3. 超声波脉冲检验法

其方法是在桩的混凝土灌注前沿桩的长度方向平行预埋若干根检测用管道，作为超声发射和接收的通道。检测时探头分别在两个管子中同步移动，沿不同深度逐点测出横截面上超声脉冲穿过混凝土时的各项参数，并按超声测缺原理分析每个断面上混凝土的质量。

4. 射线法

以放射性同位素辐射线在混凝土中的衰减、吸收、散射等信息为检查的一种方法。当射线穿过混凝土时，因混凝土的质量不同或因存在缺陷，接收仪所记录的射线强弱发生变化，据此来判断桩的质量。

桩的检测数量应符合下列规定：公路工程基桩应进行100%的完整性检测；重要工程的钻孔灌注桩应埋设声测管，检测的桩数不应小于50%；高应变动测法的抽检率可由工程设计或监理单位酌情决定，但不宜少于相近条件下总桩数的5%且不少于5根。

二、低应变反射波法

1. 检测原理

在桩顶施加低能量冲击荷载，实测加速度（或速度）响应时程曲线，运用一维线性波动理论的时域和频域分析，对被检桩的完整性进行评判的检测方法。

检测内容：检测桩身缺陷位置及影响程度，判定桩身完整性类别。

2. 检测设备及仪器

（1）检测系统包括信号采集及处理仪、传感器、激振设备和专用附件。

（2）信号采集及处理仪应符合下列条件：

①数据采集装置的模—数转换器不得低于12bit。

②采集间隔宜为10～500μS，可调。

③单通道采样点不少于1 024点。

④放大系统增益应大于60dB，可调，线性度良好，其频响范围应满足5Hz～5kHz。

（3）传感器的性能应符合下列条件：

①传感器宜选用压电式加速度传感器或磁电式速度传感器，频响曲线的有效范围应覆盖整个测试信号的频带范围。

②加速度传感器的电压灵敏度应大于100mV/g，电荷灵敏度应大于20PC/g，上限频率不应小于5kHz，安装谐振频率不应小于6kHz，量程应大于100g。

③速度传感器的固有谐振频率不应大于30Hz，灵敏度应大于100mV/（cm · s），上限频率不应小于1.5kHz，安装谐振频率不应小于1.5kHz。

注：bit为二进制计数数字量的位数。

（4）多道采集系统应具有一致性，其振幅偏差应小于3%，相位偏差应小于0.1ms。

（5）可根据激振条件试验要求及改变激振频谱和能量，选择符合材质和重量要求的激振设备，满足不同的检测目的。

3. 现场检测技术

（1）检测前的准备工作

①检测前首先应收集有关技术资料。

②根据现场实际情况选择合适的激振设备、传感器及检测仪，检查测试系统各部分之间是否连接良好，确认测试系统处于正常工作状态。

③桩顶应凿至新鲜混凝土面，并用打磨机将测点和激振点磨平。

④应测量并记录桩顶截面尺寸。

⑤混凝土灌注桩的检测宜在成桩14d以后进行。

（2）传感器的安装应符合下列规定：

①传感器的安装可采用石膏、黄油、橡皮水泥等耦合剂，黏结应牢固，并与桩顶面垂直。

②对混凝土灌注桩，传感器安装在距桩中心 1/2 ~ 2/3 半径处，且距离桩的主筋不宜小于 50mm。当桩径不大于 1 000mm 时不宜少于 2 个测点；当桩径大于 1 000mm 时不宜少于 4 个测点。

③对混凝土预制桩，当边长不大于 600mm 时不宜少于 2 个测点；当边长大于 600mm 时不宜少于 3 个测点。

④对预应力管桩不应少于 2 个测点。

(3)激振时应符合下列规定：

①混凝土灌注桩、混凝土预制桩的激振点宜在桩顶中心部位；预应力混凝土管桩的激振点和传感器的安装点与桩中心连线的夹角不应小于 45°。

②激振锤和激振参数宜通过现场对比试验选定。短桩或浅部缺陷的桩的检测宜采用轻锤短脉冲激振；长桩、大直径桩或深部缺陷桩宜采用重锤宽脉冲激振，也可采用不同的锤垫来调整激振脉冲宽度。

③采用力棒激振时，应自由下落，采用力锤敲击时，应使其作用力方向与桩顶面垂直。

(4)检测工作应遵守下列规定：

①采样频率和最小采样长度应根据桩长和波形分析确定。

②各测点的重复次数不应少于 3 次，且检测波形具有良好的一致性。

③干扰较大时，可采用信号增强技术进行重复激振，提高信噪比；当信号一致性较差时，应分析原因，排除人为和检测仪器等干扰因素，重新检测。

④对存在缺陷的桩应改变条件重复检测，相互验证。

4. 检测数据分析与判定

(1)桩身完整性分析宜以时域曲线为主，辅以频域分析，并结合施工情况、岩土工程勘察资料和波形持征等因素进行综合分析判定。

(2)桩身波速平均值的确定：

①当桩长已知、桩端反射信号明显时，选取相同条件下不少于 5 根 I 类桩的桩身波速平均值：

$$c_m = \frac{1}{n}\sum_{i=1}^{n} c_i \tag{1-5-13}$$

$$c_i = \frac{2L \times 1\,000}{\Delta T} = 2L \cdot \Delta f \tag{1-5-14}$$

式中：c_m——桩身波速平均值(m/s)；

c_i——第 i 根桩的桩身波速计算值(m/s)；

L——完整桩桩长(m)；

ΔT——时域信号第一峰与桩端反射波峰间的时间差(ms)；

Δf——幅频曲线桩端相邻谐振峰间的频差(Hz)，计算时不宜取第一与第二峰；

n——基桩数量($n \geqslant 5$)。

②当桩身波速平均值无法按上述方法确定时，可根据本地区相同桩型及施工工艺的其他的桩基测试结果，并结合桩身混凝土强度等级与实践经验综合确定。

(3)桩身缺陷位置应按下列公式计算：

$$x = \frac{1}{1\,000} \cdot \Delta t_x \cdot c = \frac{1}{2} \cdot \frac{c}{\Delta f_x} \tag{1-5-15}$$

式中：x——测点至桩身缺陷之间的距离(m)；

Δt_x——时域信号第一峰与缺陷反射波峰间的时间差(ms)；

Δf_x——幅频曲线所对应缺陷的相邻谐振峰间的频差(Hz)；

c——桩身波速(m/s)，无法确定时用 c_m 值替代。

(4)混凝土灌注桩采用时域信号分析时，应结合有关施工和岩土工程勘察资料，正确区分由扩径处产生的二次同相反射与因桩身截面渐扩后急速恢复至原桩径处的一次同相反射，以避免对桩身完整性的误判。

(5)对于嵌岩桩，当桩端反射信号为单一反射波且与锤击脉冲信号同相时，应结合岩土工程勘察和设计等有关资料以及桩端同向反射波幅的高低来推断嵌岩质量，必要时采取其他合适方法进行核验。

(6)桩身完整性的分析当出现下列情况之一时，宜结合其他检测方法：

①超过有效检测长度范围的超长桩，其检测信号不能明确反映桩身下部和桩端情况。

②桩身截面渐变或多变，且变化幅度较大的混凝土灌注桩。

③桩长的推算值与实际桩长明显不符，且又缺乏相关资料加以解释或验证。

④实测信号复杂、无规律，无法对其进行准确的桩身完整性分析和评价。

⑤对于预制桩，时域曲线在接头处有明显反射，但又难以判定是断裂错位还是接桩不良。

(7)桩身完整性类别应按下列原则判别：

Ⅰ类桩：桩端反射较明显，无缺陷反射波，振幅谱线分布正常，混凝土波速处于正常范围。说明桩身完整，均匀，混凝土密实。

Ⅱ类桩：桩端反射较明显，但有局部缺陷所产生的反射信号，混凝土波速处于正常范围。说明桩身基本完整，桩身局部离析、空洞、缩颈等缺陷。

Ⅲ类桩：桩端反射不明显，可见缺陷二次反射波信号，或有桩端反射但波速明显低。说明桩身完整性差，其缺陷对桩身结构承载力有影响。

Ⅳ类桩：无桩端反射信号，可见因缺陷引起的多次强反射信号，或按平均波速计算的桩长明显短于设计桩长。说明桩身严重缺陷，强度和承载力不满足设计要求。

(8)检测报告要求

①桩身混凝土波速值。

②桩身完整性描述，包括缺陷位置、性质及类别。

③时域曲线图，并注明桩底反射位置。

④桩位编号及平面布置示意图，地质柱状图。

5. 反射波法的特点

(1)反射波法的优点

其仪器设备轻便、操作简单，成本低廉；可对桩基工程进行普查，检测覆盖面大；可检测桩身完整性和桩身存在的缺陷及位置，估计桩身混凝土强度、核对桩长等。

(2)反射波法的局限性

①检测桩长的限制，对于软土地区的超长桩，长径比很大，常测不到桩底反射信号。

②桩身截面阻抗渐变等时，容易造成误判。

③当桩身有两个以上缺陷时，较难判别。

④在桩身阻变小的情况下，较难判断缺陷的性质。

⑤嵌岩桩的桩底反射信号多变，容易造成误判。

(3)混凝土强度与波速的关系

混凝土强度与波速之间的关系比较复杂，影响混凝土的强度因素很多。表1-5-17中混凝土等级与波速的关系仅供分析时参考。

试验室内混凝土强度与波速的关系 表1-5-17

波速(m/s)	3 000 ~ 3 250	3 250 ~ 3 500	3 500 ~ 3 570	3 570 ~ 4 000
抗压强度(MPa)	20	25	30	35

表1-5-18为由中国科学院武汉岩土力学所根据大量地区性现场测试资料得出的波带与混凝土质量的关系。

波速与混凝土质量的关系 表1-5-18

波速(m/s)	>4 000	3 500 ~ 4 000	3 000 ~ 3 500	2 000 ~ 3 000	<2 000
混凝土质量	优	好	中等	差	极差
等级	Ⅰ	Ⅱ	Ⅲ	Ⅳ	Ⅴ

三、超声波法

根据超声波投射或折射原理，在桩身混凝土内反射并接受超声波，通过实测超声波在混凝土介质中传播的历时、波幅和频率等参数的相对变化来判定桩身完整性的检测方法。超声波法在预埋声测管的混凝土灌注桩中检测桩身完整性，判定桩身缺陷的程度及其位置。它的特点是检测的范围可覆盖全桩长的各个检测剖面，检测全面细致，信息量大，成果准确可靠；现场操作不受场地、桩长、长径比的限制，操作简便，工作进度快。超声波透射法以其鲜明的特点，成为混凝土灌注桩（尤其是大直径桩）桩身完整性检测的一个重要手段，在工民建、水利、交通桥梁和港口等工程建设领域中得到广泛应用。

1. 基本原理

超声波法是在灌注桩中预埋两根或两根以上的声测管作为检测通道，管中注满水作为耦合剂，将超声发射换能器和接收换能器置于声测管中，由超声仪激励发射换能器产生超声脉冲，向桩身混凝土辐射传播。声波在混凝土传播过程中，当桩身混凝土介质存在阻抗差异时，将发生反射、绕射、折射和声波能量的吸收、衰减，并经另一声测管中的接收换能器接收，经超声仪放大、显示、处理、存储，可在显示器上观察接收超声波波形，判读出超声波穿越混凝土后的首波声时、波帽及接收波主频等声学参数，通过桩身缺陷引起声学参数或波形变化来检验桩身混凝土是否存在缺陷。

超声波法适应于直径不小于800mm的混凝土灌注桩的完整性检测，包括跨孔透射法和单孔折射法。

跨孔透射法是在桩内预埋两根或两根以上的声测管，把发射和接收换能器分别置于两根管中。

2. 检测仪器与设备

声波检测仪器有两大类:一类是模拟式声波检测仪,它所显示和分析的是模拟信号,其声波幅值随时间的变化是连续的,这种信号称为时域信号。另一类是数字式超声波检测仪,它通过信号采集器采集信号,将采集的模拟信号变为数字信号,由计算软件自动进行声时和波幅判读,既提高了检测精确度,又提高了效率,因而得到广泛的应用。数字式超声波检测仪原理框图如图 1-5-1 所示。

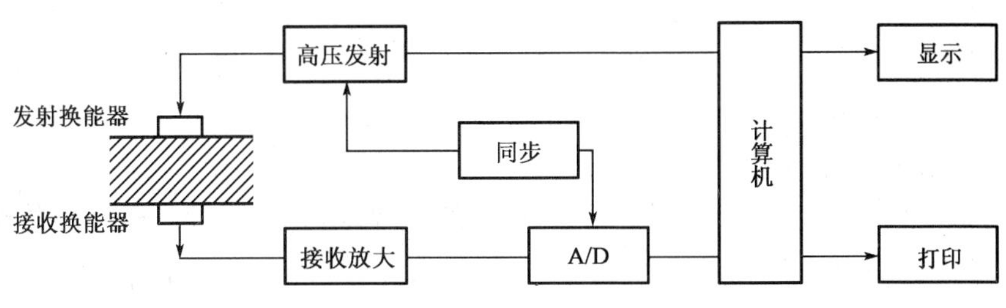

图 1-5-1　数字式超声仪原理框图

(1)检测仪系统应包括信号放大器、数据采集及处理存储器、径向振动换能器等。

(2)检测仪应具有一发双收功能。

(3)声波发射应采用高压阶跃脉冲或矩形脉冲,其电压最大值不应小于 1000V,且分挡可调。

(4)接收放大与数据采集器应符合下列规定:

①接收放大器的频带宽度为 5 ~ 200kHz,增益不应小于 100dB,放大器的噪声有效值不大于 2μV;波幅测量范围不小于 80dB,测量误差小于 1dB。

②计时显示范围应大于 2000μs,精度优于 0.5μs,计时误差不应大于 2%。

③采集器模—数转换精度不应低于 8bit,采样频率不应小于 10MHz,最大采样长度不应小于 32kB。

(5)径向振动换能器应符合下列规定:

①径向水平面无指向性。

②谐振频率宜大于 25kHz。

③在 1MPa 水压下能正常工作。

④收、发换能器的导线均应有长度标注,其标注允许偏差不应大于 10mm。

⑤接收换能器宜带有前置放大器,频带宽度宜为 5 ~ 60kHz。

⑥单孔检测采用一发双收一体型换能器,其发射换能器至接收换能器的最近距离不应小于 30cm,两接收换能器的间距宜为 20cm。

3. 现场检测技术

(1)声测管埋设应符合下列规定:

①当桩径不大于 1 500mm 时,应埋设 3 根管;当桩径大于 1 500mm 时,应埋设 4 根。

②声测管宜采用金属管,其内径应比换能器外径大 15mm,管的连接宜采用螺纹连接,且不漏水。内径宜为 50 ~ 60mm。

③声测管应牢固焊接或绑扎在钢筋笼的内侧,且互相平行、定位准确,并埋设至桩底,管口宜高出桩顶面 300mm 以上。

④声测管管底应封闭，管口应加盖。

⑤声测管的布置以路线前进方向的顶点为起始点，按顺时针旋转方向进行编号和分组，每两根编为一组。

(2)检测前的准备工作：

检测前的准备工作：

①被检桩的混凝土龄期应大于14d，混凝土强度不小于15MPa。

②声测管内应灌满清水，且保持畅通。

③准确测量声测管的内、外径和两相邻声测管外壁间的距离，量测精度为±1mm。

④标定超声波检测仪反射至接收的系统延迟时间 t_0。

(3)检测方法应符合下列要求：

①测点间距不宜大于250mm。反射与接收换能器应以相同高程同步升降，其累计相对高差不应大于20mm，并随时校正。

②在对同一根桩的检测过程中，声波反射电压应保持不变。

③对于声时值和波幅值出现异常的部位，应采用水平加密、等差同步或扇形扫测等方法进行细测，结合波形分析确定桩身混凝土缺陷的位置及其严重程度。

(4)测试过程：

将发收换能器放桩内声测管中同一深度的测点处，超声仪通过发射换能器发射超声波，经桩身混凝土传播，在另一声测管中的接收换能器接收到超声波，经电缆传输给超声仪，实时高速记录显示接收波形，并判读声学参量。

(5)测试方式：

①对测(普查)。发射和接收换能器分别置于两声测管的同一高度，自下而上，将收发换能器以相同步长(不大于250mm)向上提升，进行水平检测。

②斜测。让发、收换能器保持一定的高程差，在声测管中以相同步长同步升降进行测试。斜测分单向斜测和交叉斜测。斜测时，发、收换能器中心连线与水平夹角一般取30°~40°。斜测可探出局部缺陷、缩径或专测管附着泥团、层状缺陷等。

③扇形测。扇形测在桩顶、桩底斜测范围受限或为减小换能器升降次数时采用。一只换能器固定在某一高程不动，另一只逐步移动，测线呈扇形分布。

4. 检测数据分析与判定

(1)声时修正值按下式计算：

$$t' = \frac{D - d}{v_t} + \frac{d - d'}{v_w} \tag{1-5-16}$$

式中：t'——声时修正值(μs)，(t 为声波在混凝土中的传播时间，简称声时)；

d、D——声测管内、外径(mm)；

d'——换能器外径(mm)；

v_t——声测管壁厚度方向声速值(km/s)；

v_w——水的声速值(km/s)。

(2)声时、声速和声速平均值按下式计算：

$$t = t_i - t_0 - t' \tag{1-5-17}$$

$$v_i = \frac{l}{t} \tag{1-5-18}$$

$$v_m = \sum_{i=1}^{n} \frac{v_i}{n} \tag{1-5-19}$$

式中：t——声时值(μs)；

t_i——超声波第 i 测点声时值(μs)；

t_0——声波检测系统延迟时间(μs)；

t'——声时修正值(μs)；

v_i——第 i 测点声速值(km/s)；

l——两根检测管外壁间的距离(mm)；

v_m——混凝土声速平均值(km/s)；

n——测点数。

(3)单孔折射法的声时、声速值按下式计算：

$$\Delta t = t_2 - t_1 \tag{1-5-20}$$

$$v_i = \frac{h}{\Delta t} \tag{1-5-21}$$

式中：Δt——两个接收换能器间的声时差(μs)；

t_1——近道接收换能器声时(μs)；

t_2——远道接收换能器声时(μs)；

v_i——第 i 测点声速值(km/s)；

h——两根接收换能器的距离(mm)。

(4)桩身混凝土缺陷按下述方法综合判定：

①声速判据

当实测混凝土声速值低于声速临界值应将其作为可疑缺陷区。

$$v_i < v_D \tag{1-5-22}$$

式中：v_i——第 i 测点声速值(km/s)；

v_D——声速临界值(km/s)。

声速临界值采用正常混凝土声速平均值与 2 倍声速标准差之差，即

$$v_D = v_m - 2\sigma_v \tag{1-5-23}$$

$$v_m = \sum_{i=1}^{n} \frac{v_i}{n} \tag{1-5-24}$$

$$\sigma_v = \sqrt{\sum_{i=1}^{n} \frac{(v_i - v_m)^2}{n-1}} \tag{1-5-25}$$

式中：v_m——正常混凝土声速平均值(km/s)；

σ_v——正常混凝土声速标准差；

v_i——第 i 测点声速值(km/s)。

当检测剖面 n 个测点的声速值普遍偏低且离散性很小时，宜采用声速低限制判据。即实测混凝土声速值低于声速低限值时，可直接判定为异常。

$$v_i < v_L \tag{1-5-26}$$

式中：v_i——第 i 测点声速值(km/s)。

v_L——声速低限值(km/s)。

声速低限值应由预留同条件混凝土试件的抗压强度与声速对比试验结果，结合本地区实际经验确定。

②波幅判据

用波幅平均值减 6dB 作为波幅临界值，当实测波幅低于波幅临界值时，应将其作为可疑缺陷区。

$$A_D = A_m - 6 \tag{1-5-27}$$

$$A_m = \sum_{i=1}^{n} \frac{A_i}{n} \tag{1-5-28}$$

式中：A_D——波幅临界值(dB)；

A_m——波幅平均值(dB)；

A_i——第 i 测点相对波幅值(dB)；

n——测点数。

③PSD 判据(相邻测点间声时的斜率和差值乘积判据)

采用斜率法作为辅助异常判据，当 PSD 值在某测点附近变化明显时，应将其作为可疑缺陷区。

$$PSD = \frac{(t_i - t_{i-1})^2}{z_i - z_{i-1}} \tag{1-5-29}$$

式中：t_i——第 i 测点声时值(μs)；

t_{i-1}——第 $i-1$ 测点声时值(μs)；

z_i——第 i 测点深度(m)；

z_{i-1}——第 $i-1$ 测点深度(m)。

试验证明，PSD 判据对缺陷十分敏感，而对于因声测管不平行，或混凝土强度不均匀等原因所引起的声时变化，基本上没有反映。这是由于非缺陷因素所引起的声时变化都是渐变过程，虽然总的声时变化量可能很大，但相邻点间的声时差却很小，采用 PSD 判据基本上消除了声测管不平行，或混凝土不匀质等因素所造成的声时变化对缺陷判断的影响。

(5)对于混凝土声速和波幅值出现异常并判为可疑缺陷区的部位，应按规范要求，确定桩身混凝土缺陷的位置和影响程度。

(6)对支撑桩或嵌岩桩，宜同时采用低应变反射波法检测桩段的支撑情况。

(7)桩身完整性类别评定：

Ⅰ类桩：各声测剖面每个测点的声速、波幅均大于临界值，波形正常。

Ⅱ类桩：某一声测剖面个别测点的声速、波幅略小于临界值，但波形基本正常。

Ⅲ类桩：某一声测剖面连续多个测点或某一深度桩截面处的的声速、波幅小于临界值，PSD 值变化大，波形畸变。

Ⅳ类桩：某一声测剖面连续多个测点或某一深度桩截面处的声速、波幅明显小于临界值，PSD 值突变，波形严重畸变。

(8)检测报告应包括每根被检桩各剖面的声速—深度、波幅—深度曲线及各自的临界值，声速、波幅的平均值，桩身缺陷位置及程度的分析说明。

5. 注意问题

(1)声波检测管宜采用金属管,应牢固焊接或绑扎在钢筋笼的内侧,且互相平行、定位准确,并埋设至桩底,管口宜高出桩顶面300mm以上。

(2)检测由检测管底部开始。发射电压值应固定,并应始终保持不变,放大器增益值也应始终固定不变。

(3)每组检测管测试完成后,测试点应随机重复抽测10% ~20%。其声时相对标准差不应大于5%;波幅相对标准差不应大于10%。并应对声时及波幅异常的部位重复抽测。

四、钻探取芯法

1. 钻探取芯的目的与适用范围

(1)钻探取芯的目的

①检测桩身混凝土胶结状况,是否存在空洞、蜂窝、夹泥、断桩等缺陷,判定桩身完整性类别,从而分析研究产生缺陷质量的原因、程度及处理措施。

②检测混凝土灌注桩桩长,检验桩底沉渣是否满足设计要求,鉴别桩底持力层的岩土性状和厚度是否符合设计或规范要求。

③通过对混凝土芯样力学试验,评定桩身混凝土的强度。

④对施工中出现异常或因质量问题采取处理后的桩,通过钻探取芯,检验其成桩质量及对工程的影响程度。

⑤桩身存在缺陷的桩,可以利用钻孔进行压浆补强处理。

(2)适用范围

钻芯孔的垂直度不容易控制,故要求受检桩的桩径不宜小于800mm,长径比不大于30且桩身混凝土强度等级不低于C10。

2. 主要的设备

(1)钻探取芯宜采用液压钻机。

(2)钻机应配备单动双管钻具以及相应的孔口管、扩孔器、卡簧、扶正稳定器和可捞取松软渣样的钻具。

(3)钻机应根据混凝土设计强度等级选用合适的金刚石钻头,且外径不少于100mm。

(4)水泵的排水量应为50 ~160L/min,泵压应为1.0 ~2.0MPa。

(5)锯切芯样试验用的锯切机应具有冷却系统和牢固夹紧芯样的装置,金刚石圆锯片应有足够刚度。芯样试件端面补平器和磨平机应满足芯样制作要求。

3. 钻探技术要求

钻探取芯应在混凝土浇灌28d后进行,钻孔位置一般在桩的中心,抽芯深度为全桩长,并深入基岩60cm。钻头外径一般选用100mm或110mm。一般要求钻孔垂直度偏差小于1%,混凝土采样率达到95%以上,以确保混凝土芯样的可靠性与真实性。

(1)钻芯孔数与孔位

①桩径小于1.2m的桩钻1孔,1.2 ~1.6m的桩钻2孔,大于1.6m的钻桩3孔。

②当钻芯孔为一个时,宜距桩中心10 ~15cm的位置钻孔;当钻芯孔为两个以上时,宜距

桩中心 $0.15D \sim 0.25D$ 内均匀对称布置。

(2)钻机设备安装必须周正、稳固、底座水平。

(3)钻取的芯样应自上而下按回次、顺序放进岩样箱中，并对标有工程名称的芯样及其标示牌等进行全貌拍照。

(4)当单桩质量评价满足设计要求时，应采用0.5～1.0MPa压力，从钻芯孔孔底往上用水泥浆回灌封闭；否则应封存钻芯孔，留待处理。

4. 芯样试件截取与加工

截取混凝土抗压芯样试样应符合下列规定：当桩长为10～30m时，每孔截取3组芯样；当桩长小于10m时，取2组；当桩长大于30m时，不小于4组。

钻探取芯技术基本要求：桩两头不小于桩径一倍或1m，中间芯样宜等间距截取。同根桩孔数大于1孔时，1孔某深度有缺陷时，其他孔应在同一深度取芯样进行抗压强度试验。

5. 抗压强度试验

一般情况下，桩的工作条件比较潮湿，芯样试件宜在潮湿状态下进行。芯样试件抗压强度试验应按下列公式计算

$$f_{cu} = \frac{\xi \cdot 4P}{\pi d^2} \tag{1-5-30}$$

式中：f_{cu}——混凝土芯样试件抗压强度(MPa)；

P——芯样试件抗压试验测得的破坏荷载(N)；

d——芯样试件的平均直径(mm)；

ξ——混凝土芯样试件抗压强度折减系数，应考虑芯样的尺寸效应、钻芯机械对芯样扰动和混凝土成型的影响，通过试验统计确定，当无试验资料时，宜取1.0。

6. 检测资料分析与判定

(1)混凝土芯样试件抗压强度代表值应按一组3块试样强度的平均值确定。同一受检桩同一深度部位有两组或两组以上混凝土试件抗压强度代表值时，取其平均值作为该桩该深度处混凝土芯样试件抗压强度代表值。

(2)单桩混凝土芯样试件抗压强度代表值是指该桩中不同深度位置的混凝土芯样试件抗压强度代表值中的最小值。

(3)桩底持力层性状应根据芯样特征、岩石芯样单轴抗压强度试验、动力触探或标准贯入试验结果，综合判定桩端持力层岩土性状。

(4)因场地地层的复杂性和施工中的差异，成桩后的差异较大。为保证工程质量，应按单桩进行桩身完整性和混凝土强度评价。

(5)成桩质量评价应结合钻芯孔数、现场混凝土芯样特征、芯样单轴抗压强度试验结果，按现行国家标准相关规定综合判定。

当出现下列情况之一时，应判为该桩不满足设计要求：

①桩身完整性类别为Ⅳ类的桩。

②芯样试件抗压强度代表值小于混凝土设计强度等级的桩。

③桩长、桩底沉渣厚度不满足设计或规范要求的桩。

④桩端持力层岩土性状(强度)或厚度未达到设计或规范要求的桩。

第四节　基桩承载力检测

基桩极限承载力的确定方法有静荷载试验和桩的动力试验两大类。静荷载试验是确定单桩承载力最原始、最基本的方法,也是最可靠的方法。近代发展起来的一些新的基桩承载力试桩方法,如高应变动力试桩法、自平衡测试法和静动法等,都是在与静荷载试验的成果对比基础上,建立相关关系,从而提高其成果的可靠性。

对公路特大桥和地质条件复杂的大、中型桥,一般都应采用静荷载试验确定桩的承载力,为桩基工程的设计提供依据。基桩静荷载试验通常可分为单桩竖向静荷载试验、抗拔试验和水平静推试验3种。

一、基桩静荷载试验

就地灌注桩的静荷载试验应在混凝土强度达到能承受预定破坏荷载后开始。

斜桩作静载试验时,荷载方向应与斜桩轴线相同。

1. 试验前的准备工作

(1)试桩的桩顶如有破损或强度不足时,应将破损或强度不足段凿除后修补平整。

(2)做静推试验的桩,如系空心桩,则应在直接受力部位填充混凝土。

(3)做静压、静拔试验的桩,当在原地面处施加荷载时,对承台底面以上部分或局部冲刷线以上部分设计不能考虑的摩擦力应予以扣除。

(4)做静压、静拔试验的桩,桩身需通过尚未固结新近沉积的土层或湿陷性黄土、软土等土层对桩侧产生向上的负摩擦力部分,应在桩表面涂刷涂层,或设置套管等方法予以消除。

(5)在冰冻季节试桩时应将桩周围的冻土全部融化,其融化范围:静压、静拔试验时离试桩周围不小于1m,静推试验时不小于2m,融化状态应保持到试验结束。在结冰的水域做试验时,桩与冰层之间应保持不小于100mm的间隙。

2. 静压试验

(1)试验目的:通常用来确定单桩承载力和荷载与位移的关系,以及校核动力公式的准确程度。

(2)试验方法:采用慢速维持荷载法;若设计无特殊要求时,可采用单循环加载试验。

(3)试验时间:静压试验应在冲击试验后立即进行。对于钻(挖)孔灌注桩,应待混凝土达到能承受设计要求荷载后,方可进行试验。

(4)加荷装置:一般采用油压千斤顶加载。千斤顶的反力装置可选用下列三种形式之一:

①锚桩承载梁反力装置:提供的反力应不小于预估最大试验荷载的1.3~1.5倍,锚桩宜采用4根,如入土较浅或土质松软时可增至6根。锚桩与试桩的中心间距,当试桩直径(或边长)小于或等于800mm时,可为试桩直径的5倍;当试桩直径(或边长)大于800mm时,上述距离不得小于4m。反力装置示意图如图1-5-2所示。

②压重平台反力装置:利用平台上的压重作为试验的反力装置。压重不得小于预估最大试验荷载的1.3倍。压重应在试验开始前一次加上。试桩与压重平台支承边缘的距离同锚桩与试桩的中心间距。

③锚桩压重联合反力装置：当试桩最大加载量超过锚桩的抗拔能力时，可在承载梁上放置或悬挂一定重物，由锚桩和重物共同承受千斤顶的反力。

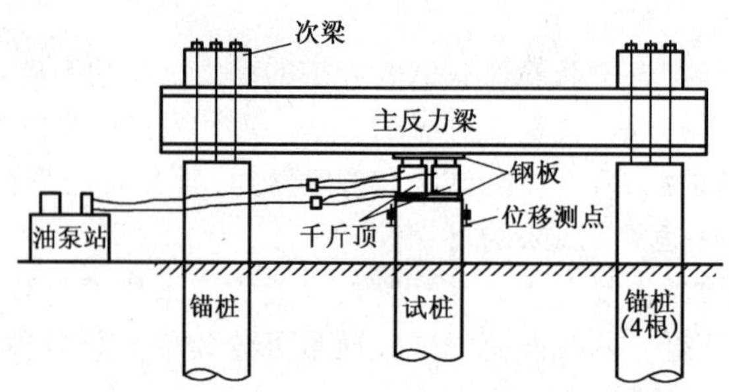

图1-5-2　桩基静压试验反力装置示意图

(5)测量位移的装置：一般使用1/20mm光学仪器或力学仪表，如水平仪、挠度计、偏移计等。支承仪表的基准架应有足够的刚度和稳定性，基准梁一端在其支承上应能自由移动，不受温度影响引起上拱或下挠。基准桩应埋入地表以下一定深度，不受气候条件等影响。基准桩中心与锚桩、试桩中心之间的距离应符合下列规定：锚桩承载梁反力系统时，基准桩与试桩、锚桩中心间距应大于或等于4倍试桩直径；压重平台反力装置时，基准桩与试桩、压重平台边缘中心间距应大于或等于2m。

(6)加载方法：

①加载重心应与试桩轴线相一致，加载时应分级进行，使荷载传递均匀，无冲击。加载过程中，不应使荷载超过每级的规定值。

②荷载分级时，每级加载量为预估最大荷载的1/10～1/15。当桩下端为巨粒土、粗粒土或坚硬的粘质土的，第一级可按2倍的分级荷载加载。

③预估最大荷载：对施工检验性试验，一般可取设计荷载的2倍。

(7)沉降观测：

①下沉未达到稳定状态不得进行下一级加载。

②每级加载的观测时间规定为：每级加载完毕后，每隔15min观测一次；累计1h后每隔30min观测一次。

(8)稳定标准。每级加载下沉量在下列时间内如不大于0.1mm即可认为稳定：

①桩端下为巨粒土时，砂类土、坚硬黏质土，最后30min。

②桩端下为半坚硬和细粒土，最后1h。

(9)加载终止及极限荷载取值规定：

①总位移量大于或等于40mm，本级荷载的下沉量大于或等于前一级荷载下沉量的5倍时，加载即可终止。取此终止时荷载小一级的荷载为极限荷载。

②总位移量大于或等于40mm，本级荷载加上后24h未达到稳定，加载即可终止。取此终止时荷载小一级的荷载为极限荷载。

③巨粒土、密实砂类土以及坚硬的黏性土中，总下沉量小于40mm，但荷载已大于或等于设计荷载×设计规定的安全系数，加载即可终止。取此时的荷载为极限荷载。

④施工过程中的检验性试验，一般加载应继续到桩的2倍设计荷载为止。如果桩的总沉降量不超过40mm，且最后一级加载引起的沉降不超过前一级加载引起的沉降的5倍，则该桩

可以予以检验。

⑤极限荷载在确定困难时，应绘制荷载—沉降曲线（P-s 曲线）、沉降—时间曲线（s-t 曲线）必要时还应绘制 s-lg$t$ 曲线、s-lg$P$ 曲线（单对数法）、$s-[1-P/P_{max}]$ 曲线（百分率法）等进行综合比较，确定比较合理的极限荷载取值。

由 $P-s$ 曲线确定极限荷载时，取 $P-s$ 曲线明显拐点对应的荷载；取 $P-s$ 曲线尾部出现明显向下弯的前一级荷载；出现终止荷载第二种情况时，取前一级荷载；$P-s$ 曲线变形缓慢，取沉降量 $s=40$mm 对应的荷载。

（10）桩的卸载和回弹量观测应符合下列规定：

①卸载应分级进行，每级卸载量宜为两个加载级的荷载值。每级荷载卸载后，应观测桩顶的回弹量，观测办法与沉降相同。直到回弹稳定后，再卸下一级荷载。回弹稳定标准与下沉稳定标准相同。

②卸载到零后，至少应在 2h 内每 30min 观测 1 次。如果桩尖下为砂类土，则开始 30min 内，每 15min 观测一次；如果桩尖下为黏性土，第 1h 内，每 15min 观测 1 次。

3. 静拔试验

（1）试验目的：在个别桩基中设计承受拉力时，用以确定单桩抗拔容许承载力。

（2）试验时间：一般可在复打规定的"休止"时间以后进行。对于钻（挖）孔灌注桩，应待灌注的混凝土强度达到设计要求的强度后方可进行。静拔试验也可在静压试验后进行。

（3）加荷装置：可采用液压千斤顶加载。千斤顶的反力装置采用两根锚桩和承载梁组成，试桩和承载梁采用拉杆连接，将千斤顶置于两根锚桩之上，顶推承载梁，引起试桩上拔。

（4）加载方法：一般采用慢速维持荷载法进行。施加的静拔力必须作用于桩的中轴线。加载应均匀、无冲击。每级加载量宜不大于预计最大荷载的 1/10～1/15。

（5）沉降观测：

①下沉未达到稳定状态不得进行下一级加载。

②每级加载的观测时间规定为：每级加载完毕后，每隔 15min 观测一次；累计 1h 后每隔 30min 观测一次。

（6）稳定标准：位移量小于或等于 0.1mm/h，即可认为稳定。

（7）加载终止：勘测设计阶段，总位移大于或等于 25mm，加载即可终止；施工阶段，加载不应大于设计容许抗拔荷载。

4. 静推试验

（1）试验目的：主要是确定桩的水平承载力、桩侧地基土水平抗力系数的比例系数。

（2）试验方法：对于承受反复水平荷载的基桩，采用多循环加卸载方法；对于承受长期水平荷载的基桩，采用单循环加载方法。

（3）加载装置的设置规定：

①一般采用两根单桩通过千斤顶相互顶推加载；或在两根锚桩间平放 1 根横梁，采用千斤顶向试桩加载；在千斤顶与试桩接触处宜安设一球形铰座，保证千斤顶作用力能水平通过桩身轴线。

②加载反力结构的承载能力宜为预估最大试验荷载的 1.3～1.5 倍，其作用方向的刚度不应小于试桩，反力结构与试桩之间的净距应按设计要求确定。

③固定百分表的基准桩宜设在桩侧面靠位移的反方向，与试桩的净距应不小于试桩直径的1倍。

(4)多循环加卸载试验法按下列规定进行：

①加载分级：可按预计最大试验荷载的1/10～1/15，一般可采用为5～10kN，过软的土可采用2kN级差。

②加载程序与位移观测：各级荷载施加后，恒载4min测读水平位移，然后卸载至零，2min后测读残余水平位移，至此完成一个加载循环，如此循环5次，完成一级荷载的试验观测。加载时间应尽量缩短，测量位移间隔时间应严格准确，试验不得中途停歇。

③当出现下列情况之一时即可终止加载：

a. 桩顶水平位移超过20～30mm（软土取40mm）；

b. 桩身已经断裂；

c. 桩侧地表明显裂纹或隆起。

(5)多循环加卸载法应根据试验记录绘制水平荷载—时间—桩顶位移关系曲线（$H-t-x$曲线），水平荷载—位移梯度关系曲线（$H-\Delta x/\Delta H$曲线）。

(6)多循环加卸载临界荷载H_{cr}、极限荷载H_u及水平抗推容许承载力的确定应符合下列规定：

①临界荷载H_{cr}，相当于桩身开裂，受拉混凝土不参加工作时的桩顶水平力，其数值可按下列方法综合确定：

a. 取H-t-x曲线出现突变点的前一级荷载；

b. 取H-$\Delta x/\Delta H$曲线的第一直线段的终点所对应的荷载；

c. 取H-σ_g曲线第一突变点对应的荷载。

②极限荷载H_u，其数值可按下列方法综合确定：

a. 取$H-t$-x曲线明显陡降的前一级荷载；

b. 取H-t-x曲线各级荷载下水平位移包络线向下凹曲的前一级荷载；

c. 取H-$\Delta x/\Delta H$曲线的第二直线段终点所对应的荷载；

d. 桩身断裂或钢筋应力达到流限的前一级荷载。

③水平抗推容许荷载：为水平极限荷载除以设计规定的安全系数。

(7)单循环加载试验法应符合下列规定：

①加载分级与多循环加卸载试验方法相同。

②加载后测读位移量与静压试验测读的方法相同。

③静推稳定标准：如位移量小于或等于0.05mm/h即可认为稳定。

④终止加载条件：勘测设计阶段的试验，水平力作用点处位移量大于或等于50mm，加载即可终止；施工检验性试验，加载不应超过设计的容许荷载。

⑤试验记录：所有试验观测数据应填写记录，并绘制曲线图（水平位移为横坐标，荷载为纵坐标）。

二、基桩高应变动测法（凯斯法）

1. 基本原理

在桩顶施加高能量冲击荷载，实测力和速度信号，运用波动理论反演来推算被检桩的完整

性、轴向抗压极限承载力或选择桩型和桩长、监控桩锤工作效率和打入桩桩身承受的最大锤击应力。其基本原理是以现代波动理论为基础，导出了一套简捷的分析计算公式，借助于现代的振动测量和信号处理技术，在锤击桩的过程中检测桩头的受力和运动响应信息，借助计算机分析技术，较全面地考虑桩和土及其相互作用的各种因素，通过复杂的运算，获得桩的承载力。

2. 适应范围

(1)适用于检测混凝土灌注桩、预制桩和钢桩的单桩轴向抗压极限承载力和桩身完整性；监测混凝土预制桩和钢桩打入时桩身应力和锤击能量传递比，为选择沉桩工艺参数及桩长选择提供依据。

(2)进行单桩的轴向抗压极限承载力监测应具有相同条件下的动—静试验对比资料和现场工程实践经验。

(3)超长桩、大直径扩底桩和嵌岩桩不宜采用本方法进行单桩的轴向抗压极限承载力监测。

3. 检测仪器与设备

(1)检测系统包括信号采集及分析仪、传感器、激振设备和贯入度测量仪等。

(2)检测单桩轴向抗压承载力时，激振锤的重量不得小于基桩极限承载力的1.2%。

(3)桩的贯入度应采用精密仪器测定。

4. 现场检测技术

(1)检测混凝土预制桩和钢桩的极限承载力的最短休止期应满足：砂土7d，粉土10d，非饱和黏性土15d，饱和黏性土25d。

(2)检测混凝土灌注桩的极限承载力时，其桩身混凝土强度等级应达到设计要求，且应满足：砂土7d，粉土10d，非饱和黏性土15d，饱和黏性土25d。

(3)检测前的桩头处理规定：

①桩顶面应平整，桩头高度应满足安装锤击装置和传感器的要求，锤重心应与桩顶对中。

②加固处理桩头时应满足：

a. 新接桩头顶面应平整且垂直于被检桩轴线，侧面应平直，截面积应与被检桩相同，所用混凝土的强度应高于被检桩的强度；

b. 被检桩主筋应全部接至新接桩头内，并设置间距不大于150mm的箍筋及上下间距不应大于120mm的2~3层钢筋网片。

(4)检测时在桩顶面应铺设锤垫。锤垫宜由10~30mm厚的胶合板或木板等匀质的材料制作，垫面略大于桩顶面积。

(5)传感器的安装应满足：

①桩顶下两侧面应对称安装加速度传感器和应变传感器各1只，其与桩顶的距离不应小于1.5倍的桩径或边长。传感器安装面应平整，所在截面的材质和尺寸应与被检桩相同。

②应变传感器与加速度传感器的中心应位于同一水平线上，同侧两种传感器间的水平距离不宜大于100mm。传感器的中轴线应与桩的轴线保持平行。

(6)激振应符合下列要求：

①采用自由落锤为激振设备时，宜重锤低击，锤的最大落距不宜大于2.0m。

②实测桩的单击贯入度应确认与所采集的振动信号相对应。用于推算桩的极限承载力时，桩的单击贯入度不得低于2mm且不宜大于6mm。

③检测桩的极限承载力时,锤击次数宜为 2 ~ 3 击。

(7)被检桩基本参数的设定:

被检桩桩头测点处的桩截面面积、桩身波速、桩材质量密度和弹性模量应按测点处桩的实际情况确定。

桩身材料的弹性模量应按下式计算:

$$E = \rho c^2 \tag{1-5-30}$$

式中:E——桩身材料弹性模量(kPa);

c——桩身波度(m/s);

ρ——桩身材料质量密度(kg/m^3)。

(8)检测桩身完整性和承载力时,应及时分析实测信号质量、桩顶最大锤击力和动位移、贯入度以及桩身最大拉(压)应力、桩身缺陷程度及其发展情况等,并由此综合判定本次采集信号的有效性。每根被检桩的有效信号不应小于 2 根。

(9)试打桩用于评价其承载力时,应按桩端进入的土层逐一进行测试;当持力层较厚时,应在同一土层中进行多次测试。

(10)桩身锤击应力监测应包括桩身最大锤击拉应力和最大锤击压应力两部分。

5. 基桩承载力判定

(1)出现下列情况之一时,采集的信号不得作为有效信号:

①传感器安装处混凝土开裂或出现严重的塑性变形,使力信号最终未归零。

②信号采集后发现传感器已有松动或损坏现象。

③锤击严重偏心,一侧信号呈现严重的受拉特征。

检测承载力时选取锤击信号,宜符合下列规定:

预制桩初打,宜取最后一阵中锤击能量较大的击次;预制桩复打和灌注桩检测,宜取其中锤击能量较大的击次。

分析计算前,应根据实测信号按下列方法确定桩身波速平均值:

①桩底反射信号明显时,可根据下行波波形起升沿的起点到上行波下降沿的起点之间的时差与已知桩长值确定。

②桩底反射信号不明显时,可根据桩长、混凝土波速的合理取值范围以及邻近桩的桩身波速值综合判定。

(2)采用凯斯法推算单桩的极限承载力时,应符合下列规定:

①只适用于桩侧和桩端土阻力均已充分发挥的摩擦型桩;

②用于混凝土灌注桩时,桩身材质、截面应基本均匀;

③单桩轴向抗压极限承载力计算公式见《公路工程基桩动测技术规程》(JTG/T F81-01—2004)5.4.4 条。

复习思考题

一、单项选择题（四个备选项中只有一个正确答案。）

1. 桥梁基础一般将埋置深度小于(　)时称为浅基础。

A. 2m　　B. 3m　　C. 4m　　D. 5m

2. 目前,常用的钻孔灌注桩质量的检测方法有:钻芯检验法、振动检验法、射线法以及(　)检验法。

A. 超声脉冲　　B. 锤击　　C. 敲击　　D. 水电效应

3. 采用超声波法测桩时,桩径为 2m 时应埋设(　)根声测管。

A. 4　　B. 5　　C. 5　　D. 6

4. 对于老黏性土地基,可按土样的(　)来确定容许承载力。

A. 天然含水率 w 和液限 w_L 的比值　　B. 压缩模量

C. 含水比 w/w_L　　D. 天然孔隙比 e 的含水比 w/w_L

5. 某工地钻孔灌注桩基础采用反射法检测桩身完整性时,平均波速为 4 000m/s,反射波首先返回的时间为 0.005s,则缺陷位于桩顶下(　)。

A. 10m　　B. 20m　　C. 40m　　D. 80m

6. 超声波法适应于直径不小于(　)mm 的混凝土灌注桩的完整性检测,包括跨孔透射法和单孔折射法。

A. 600　　B. 800　　C. 1 000　　D. 1 200

7. 重型标准贯入试验应先将标准贯入器打入土中(　),才开始记录锤击数目。

A. 15cm　　B. 10cm　　C. 25cm　　D. 30cm

8. 标准贯入试验(SPT)是国内外广泛应用的地基原位测试试验手段,采用质量(　)穿心锤,(　)落距,将一定规格标准贯入以 15 ~ 30 击/min 贯入土中。

A. 60.0kg　70cm　　B. 63.5kg　76cm

C. 63.5kg　76cm　　D. 60.0kg　76cm

9. 声测管埋设应符合下列规定:当桩径不大于 1 500mm 时,应埋设(　)根管;当桩径对于 1 500mm 时,应埋设(　)根。

A. 3　5　　B. 2　4　　C. 4　6　　D. 3　4

10. 岩石的坚硬程度应根据岩块的(　)分级。

A. 饱和单轴抗压强度标准值　　B. 标准贯入锤击数

C. 抗压强度值　　D. 软化系数

二、判断题

(正确的事实在后面括号中打"√",错误的事实在后面括号中打"×"。)

1. 检测桥涵基础地基承载力可用标准贯入法,贯入装置落锤的质量为 4.5kg,落距为 90cm。(　)

2. 对地质和结构复杂的桥涵地基,应根据现场荷载试验确定承载力容许值。(　)

3. 拱式结构对地基承载力的要求比梁式桥的要求高。(　)

4. 基桩检测进行静荷载试验过程中,当桩下端为巨粒土、粗粒土或坚硬的黏质土,第一级可按 2 倍的分级荷载加载。(　)

5. 钻芯检测法是检测桥梁桩基施工质量最常用的方法。(　)

6. 基桩静推试验,加载反力结构的承载能力宜为预估最大试验荷载的 1.2 ~ 1.4 倍。(　)

7. 基桩静压试验测量桩基沉降采用普通水准仪即可。(　)

8. 重要结构的桩基础必须按规定频率进行钻芯取样。（ ）

9. 检验钻孔桩泥浆的黏度,工地可用含沙率计测定。（ ）

10. 基桩检测静荷载试验法操作简便、费用低廉、今后将大力推广应用。（ ）

11. 桩基的质量检测,钻芯取样法是确定混凝土强度的常用方法。（ ）

12. 现场检测地基承载力进行荷载试验时,地基达到破坏状态的过程可分为三个阶段:①压密阶段(直线变形)②剪切阶段③破坏阶段。（ ）

13. 钻孔桩护壁泥浆的胶体率是泥浆中土粒保持悬浮状态的性能指标,一般应保持在90% ~95%。（ ）

14. 应采用钻取芯样法对桩进行检测,当需检验柱桩的桩底沉淀与地层的结合情况时,其芯样应钻至桩底0.5m以下。（ ）

15. 声测管宜采用金属管,其内径应比换能器外径大5mm,管的连接宜采用螺纹连接,且不漏水。（ ）

三、多选题

（每道题目抽列出的备选项中,有两个或两个以正确答案,选项全部正确得满分,选项部分正确按比例得分,出现错误选项该题不得分。）

1. 常用的钻孔灌注桩质量检测方法有（ ）。

A. 钻芯取样检验法　B. 振动检验法
C. 超声波检测法　D. 射线检测法

2. 标准贯入试验可以检测下列哪些地基承载力所需指标（ ）。

A. 沙土密实度　B. 黏性土的稠度
C. 地基土容许承载力　D. 沙土的振动液化

3. 声波透射法检测桩身质量时,可采用以下哪几个指标判定（ ）。

A. 声时值　B. 波幅　C. 频率　D. 波形

4. 下列哪几种地质情况可以采用标准贯入试验确定地基承载力（ ）。

A. 沙土　B. 黏性土　C. 碎石土　D. 岩层

5. 桩基础静载试验达到破坏荷载的标准是（ ）。

A. 累计沉降大于40mm
B. 累计沉降大于60mm
C. 该阶段沉降值大于前阶段5倍
D. 该阶段沉降值大于前阶段2倍且24h不终止

6. 反射波法可以检测桩基的（ ）。

A. 完整性　B. 缺陷位置和类型
C. 桩长　D. 混凝土强度

7. 对于一般黏性土和新近沉积黏性土地基,可用（ ）和（ ）,查表确定承载力容许值。

A. 土样含水率　B. 天然孔隙比　C. 液性指数　D. 塑限

8. 钻孔灌注桩泥浆指标包括（ ）。

A. 含砂率　B. 胶体率　C. 相对密度　D. 黏度

四、问答题

1. 简述标准贯入试验测定地基承载力的基本步骤。
2. 简述反射波法检测桩基质量的使用范围。
3. 简述反射波法检测桩基质量的原理。
4. 简述声波透射法检测桩身质量的原理和判据。
5. 简述钻孔灌注桩泥浆指标包括哪些指标。
6. 简述基桩检测进行垂直静荷载试验步骤。
7. 简述钻孔灌注桩成孔质量检测的内容。
8. 简述桥涵工程地基承载能力确定的方法。
9. 简述声波透射法检测桩身质量时桩身完整性评价。
10. 简述反射法检测桩身质量时桩身完整性评价。

第六章　桥梁材质状况与耐久性检测评定

复习要点:

1. 构件材质状况与耐久性检测评定的目的和基本内容。

2. 构件材质状况与耐久性检测、评估的有关标准、规范与规程;钢构件缺陷的无损检测方法和标准。

3. 主要参数检测方法、数据处理与结果的评定(工程师),包括:构件外观损伤、混凝土内部缺陷与损伤、混凝土强度(钻芯法、回弹法、超声—回弹综合法等)、钢筋锈蚀电位,混凝土中氯离子含量,混凝土中钢筋分布及保护层厚度,混凝土电阻率,混凝土碳化深度。索力测量基本原理、方法和数据处理(工程师)。混凝土桥梁单一构件的耐久性评价及桥梁结构技术状态综合评估(工程师)。

第一节　混凝土构件外观损伤检测

一、混凝土桥梁结构构件表观损伤分类

混凝土桥梁结构构件的表观损伤总体上可分为三类:一是裂缝,包括非结构受力裂缝和结构受力裂缝;二是层离、剥落或露筋及掉棱或缺角;三是蜂窝麻面、表面侵蚀及表面沉积等。

二、混凝土桥梁结构构件表观损伤的检测

(1)裂缝检测的只要内容为:裂缝的形态;裂缝分布情况;裂缝周围有无锈迹、锈蚀产物和凝胶泌出物;裂缝的宽度、长度和间距等。检测方法以目力检查为主,辅以刻度放大镜(最小分辨率不得大于0.05mm)量测。用钢卷尺(最小分辨率不得大于1.0mm)测量裂缝的长度和间距。

(2)在进行裂缝检测时,应注意查明裂缝产生的时间和原因,并判断裂缝是否趋于稳定,对尚未稳定的裂缝可用千分表、引伸仪等监测裂缝宽度和长度的发展情况,监测时间以6~12个月为宜。

(3)对层离、剥落或露筋、掉棱或缺角、蜂窝麻面、表面侵蚀及表面沉积等表观损伤的检测,主要检测面积和深度,检测方法为人力目测、辅助钢尺测量和锤击检查。

(4)在进行表观损伤检测时,应检查宽度超过0.05mm的裂缝以及大小超过20mm的其他表观损伤。

(5)裂缝检测结果的描述应注意如实反映裂缝的形态、分布情况和裂缝周边混凝土表面状况,尽可能采用图形和照相进行表观损伤的描述,对表观损伤应有详尽的文字描述。

三、混凝土桥梁结构构件表观损伤的分级评定

对混凝土桥梁结构构件的表观损伤，可根据表观损伤程度（大小、多少或轻重）、表观损伤对结构使用功能的影响程度（无、小、大）和表观损伤发展变化状况（趋向稳定、发展缓慢、发展较快）等三个方面，以累计评分的方法作出等级评定。

第二节　回弹法检验混凝土强度

一、回弹法的基本原理

回弹法是采用回弹仪的弹簧驱动重锤，通过弹击杆弹击混凝土表面，并以重锤被反弹回来的距离（称回弹值，指反弹距离与弹簧初始长度之比）作为强度相关指标来推算混凝土强度的一种方法。

二、测定内容

对试件的检验结果有怀疑或供检验用的试件数量不足时，可采用回弹法检测，并将检测结果作为处理混凝土质量问题的一项主要依据。

另外，施工阶段，如构件拆模、预应力张拉或移梁、吊装时，回弹法可作为评估混凝土强度的依据。

三、适用范围

回弹法的使用前提，是要求被测结构或构件混凝土的内外质量基本一致。因此，当混凝土表层与内部质量有明显差异时，例如遭受冻害、化学腐蚀、火灾、高温损伤的混凝土；被检构件厚度小于10cm；碳化严重，表层与内部质量有明显差异，混凝土结构存在其他内部缺陷等情况时，不宜应用回弹法检测结构混凝土强度。

四、现场检测技术

（1）混凝土批量检测规定。

对于混凝土生产工艺、强度等级相同，原材料、配合比、养护条件基本一致且龄期相近的一批同类构件，应采用批量检测。按批量进行检测时，应随机抽取构件，抽检数量不宜少于同批构件总数的30%且不宜少于10件。当检验批构件数量大于30个时，抽样构件数量可适当调整，并不得少于国家现行有关标准规定的最少抽样数量。

（2）单个构件的检测，应符合下列要求。

①对于一般构件，测区数不宜少于10个，当受检构件数量大于30个且不需要提供单个构件推定强度或受检构件某一方向尺寸不大于4.5m且另一方向尺寸不大于0.3m时，每个构件的测区数量可适当减少，但不应少于5个。

②相邻两测区的间距不应大于2m，测区离构件端部或施工缝边缘的距离不宜大于0.5m，

且不宜小于0.2m。

③测区宜选在能使回弹仪处于水平方向的混凝土浇筑侧面。当不能满足这一要求时，也可选在使回弹仪处于非水平方向混凝土浇筑表面或底面。

④测区宜布置在构件的两个对称的可测面上，当不能布置在对称的可测面上时，也可布置在同一可测面上，且应均匀分布。在构件的重要部位及薄弱部位应布置测区，应避开预埋件。

⑤测区的面积不宜大于$0.04m^2$。

⑥测区表面应为混凝土原浆面，并应清洁、平整，不应有疏松层、浮浆、油垢、涂层以及蜂窝、麻面。

⑦对于弹击时产生颤动的薄壁、小型构件，应进行固定。

(3)每一测区应读取16个回弹值，每一测点的回弹值读数应精确至1。测点宜在测区范围内均匀分布，相邻两测点的净距离不宜小于20mm；测点距外露钢筋、预埋件的距离不宜小于30mm；测点不应在气孔或外露石子上，同一测点只弹击一次。

(4)测量回弹值时，回弹仪的轴线应始终垂直于检测面，缓慢施压，准确读数，快速复位。

(5)回弹值测量完毕后，应在有代表性的测区上测量碳化深度值，测点数不应少于构件测区数的30%，应取其平均值作为该构件每个测区的碳化深度值。当碳化深度值极差大于2.0mm时，应在每一个测区分别测量碳化深度值。

(6)碳化深度值的测量应符合下列规定。

①可采用工具在测区表面形成直径约15mm的孔洞，其深度应大于混凝土的碳化深度。

②应清除孔洞中的粉末和碎屑，且不得用水擦洗。

③应采用浓度为1%～2%的酚酞酒精溶液滴在孔洞内壁的边缘处，当已碳化与未碳化界限清晰时，应采用碳化深度测量仪测量已碳化与未碳化混凝土交界面到混凝土表面的垂直距离，并应测量3次，每次读数应精确至0.25mm。

④应取三次测量的平均值作为检测结果，并应精确至0.5mm。

(7)检测泵送混凝土强度时，测区应选在混凝土浇筑侧面。

(8)回弹值的计算。

①计算测区平均回弹值时，应从该测区的16个回弹值中除去3个最大值和3个最小值，其余的10个回弹值按下式计算：

$$R_m = \frac{\sum_{i=1}^{10} R_i}{10} \tag{1-6-1}$$

式中：R_m——测区平均回弹值，精确至0.1；

R_i——第i个测点的回弹值。

②非水平方向检测混凝土浇筑侧面时，测区的平均回弹值应按下式修正：

$$R_m = R_{ma} + R_{aa} \tag{1-6-2}$$

式中：R_{ma}——非水平方向检测时测区的平均回弹值，精确至0.1；

R_{aa}——非水平方向检测时回弹值的修正值，按规范查用。

③水平方向检测混凝土浇筑表面或浇筑底面时，应按下列公式修正：

$$R_m = R_m^t + R_a^t \tag{1-6-3}$$

$$R_m = R_m^b + R_a^b \tag{1-6-4}$$

式中：R_m^t、R_m^b——水平方向检测混凝土浇筑表面、底面时，测区的平均回弹值，精确至0.1；

R_a^t、R_a^b——混凝土浇筑表面、底面回弹值的修正值，按规范查用。

④当回弹仪为非水平方向且测试面为混凝土的非浇筑侧面时，则应先对回弹值进行角度修正，并应对修正后的回弹值进行浇筑面修正。

(9)混凝土强度的推算。

①构件第 i 个测区混凝土强度换算值，可按平均回弹值 R_m 及求得的平均碳化深度值 d_m 由规范查得。有地区或专用测强曲线时，混凝土强度换算值应按地区或专用测强曲线换算得出。

②构件的测区混凝土强度平均值应根据各测区的混凝土强度换算值计算。当测区数为10个及以上时，还应计算强度标准差。平均值及标准差应按下列公式计算：

$$m_{f_{cu}^c} = \frac{\sum_{i=1}^{n} f_{cu,i}^c}{n} \tag{1-6-5}$$

$$S_{f_{cu}^c} = \sqrt{\frac{\sum_{i=1}^{n}(f_{cu,i}^c)^2 - n(m_{f_{cu}^c})^2}{n-1}} \tag{1-6-6}$$

式中：$m_{f_{cu}^c}$——构件测区混凝土强度换算值的平均值(MPa)，精确至0.1MPa；

n——对于单个检测的构件，取该构件的测区数；对批量检测的构件，取所有被抽检构件测区数之和；

$S_{f_{cu}^c}$——结构或构件测区混凝土强度换算值的标准差(MPa)，精确至0.01MPa。

③构件的现龄期混凝土强度推定值($f_{cu,e}$)应符合下列规定：

a. 当构件测区数少于10个时，应按式(1-6-7)计算：

$$f_{cu,e} = f_{cu,min}^c \tag{1-6-7}$$

式中：$f_{cu,min}^c$——构件中最小的测区混凝土强度换算值。

b. 当构件的测区强度值中出现小于10.0MPa时，应按下式确定：

$$f_{cu,e} < 10.0\text{MPa} \tag{1-6-8}$$

c. 当构件测区数不少于10个时，应按下式计算：

$$f_{cu,e} = m_{f_{cu}^c} - 1.645 S_{f_{cu}^c} \tag{1-6-9}$$

d. 当按批量检测时，应按下式计算：

$$f_{cu,e} = m_{f_{cu}^c} - k S_{f_{cu}^c} \tag{1-6-10}$$

式中：k——推定系数，宜取1.645。当需要进行推定强度区间时，可按国家现行有关标准的规定取值。

④对按批量检测的构件，当该批构件混凝土强度标准差出现下列情况之一时，该批构件应全部按单个构件检测：

a. 当该批构件混凝土强度平均值小于25MPa、$S_{f_{cu}^c}$大于4.5MPa时；

b. 当该批构件混凝土强度平均值不小于25MPa且不大于60MPa、$S_{f_{cu}^c}$大于5.5MPa时。

五、注意问题

(1)符合下列条件的非泵送混凝土,测区强度应按《回弹法检测混凝土抗压强度技术规程》(JGJ/T 23—2011)中的附录A进行强度换算:

①混凝土采用的水泥、砂石、外加剂、掺合料、拌和用水符合国家现行有关标准。

②采用普通成型工艺。

③采用符合国家标准规定的模板。

④蒸气养护出池经自然养护7d以上,且混凝土表层为干燥状态。

⑤自然养护且龄期为14~1 000d。

⑥抗压强度为10.0~60.0MPa。

(2)符合上述条件的泵送混凝土,测区强度可按《回弹法检测混凝土抗压强度技术规程》(JGJ/T 23—2011)中的附录B的曲线方程计算,或按附录B的规定进行强度换算。

(3)测区混凝土强度换算表所依据的统一测强曲线,其强度误差应符合下列规定:

①平均相对误差(δ)不应大于±15.0%。

②相对标准差(e_r)不应大于18.0%。

(4)当有下列情况之一时,测区混凝土强度不得按《回弹法检测混凝土抗压强度技术规程》(JGJ/T 23—2011)中的附录A或附录B进行强度换算:

①非泵送混凝土粗集料最大公称粒径大于60mm,泵送混凝土粗集料最大公称粒径大于31.5mm。

②特种成型工艺制作的混凝土。

③检测部位曲率半径小于250mm。

④潮湿或浸水混凝土。

六、回弹仪的校验时间要求

回弹仪检定周期为半年,当回弹仪具有下列情况之一时,应由法定计量检定机构按现行行业标准进行检定:

(1)新回弹仪启用前。

(2)超过检定有效期限。

(3)数字式回弹仪数字显示的回弹值与指针直读数示值相差大于1。

(4)经保养后,在钢砧上的率定值不合格。

(5)遭受严重撞击或其他损害。

第三节　超声—回弹综合法检验混凝土强度

超声—回弹综合法检测混凝土强度。它较之单一的超声或回弹非破损检验方法具有受混凝土龄期和含水量影响小、精度高、适用范围广等优点,它也是对常规检验补充的一种办法,当对结构的混凝土强度有怀疑时,可按此办法进行检验,以推定混凝土的强度,作为处理其质量问题的依据。

一、检测技术

(1)测区布置规定:

①当按单个构件检测时,应在构件上均匀布置测区,每个构件上的测区数不应少于10个。

②对同批构件按批抽样检测时,构件抽样数应不少于同批构件的30%,且不少于10件;对一般施工质量的检测和结构性能的检测,可按照现行国家标准《建筑结构检测技术标准》(GB/T 50344)的规定抽样。

③对某一方向尺寸不大于4.5m且另一方向尺寸不大于0.3m的构件,其测区数量可适当减少,但不应少于5个。

(2)当按批抽样检测时,符合下列条件的构件可作为同批构件:

①混凝土设计强度等级相同。

②混凝土原材料、配合比、成型工艺、养护条件和龄期基本相同。

③构件种类相同。

④施工阶段所处状态基本相同。

(3)构件的测区,应满足下列要求:

①在条件允许时,测区宜优先布置在构件混凝土浇注方向的侧面。

②测区可在构件的两个对应面、相邻面或同一面上布置。

③测区宜均匀布置,相邻两测区的间距不宜大于2m。

④测区应避开钢筋密集区和预埋件。

⑤测区尺寸宜为200mm×200mm;采用平测时宜为400mm×400mm。

⑥测试面应清洁、平整、干燥,不应有接缝、施工缝、饰面层、浮浆和油垢,并应避开蜂窝、麻面部位。必要时,可用砂轮片清除杂物和磨平不平整处,并擦净残留粉尘。

(4)结构或构件上的测区应编号,并记录测区位置和外观质量情况。

(5)对结构或构件的每一侧区,应先进行回弹测试,后进行超声测试。

(6)计算混凝土抗压强度换算值时,非同一测区内的回弹值和声速值不得混用。

二、回弹值的计算

超声—回弹综合法中,回弹值的测试和计算与回弹法相同。

三、超声声速值的测量与计算

(1)超声测点应布置在回弹测试的同一测区内,每一测区布置3个测点。超声测试宜优先采用对测或角测,当被测构件不具备对测或角测条件时,可采用单面平测。

(2)超声测试时,换能器辐射面应通过耦合剂与混凝土测试面良好耦合。

(3)声时测量应精确至0.1μs,超声测距测量应精确至1.0mm,且测量误差不大于±1%。声速计算应精确至0.01km/s。

(4)当在混凝土浇筑方向的侧面对测时,测区混凝土中声速代表值应根据该测区中3个测点的混凝土中声速值,按下式计算:

$$v = \frac{1}{3}\sum_{i=1}^{3}\frac{l_i}{t_i - t_0} \tag{1-6-11}$$

式中：v——测区混凝土中声速代表值(km/s)；

l_i——第 i 个测点的超声测距(mm)；

t_i——第 i 个测点的声时读数(μs)；

t_0——声时初读数(μs)。

(5)当在混凝土浇筑的顶面与底面测试时，测区声速代表值应按式(1-6-12)修正：

$$v_a = \beta v \tag{1-6-12}$$

式中：v_a——修正后的测区声速值(km/s)；

β——超声测试面修正系数，在混凝土浇注面的顶面及底面对测或斜测时，$\beta = 1.034$；在混凝土浇筑的顶面或地面平测时，顶面平测 $\beta = 1.05$，底面平测 $\beta = 0.95$。

四、混凝土强度的推定

(1)构件第 i 个测区的混凝土强度换算值，根据修正后的测区回弹代表值 R_{ai} 及修正后声速代表值 v_{ai}，优先采用专用或地区测强曲线推定。当无该类测强曲线时，可按规范查阅混凝土强度或按下列公式计算：

①当粗集料为卵石时

$$f^c_{cu,i} = 0.0056(v_{ai})^{1.439}(R_{ai})^{1.769} \tag{1-6-13}$$

②当粗集料为碎石时

$$f^c_{cu,i} = 0.0162(v_{ai})^{1.656}(R_{ai})^{1.410} \tag{1-6-14}$$

式中：$f^c_{cu,i}$——结构或构件第 i 个测区混凝土强度换算值(MPa)，精确至 0.1MPa。

(2)当结构或构件所采用的材料及其龄期与制定测强曲线所采用的材料及其龄期有较大差异时，应采用同条件立方体试件或从结构或构件测区中钻取的混凝土芯样的抗压强度进行修正。试件数量不应少于 4 个，得到的测区混凝土强度换算值应乘以修正系数。

(3)结构或构件混凝土抗压强度推定值 $f_{cu,e}$，应按下列规定确定。

①当结构或构件的测区抗压强度换算值中出现小于 10.0MPa 的值时，该构件的混凝土抗压强度推定值 $f_{cu,e}$ 取小于 10MPa。

②当结构或构件中测区少于 10 个时，按下式计算：

$$f_{cu,e} = f^c_{cu,min} \tag{1-6-15}$$

式中：$f^c_{cu,min}$——结构或构件最小的测区混凝土抗压强度换算值(MPa)，精确至 0.1MPa。

③当结构或构件中测区数不少于 10 个时或按批量检测时

$$f_{cu,e} = m_{f^c_{cu}} - 1.645S_{f^c_{cu}} \tag{1-6-16}$$

式中，各测区混凝土强度换算值的平均值 $m_{f^c_{cu}}$ 及标准差 $S_{f^c_{cu}}$，应按下列公式计算：

$$m_{f^c_{cu}} = \frac{1}{n}\sum_{i=1}^{n}f^c_{cu,i} \tag{1-6-17}$$

$$S_{f^c_{cu}} = \sqrt{\frac{\sum_{i=1}^{n}(f^c_{cu,i})^2 - n(m_{f^c_{cu}})^2}{n-1}} \tag{1-6-18}$$

(4)当按批量检测的构件,当一批构件的测区混凝土抗压强度标准差出现下列情况之一时,该批构件应全部按单个构件进行强度推定:

①一批构件的混凝土抗压强度平均值 $m_{f^c_{cu}} < 25.0\text{MPa}$,标准差 $S_{f^c_{cu}} > 4.50\text{MPa}$。

②一批构件的混凝土抗压强度平均值 $m_{f^c_{cu}} = 25.0 \sim 50.0\text{MPa}$,标准差 $S_{f^c_{cu}} > 5.50\text{MPa}$。

③一批构件的混凝土抗压强度平均值 $m_{f^c_{cu}} > 25.0\text{MPa}$,标准差 $S_{f^c_{cu}} > 6.50\text{MPa}$。

五、注意问题

(1)操作回弹仪时,回弹仪的轴线始终应与测试面垂直。

(2)超声声时测量时,换能器与混凝土之间的良好耦合是十分重要的。

(3)同批构件的条件是:混凝土强度等级相同、混凝土原材料、配合比、成型工艺、养护条件基本相同,构件种类相同,在施工阶段所处状态相同。

(4)如缺少专用或地区测强曲线时,在采用基准测强曲线前,应进行验证,验证方法如下。

①选用该地区常用的混凝土原材料,按最佳配合比配制强度等级为C15、C20、C30、C40、C50、C60的混凝土,制作边长为150mm的立方体试块各3组(共18组),7d潮湿养护后再用自然养护。

②使用符合技术要求的回弹仪和超声波检测仪。

③按龄期为28d、60d和90d进行综合法测试及试块抗压试验。

④根据每个试块测得的回弹值和超声声速值由表查出强度值 $f^c_{cu,i}$。

⑤将实测试块抗压强度 $f_{cu,i}$ 与查表所得的抗压强度 $f^c_{cu,i}$ 计算相对标准误差:

$$e_r = \sqrt{\frac{\sum_{i=1}^{n}(f_{cu,i}/f^c_{cu,i} - 1)^2}{n-1}} \times 100\% \tag{1-6-19}$$

如 $e_r \leqslant 15\%$,可使用全国统一测强曲线;如 $e_r \geqslant 15\%$,则应另行建立专用或地区测强曲线。

第四节　钻芯取样法检验混凝土强度

一、测定内容

钻芯取样法检验混凝土强度指从混凝土结构物中钻取芯样和检查芯样,测定混凝土的劈裂抗拉强度或抗压强度,作为评定结构的主要品质指标。也可作为抽检混凝土均匀性和内部缺陷的指标。

二、适用范围

(1)对试块抗压强度的测试结果有怀疑时。

(2)因材料、施工或养护不良而发生混凝土质量问题时。

(3)混凝土遭受冻害、火灾、化学侵蚀或其他损害时。

(4)需检测多年使用的建筑结构或构造物中混凝土强度时。

三、检测技术

1. 芯样钻取

芯样应在结构或构件的下列部位钻取：

(1)结构或构件受力较小的部位。

(2)混凝土强度质量具有代表性的部位。

(3)便于钻芯机安放与操作的部位。

(4)避开主筋、预埋件和管线的位置。

2. 钻取的芯样数量规定

(1)钻芯法确定检验批的混凝土强度推定值时，芯样试件的数量应根据检验批的容量确定。标准芯样试件的最小样本量不宜少于15个，小直径芯样试件的最小样本量应适当增加。

(2)钻芯确定单个构件的混凝土强度推定值时，有效芯样试件的数量不应少于3个；对于较小构件，有效芯样试件的数量不得少于2个。

(3)当采用修正量的方法时，芯样试件的数量不应少于6个，小直径芯样的试件数量宜适当增加。

3. 芯样的尺寸规定

抗压试验的芯样试验宜使用标准芯样试件，其公称直径不宜小于集料最大粒径的3倍；也可采用小直径芯样试件，但其公称直径不应小于70mm且不得小于集料最大粒径的2倍。

芯样抗压试件的高度和直径之比宜为1.00。

4. 钻取芯样检查

芯样试件尺寸偏差及外观质量超过下列数值时，相应的测试数据无效：

(1)芯样试件的实际高径比(H/d)小于要求高径比的0.95或大于1.05时。

(2)沿芯样试件高度的任一直径与平均直径相差大于2mm。

(3)抗压芯样试件端面的不平整度在100mm长度内大于0.1mm。

(4)芯样试件端面与轴线的不垂直度大于1°。

(5)芯样有裂缝或有其他较大缺陷。

5. 芯样的测量

在试验前应按下列规定测量芯样试件尺寸：

(1)平均直径用游标卡尺在芯样试件中部相互垂直的两个位置上测量，取测量的算术平均值作为芯样试件的直径，精确至0.5mm。

(2)芯样试件高度用钢卷尺或钢板尺进行测量，精确至1mm。

(3)垂直度用游标量角器测量芯样试件两个端面与母线的夹角，精确至0.1°。

(4)平整度用钢板尺或角尺紧靠在芯样试件端面上，一面转动钢板尺，一面用塞尺测量钢板尺与芯样试件端面之间的缝隙；也可采用其他专用设备量测。

6. 试件的制作

锯切后的芯样应进行端面处理，宜采取在磨平机上磨平端面的处理方法。承受轴向压力芯样试件端面，也可采取下列处理方法：

(1)用环氧胶泥或聚合物水泥砂浆补平。

(2)抗压强度低于40MPa的芯样试件,可采用水泥砂浆、水泥净浆或聚合物水泥砂浆补平,补平层厚度不宜大于5mm;也可采用硫磺胶泥补平,补平层厚度不宜大于1.5mm。

7.芯样的抗压强度

芯样试件的混凝土抗压强度可按按下式计算:

$$f_{cu,cor} = \frac{F_c}{A} \tag{1-6-20}$$

式中:$f_{cu,cor}$——芯样试件的混凝土抗压强度值(MPa);

F_c——芯样试件的抗压试验测得的最大压力(N);

A——芯样试件抗压截面面积(mm^2)。

四、强度推定

(1)钻芯确定检测批混凝土强度推定值时,可剔除芯样试件抗压强度样本中的异常值。剔除规则应按现行国家标准《数据的统计处理和解释正态样本异常值的判断和处理》GB/T 4883的规定执行。当确有试验依据时,可对芯样试件抗压强度样本的标准差Scor进行符合实际情况的修正或调整。

(2)单个构件的混凝土强度推定值不再进行数据的舍弃,而应按有效芯样试件混凝土抗压强度值中的最小值确定。

五、注意问题

(1)对混凝土强度大于80MPa的结构,不宜采用钻芯法检测。

(2)芯样试件内不宜含有钢筋。如不能满足此项要求时,抗压试件应符合下列要求:

①标准芯样试件,每个试件内最多只允许有两根直径小于10mm的钢筋。

②公称直径小于100mm的芯样试件,每个试件内最多只允许有一根直径小于10mm的钢筋。

③芯样内的钢筋应与芯样试件的轴线基本垂直并离开端面10mm以上。

(3)将芯样取出并稍晾干后,应标上芯样的编号,并应记录取芯构件名称、取芯位置、芯样长度及外观质量等,必要时应拍摄照片。

(4)锯切后的芯样应进行端面处理,宜采取在磨平机上磨平端面的处理方法。承受轴向压力芯样试件端面,也可采取下列处理方法:

①用环氧胶泥或聚合物水泥砂浆补平。

②抗压强度低于40MPa的芯样试件,可采用水泥砂浆、水泥净浆或聚合物水泥砂浆补平,补平层厚度不宜大于5mm;也可采用硫磺胶泥补平,补平层厚度不宜大于1.5mm。

(5)芯样在搬运之前应采用草袋废水泥袋等材料仔细包装,以免碰坏。

(6)芯样有裂缝或有其他较大缺陷时不得用作抗压强度试验。

(7)芯样试件应在自然干燥状态下进行抗压试验。

(8)当结构工作条件比较潮湿,需要确定潮湿状态下混凝土的强度时,芯样试件宜在

20℃ ±5℃的清水中浸泡 40 ~48h,从水中取出后立即进行试验。

第五节　结构混凝土内部缺陷与表层损伤的超声法检测

结构混凝土内部缺陷与表层损伤的超声法检测方法,适用于公路常见混凝土桥梁结构混凝土内部缺陷与表层损伤的检测。涉及的检测内容主要包括:混凝土内部空洞和不密实区的位置与范围、裂缝深度、表层损伤厚度,以及不同时间浇筑的混凝土结合面的质量和钢管混凝土中的缺陷检测等。

超声法即超声脉动法系指采用带波形显示功能的超声波检测仪,它测量超声脉动波在混凝土中的传播速度(简称声速)、首波幅度(简称波幅)和接收信号主频率(简称主频)等声学参数,并根据这些参数及其相对变化(有缺陷时声速、波幅和主频降低),判定结构混凝土内部缺陷与表层损伤的情况。

一、超声法检测混凝土缺陷的基本依据与方法

1. 基本依据

(1)根据超声波在混凝土中传播时遇到缺陷的绕射现象,按声时和声程的变化来判别和计算缺陷的大小。

(2)根据超声波在缺陷界面上产生的反射,抵达接收探头时能量显著衰减的现象来判别缺陷的存在及大小。

(3)根据超声脉冲各频率成分在遇到缺陷时被衰减的程度不同,因而造成接收频率明显降低,或接收波频谱与发射波频谱产生差异,来判别内部缺陷。

(4)根据超声波在缺陷处的波形转换和叠加,造成接收波形畸变的现象判别缺陷。

2. 检测方法

超声法检测混凝土内部缺陷与表层损伤的方法总体上可分为两类,包括平面测试和钻孔测试。

(1)用厚度振动式换能器进行平面测试,具体测试方法有以下几种。

①对测法:一对发射和接收换能器分别置于被测结构物相互平行的两个表面,且两个换能器的轴线位于同一直线上进行测试。

②斜测法:一对发射和接收换能器分别置于被测结构物的两个表面,但两个换能器的轴线不在同一直线上进行测试。

③单面平测法:一对发射和接收换能器置于被测结构物同一个表面进行测试。

厚度振动式换能器的频率宜采用 20 ~250kHz。

(2)采用径向振动式换能器进行钻孔测试,具体测试方法有以下几种。

①孔中对测法:一对换能器分别置于两个对应钻孔中,位于同一高度进行测试。

②孔中斜测法:一对换能器分别置于两个对应钻孔中,但不在同一高度,而是在保持一定高程差的条件下进行测试。

③孔中平测法:一对换能器置于同一钻孔中,以一定高程差同步移动进行测试。

径向振动式换能器频率宜采用 20 ~60kHz,直径不宜大于 32mm。对于水中的换能器,其

水密性应在 1MPa 水压下不渗漏。

二、声学参数测量

1. 声时测量

声时测量时,应将发射换能(以下简称 T 换能器)和接收换能器(以下简称 R 换能器)分别耦合在测区同一测点对应位置上,用“衰减器”将接收信号首波调至一定高度,再调节游标脉冲,用其前沿对准首波前沿基线弯曲的起始点,读取调节游标脉冲,用其前沿对准首波前沿基线弯曲的起始点,读取声时值 t_i(精确至队 0.1μs)。该测点混凝土声时值应按下式计算:

$$t_{ct} = t_i - t_0 \tag{1-6-21}$$

式中:t_{ct}——第 i 点混凝土声时值(μs);

t_i——第 i 点测读声时值(μs);

t_0——声时初读数,当采用厚度振动式换能器时,可参照仪器使用说明书测得,当采用径向振动式换能器时,可按“时—距”法测得。

2. 波幅测量

波幅测量时,应在保持换能器良好耦合状态下采用下列两种方法之一进行读数:

(1)刻度法:将衰减固定在某一衰减位置,从仪器波屏上读取首波幅度(格数);

(2)衰减值法:采用衰减器将首波幅度调至一定高度(如 5mm 或刻度一格),读取衰减器上的 dB 值。

3. 频率测量

频率测量时,应先将游标脉冲调至首波前半个周期的波谷(或波峰),读取声时值 t_1(μs),再将游标脉冲调至相邻的波谷(或波峰),读取声时值 t_2(μs),由此即可按下式计算出该点(第 i 点)第一周期波的频率 f_i(精确至 0.1kHz)。

$$f_i = \frac{1\,000}{t_2 - t_1} \tag{1-6-22}$$

4. 波形观察

波形观察时主要观察接收信号的波形是否畸变或观察包络线的形状,必要时可描绘或拍照。

5. 声时初读数 t_0 的测定方法

超声波仪器上显示的发射和接收这两个信号之间的时间 t',除了超声波在被测物体中传播的时间外,还包括以下几部分时间:电延迟时间、电声转换时间和声延迟时间。这三部分延迟构成了仪器粗读时间 t' 与超声波在被测物体中传播时间 t 的差异。这种时间上 t 的差异统称仪器零读数,常用符号 t_0 来表示。不同的超声仪,不同的换能器,t_0 值均不同,应分别标定。

(1)平面振动式换能器声时初读数 t_0 的标定方法

①直接相对法

把发射、接收换能器隔着耦合剂层相对,直接用超声仪测量声时读数,此即为零读数 t_0。适用于精度要求不高或测距较大的情况下标定。

②长短测距法

利用某种匀质材料（如有机玻璃）制成长方块或长度不同的两段。准确测量其长方向距离 l_1 和短距离 l_2，用超声波仪测量两方向的仪器读数 t_1 和 t_2（以耦合剂耦合）。因为材料，则均匀两个方向的声速应相等，得

$$\frac{l_1}{t_1 - t_0} = \frac{l_2}{t_2 - t_0} \tag{1-6-23}$$

则

$$t_0 = \frac{l_1 t_2 - l_2 t_1}{l_1 - l_2} \tag{1-6-24}$$

③标准试棒法

制作一种标准棒，用已由上述方法取代了 t_0 值的设备来准确测出该式棒的“真正声时值”，并刻在试棒上。当使用者欲测量自己设备的 t_0 值时，只需将换能器与标准棒对准（黄油耦合），测出仪器粗读时间 t' 与标准式棒上所标出的时间之差即设备的 t_0 值。

（2）径向振动方式换能器声时初读数 t_0 的测量方法

将两个径向振动换能器保持其轴线相对平行，置于清水中同一水平高度，逐次调节两个换能器轴线间距，并测量其距离 l_i 和读取相应的声时值 t_i（$i=1,2$），由仪器、换能器及其高频电缆所产生的声时初读数 t_0 按下式计算

$$t_0 = \frac{l_1 \times t_2 - l_2 \times t_1}{l_1 - l_2} \tag{1-6-25}$$

径向振动式换能器在钻孔中进行对测时，声时初读数应按下式计算

$$t_{00} = t_0 + \frac{d_1 - d_2}{v_w} \tag{1-6-26}$$

式中：t_{00}——孔中测试的声时初读数（μs）；

t_0——仪器设备的声时初读数（μs）；

d_1——钻孔直径（mm）；

d_2——换能器直径（mm）；

v_w——水中声速，按水温查有关资料。

当采用一只厚度振动式换能器和一只径向振动式换能器进行检测时，声时初读数可取该厚度振动式换能器和径向振动式换能器的声时初读数之和的二分之一。

三、测前准备

1. 测前应掌握的资料范围

（1）工程和结构名称。

（2）混凝土原材料品种和规格。

（3）混凝土浇筑和养护情况。

（4）结构尺寸和配筋施工图或钢筋隐蔽图。

（5）结构外观质量及存在问题。

2. 对检测面的要求

测区混凝土表面应清洁、平整，必要时可用砂轮磨平或用高强度等级快凝砂浆抹平。换能

器应通过耦合剂与结构表面接触，耦合层中不得夹杂泥沙或空气。

3. 测点间距

普测的测点间距宜为200～500mm（平测法例外），对出现可疑数据的区域，应加密布点进行细测。

4. 换能器频率的选择

换能器频率的选择应根据测点间距和结构最小横截面尺寸进行选择。

5. 换能器的布置方法

（1）直穿法：两只换能器对面布置（直接传播）。

（2）斜穿法：两只换能在相邻面布置（半直接传播）。

（3）平测法：两只换能器布置在同一表面（间接传播或表面传播）。

（4）钻孔法：一对换能器分别置于两个对应钻孔中，采用孔中对测、孔中斜测、孔中平测。

四、混凝土缺陷检测

1. 混凝土均匀性检测

构件内部或各构件之间的混凝土不均匀性可引起脉冲速度的差异，这种差异又和质量的差别相连。脉冲速度的测量为研究匀质性提供了手段。而为达此目的，就得选定足以均匀地布置该混凝土结构一定体积的若干测点，测点间距一般为200～500mm，测点布置时应避开与声波传播方向相一致的钢筋。

各测点的声速值按下式计算

$$v_i = \frac{L_i}{t_{ci}} \tag{1-6-27}$$

式中：v_i——第 i 点混凝土声速值（km/s）；

L_i——第 i 点声径长度或称测距值（mm）；

t_{ci}——第 i 点混凝土的声时值（μs）。

各测点混凝土的声速平均值 m_v 和标准差 S_r 及离差系数 C_v 分别按下列公式计算

$$m_v = \frac{1}{n}\sum_{i=1}^{n} v_i \tag{1-6-28}$$

$$S_v = \sqrt{\frac{(\sum v_i^2 - nm_v^2)}{(n-1)}} \tag{1-6-29}$$

$$C_v = \frac{S_v}{m_v} \tag{1-6-30}$$

式中：m_v——声速平均值（km/s）；

n——测点数；

v_i——第 i 点的声速值（km/s）；

S_v——声速标准差；

C_v——声速离差系数。

根据声速的标准差和离差系数，可以相对比较相同测距的同类结构，或各部位混凝土均匀性的优劣。

2. 混凝土结合面质量检测

混凝土结合面(简称结合面),系指前后两次浇筑间隔时间大于 3h 的混凝土之间所形成的接触面,如施工缝、修补加固等。

混凝土结合面检测时,被测部位及测点的确定应满足以下要求：

(1)测试前应查明结合面的位置及走向,以正确确定被测部位及布置测点。

(2)结构的被测部位应具有使声波垂直或斜穿结合面的一对平行测试面。

(3)所布置的测点应避开平行声波传播方向的主钢筋或预埋铁件。

混凝土结合面质量检测可采用斜测法布置测点。布置测点时应注意以下几点：

(1)使测试范围覆盖全部结合面或有怀疑的部位。

(2)各对 T、R 换能器连线的倾斜角及测距应相等。

(3)测点的间距视结构尺寸和结合面外观质量情况而定,可控制在 100 ~ 300mm。

按布置好的测点分别测出各点的声时、波幅和频率值,对某一测区各测点声时、波幅和频率值分别进行统计和异常值判断,当通过结合面的某些测点的数据被判为异常,并查明无其他因素影响时,可判定混凝土结合面在该部位结合不良。

3. 混凝土表面损伤层检测

检测表面损伤厚度时,被测部位和测点的确定应满足以下要求：

(1)根据结构的损伤情况和外观质量选取有代表性的部位布置测区。

(2)结构被测表面应平整并处于自然干燥状态,且无接缝和饰面层。

(3)测点布置时应避免 T、R 换能器的连线方向与附近主钢筋的轴线平行。

表面损伤层检测宜选用频率较低的厚度振动式换能器。

4. 混凝土不密实区和空洞检测

进行混凝土不密实区和空洞检测时,结构的被测部位及测区应满足以下要求：

(1)被测部位应具有一对(或两对)相互平行的测试面。

(2)测区的范围应大于有怀疑的区域。

(3)在测区布置测点时,应避免 T、R 换能器的连线与附近的主钢筋轴线平行。

根据被测结构实际情况,可按下列方法之一布置换能器。

①结构具有两对互相平行的测试面时可采用对测法。在测区的两对相互平行的测试面上,分别画间距为 200 ~ 300mm 的网络,并编号确定对应的测点位置。

②结构中只有一对相互平行的测试面时可采用斜测法。即在测区的两个相互平行的侧试面上,分别画出交叉测试的两组测点位置。

③当结构的测试距离较大时,为了提高测试灵敏度,可在测区适当位置钻出平行出侧面的测试孔。测孔直径 40 ~ 50mm,深度视测试需要而定,结构侧面采用厚度振动换能器,用黄油耦合。测孔中有用径向振动式换能器,用水耦合。

每一测点的声时、波幅、频率和测距的测量,应分别按规定进行。

测区混凝土声时(或声速)、波幅、频率测量值的平均值(m_x)和标准(S_x)应按式(1-6-31)、式(1-6-32)计算

$$m_x = \frac{1}{n}\sum_{i=1}^{n}X_i \tag{1-6-31}$$

$$S_x = \sqrt{\frac{(\sum_{i=1}^{n} X_i^2 - nm_x^2)}{(n-1)}} \tag{1-6-32}$$

式中：X_i——第 i 点的声时(或声速)、波幅、频率的测量值；

n——测区参与统计的测点数。

测区中的异常数据可按以下方法判别：

①将一测区各测点的波幅、频率或(由声时计算的)声速由大到小按顺序排列，即 $X_1 \geqslant X_2 \geqslant \cdots\cdots \geqslant X_n \geqslant X_{n+1} \cdots\cdots$，将排在后面明显小的数据视为可疑，再将这些可疑数据中最大的一个(假定 X_n)连同其前面的数据按公式计算出 m_x 及 S_x 值，并代入下式计算出异常情况的判断值(X_0)。

$$X_0 = m_x - \lambda_1 \cdot S_x \tag{1-6-33}$$

式中：λ_1——异常判定系数，按统计数的个数查表。

将判断值(X_0)与可疑数据的最大值(X_n)比较，如 X_n 小于或等于 X_0，则 X_n 及排列于其后的各数据均为异常值；当 X_n 大于 X_0，应再将 X_{n+1}放进去重新进行统计计算和判别。若耦合条件保证不了测幅稳定，则波辐值不能作为统计法的判别。

②当测位中判出异常测点时，可根据异常测点的分布情况，按下式进一步判别其相邻测点是否异常：

$$X_0 = m_x - \lambda_2 s_x \quad 或 \quad X_0 = m_x - \lambda_3 s_x \tag{1-6-34}$$

式中，λ_2、λ_3 按统计数的个数查表，当测点布置为网格状时取 λ_2，当单排布置测点为(如在声测孔中检测)时取 λ_3。

③当测区中某些测点的声速值、波幅值或频率值被判为异常值时，可结合异常测点的分布及波形状况确定混凝土内部存在不密实区和空洞的范围。

④当判定缺陷是空洞时，可按空洞尺寸估算方法估算其尺寸。

设检测距离为空洞中心(在另一对测试面上，声时最长的测点位置)距一个测试面的垂直距离为 l_h，声波在空洞附近无缺陷混凝土中传播的时间平均值为 m_{ta}，绕空洞传播的时间(空洞处的最大声时)为 t_h，空洞半径为 r。

根据 l_h/l 值和 $(t_h - m_{ta})/m_{ta} \times 100\%$ 值，查得空洞半径 r 与测距 l 的比值，再计算空洞大致尺寸 r。

如被测部位只有一对可供测试的表面，空洞尺寸可用下式计算

$$\gamma = \frac{l}{2}\sqrt{\left(\frac{t_h}{m_{ta}}\right)^2 - 1} \tag{1-6-35}$$

式中：γ——空洞半径(mm)；

l——T、R 换能器之间的距离(mm)；

t_h——缺陷处的最大声时值(μs)；

m_{ta}——无缺陷区的平均声时值(μs)。

5. 浅裂缝检测

需要检测的裂缝中，不得有水或泥土等夹杂物。

如有主钢筋穿过裂缝且与 T、R 换能器的连线大致平行，布置测点时应注意使 T、R 换能器连线至少与该钢筋轴线相距 1.5 倍的裂缝预计深度。

(1)平测法

当结构的裂缝部位只有一个可测表面,可采用平测法检测,平测时应在裂缝的被测部位以不同的测距同时按跨缝和不跨缝布置测点进行声时测量。

①不跨缝声时测量:将 T 和 R 换能器置于裂缝同一侧,以两个换能器内边缘间距(l'),绘制"时—距"坐标图(如图 1-6-1 所示),用统计的方法求出两者的关系式。

每测点超声实际传播的距离按下式计算:

$$l_i = l'_i + a \tag{1-6-36}$$

式中:l_i——第 i 点的超声实际传播距离(mm);

l'_i——第 i 点的 R、T 换能器内边缘间距(mm);

a——"时—距"图中 l' 轴的截距或回归所得的关系式的常数项(mm)。

②跨缝声时测量:将 T、R 换能器分别置于以裂缝为轴线的对称两侧,两换能器中心连线垂直于裂缝走向,以 l' = 100mm、150mm、200mm、250mm、300mm……分别读声时值 t_{ci}。

③当结构的裂缝部位具有两个相互平行的测试表面时,可采用斜测法检测。将 T、R 换能器分别置于对应测点 1、2、3…的位置,读取相应声时值 t_i 和波辐值 A_i 及频率值 λ。

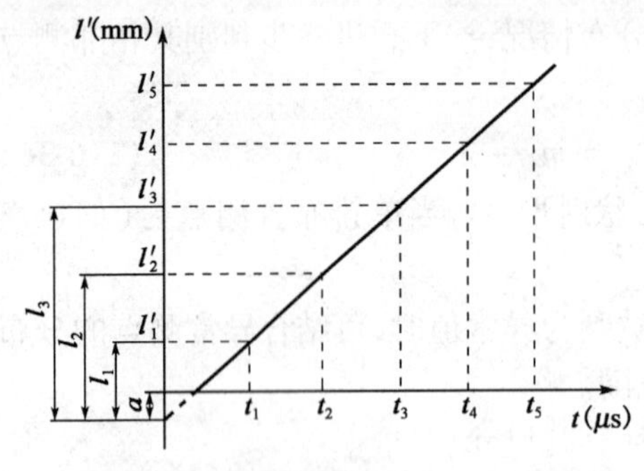

图 1-6-1 平测法裂缝深度"时—距"图

④裂缝深度可按下式计算:

$$h_i = \frac{l_i}{2}\sqrt{\left(\frac{t_{ci}v}{l_i}\right)^2 - 1} = \frac{l_i}{2}\sqrt{\left(\frac{t_{ci}}{t_i}\right)^2 - 1} \tag{1-6-37}$$

式中:h_i——裂缝深度(mm);

t_i、t_{ci}——分别代表测距为 l_i 时不跨缝、跨缝平测的声时值(μs);

平测法的平均裂缝深度可按下式计算:

$$h_m = \frac{1}{n}\sum_{i=1}^{n} h_i \tag{1-6-38}$$

⑤裂缝深度的确定方法有以下两种。

a. 跨裂缝测量中,当在某测距发现首波反相时,取该测距及两个相邻测距的测量值计算的 h_i 值三点的平均值,作为裂缝深度值 h。

b. 跨裂缝测量中,难于发现首波反相时,则以不同测距按式(6-37)、式(6-38)计算 h_i 及其 h_m。将各测距 l'_i 与 h_m 相比较,剔除测距 l'_i 小于 h_m 和大于 $3h_m$ 的数据组,然后取余下 h_i 的平均值,作为该裂缝的深度值 h。

(2)双面斜测法

当结构的裂缝部位具有两个相互平行的测试表面时,可采用双面斜测法检测,如图 1-6-2 所示,将 T、R 换能器分别置于两测试表面对应测点 1、2、3……的位置,读取相应声时值 t_i、波幅 A_i 及主频率 f_i。如 T、R 换能器的连线通过裂缝,则接收信号的波幅和频率明显降低,根据波幅和频率的突变,可以判定裂缝深度以及是否在平面反向贯通。

6. 深裂缝(裂缝深度 500mm 以上)检测

(1)被检测结构应满足下列要求:

①允许在裂缝两旁钻测试孔。

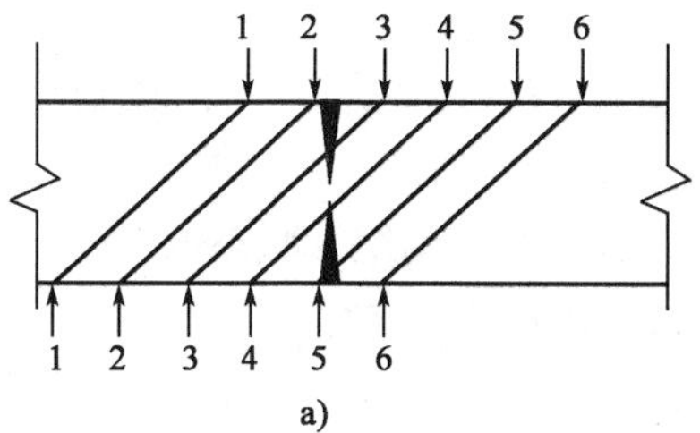

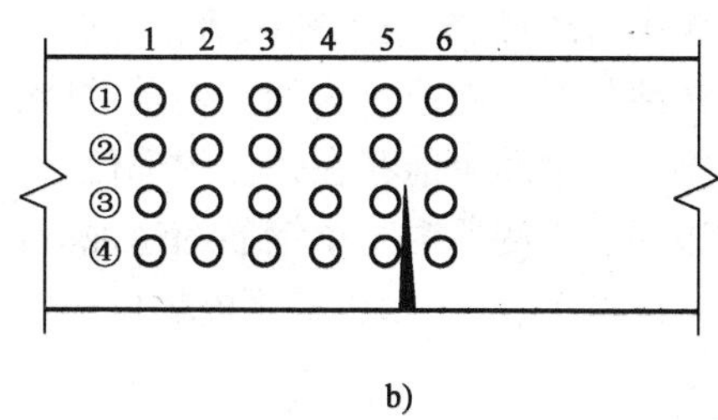

图 1-6-2　斜测裂缝测点布置示意图

a）平面图；b）立面图

②裂缝中不得充水或泥浆。

（2）被测结构上钻取的测试孔应满足下列要求：

①孔径应至少比裂缝预计深度深 70mm，经测试如浅于裂缝深度，则应加深钻孔。

②对应的两个测试孔，必须始终位于裂缝两侧，其轴线应保持平行。

③两个对应测试孔的间距宜为 2m，同一结构的各对应测孔间距应相同。

④宜在裂缝一侧多钻一个较浅的孔，测试无缝混凝土的声学参数，供对比判别之用。

（3）深裂缝检测应选用频率为 20 ~ 60kHz 的径向振动式换能器，并在其接线上作出等距离标志（一般间隔 100 ~ 300mm）。

（4）测试前应先向测试孔中注满清水，然后将 T 和 R 换能器分别置于裂缝两侧的对应孔中，以相同高程等间距从上至下同步移动，逐点读取声时、波幅和换能器所处的深度。

（5）以换能器所处深度（h）与对应的波幅值（A）绘制 $h-A$ 坐标图。随着换能器的下移，波幅逐渐增大，当换能器下移至某一位置后，波幅达到最大值并基本稳定，该位置所对应的深度便是裂缝深度 h。

第六节　钢筋锈蚀电位的检测与判定

一、概述

混凝土碳化会使得混凝土的 pH 值降低，当 pH 值小于 11 时，这时混凝土中钢筋表面的致密钝化膜就被破坏，不仅如此，$CaSO_3$、$CaSO_4$ 还会与水泥水化产物中的铝酸三钙反应，生成物体积增大，从而使混凝土胀裂，这就是硫酸盐侵蚀破坏。一旦钢筋表面钝化膜局部破坏或变得致密度差，即不完整，则钝化膜处就会形成阳极，而周围钝化膜完好的部位构成阴极，从而形成了若干个微电池。虽然有些微电池处于抑制状态，但在一定条件下可以激化，从而使其处于活化状态发生氧化还原反应，这样就造成钢筋的锈蚀，宏观上混凝土和握裹其中的钢筋形成半电池，而我们也正是通过检测以上所述的处于活化软态的钢筋锈蚀半电池电位来判断目前混凝土内的钢筋锈蚀活化程度。

二、半电池电位法

半电池电位法是利用混凝土中钢筋锈蚀的电化学反应引起的电位变化来测定钢筋锈蚀状态的一种方法。通过测定钢筋/混凝土半电池电极与在混凝土表面的铜/硫酸铜参考电极之间电位差的大小，评定混凝土中锈蚀活化程度。

钢筋锈蚀状况检测范围应为主要承重构件或承重构件的主要受力部位，或根据一般检查结果有迹象表明钢筋可能存在锈蚀的部位。

本方法用于检测混凝土中钢筋的锈蚀活化程度。已经干燥到绝缘状态的混凝土或已发生脱空层离的混凝土表面，测试时不能提供稳定的电回路，不适用本方法。

三、测量装置

(1)参考电极(半电池)：本方法参考电极为铜/硫酸铜半电池。

(2)二次仪表的技术性能要求：测量范围大于1V，准确度优于0.5% ±1mV，输入电阻大于$10^{10}\Omega$。

(3)导线：导线总长不应超过150m，一般选择截面积大于$0.75mm^2$的导线。

(4)接触液：为使铜/硫酸铜电极与混凝土表面有较好的电接触，可在水中加适量的家用液态洗涤剂对被测表面进行润湿，减少接触电阻与电路电阻。

四、测试方法

1.测区的选择与测点布置

(1)主要承重构件或承重构件的主要受力部位，或根据一般检查结果有迹象表明钢筋可能存在锈蚀的部位，但测区不应有明显的锈蚀胀裂、脱空或层离现象。

(2)在测区上布置测试网格，网格节点为测点。间距可选20cm×20cm、30cm×30cm、20cm×10cm。测点位置距构件边缘应大于5cm，一般不宜少于20个测点。

(3)当一个测区内存在相邻点的读数超过150mV时，通常应减小测点的间距。

(4)测区应统一编号，注明位置，并描述外观情况。

2.混凝土表面处理

用钢丝刷、砂纸打磨测区混凝土表面，去除涂料、浮浆、污迹、尘土等，并用接触液将表面润湿。

3.二次仪表与钢筋的电连接

(1)铜/硫酸铜电极接二次仪表的正输入端；钢筋接负输入端。

(2)局部打开混凝土或选择裸露的钢筋，在钢筋上钻一小孔并拧上自攻螺钉，用加压型鳄鱼夹夹住并润湿，确保有良好的电连接。

(3)铜/硫酸铜参考电极与测点的接触。测量前应预先将电极前端多孔塞充分浸湿，以保证良好的导电性，正式读数前应再次用喷雾器将混凝土表面润湿。

4.铜/硫酸铜电极的准备

电极棒应清洁，无明显缺陷；硫酸铜溶液应注意更换，保持清洁，溶液应充满电极，以保证电连接。

5.测量值的采集

测点读数变动不超过2mV，可视为稳定。重复测读的差异不超过10mV。

五、钢筋锈蚀电位的判定标准

(1)在对已处理的数据(已进行温度修正)进行判读之前,按惯例将这些数据加以负号,绘制等电位图,然后进行判读。

(2)按照表1-6-1的规定判断混凝土中钢筋发生锈蚀的概率或钢筋正在发生锈蚀的锈蚀活动程度系数。

结构混凝土中钢筋锈蚀电位的评定标准　　表1-6-1

电位水平(mV)	钢筋状况	评定标度
≥ -200	无锈蚀活动性或锈蚀活动性不确定	1
(-200,-300]	有锈蚀活动性,但锈蚀状态不确定,可能坑蚀	2
(-300,-400]	有锈蚀活动性,发生锈蚀概率大于90%	3
(-400,-500]	有锈蚀活动性,严重锈蚀可能性极大	4
< -500	构件存在锈蚀开裂区域	5

第七节　结构混凝土中氯离子含量的测定与评判

一、概述

有害物质侵入混凝土将会影响结构的耐久性。混凝土中氯离子可引起并加速钢筋的锈蚀;硫酸盐的侵入可使混凝土成为易碎松散状态,强度下降;碱的侵入(K^+、Na^+)在集料具有碱活性时,可能引起碱集料反应破坏。因此在进行结构耐久性评定时,根据需要应对混凝土中的Cl^-、K^+、Na^+等含量进行测定。

二、结构混凝土中氯离子含量的测定方法

(1)氯离子含量的测定方法包括实验室化学分析法和滴定条法。滴定条法可在现场完成氯离子含量的测定。

(2)混凝土中的氯离子含量,可采用现场按混凝土不同深度取样。

(3)氯离子含量测定应根据构件的工作环境条件及构件本身的质量状况确定测区。

三、取样

1. 混凝土粉末分析样品的取样部位和数量

(1)分析样品的取样部位可参照钢筋锈蚀电位测试测区布置原则确定。

(2)测区的数量应根据钢筋锈蚀电位检测结果以及结构的工作环境条件确定。

(3)每一测区取粉的钻孔数量不宜少于3个,取粉孔可与碳化深度测量孔合并使用。

(4)测区、测孔应统一编号。

2. 取样方法

(1)使用直径20mm以上的冲击钻在混凝土表面钻孔。

(2)钻孔取粉应分层收集，一般深度间隔可取 3mm、5mm、10mm、15mm、20mm、25mm、50mm 等。

(3)钻孔深度使用附在钻头侧面的标尺杆控制。

(4)用硬塑料管和塑料袋收集粉末。

(5)同一测区不同孔相同深度的粉末可收集在一个塑料袋内，质量不应少于 25g。

(6)采集粉末后，塑料袋应立即封口保存，注明测区、测孔编号及深度。

四、滴定条法

滴定条法有以下分析步骤。

(1)将采回的样品过筛，去掉其中较大的颗粒。

(2)将样品置于 105℃ ±5℃烘箱内烘 2h，冷却至定温。

(3)称取 5g 样品粉末(准确度优于 ±0.1g)放入烧杯中。

(4)缓慢加入 50mL(1.0mol) HNO_3，并彻底搅拌直至嘶嘶声停止。

(5)用石蕊试纸检查溶液是否呈酸性(石蕊试纸变红)，如果不呈酸性，再加入适量硝酸。

(6)加入约 5g 无水碳酸钠(Na_2CO_3)。

(7)用石蕊试纸检查溶液是否呈中性(石蕊试纸不变)；否则，再加入少量无水碳酸钠直至溶液呈中性。

(8)用过滤纸做一锥斗加入液体。

(9)当纯净的溶液渗入锥头后，把滴定条插入液体中。

(10)待到滴定条顶端水平黄色细条转变成蓝色，取出滴定条并顺着由上至下的方向将其擦干。

(11)读取滴定条颜色变化处的最高值，然后，在该批滴定表中查出反对应的氯离子含量值，此值是以百万分率表示的。

(12)如果使用样品质量不是 5g 或使用过量的硝酸，则应按式下式修正百分比含量。

$$\text{氯离子百分比含量} = \frac{a \times b}{10\,000c} \tag{1-6-39}$$

式中：a——查表所得的值，精确到 1×10^{-6}；

b——硝酸体积(mL)；

c——样品质量(g)。

五、试验室化学分析法

1. 混凝土中游离氯离子含量的测定

(1)适用范围：测定硬化混凝土中砂浆的游离氯离子含量。

(2)所需化学药品：硫酸(相对密度 1.84)、酒精(95%)、硝酸银、铬酸钾、酚酞(以上均为化学纯)、氯化钠(分析纯)。

(3)试剂配制：

①配制浓度约 5% 铬酸钾指示剂。

②配制浓度约0.5%酚酞溶液。

③配制稀硫酸溶液。

④配制0.02moL/L氯化钠标准溶液。

⑤配制0.02moL/L硝酸银溶液。

(4)试验步骤有以下内容。

①样品处理。取混凝土中的砂浆约30g,研磨至全部通过0.63mm筛,然后置于105℃±5℃烘箱中加热2h,取出后放入干燥器冷却至室温。称取20g(精确至0.01g),质量为G,置于三角烧瓶中并加入200mL(V_3)蒸馏水,塞紧瓶塞,剧烈振荡1~2min,浸泡24h。

②将上述试样过滤。用移液管分别吸取滤液20mL(V_4),置于两个三角烧瓶中,各加2滴酚酞,使溶液呈微红色,再用稀硫酸中和至无色后,加铬酸钾指示剂10~20滴,立即用硝酸银溶液滴定至呈砖红色。记录所消耗的硝酸银毫升数(V_5)。

(5)试验结果计算。

游离氯离子含量按下式计算:

$$P = \frac{N_2 V_5 \times 0.03545}{G \cdot V_4/V_3} \times 100\% \tag{1-6-40}$$

式中:P——砂浆样品游离氯离子含量(%);

N_2——硝酸银标准溶液的当量浓度;

G——砂浆样品质量(g);

V_3——浸样品的水量(mL);

V_4——每次滴定时提取的滤液量(mL);

V_5——每次滴定时消耗的硝酸银溶液(mL);

0.035 45——氯离子的毫克当量。

2.混凝土中氯离子总含量的测定

(1)适用范围:测定混凝土中砂浆的氯离子总含量,其中包括已和水泥结合的氯离子量。

(2)基本原理:用硝酸将含有氯化物的水泥全部溶解,然后在硝酸溶液中,用倭尔哈德法来测定氯化物含量。倭尔哈德法是在硝酸溶液中加入过量的$AgNO_3$标准溶液,使氯离子完全沉淀在上述溶液中,用铁矾作指示剂;将过量的硝酸银用KCNS标准溶液滴定。

(3)化学试剂:氯化钠、硝酸银、硫氰酸钾、硝酸、铁矾、铬酸钾(以上均为化学纯)。

(4)试验步骤。

①试剂配置。

②混凝土试样处理和氯离子测定步骤。

a.取适量的混凝土试样(约40g),用小锤子仔细除去混凝土试样中的石子部分,保存砂浆,把砂浆研碎成粉状,置于105℃±5℃烘箱中加热2h,取出后放入干燥器冷却至室温,用感量为0.01g天平称取10~20g砂浆试样倒入三角锥瓶。

b.用容量瓶量取100mL稀硝酸(按体积比为浓硝酸:蒸馏水=15:85),倒入盛有砂浆试样的三角锥瓶内,盖上瓶塞,防止蒸发。

c.砂浆试样浸泡一昼夜左右(以水泥全部溶解为度),期间应摇动三角锥瓶,然后用滤纸过滤,除去沉淀。

d.用移液管准确量取滤液20mL两份,置于三角锥瓶,每份由滴定管加入硝酸银溶液约

20mL(可估算氯离子含量的多少而酌量增减),分别用硫氰酸钾溶液滴定。滴定时激烈摇动溶液,当滴至红色能维持5~10秒不褪时即为终点。

(5)试验结果计算。

氯离子总含量按下式计算:

$$P = \frac{0.03545(NV - N_1V_1)}{G \cdot V_2/V_3} \times 100\% \tag{1-6-41}$$

式中: P——砂浆样品游离氯离子含量(%);

N——硝酸银标准溶液的当量浓度;

V——加入滤液试样中的硝酸银标准溶液(mL);

N_1——硫氰酸钾标准溶液的物质的量浓度;

V_1——加入滤液试样中的硫氰酸钾标准溶液(mL);

V_2——每次滴下时提取的滤液量(mL);

V_3——浸样品的水量(mL);

0.03545——氯离子的毫克当量。

六、氯离子含量的评判标准

根据每一取样层氯离子含量的测定值,作出氯离子含量的深度分布曲线。

结构混凝土中氯离子含量可按表1-6-2的评判标准确定其引起钢筋锈蚀的可能性。

结构混凝土中氯离子含量的评判标准 表1-6-2

氯离子含量(占水泥含量的百分比)	诱发钢筋锈蚀的可能性	评定标度
<0.15	很小	1
[0.15,0.40)	不确定	2
[0.40,0.70)	有可能诱发钢筋锈蚀	3
[0.70,1.00)	会诱发钢筋锈蚀	4
≥1.00	钢筋锈蚀活化	5

第八节 混凝土中钢筋分布及保护层厚度的检测与评定

一、适用范围

混凝土中钢筋保护层厚度的检测针对主要承重构件或承重构件的主要受力部位,或钢筋锈蚀电位试结果表明钢筋可能锈蚀活化的部位,以及根据结构检算及其他检测需要确定的部位。用于估测混凝土中钢筋的位置、深度和尺寸。

二、检测方法及原理

(1)检测方法:采用电磁法无损检测方法确定钢筋位置,辅以现场修正确定保护层厚度,估测钢筋直径,量测值准确值为1mm。

(2)检测原理:仪器探头产生一个电磁场,当某条钢筋或其他金属物体位于该电磁场内时,会引起该电磁场磁力的改变,造成局部电磁场强度的变化。电磁场强度的变化和金属物大小与探头距离存在一定的对应关系。如果把特定尺寸的钢筋和所要调查的材料进行适当的标定,通过探头测量并由仪表显示出来这种对应关系,即可估测混凝土中钢筋位置、深度和尺寸。

三、仪器技术要求

(1)检测仪器一般包含探头、仪表和连接导线,仪表可进行模拟或数字的指示输出,较先进的仪表还具有图形显示功能。

(2)仪器的保护层测量范围应大于120mm。

(3)适用的钢筋直径范围应为$\phi6\sim\phi50$,并不少于符合有关钢筋直径系列规定的12个档次。

(4)仪器应具有在未知保护层厚度的情况下,测量钢筋直径的功能。

(5)仪器应能适用于温度0°C~40°C、相对湿度不大于85%、无强磁场干扰的环境条件。

(6)仪器工作时应为直流供电,连续正常工作时间不小于6h。

四、仪器的标定

(1)钢筋保护层测试仪使用期间的标定校准应使用专用的标定块。

(2)标定块由一根$\phi16$的普通碳素钢筋垂直浇铸在长方体无磁性的塑料块内,使钢筋距四个侧面分别为15mm、30mm、60mm、90mm。

五、操作程序

1.混凝土结构钢筋分布状况调查的范围

主要承重构件或承重构件的主要受力部位,或钢筋锈蚀电位试结果表明钢筋可能锈蚀活化的部位,以及根据结构检算及其他检测需要确定的部位。

2.测区布置原则

(1)按单个构件检测时,应根据尺寸大小,在构件上均匀布置测区,每个构件上的测区数不应少于3个。

(2)对于最大尺寸大于5m的构件,应适当增加测区数量。

(3)测区应均匀分布,相邻两测区的间距不宜小于2m。

(4)测区表面应清洁、平整,避开接缝、蜂窝、麻面、预埋件等部位。

(5)测区应注明编号,并记录测区位置和外观情况。

(6)对构件上每一测区应检测不少于10个测点,测点间距应小于保护层厚度测试仪传感器长度。

(7)对同一类构件的检测,可采取抽样的方法,抽样数不少于同类构件数的30%,且不少于3件。

(8)对结构整体的检测,可先按构件类型分类,再按构件类型进行检测。

3. 测量步骤

（1）测试前应了解有关图纸资料，以确定钢筋的种类和直径。

（2）测区内确定钢筋的位置与走向。

（3）保护层厚度的测读。将传感器置于钢筋所在位置正上方，并左右稍稍移动，读取仪器显示最小值即为该处保护层厚度；每一测点宜读取 2 ~ 3 次稳定读数，取其平均值，精确至 1mm；应避免在钢筋交叉位置进行测量。

（4）对于缺少资料、无法确定钢筋直径的构件，应首先测量钢筋直径。对钢筋直径的测量宜采用 5 ~ 10 次读数，剔除异常数据，求其平均值的测量方法。

六、影响测量准确度的因素及修正

1. 影响测理准确度的因素

（1）外加磁场的影响。

（2）混凝土若具有磁性，测量值需加以修正。

（3）钢筋品种对测量值有一点影响，主要是高强钢筋需加以修正。

（4）不同的布筋状况，钢筋间距影响测量值，当$\frac{D}{S}<3$时需修正测量值。D 为钢筋净间距（mm），S 为保护层厚度，即钢筋边缘至保护层表面的最小距离。

2. 保护层测量值的修正

用标准垫块进行综合修正，适用于现场检测；用校准孔进行综合修正，也是现场校准测量值的有效方法。

七、钢筋分布及保护层厚度的评定

（1）检测构件或部位的钢筋保护层厚度平均值 D_n' 应按下式计算：

$$D'_{\mathrm{n}} = \frac{\sum_{i=1}^{n} D_{\mathrm{ni}}}{n} \tag{1-6-42}$$

式中：D_{ni}——钢筋保护层厚度实测值，精确至 0.1mm；

n——检测构件或部位的测点数。

（2）检测构件或部位的钢筋保护层厚度特征值 D_{ne} 应按下式计算：

$$D_{\mathrm{ne}} = D'_{\mathrm{n}} - K_{\mathrm{P}} S_{\mathrm{D}} \tag{1-6-43}$$

式中：S_{D}——钢筋保护层厚度实测值标准差，精确至 0.1mm；

K_{p}——判定系数，按表 1-6-3 取用。

钢筋保护层厚度判定系数　　表 1-6-3

n	10 ~ 15	16 ~ 24	≥25
K_{p}	1.695	1.645	1.595

（3）应根据检测构件或部位的钢筋保护层厚度特征值 D_{ne} 与设计值 D_{nd} 的比值，按表 1-6-4 的规定确定钢筋保护层厚度评定标度。

钢筋保护层厚度评定标准　表 1-6-4

D_{ne}/D_{nd}	对结构钢筋耐久性的影响	评定标度
>0.95	影响不显著	1
(0.85,0.95]	有轻度影响	2
(0.70,0.85]	有影响	3
(0.55,0.70]	有较大影响	4
≤0.55	钢筋易失去碱性保护,发生锈蚀	5

第九节　混凝土电阻率的检测与评定

一、混凝土电阻率的检测方法

(1)混凝土的电阻率反映其导电性。混凝土电阻率大,若钢筋发生锈蚀,则发展速度慢,扩散能力弱;混凝土电阻率小,锈蚀发展速度快,扩散能力强。

(2)混凝土电阻率检测测区,应根据钢筋锈蚀电位测量结果确定。对钢筋锈蚀电位评定标度值为3、4、5的主要构件或主要受力部位,应进行混凝土电阻率测量。被测构件或部位的测区数量不宜少于30个。

(3)混凝土电阻率可采用四电极阻抗测量法测定,即在混凝土表面等间距接触四支电极,两外侧电极为电流电极,两内侧电极为电压电极,通过检测两电压电极间的混凝土阻抗获得混凝土电阻率ρ。

$$\rho = \frac{2\pi dV}{I} \tag{1-6-44}$$

式中:V——电压电极间所测电压(V);

I——电流电极通过的电流(A);

d——电极间距(mm)。

二、电阻率测试仪及技术要求

(1)混凝土电阻度测试仪应通过技术鉴定,具有产品合格证,并定期进行标定。

(2)电阻率测试仪由四电极探头与电阻率仪表组成,采用交流测量系统。

①探头四电极间距可调,调节范围10cm,每一电级内均装有压力弹簧,从而保证可测不同深度的电阻率及电极与混凝土表面接触良好。

②电压电极间的输入阻抗大于1MΩ。

③电极端部直径尺寸不得大于5mm。

④直接数字显示电阻率值。

⑤直流供电,连续正常工作时间不小于6h。

⑥仪器使用环境条件为环境温度 0℃ ~ +40℃，相对湿度≤85%。

三、仪器的检查

在四个电极上分别接上三支电阻，则仪器的显示值为相应的电阻率值。

四、混凝土电阻率的测量

(1)测区与测位布置可参照钢筋锈蚀自然电位测量的要求。

(2)混凝土表面应清洁、无尘、无油脂。

(3)调节好仪器电极的间距，一般采用的间距为 50mm。

(4)为了保证电极与混凝土表面有良好、连续的电接触，应在电极前端涂上耦合剂，特别是当读数不稳定时。

(5)测量时探头应垂直于混凝土表面，并施加适当的压力。

五、混凝土电阻率的评定标准

混凝土电阻率的评定标准见表 1-6-5。

混凝土电阻率的评定标准 表 1-6-5

电阻率(Ω·cm)	可能的锈蚀速率	评定标度
≥20 000	很慢	1
[15 000,20 000)	慢	2
[10 000,15 000)	一般	3
[5 000,10 000)	快	4
<5 000	很快	5

注：混凝土湿度对量测值有明显影响，量测时构件应为自然状态，否则不能使用此评判标准。

第十节　混凝土碳化深度的检测与评定

一、检测方法

(1)对钢筋锈蚀电位评定标度值为 3、4、5 的主要构件或主要受力部位，应进行混凝土碳化状况检测。被测构件或部位的测区数量不应少于 3 个或混凝土强度测区数量的 30%。

(2)混凝土碳化状况可采用在混凝土新鲜断面观察酸碱指示剂反应厚度的方法测定。

二、测区及测孔布置

(1)测区应包括锈蚀电位测量结果有代表性的区域，同时能反映不同条件及不同混凝土质量的部位，结构外侧面应布置测区。

(2)测区数不应小于 3 个或混凝土强度测区数量的 30%，测区应均匀布置。

(3)每一测区应布置3个测孔,3个测孔应呈"品"字排列,孔距根据构件尺寸大小确定,但应大于2倍孔径。

(4)测孔距构件边角的距离应大于2.5倍保护层厚度。

三、形成测孔

(1)用装有20mm直径钻头的冲击钻在测点位置钻孔。

(2)成孔后用圆形毛刷将孔中碎屑、粉末清除,露出混凝土新茬。

(3)将测区测孔统一编号,并绘出示意图。

四、碳化深度的测量

(1)检测前配制好指示剂(酚酞试剂)。将75%的酒精溶液与白色酚酞粉末配置成酚酞浓度为1%~3%的酚酞溶剂,装入喷雾器备用,溶剂应为无色透明的液体。

(2)将酚酞指示剂喷到测孔壁上。

(3)待酚酞指示剂变色后,用测探卡尺测量混凝土表面至酚酞变色交界外的深度,准确至1mm。酚酞指示剂从无色变为紫色时,混凝土未碳化,酚酞指示剂未改变颜色处的混凝土已经碳化。

五、数据整理

(1)将测量结果标注在测区、测孔布置图上。

(2)测量值的整理应列出最大值、最小值和平均值。

六、碳化深度检测结果的评定

应根据测区混凝土碳化深度平均值与实测保护层厚度平均值的比值K_c,按表1-6-6的规定确定混凝土碳化评定标度。

混凝土碳化深度的评定标准　　表1-6-6

K_c	评定标度	K_c	评定标度
<0.5	1	[1.5,2.0)	4
[0.5,1.0)	2	≥2.0	5
[1.0,1.5)	3	—	—

第十一节　混凝土桥梁结构耐久性综合评价

一、评价原则

(1)根据检测评定的具体要求,可对结构的单一构件进行耐久性评价,也可对结构整体进行评价。

(2)耐久性评价基于前面各项耐久性检测指标进行评价，重点针对结构材质状况和表观损伤的耐久性方面。

二、单一构件评价方法

单一构件的耐久性评定以该构件的各项耐久性评定标度为依据，考虑构件所处环境条件及各项耐久性指标权重值进行评价，公式如下：

$$E_{单} = \delta \times \sum_{i=1}^{n} A_i a_i \tag{1-6-45}$$

式中：$E_{单}$——单一构件的耐久性评定结果；

δ——构件所处环境影响系数；

A_i——所检测的构件各项材质状况指标和耐久性检测指标的评定标度；

a_i——材质状况指标与耐久性检测指标的推荐权重值，见表 1-6-7；

n——所检测的材质状况指标及耐久性指标数，一般取 $n=9$。

δ、A_i 参数的取值，具体详见前述的各个参数评定标准表。

混凝土构件材质状况检测指标与耐久性指标推荐权重值 表 1-6-7

项目		耐久性指标	权重值		备注
混凝土表观损伤 a_1	裂缝	1	0.20	0.32	取用时按照实际检测项目的权重值进行取值
	层离、剥落或露筋、掉棱与缺角	2	0.07		
	蜂窝麻面、表面侵蚀、表面沉积	3	0.05		
混凝土强度 a_2		4	0.05		—
钢筋自然电位 a_3		5	0.11		—
氯离子含量 a_4		6	0.15		—
钢筋分布及保护层厚度 a_5		7	0.12		—
混凝土碳化深度 a_6		8	0.20		—
混凝土电阻率 a_7		9	0.05		—

考虑部分耐久性检测指标之间的相互关联性，当对混凝土单一构件只检测了表 1-6-8 所列部分指标，即 $n \leqslant 9$ 时，可按下式进行评价：

$$E_{单} = \frac{\delta \times \sum_{i=1}^{n} A_i a_i}{\sum_{i=1}^{n} a_i} \tag{1-6-46}$$

混凝土单一构件的耐久性评定标准如表 1-6-8 所列。

混凝土单一构件的耐久性评定标准 表 1-6-8

$E_{单}$ 范围	$0.7 \leqslant E_{单} < 2$	$2 \leqslant E_{单} < 3$	$3 \leqslant E_{单} < 4$	$4 \leqslant E_{单} < 5$	$E_{单} > 5$
构件耐久等级	5	4	3	2	1
构件耐久性状况	完好	较好	一般	较差	很差

三、结构耐久性综合评价

结构的耐久性综合评价以组成该结构的各类构件的耐久性评定结果为依据，综合考虑各类构件的权重系数，按下式进行评价：

$$E_{总} = \sum_{j=1}^{m} E_{单j} a_j \tag{1-6-47}$$

式中：$E_{总}$——结构整体的耐久性评定结果；

$E_{单j}$——单一构件的耐久性评定结果；

a_j——结构各构（部）件推荐权重值，见表1-6-9；

m——进行了耐久性检测的结构构（部）件件数。

推荐的混凝土桥梁各构（部）件权重值　　表1-6-9

构（部）件	名　称	推荐权重 a_j
1	桥台与基础	0.23
2	桥墩与基础	0.24
3	支座	0.07
4	上部主要承重构件	0.26
5	下部一般承重构件	0.12
6	桥面铺装	0.02
7	人行道承重构件	0.05
8	栏杆或防撞墙	0.01

注：当评定标度值为"1"时，表示好的状态，或表示没有设置的构件部件，不再进行叠加。

表1-6-9中与材质状况及耐久性有关的构件评定可遵照前述方法评定，其他构件（如支座、桥面铺装等）评定可参照《公路桥梁养护规范》（JTG H11—2004）中桥梁评定的有关内容进行，桥梁技术状况等级"一类、二类……五类"分别对应构件耐久等级"1、2…5"。

结构整体的耐久性综合评价标准如表1-6-10所列。

结构整体的耐久性综合评价标准　　表1-6-10

$E_{总}$范围	$1 \leq E_{总} < 2$	$2 \leq E_{总} < 3$	$3 \leq E_{总} < 4$	$4 \leq E_{总} < 5$	$E_{总} > 5$
构件耐久等级	5	4	3	2	1
构件耐久性状况	好	较好	一般	较差	很差

第十二节　索结构索力的振动测量法检测

一、索力检测目的、方式和原理

（1）检测目的：索结构（斜拉桥、悬索桥）桥梁的索力直接反映结构持久状态下的内力状态，是评价桥梁安全性和承载能力的主要参数。在承载能力评定时，需对其进行检测评定。

（2）检测方式：索结构的索力可以通过振动频率测量方法进行测量，或通过在索股锚下预先安装测力传感器进行直接测量。

(3)检测原理(振动频率法测量索力):在一定条件下,索股拉力与索的振动频率存在对应的关系,在已知索的长度与分布质量时,通过索股的振动频率可计算索的拉力。该法要求索两端的约束条件比较明确,否则要通过现场试验确定换算索长。

二、测量系统及技术要求

测量系统由传感器、放大器、信号采集及分析装置组成,配置时要注意以下几点。

(1)传感器、放大器系统要有足够的灵敏度,以便可以测量索的自然环境随机振动微弱信号。

(2)测量系统要满足不同索长自振频率对仪器频率响应特性的要求,一般需要有0.3~100Hz的带宽。

(3)信号采集与分析装置,应有频率分析功能,以便获得索的前3~5阶自振频率。测量时应能同时监测记录信号的质量。

三、测量与记录

(1)索的自振频率测量,可采用随机环境振动的测量方法,测量索在风等环境激励下的振动信号。若由于测试系统灵敏度不够,可采用人工激振。

(2)测量时应临时解除索的阻尼器的影响。

(3)将传感器用专门的夹具或绑带固定在索股上,测量索的水平横向振动。

(4)由信号采集装置记录索股环境随机振动或人工激振的振动信号,同时注意观察信号质量。

(5)用分析装置对信号进行频谱分析,获得索的前5~8阶自振频率。分析得到的自振频率值应具有不大于0.01Hz的分辨率。

四、影响因素及结果修正

1. 振动频率法测量索力时影响测量准确性的因素

(1)索两端约束条件以及索长的取值与理论假设的差异。

(2)索抗弯刚度的影响。

2. 减少误差的措施及结果的修正

(1)尽量采取低阶频率,并用前5阶频率计算结果的平均值作为索力的实测值。

(2)将索按长度分成若干组,对不同长度组,选取1~2根索在其锚下或索股下安装传感器,通过振动频率法和传感器直接测量进行对比测量修正。

(3)在试验索上设置一定标距的两个基准点,安装引伸仪,通过在一定荷载增量下测量的索伸长量,求得索受荷后的索力增量,并与加载前后振动频率法测得的索力增量对比分析,确定索力修正系数。

五、索力计算

采用振动频率测量方法测量索力时,系统配置应满足不同索长自振频率对仪器频率响应

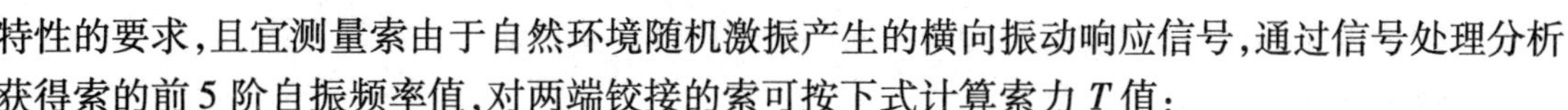

特性的要求，且宜测量索由于自然环境随机激振产生的横向振动响应信号，通过信号处理分析获得索的前5阶自振频率值，对两端铰接的索可按下式计算索力 T 值：

$$T_n = \frac{4WL^2f_n^2}{n^2g} - \frac{n^2EI\pi^2}{L^2} \tag{1-6-48}$$

$$T = \frac{1}{5}\sum_{i=1}^{5}T_n \tag{1-6-49}$$

式中：T_n——对应于 n 阶自振频率的索的张力（索力）（N）；

f_n——索的第 n 阶自振频率（Hz）；

L——索的计算长度（m）；

n——索的振动阶数；

W——单位索长的质量（kg）；

g——重力加速度（m/s）；

EI——索的抗弯刚度。对于柔性索，$EI=0$。

六、索力评定

（1）索力偏差率 K_t，可按式（1-6-50）计算。

$$K_t = \frac{T - T_d}{T_d} \tag{1-6-50}$$

式中：T——实测索力值（N）；

T_d——设计索力值（N）。

（2）索力偏差率超过 ±10% 时应分析原因，检定其安全系数是否满足相关规范要求，并应在结构检算中加以考虑。

第十三节　钢构件缺陷无损检测

一、超声波探伤方法

1. 脉冲反射法

超声波垂直入射到构件中，当通过界面A缺陷和底面B时，均有部分超声波反射回来，这些反射波各自经历了不同的往返路程回到探头上，探头又重新将其转变为电脉冲，经接收放大器放大后，即可在荧光屏上显现出来。其对应各点的波型分别称为始波（A'）、缺陷波（F'）和底波（B'）。当被测构件中无缺陷存在时，则在荧光屏上只能见到始波 A' 和底波 B'。缺陷的位置（深度 AF）可根据各波型之间的距离之比等于所对应构件中的长度之比求出，即：

$$AF = \frac{AB}{A'B'} \times A'F' \tag{1-6-51}$$

式中：　AB——构件的厚度，可以测量得出；

$A'B'$、$A'F'$——可从荧光屏上读出。

缺陷的大小可用当量法确定。这种探伤方法叫纵波探伤或直探头探伤。振动方向与传播方向相同的波称纵波；振动方向与传播方向相垂直的波称横波。

2. 横波脉冲反射法

当入射角不等于零的超声波入射到固体介质中，且超声波在此介质中的纵波和横波的传播速度均大于在入射介质中的传播速度时，则同时产生纵波和横波。又由于材料的弹性模量 E 总是大于剪切模量 G，因而纵波传播速度总是大于横波的传播速度。根据几何光学的折射规律，纵波折射角也总是大于横波折射角。当入射角取得足够大时，可以使纵波折射角等于或大于90°，从而使纵波在构件中消失，这时构件中就得到了单一的横波。横波入射构件后，遇到缺陷时便有一部分被反射回来，即可以从荧光屏上见到脉冲信号；若探头离构件端面很近，会有端面反射，因此应该注意与缺陷区分；若探头离构件端面很远且横波又没有遇到缺陷，有可能由于过度衰减而出现单波情况（超声波在传播中存在衰减）。

横波探伤的定位在生产中采用标准试块调节或三角试块比较法。缺陷的大小同样用当量法确定。

3. 穿透法

穿透法是根据超声波能量变化情况来判断构件内部状况的，它是将发射探头和接收探头分别置于构件的两相对表面。发射探头发射的超声波能量是一定的，在构件不存在缺陷时，超声波穿透一定构件厚度后，在接收探头上所接收到的能量也是一定的。而构件存在缺陷时，由于缺陷的反射使接收到的能量减小，从而断定构件存在缺陷。

根据发射波的不同种类，穿透法有脉冲波探伤法和连续波探伤法两种。

穿透法探伤的灵敏度不如脉冲反射法高，且受构件形状的影响较大，但较适宜检查成批生产的构件。如板材一类的构件，可以通过接收能量的精确对比而得到高的精度。

二、射线探伤

射线探伤是利用射线可穿透物质和在物质中有衰减的特性来发现缺陷的一种探伤方法。按探伤所用的射线不同，射线探伤可以分为 X 射线、γ 射线和高能射线探伤三种。

1. X 射线照相法的探伤原理

照相法探伤是利用射线在物质中的衰减规律和对某些物质产生的光化及荧光作用为基础进行探伤的。从射线强度的角度看，当照射在工件上射线强度为 J_0，由于构件材料对射线的衰减，穿过构件的射线被减弱至 J_c。若构件存在缺陷时，因该点的射线透过的构件实际厚度减少，则穿过的射线强度 J_a、J_b 比没有缺陷的点的射线强度大一些。从射线对底片的光化作用角度看，射线强的部分对底片的光化作用强烈，即感光量大。感光量较大的底片经暗室处理后变得较黑。因此，构件中的缺陷通过射线在底片上产生黑色的影迹，这就是射线探伤照相法的探伤原理。

2. X 射线探伤照相法的工序

（1）确定产品的探伤位置和对探伤位置进行编号。在探伤工作中，抽查的焊缝位置一般选在以下位置：

①可能或常出现缺陷的位置。

②危险断面或受力最大的焊缝部位。

③应力集中的位置。

对选定的焊缝探伤位置必须按一定的顺序和规律进行编号，以便容易找出翻修位置。

(2)选取软片、增感屏和增感方式，探伤用的软片一般要求反差高、清晰度高和灰雾少。增感屏和增感方式可根据软片或探伤要求选择。

(3)选取焦点、焦距和照射方向。照射方向尤其重要，一定选择最佳透照角度。

(4)放置铅字号码、铅箭头及象质计。

(5)选定曝光规范。曝光规范要根据探伤机型事先作出，探伤时按构件的厚度和材质选取。

(6)进行暗室处理。

三、磁粉探伤法和渗透探伤法

(1)磁粉探伤法用于检测磁性材料和构件表面的裂纹以及其他缺陷。检测方法：先将构件磁化后，在构件表面上均匀喷洒微颗粒的磁粉(磁粉平均粒径为5～10μm)，一般用四氧化三铁或三氧化二铁作为磁粉。如果构件没有缺陷，则磁粉在构件表面均匀分布。当构件上有缺陷时，由于缺陷(如裂纹、气孔等)内含有空气或非金属，其磁导率永远小于构件的磁导率；由于磁阻的变化，位于构件表面或近表面的缺陷处产生漏磁场，形成一个小磁极。磁粉将被小磁极所吸引，缺陷处由于堆积比较多的磁粉而被显示出来，形成肉眼可以看到的缺陷图像。

(2)渗透探伤法是利用黄绿色的荧光渗透液或红色的着色渗透液对窄狭缝隙良好的渗透性，经过渗透清洗、显示处理以后显示放大了的探伤显示痕迹。用目测法来观察，对缺陷的性质和尺寸做出适当的评价。

第十四节　公路桥梁技术状况评定

一、桥梁技术状况评定方法及等级分类

1. 桥梁技术状况评定方法

(1)公路桥梁技术状况评定包括桥梁构件、部件、桥面系、上部结构、下部结构和全桥评定。公路桥梁技术状况评定应采用分层综合评定与5类桥梁单项控制指标相结合的方法，先对桥梁各构件进行评定，然后对桥梁各部件进行评定，再对桥面系、上部结构和下部结构分别进行评定，其最后进行桥梁总体技术状况的评定，其评定指标如图1-6-3所示。

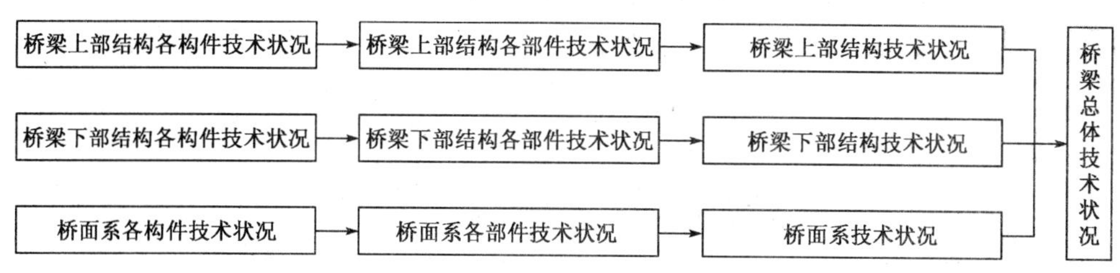

图1-6-3　公路桥梁技术状况评定指标

(2)当单个桥梁存在不同结构形式时，可根据结构形式的分布情况划分评定单元分别对各评定单元进行桥梁技术状况的等级评定。

2. 桥梁技术状况等级分类

(1)桥梁部件分为主要部件和次要部件。

(2)各结构类型桥梁主要部件见表1-6-11，其他部件为次要部件。

各结构类型桥梁主要部件　　表1-6-11

序　号	结构类型	主要部件
1	梁式桥	上部承重构件、桥墩、桥台、基础、支座
2	板拱桥（圬工、混凝土）、肋拱桥、箱形拱桥、双曲拱桥	主拱圈、拱上建筑、桥面板、桥墩、桥台、基础
3	刚架拱桥、桁架拱桥	刚架（桁架）拱片、横向联结系、桥面板、桥墩、桥台、基础
4	钢—混凝土组合拱桥	拱肋、横向联结系、立柱、吊杆、系杆、行车道板（梁）、支座
5	悬索桥	主缆、吊索、加劲梁、索塔、锚碇、桥墩、桥台、基础、支座
6	斜拉桥	斜拉索（包括锚具）、主梁、索塔、桥墩、桥台、基础、支座

(3)桥梁总体技术状况评定等级分为1类、2类、3类、4类、5类。评定标准见表1-6-12。

桥梁总体技术状况评定等级　　表1-6-12

技术状况 / 评定等级	桥梁技术状况描述
1类	全新状态，功能完好
2类	有轻微缺损，对桥梁使用功能无影响
3类	有中等缺损，尚能维持正常使用功能
4类	主要构件有大的缺损，严重影响桥梁使用功能；或影响承载能力，不能保证正常使用
5类	主要构件存在严重缺损，不能正常使用，危及桥梁安全，桥梁处于危险状态

(4)桥梁主要部件技术状况评定标度分为1类、2类、3类、4类、5类。评定标准见表1-6-13。

桥梁主要部件技术状况评定标度　　表1-6-13

技术状况 / 评定标度	桥梁技术状况描述
1类	全新状态，功能完好
2类	功能良好，材料有局部轻度缺损或污染
3类	材料有中等缺损；或出现轻度功能性病害，但发展缓慢，尚能维持正常使用功能
4类	材料有严重缺损，或出现中等功能性病害，但发展较快；结构变形小于或等于规范值，功能明显减低
5类	材料严重缺损，出现严重的功能性病害，且有继续扩展现象；关键部位的部分材料强度达到极限，变形大于规范值，结构的强度、刚度、稳定性不能达到安全通行的要求

(5)桥梁次要部件技术状况评定标度分为1类、2类、3类、4类。评定标准见表1-6-14。

桥梁次要部件技术状况评定标度　　表 1-6-14

技术状况 / 评定标度	桥梁技术状况描述
1 类	全新状态,功能完好;或功能良好,材料有轻度缺损、污染等
2 类	有中等缺损或污染
3 类	材料有严重缺损,出现功能降低,进一步恶化将不利于主要部件,影响正常交通
4 类	材料有严重缺损,失去应有功能,严重影响正常交通;或原无设置,而调查需要补设

3. 桥梁技术状况评定工作流程

桥梁技术状况评定工作流程如图 1-6-4 所示。

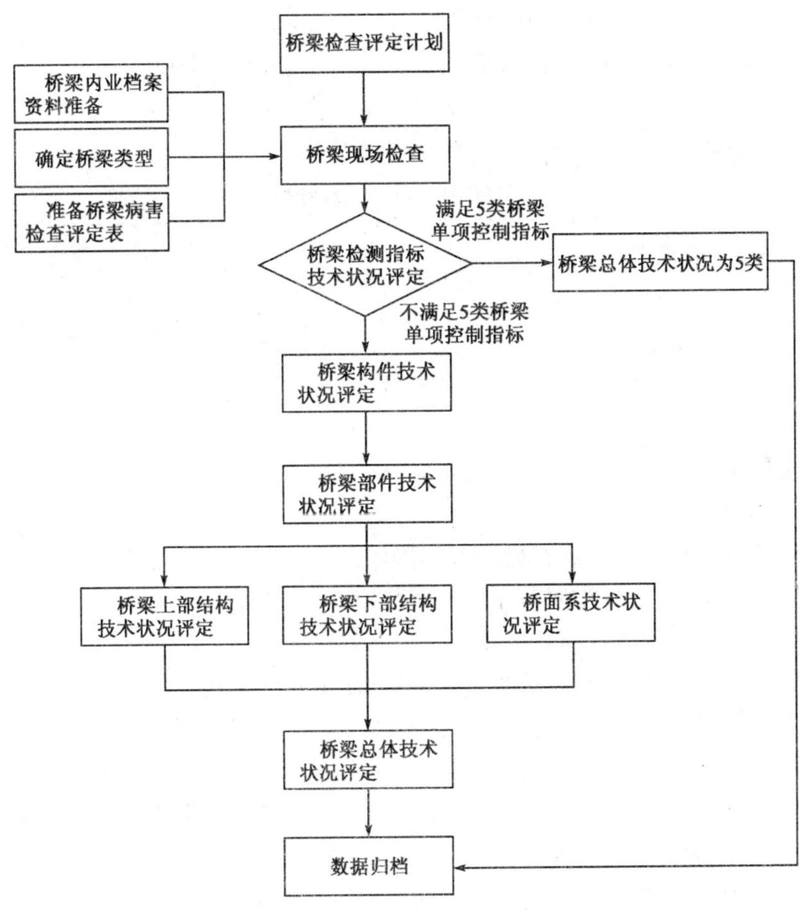

图 1-6-4　桥梁技术状况评定工作流程

二、桥梁技术状况评定

(1)桥梁技术状况评定计算包括桥梁构件的技术状况评分、桥梁部件的技术状况评分、桥梁上部结构、下部结构、桥面系的技术状况评分、桥梁总体的技术状况评分。详见《公路桥梁技术状况评定标准》(JTG/T H21—2011)4.1.1 条、4.1.2 条、4.1.3 条、4.1.4 条。

(2)桥梁技术状况分类界限宜按表 1-6-15 规定执行。

桥梁技术状况分类界限表 表 1-6-15

技术状况评分	技术状况等级 D_j				
	1类	2类	3类	4类	5类
D_r (SPCI、SBCI、BDCI)	[95,100]	[80,95)	[60,80)	[40,60)	[0,40)

(3)当上部结构和下部结构技术状况等级为 3 类、桥面系技术状况等级为 4 类，且桥梁总体技术状况评分为 $40 \leqslant D_r < 60$ 时，桥梁总体技术状况等级应评定为 3 类。

(4)全桥总体技术状况等级评定时，当主要部件评分达到 4 类或 5 类且影响桥梁安全时，可按照桥梁主要部件最差的缺损状况评定。

(5)各结构形式桥梁部件分类及权重值详见《公路桥梁技术状况评定标准》(JTG/T H21—2011)4.2.1 条、4.2.2 条、4.2.3 条、4.2.4 条。

(6)桥梁结构组成权重值宜按表 1-6-16 的规定取值。

桥梁结构组成权重值 表 1-6-16

桥 梁 部 件	权 重
上部结构	0.40
下部结构	0.40
桥面系	0.20

(7)5 类桥梁技术状况单项控制指标。在桥梁技术状况评价中，有下列情况之一时，整座桥梁应评为 5 类桥。

①上部结构有落梁现象；或有梁、板断裂现象。

②梁式桥上部承重构件控制截面出现全截面开裂；或组合结构上部承重构件结合面开裂贯通，造成截面组合作用严重降低。

③梁式桥上部承重构件有严重的异常位移，存在失稳现象。

④结构出现明显的永久变形，变形大于规范值。

⑤关键部件混凝土出现压碎或杆件失稳倾向；或桥面板出现严重塌陷。

⑥拱式桥拱脚严重错台、位移，造成拱顶挠度大于限值；或拱圈严重变形。

⑦圬工拱桥拱圈大范围砌体断裂，脱落现象严重。

⑧腹拱、侧墙、立墙或立柱产生破坏造成桥面板严重塌落。

⑨系杆或吊杆出现严重锈蚀或断裂现象。

⑩悬索桥主缆或多根吊索出现严重锈蚀、断丝。

⑪斜拉桥拉索钢丝出现严重锈蚀、断丝，主梁出现严重变形。

⑫扩大基础冲刷深度大于设计值，冲空面积达 20% 以上。

⑬桥墩(桥台或基础)不稳定，出现严重滑动、下沉、位移、倾斜等现象。

⑭悬索桥、斜拉桥索塔基础出现严重沉降或位移；或悬索桥锚碇有水平位移或沉降。

复习思考题

一、单项选择题（每小题给出的四个选项中，只有一项符合题目要求，将所选项前的字母填在题后的括号内。）

1. 在钻芯取样时，芯样直径应为混凝土所有集料最大粒径3倍，一般为150mm或100mm。采用小直径芯样试件情况下，不小于集料最大粒径的（　）。

A. 2倍　　B. 3倍　　C. 1倍　　D. 4倍

2. 回弹法检测混凝土强度，每一测区应记取（　）个回弹值。

A. 15　　B. 16　　C. 18　　D. 20

3. 回弹法检测构件混凝土强度，适用于抗压强度为（　）。

A. 0～50MPa　　B. 0～60MPa　　C. 10～50MPa　　D. 10～60MPa

4. 回弹法检测构件混凝土强度，龄期为（　）。

A. 14～1 000d　　B. 28～1 000d　　C. 58～1 000d　　D. 58～1 800d

5. 调试超声波检测仪时，测得 $t_0=5\mu s$，已知某测点声距 $L=40cm$，仪器显示声时为105μs，测超声波在混凝土中传播的声速为（　）

A. 3 636m/s　　B. 3 810m/s　　C. 4 000m/s　　D. 3 000m/s

6. 在钻芯取样检验混凝土强度时，芯样直径应为混凝土所有集料最大粒径的（　）

A. 1倍　　B. 2倍　　C. 3倍　　D. 1.5倍

7. 采用回弹法检测混凝土构件强度时，选择测区数一般不少于（　）个。

A. 3　　B. 6　　C. 10　　D. 16

8. 用回弹法检测混凝土构件强度时，相邻两测区的间距应控制在（　）以内。

A. 1m　　B. 2m　　C. 3m　　D. 4m

9. 检测结构混凝土内部缺陷，当前最常用且最有效的无损检测方法是（　）法。

A. 射线法　　B. 超声脉冲法　　C. 回弹法　　D. 钻心法

10. 超声检测时平测法是指（　）

A. 两只换能器对面布置在不同高度

B. 两只换能器在相邻面布置

C. 两只换能器布置在同一表面

D. 两只换能器对面布置

11. 回弹值测量完毕后，应选择不小于构件（　）的测区在有代表性的位置上测量碳化深度值。

A. 30%　　B. 50%　　C. 80%　　D. 90%

12. 当碳化深度值极差大于（　）mm时，应在每一个测区分别测量碳化深度值。

A. 1.0　　B. 2.0　　C. 1.5　　D. 3.0

13. 回弹法测试混凝土强度，相邻测区控制在（　）以内，测区距构建边缘不宜大于50cm，测区面积控制在（　）以内，每个测区16个回弹值点。

A. 1m　$20\times20cm^2$　　　　B. 2m　$40\times40cm^2$

C. 2m　20×20cm²　　D. 1m　40×40cm²

14. 用回弹法测定强度，测量碳化深度值时，用浓度为（　）%的酚酞酒精溶液滴在孔洞内壁的边缘处。

A. 0.5~1.0　　B. 1~2　　C. 3　　D. 4

15. 钻芯取样确定检验混凝土强度，规定：取样直径为混凝土粗集料最大粒径（　）倍，任何情况下不小于最大粒径（　）倍；芯样抗压试件的高度和直径之比宜为（　）。

A. 2　1　1.0　　B. 3　2　1.5　　C. 2　1　2.0　　D. 3　2　1.0

16. 采用超声波法测桩时，桩径2m，应预埋声（　）测管。

A. 2根　　B. 3根　　C. 4根　　D. 5根

17. 超声法检测深裂缝（大于500mm）时主要采用的方法是（　）。

A. 对测法　　B. 斜测法　　C. 钻孔测　　D. 平测法

二、判断题（判断下列说法是否正确，若正确在括号内划"√"，错误划"×"。）

1. 若混凝土试件中有两个测值与中值的差值均超过中值的15%时，则该组混凝土强度不合格。（　）

2. 回弹法的基本原理是，采用回弹仪的弹簧驱动重锤，通过弹击杆弹击混凝土表面，并以重锤被反弹回来的距离作为混凝土的强度。（　）

3. 对混凝土强度等级低于C10的结构，不宜采用钻芯法检测。（　）

4. 用回弹法检测结构物的垂直面时，不必按角度进行修正。（　）

5. 地区测强曲线是对某省市区的特定条件而制定的基准曲线。（　）

6. 钢筋保护层的测量通常使用钢筋保护层测量仪器，其工作原理是电磁感应。（　）

7. 混凝土超声探伤的基本原理与金属探伤原理相同。（　）

8. 测定混凝土碳化深度值时，应先用水把凿成的孔洞冲洗干净。（　）

9. 用回弹仪测得某一测区的数据平均值，即表示该部位的结构强度。（　）

10. 混凝土在持续荷载作用下，其应变随时间而持续增长的现象称为徐变。（　）

11. 超声法可用于混凝土的无损检测。（　）

12. 对钢筋锈蚀电位评定标度值为3、4、5的主要构件或主要受力部位，应进行混凝土碳化状况检测。（　）

13. 回弹法测强时，其测区离构件边缘距离不宜小于30cm。（　）

14. 当怀疑混凝土内外质量有明显差异时，可用回弹法检测。（　）

15. 测定混凝土碳化深度值时，应用浓度为5%酚酞溶液滴在孔洞内壁的边缘处。（　）

16. 钻芯确定单个构件的混凝土强度推定值时，有效芯样试件的数量不应少于3个。（　）

17. 超声回弹综合法检验混凝土强度具有精度高、适用范围广等优点，因而它是一种混凝土强度的常规检验方法。（　）

18. 超声声时测量时，换能器与混凝土之间的良好耦合是十分重要的。（　）

19. 回弹法测定混凝土强度时可直接套用全国统一测强曲线。（　）

20. 计算测区回弹值时，应对测区的16个回弹值求算术平均值计算。（　）

三、多选题

（每小道给出的备选项中，有两个或两个以上符合题目要求，选项全部正确得满分，选项部分正确按比例得分，出现错误选项该题不得分）

1. 焊缝的检测手段主要有（　）。

A. 外观检查　　B. 超声波探伤

C. 磁粉探伤　　D. 射线探伤

2. 混凝土的构件无破损检测可以采用（　）方法。

A. 钻芯法　　B. 回弹法　　C. 超声法　　D. 超声回弹法

3. 目前，回弹法常用的测强曲线包括（　）。

A. 统一测强曲线　　B. 地区测强曲线

C. 砂厂测强曲线　　D. 专用测强曲线

4. 超声波检测浅裂纹时，应注意下列（　）问题。

A. 裂缝预计深度≤500mm　　B. 需要检测的裂缝中，不得充水或泥浆

C. 混凝土中应无主钢筋　　D. 只能采用平测法

5. 混凝土超声探伤采用（　）作用判别缺陷的基本依据。

A. 根据低频超声在混凝土中遇到缺陷时的绕射现象，按声时及声程的变化，判别和计算缺陷的大小。

B. 根据超声波在缺陷界面上产生反射，因而到达接收探头时能量显著衰减的现象判断缺陷的存在及大小。

C. 根据超声脉冲各频率成分在最到缺陷时被衰减的程度不同，因而接收频率明显降低，或接收波频谱产生差异，也可判别内部缺陷。

D. 根据超声波在缺陷处的波形转换和叠加，造成接收波形畸变的现象判别缺陷。

6. 当有（　）情况之一的，不得按照全国统一测强曲线进行换算，但可制定专用测强曲线或通过试验修正。

A. 粗集料最大粒径大于60mm　　B. 普通制用混凝土

C. 检测部位曲率半径小于250mm　　D. 浸水混凝土

7. 超声检测法，下列说法正确的是（　）。

A. 可进行混凝土破坏层厚度检测　　B. 可进行混凝土均匀性检测

C. 可进行内部空洞检测　　D. 可进行裂缝检测

8. 回弹法测试混凝土强度时，在进行批量检测时应满足（　）。

A. 构件数大于总数的20%　　B. 构件数量大于50个

C. 构件数大于总数的30%　　D. 构件数量大于10个

9. 混凝土中氯离子含量的测定方法主要有（　）。

A. 实验室化学方法　　B. 四电极方法

C. 滴定条方法　　D. 表面硬度法

10. 换能器按照声辐射面不同可分为（　）。

A. 厚度振动方式换能器　　B. 切向振动方式换能器

C. 环向振动方式换能器　　D. 径向振动方式换能器

11. 超声法检测混凝土缺陷时，按照换能器的布置方式不同而采用的检测方法主要有

（　）。

A. 钻孔法　　B. 平测法　　C. 对测法　　D. 斜测法

12. 检测时仪器非水平方向且测试面非混凝土的浇筑侧面，则应先对回弹值进行（　）。

A. 温度修正　　B. 角度修正　　C. 湿度修正　　D. 浇筑面修正

13. 回弹测区的选择应符合（　）。

A. 对长度不小于 3m 的构件，其测区数不少于 10 个

B. 每测区在 20cm × 20cm 范围内

C. 避开预埋件

D. 相邻两测区的间距应控制在 2m 以内

14. 回弹仪检定周期为半年，当回弹仪具有下列情况之一时，应由法定计量检定机构按现行行业标准进行检定（　）。

A. 新回弹仪启用前

B. 超过检定有效期限

C. 数字式回弹仪数字显示的回弹值与指针直读数示值相差大于 1

D. 经保养后，在钢砧上的率定值不合格

E. 遭受严重撞击或其他损害

15. 当按批抽样检测时，符合下列条件的构件可作为同批构件（　）。

A. 混凝土设计强度等级相同

B. 混凝土原材料、配合比、成型工艺、养护条件和龄期基本相同

C. 构件种类相同

D. 施工阶段所处状态基本相同

四、问答题

1. 简述用超声法检测浅裂缝时的条件要求及方法。
2. 简述回弹仪的率定方法。
3. 简述用回弹法检测混凝土构件强度的步骤。
4. 简述超声波法检测缺陷的基本依据。
5. 简述反射波法基本原理及其适用范围。
6. 超声回弹综合法测混凝土的强度较回弹法有何优点？测区布置有何规定？
7. 简述用回弹检测混凝土构件强度时测量碳化深度的方法和评定标准。
8. 简述混凝土中钢筋分布及保护层厚度的检测方法。
9. 简述混凝土桥梁结构耐久性综合评价原则和方法。
10. 简述混凝土超声探伤判别缺陷的基本依据。
11. 简述桥梁技术状况评定方法及桥梁技术状况评定工作流程。

第七章　桥梁荷载试验与承载力评定

复习要点：

1. 桥梁荷载试验的目的、组织、设计的内容以及承载能力评估的途径和方法。

2. 桥梁荷载试验与承载力评定相关的设计、试验规范、标准、规程。

3. 静力荷载试验中如何确定加载和测试“控制断面”，加载效率计算、加卸载的分级、终止试验条件；测试内容、方法、测点布置、仪器选配；挠度、应力（应变）、裂缝等数据处理及曲线绘制等；动力荷载试验方法、测试内容、测点布置、仪器选用；振型、频率和阻尼三个动力特性参数的测试和分析方法；动挠度、动应力（应变）的测试方法和数据处理。桥梁承载能力评定方法。

第一节　桥梁基本知识

一、桥梁工程的基本组成

桥梁一般由桥跨结构、桥墩和桥台、基础以及调治构造物等四大部分组成。

1. 桥跨结构

是在线路中断时跨越障碍的主要承载结构。

2. 桥墩和桥台

是支撑桥跨结构并将恒载和车辆等活载传至地基的建筑物。通常设置在桥两端的称为桥台，它除了上述作用外，还与路堤相衔接，以抵御路堤土压力，防止路堤填土的滑坡和坍落。在路堤与桥台衔接处，一般还在桥台两侧设置石砌的锥形护坡。

3. 基础

基础是将桥梁墩、台所承受的各种荷载传递到地基上的结构物，是确保桥梁安全使用的关键部位。有扩大基础（明挖浅基础）、桩基础和沉井基础等不同的结构形式。随着桥梁技术的不断发展，一些新的基础形式（如地下连续墙基础、组合式基础等）也逐渐在桥梁工程中得到应用。

4. 调治构造物

指为引导和改变水流方向，使水流平顺通过桥孔并减缓水流对桥位附近河床、河岸的冲刷而修建的水工构造物。如桥台的锥形护坡、台前护坡、导流堤、护岸墙、丁坝、顺坝等，对保证河道流水顺畅和防止破坏生态环境有着极其重要的作用。

二、桥梁工程的分类

1. 按桥梁的基本体系划分

(1)梁式桥。梁式桥是一种在竖向荷载作用下无水平反力的结构。由于外力的作用方向与承重结构的轴线接近垂直,故与同样跨径的其他结构体系相比,梁内产生的弯矩最大,通常用抗弯能力强的材料来建造。这种桥梁结构简单、施工方便。

(2)拱式桥。拱式桥的主要承重结构是拱圈或拱肋,这种结构在竖向荷载作用下,桥墩或桥台将承受水平推力。同时,这种水平推力将显著抵消荷载所引起在拱圈内的弯矩。因此,与同跨径的梁相比,拱的弯矩和变形要小很多。鉴于拱桥的承重结构以受压为主,通常就可用抗压能力强的圬工材料和钢筋混凝土等来建造。

(3)刚架桥。刚架桥的主要承重结构是梁或板,以及立柱或竖墙整体结合在一起的刚架结构,梁和柱的连接处具有很大的刚性。在竖向荷载作用下,梁部主要受弯,而在柱脚处也具有水平反力,其受力状态介于梁桥和拱桥之间。因此,对于同样的跨径,在相同的荷载作用下,刚架桥的跨中正弯矩要比一般梁桥小。根据这一特点,刚架桥跨中的建筑高度就可以做得较小。

(4)吊桥。传统的吊桥均用悬挂在两边塔架上的强大缆索作为主要承重结构。在竖向荷载作用下,通过吊杆使缆索承受很大的拉力,通常就需要在两岸桥台的后方修筑非常巨大的锚碇结构。吊桥也是具有水平反力的结构。现代的吊桥上,广泛采用高强度钢丝编制的钢缆,以充分发挥其优异的抗拉性能,因此结构自重较轻,就能以较小的建筑高度跨越其他任何桥型无与伦比的特大跨度。吊桥的另一特点是:成卷的钢缆易于运输,结构组成构件较轻,便于无支架悬吊拼装。

(5)组合体系桥。根据结构的受力特点,由几个不同体系的结构组合而成的桥梁称为组合体系桥。组合体系桥实质是利用梁、拱、吊三者的不同组合,上吊下撑以形成新的结构。

2. 按用途划分

包括公路桥、铁路桥、公路铁路两用桥、农用桥、人行桥、运水桥及其他专用桥梁。

3. 按主要承重结构所用的材料划分

包括圬工桥、钢筋混凝土桥、预应力混凝土桥、钢桥、木桥以及钢、混凝土组合体系等。

4. 按上部结构行车道位置

包括上承式桥、下承式桥和中承式桥。

5. 按多孔跨径总长和跨径划分

包括特大桥、大桥、中桥、小桥和涵洞,见表 1-7-1。

桥梁涵洞分类 表 1-7-1

桥梁分类	特大桥	大桥	中桥	小桥	涵洞
多孔跨径总长 L(m)	$L>1\,000$	$100\leq L\leq 1\,000$	$30<L<100$	$8\leq L\leq 30$	—
单孔跨径 L_K(m)	$L_K>150$	$40\leq L_K\leq 150$	$20\leq L_K<40$	$5\leq L_K<20$	$L_K<5$

注:①单孔跨径系指标准跨径。

②梁式桥、板式桥的多孔跨径总长为多孔标准跨径的总长;拱式桥为两岸桥台内起拱线间的距离;其他形式桥梁为桥面系行车道长度。

③标准跨径:梁式桥、板式桥以两桥墩中线之间桥中心线长度或桥墩中线与桥台台背前缘线之间桥中心线长度为准;拱式桥和涵洞以净跨径为准。

三、与桥梁布置和结构有关的主要尺寸和术语名称

低水位:是指在枯水季节的最低水位。

高水位:是指在洪峰季节河流中的最高水位。

设计洪水位:是指桥梁设计中按规定的设计洪水频率计算所得的高水位。

净跨径:对于梁式桥是设计洪水位上相邻两个桥墩(或桥台)之间的净距;对于拱式桥是每孔拱跨两个拱脚截面最低点之间的水平距离。

计算跨径:对于设支座的桥梁,为相邻支座中心的水平距离;对于不设支座的桥梁(拱桥、刚构桥等),为上、下部结构的相交面之中心间的水平距离。

标准跨径:梁式桥、板式桥以两桥墩中线之间桥中心线长度,或桥墩中线与桥台台背前缘线之间桥中心线长度为准;拱式桥和涵洞以净跨径为准。

总跨径:是多孔桥梁中各孔净跨径的总和,反映桥下宣泄洪水的能力。

多孔跨径总长:为多孔桥梁中各孔标准跨径的总长。

桥梁全长:简称桥长,对于有桥台的桥梁为两岸桥台翼墙尾端间的距离,对于无桥台的桥梁为桥面系行车道长度。

桥下净空:是为满足通航(或行车、行人)的需要和保证桥梁安全而对上部结构底缘以下规定的空间界限。

桥梁建筑高度:是指桥梁上部结构底缘与桥面顶面的垂直距离。

四、桥梁荷载试验的任务

桥梁荷载试验是检验桥梁结构工作状态或实际承载能力的一种试验手段。荷载试验的目的、任务和内容通常由实际工程需要所决定。

一般桥梁荷载试验的任务包括以下几方面。

(1)检验桥梁设计与施工质量。对于一些新建的特大、大、中桥或具有特殊设计的桥梁,为保证建设质量,竣工后一般要求进行现场荷载试验,并把试验结果作为评定桥梁工程质量优劣的主要技术资料和依据。

(2)判断桥梁结构的实际承载能力。国内早年建成的许多桥梁设计荷载等级偏低,难以满足现今交通发展的需要,为了加固、改建,有必要通过试验检测确定桥梁的实际承载能力;有时因为特殊原因(如超重型车过桥或结构遭意外损伤等)也要用荷载试验方法判断桥梁的承载能力。

(3)验证桥梁结构设计理论和设计方法。桥梁工程中的新结构、新材料和新工艺创新不断,对一些理论问题的深入研究,对某些新方法、新材料的应用实践,往往都需要实测数据。

(4)桥梁结构动力特性及动态反映的测试研究。对一些桥梁在动力荷载作用下的动态反应,桥梁车致振动问题,大跨径轻柔结构抗风稳定以及桥梁结构抗震性能等,都要求实测桥梁结构的动力特性和动态反应。

为使桥梁荷载试验能顺利实施,首先要做好试验的总体设计和组织工作。试验组织者必须熟悉荷载试验的各个方面,并做大量细致的工作。具体来说,要做好准备阶段、荷载试验阶段和试验数据整理阶段三个阶段的工作。

第二节　桥梁静力荷载试验

桥梁静载试验是测量桥梁在各种静力荷载工况下的各控制截面的应变及结构的变形，从而确定结构的实际工作性能与设计期望值是否相符，它是检验结构的刚度以及其他性能最直接、最有效的办法。大量的桥梁荷载试验往往都以静力荷载试验为主进行。

一、试验组织准备

（一）前期准备

1. 收集资料

（1）书面资料。设计资料、施工资料、尺寸变化资料（养护、观测）。

（2）现场资料。

①设计、监理、施工、业主、养护调查资料。

②现场踏勘资料。包括外观、检查桥上和两端接线技术状况等、实桥结构和环境、主管单位提供的条件等。

2. 拟定试验方案

（1）试验对象概况。试验孔（或墩）的选择，对多孔桥梁中跨径相同的桥孔（或墩）可选1～3孔具有代表性的桥孔（或墩）进行加载试验。选择时应综合考虑以下因素：

①该孔（或墩）计算受力最不利；

②该孔（或墩）施工质量较差、缺陷较多或病害较严重；

③该孔（或墩）便于搭设，脚手架，便于设置测点或便于实施加载。

（2）试验目的和要求。试验目的是桥梁加载试验之纲，如新建桥梁的竣工验收、旧桥承载力评估或改建加固等的试验目的和要求既有相似之处，又各有侧重。所以试验目的一定要非常明确，有了明确的目的才能提具体要求。

（3）试验内容。要详细列出试验检测内容。实桥静力荷载试验一般应包括以下内容：

①结构控制断面的挠度或变形，或沿桥长轴线的挠度分布曲线；

②结构控制截面最大应力（或应变），或结构构件的实际应变分布；

③受试验荷载影响的桥梁支座、墩台位移或转角，塔柱和结构联结部分的变形等；

④钢筋混凝土结构裂缝的出现和扩展，包括裂缝长度、宽度、间距、位置、方向和性状，以及卸载后的闭合情况；

⑤其他桥梁次结构构件的受力反应。

（4）试验方法。这部分内容包括荷载的考虑、测点布置、仪器选用以及具体的测试步骤等，并列出试验程序（工况）表。具体应考虑以下几点。

①荷载。必须参考设计荷载的大小并根据现场可能提供荷载的情况来拟定试验加载方案。

鉴于方便和实用的理由，现场实桥试验荷载一般选用载重车辆。方案须交代清楚车辆的种类、吨位、数量以及要求车辆的轴重、总重等。

确定荷载大小和加载方式后，需编制加载细则，一般要求具体到每个工况。

②测点和测站布置。桥上布置多少测点,怎样布置,首先要根据试验的目的和要求,应用桥梁专业知识,考虑各种桥梁体系的受力特点,还要结合测试技术的可行性。

静力荷载试验应针对检算存在疑问的构件或断面及结构主要控制截面进行,一些主要桥梁结构的测试控制断面如下。

a. 梁桥。

(a)简支梁桥。

主要:跨中截面最大正弯矩和挠度;支点截面最大剪力。

附加:L/4 截面正弯矩和挠度;墩台最大垂直力。

(b)连续梁桥、连续刚构。

主要:跨中最大正弯矩和挠度;内支点截面最大弯弯矩;L/4 截面弯矩和挠度。

附加:端支点截面的最大剪力;L/4 截面最大弯剪力;墩台最大垂直力;连续刚构固结墩墩身控制截面的最大弯矩。

(c)悬臂梁桥、T 形刚构。

主要:锚固跨跨中最大正弯矩和挠度;支点最大负弯矩;挂梁跨中最大正弯矩和挠度。

附加:支点最大剪力;挂梁支点截面或悬臂端截面最大剪力。

b. 拱桥。

主要:跨中截面最大正弯矩和挠度、拱脚截面最大负弯矩;刚架拱上弦杆跨中正弯矩。

附加:拱脚最大水平推力;L/4 截面最大正、负弯矩及最大正、负挠度绝对值之和;刚架拱斜腿根部截面最大负弯矩。

c. 刚架桥(包括框架、斜腿刚构和刚架—拱式组合体系)。

主要:跨中截面最大正弯矩和挠度;结点截面的最大负弯矩。

附加:柱脚截面最大负弯矩、最大水平推力。

d. 钢桁桥。

主要:跨中、支点截面的主桁杆件最大内力;跨中截面的挠度。

附加:L/4 截面的主桁杆件最大内力和挠度;桥面系结构构件控制截面的最大内力和变位;墩台最大垂直力。

e. 斜拉桥与悬索桥。

主要:主梁最大挠度;主梁控制截面最大内力;索塔塔顶水平变位;主缆最大拉力,斜拉索最大拉力。

附加:主梁最大纵向飘移;主塔控制截面最大内力;吊索最大索力。

上述各种桥梁体系的主要部位是一般静载试验必须观测的部位。方案上应画出结构简图,注明测点测站的位置、测点总数和测站数等。

③选用仪器设备。方案要列出试验选用仪器设备的型号、测点精度、数量等。

(5)试验程序(步骤)。列出工况流程表,列清楚试验的工况序号、加载方式(纵向、横向怎么布置,荷载如何分级)、测读内容、时间间隔等内容。

(6)参加试验的人员安排。应根据每个试验人员的特长进行分工,每人分管的仪器设备数目除考虑便于进行观测外,应尽量使每人对分管仪器设备进行一次观测所需的时间大致相同。为使试验有条不紊地进行,应设试验总指挥 1 人,其他人员的配备可根据具体情况考虑。

(7)时间安排。方案要列出整个试验的进度计划。

(8)安全措施。包括试验期间人员、结构物、加载设备和测试仪器等的安全措施。

(9)其他。方案中有哪些未定因素须提出来，一些补充说明内容等也要有所交代。一些特别重要的桥梁试验的方案，还需要经过专家评审。试验方案拟定后，应分发给参加试验的有关单位和个人，统一思想和行动。

3. 试验计算

在拟定方案之前，应进行一些必要的理论计算，如计算试验荷载作用下主要测试断面的内力或位移控制值，静力加载效率等，相关计算结果是加载试验荷载大小、等级的理论依据，也作为试验加载响应的期望值，相关计算结果还可作为选用仪器设备的量程和灵敏度的依据。对现场试验数据进行校核，及早发现试验过程中可能出现的异常情况。

(1)试验控制荷载确定

试验控制荷载根据与设计荷载等级相应的活载效应控制值，或有特殊要求的荷载效应值确定。

目前试验控制荷载通常是根据桥梁设计图纸采用各种通用的有限元程序建立平面或空间有限元模型，结合规范及设计要求计算确定。旧桥控制荷载的确定还需结合现场桥梁技术状态检测结果。

(2)静力试验荷载

静力试验荷载可按控制内力、应力或变位等效原则确定。静力荷载试验效率 η_q 某一控制界面在试验荷载作用下的计算效应与该截面对应的设计控制效应的比值，其值可按式(1-7-1)计算，宜介于 0.95 ~ 1.05 之间。

$$\eta_q = \frac{S_s}{S' \times (1+\mu)} \tag{1-7-1}$$

式中：S_s——静力试验荷载作用下，某一加载试验项目对应的加载控制截面内力、应力或变位的最大计算效应值；

S'——检算荷载产生的同一加载控制截面内力、应力或变位的最不利效应计算值；

μ——按规范取用的冲击系数；

η_q——静力试验荷载效率。

4. 仪器准备

(1)选用原则：

①根据结构情况选择精度和量程；

②根据现场环境条件选择仪器种类；

③选用可靠性好的仪器；

④考虑便携性；

⑤强调使用经验。

(2)配套准备。试验用的仪器一经选定，试验前期还应做好配套准备工作，具体如下：

①对所有被选用的仪器设备进行系统检查；

②对所有仪器设备进行系统标定，逐个编号；

③根据测点和测站位置，备齐备足测量导线，每根导线都要逐一检查并使之完好；

④对初次使用的仪器设备或第一次要做的测试内容，先要进行模拟测试。

5. 现场准备

(1)荷载准备。

①车辆加载:落实车辆型号、数量和装载物;车辆过磅;记录车号、轴距、轮距和轴重;车辆编号;对准备做动载试验的车辆,还要求车上时速准确灵敏,以控制车速。

②重物加载:当确定选用重物加载,可采用直接在桥面堆放重物或设置水箱的方法加载。

(2)工作脚手架和桥梁检测车。

脚手架和测试支架应分开搭设互不影响,脚手架和测试支架应有足够的强度、刚度和稳定性。脚手架要保证工作人员的安全、方便操作。

测试支架要满足仪表安装的需要,不因自身变形影响测试的精度,同时还应保证试验时不受车辆和行人的干扰。

晴天或多云天气下进行加载试验时,阳光直射下的应变测点,应设置遮挡阳光的设备,以减小温度变化造成的观测误差。雨季进行加载试验时,则应准备仪器,设备等的防雨设施,以备不时之需。

功能好的桥梁检测车可伸缩自如,横跨桥梁断面进行工作,为桥梁检测准备和实施带来很大的便利。

(3)测点、测站布置。

①应变准备:放样、贴片、检查绝缘度、敷设测量导线、调试仪器,逐点检查、防潮。

②变形测量准备:变形测量包括挠度。支座位移,桥塔水平位移等内容。

(4)其他准备。桥面行车道上画停车线、裂缝观测点、交通管制、照明等。

静载试验前应在桥面行车道上对加载位置进行放样,以便于加载试验的顺利进行。应预先放样,且用不同颜色的标志区别不同加载工况时的荷载位置。

静力荷载试验荷载卸载的安放位置应预先安排。卸载位置的选择既要考虑加、卸载方便,离加载位置近一些,又要使安放的荷载不影响试验孔(或墩)的受力。

二、加载试验

实桥静力荷载试验一般安排在晚上进行,主要是考虑加载时温度变化和环境的干扰。

1. 加载试验过程

(1)静载初读数。对于新建桥梁,在初读数之前往往要进行预压(一般以部分重车在桥上缓行几次)。从初读数开始,整个测试系统就开始运作,测量、读数记录人员进行岗位各司其职。

(2)加载。为了获取结构试验荷载与变位的相关曲线以及防止结构意外损伤,对主要控制截面试验荷载的施加应分级进行。加载级数应根据荷载量和加载最小荷载增量而定。试验荷载应按控制截面最大内力或位移分成 4 ~5 级施加。受条件所限时,静力试验荷载应分级加载,至少分成 3 级施加。在前一荷载阶段内结构应变或变位相对稳定后,方可进入下一荷载阶段。

(3)稳定后读数。

(4)卸载读数。试验加卸载要求稳定后读数,实际有一个结构残余变位或应变问题,因为当结构变位或应变在卸载后不能正常回复时,反映的可能是结构承载能力不足或其他原因。

2. 静载试验控制

(1)重复加载要求。试验过程中必须时时关心几个控制点数据的情况，一旦发现问题(数据本身规律差或仪器故障等)要重新加载测试。

(2)加载控制条件。试验指挥人员应随时掌握各方面情况，对加载进行控制。试验过程中发生下列情况，应立刻停止加载并查找原因，在确保结构及人员安全的情况下方可继续试验：

①控制测点实测应力、变位(或挠度)已达到或超过计算的控制值时。

②结构裂缝的长度或缝宽急剧增加，或新裂缝大量出现，或裂缝宽超过允许值的裂缝大量增多时。

③拱桥沿跨长方向的实测挠度曲线发布规律与计算结果相差过大时。

④发生其他影响桥梁承载能力或正常使用的损伤时。

三、试验数据整理

1. 荷载

整理实际荷载的载重、加载工况等，因为实际布载位置、大小等可能与方案要求的不一样。整理出来的荷载数据，一方面用以结构计算，另一方面与试验数据结果直接有关。

对于车辆荷载，要求如下：

(1)列出试验加载效率表。

(2)制作实际载重明细表。

(3)绘制荷载的纵、横向(包括对称和偏心)布置图，并标明具体尺寸。

2. 变形

变形是衡量桥梁结构实际刚度的重要指标之一。实测值和计算值一般要求画成曲线并放在一起，或列出一张比较表等。

在挠度测试的数据中，当支点沉降量较大时，应修正其对挠度值的影响，修正量 C 可按式(1-7-2)计算

$$C = \frac{l - x}{l} \cdot a + \frac{x}{l} \cdot b \tag{1-7-2}$$

式中：C——测点的支点沉降影响修正量；

l——A 支点到 B 支点的距离；

x——挠度测点到 A 支点的距离；

a——A 支点沉降量；

b——B 支点沉降量。

3. 应力和应变

(1)实测应变修正(灵敏度系数、应变导线电阻值)

①测值修正。根据各类仪表的标定结果进行测试数据的修正，如考虑机械式仪表较正系数、电测仪表率定系数、灵敏系数、电阻应变观测的导线电阻影响等。当这类因素对测值的影响小于1%时可不予修正。

②温度影响修正。一般可采用综合分析的方法来进行温度影响修正，即利用加载试验前进行的温度稳定观测数据，建立温度变化(测点处构件表面温度或空气温度)和测点测值(应变和挠度)变化的线性关系进行温度修正计算。

温度变化量的观测对应变宜采用构件表面温度，对挠度宜采用气温。

(2)应力、应变换算

根据测量到的测点应变，当结构处于线弹性工作状态时可以利用应力应变关系计算测点的应力。

在单向应力状态下，测点应力 σ，按下式计算

$$\sigma = E \cdot \varepsilon \tag{1-7-3}$$

式中：σ——测点应力；

E——构件材料弹性模量；

ε——测点实测应变值。

(3)各测点变位(挠度、位移、沉降)与应变的计算

总变位(或总应变)　$S_t = S_1 - S_i$　(1-7-4)

弹性变位(或弹性应变)　$S_e = S_1 - S_u$　(1-7-5)

残余变位(或残余应变)　$S_p = S_t - S_e = S_u - S_i$　(1-7-6)

式中：S_i——加载前测值；

S_1——加载达到稳定时测值；

S_u——卸载后达到稳定时测值。

4. 主要测点的校验系数及相对残余变形的计算

对加载试验的主要测点(即控制测点或加载试验效率最大部位测点)进行如下计算：

(1)主要测点静力荷载试验结构校验系数 ζ，按下式计算

$$\zeta = \frac{S_e}{S_s} \tag{1-7-7}$$

式中：S_e——试验荷载作用下主要测点的实测弹性变位或应变值；

S_s——试验荷载作用下主要测点的理论计算变位或应变值。

静力荷载试验结构校验系数 ζ 值小于1时，代表桥梁的实际状况要好于理论状况。

(2)主要测点相对残余变位或相对残余应变 S'_p，按下式计算

$$S'_p = \frac{S_p}{S_t} \times 100\% \tag{1-7-8}$$

式中：S_p——主要测点的实测残余变位或残余应变；

S_t——试验荷载作用下主要测点的实测总变位或总应变。

S'_p 越小，说明结构越接近弹性工作状况。实际加载试验中，相对残余变形(或应变)不允许大于20%。

5. 裂缝

加载试验中裂缝观测的重点是结构承受拉力较大部位及旧桥原有裂缝较长、较宽的部位。在这些部位应测量裂缝长度、宽度，并在混凝土表面沿裂缝走向进行描绘。加载过程中观测裂

缝长度及宽度的变化情况，可直接在混凝土表面进行描绘记录，也可采用专门表格记录。可将裂缝发展情况绘制在裂缝展开图上。描述加载前后裂缝（宽度、长度）变化。

第三节　桥梁动载试验

桥梁动载试验涉及的问题，与所有工程振动试验研究的问题相似，基本可以归为三个方面：桥梁外部振源、结构动力特性和动力反应。

一、桥梁动力特性参数

结构动力特性参数，也称结构自振特性参数或振动模态参数，其内容主要包括结构的自振频率（自振周期）、阻尼比和振型。它们都是由结构形式、建筑材料性能等结构所固有的特性所决定的，与外荷载无关。

二、桥梁动载试验的激振方法

1. 自振法（瞬态激振法）

自振法的特点是使桥梁产生有阻尼的自由衰减振动，记录到的振动图形是桥梁的衰减振动曲线。为使桥梁产生自由振动，一般常用突加荷载和突卸荷载两种方法。

（1）突加荷载法（冲击法）

对于中、型桥梁结构，可用落锤激振器（或枕木）垂直地冲击桥梁，激起桥梁竖直方向的自由振动。如果水平方向冲击桥面缘石，则可激起横向振动。

工程界常利用试验车辆在桥面上驶越三角垫木，利用车轮的突然下落对桥梁产生冲击作用，激起桥梁的竖向振动。

为了获得简支梁桥的第一振型，则冲击荷载作用于跨中部位，测第二振型时冲击荷载应加于跨度的四分之一处。

冲击法引起的自由振动，一般可记录到第一固有频率的振动图形。如用磁带记录仪录取结构某处之响应，通过频谱分析，则可获得多阶固有频率的参数。

（2）突荷载法（位移激振法）

采用突荷载法时，在结构上预先施加一个荷载作用，使结构产生一个初位移，然后突然卸去荷载，利用结构的弹性性质使其产生自由振动。

2. 共振法（强迫振动法）

激振设备有机械式激振器、电磁式激振器和电气液压式振动台。

共振法是利用激振器，对结构施加激振力，使结构产生强迫振动，改变激振力的频率而使结构产生共振现象，并借助共振现象来确定结构的动力特性。

在桥梁的动载试验中，常用载重车队由低到高的不同速度驶过桥梁，使结构产生不同程度的强迫振动。在若干次运行车辆荷载试验中，当某一行驶速度产生的激振力的频率与结构的固有频率相接近时，结构便产生共振现象，此时结构各部位的振动响应达到最大值。在车辆驶离桥跨以后，结构作自由衰减振动，这时可由记录到的波形曲线分析得出结构的动力特性。振动波形曲线中的某一段是车辆离桥后，结构作自由衰减振动的波形记录，从中可分析计算出结构的固有频率和阻尼特性。

3. 脉动法

对于大跨度悬吊结构，如悬索桥、斜拉索桥跨结构、塔墩以及具有分离式拱助的大跨度下承式或中承式拱桥，可利用结构由于外界各种因素所引起的微小而不规则的振动来确定结构的动力特性。这种微振动通常称为“脉动”，它是由附近的车辆、机器等振动或附近地壳的微小破裂，以及远处的地震传来的脉动所产生。结构的脉动有一重要特性，就是它能明显地反映出结构的固有频率。

在进行桥梁的动载试验中，首先应考虑采用车辆荷载作为试验荷载，以便确定桥梁在使用荷载作有下动力特性及响应。

三、动力特性参数的确定

1. 结构固有频率的测定

按照前面叙述的激振方法，使桥梁产生自由振动，通过测试系统实测记录结构的衰减振动波形如图 1-7-1 所示。在记录的振动波形曲线上，可根据时标符号按公式(1-7-9)直接计算出结构的固有频率 f_0

$$f_0 = \frac{Ln}{t_1 S} \tag{1-7-9}$$

式中：L——两个时标符号间的距离(mm)；

n——波数；

S——n 个波长的距离(mm)；

t_1——时标的间隔，常用 1s、0.1s、0.01s 三种标定值。

在计算频率时，为消除冲击荷载的影响，开始的一、二个波形应舍弃，从第三个波形开始计算分析。

2. 结构阻尼的测定

桥梁结构的阻尼特性，一般用对数衰减率或阻尼比 D 来表示。由振动理论知，对数衰减率为

$$\delta = \ln \frac{y_n}{y_{n+1}} \tag{1-7-10}$$

式中：y_n、y_{n+1}——相邻两个波的振幅值，可直接从衰减曲线上量取。

实践中，常在衰减曲线上量取 m 个波形，求得平均的衰减率如图 1-7-2 所示。

$$\delta_a = \frac{1}{m} \ln \frac{y_n}{y_{n+m}} \tag{1-7-11}$$

由振动理论知，对数衰减率 δ 与阻尼比 D 的关系为

$$\delta = \frac{2\pi D}{\sqrt{1 - D^2}} \tag{1-7-12}$$

对于一般材料的阻尼比都很小，因此，按照前述的方法，可求出结构的动力特性：

$$D = \frac{\delta}{2\pi} \tag{1-7-13}$$

应当指出，上述分析中，包含有载重汽车这一附加质量的影响。

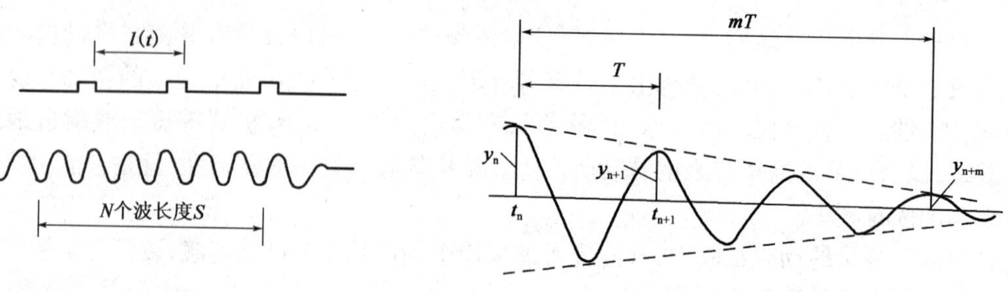

图 1-7-1　频率计算示意图

图 1-7-2　有阻尼自由衰减的振动波形曲线

3. 振型的测定

采用共振法测定振型时，将若干传感器安装在结构各有关部位，当激振装置激发结构共振的，同时记录结构各部位的振幅和相位，比较各测点的振幅及相位便可绘出振型曲线。

振型的测定一般采用两种方法。一种方法是在结构上同时安装许多传感器；另一种方法是只用一个传感器，测试时不断改变它的位置，以便测出各点的振幅。第二种方法需要对传感器多次拆卸和安装，并且还需要有一个作用参考点不能移动的传感器，各次测定值均应同参考点对应比较。简支梁一、二、三阶振型示意图如图 1-7-3 所示。

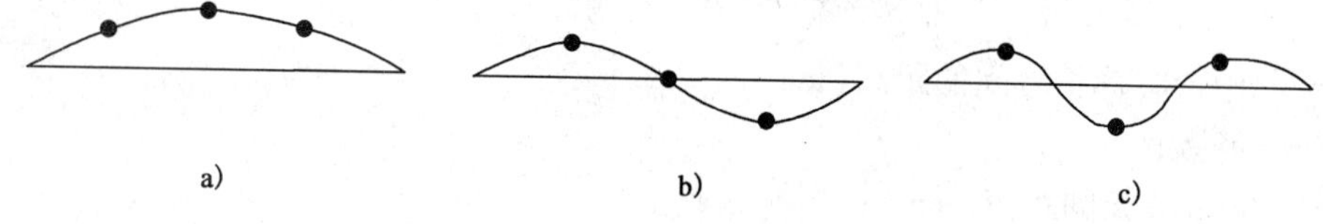

图 1-7-3　简支梁一、二、三阶振型示意图

a）一阶主振型；b）二阶主振型；c）三阶主振型

悬臂梁横向振动的一、二、三阶振型如图 1-7-4 所示。

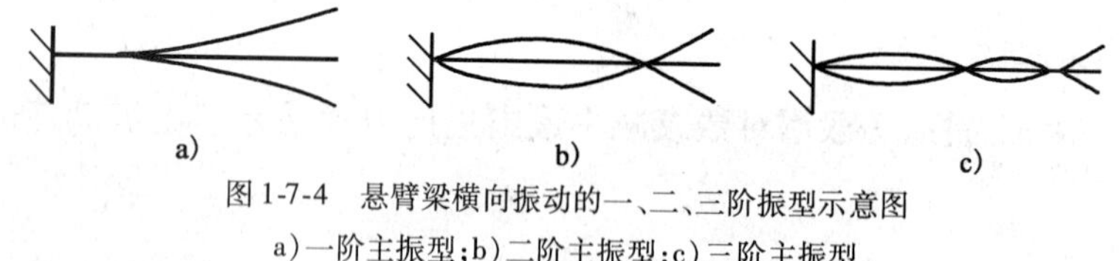

图 1-7-4　悬臂梁横向振动的一、二、三阶振型示意图

a）一阶主振型；b）二阶主振型；c）三阶主振型

四、桥梁动载试验

桥梁结构动力反应测定的内容，主要是桥梁在待定动荷载（如车辆、地震力和台风等）作用下的动力参数（如动应力、动挠度、加速度等）。从测试技术的角度看，测定结构动力反应参数，就是在动力特性测试方法的基础上，进一步对所测信号的时程曲线及其峰值大小做出定量分析。如车辆动载试验中，可以实测桥梁结构的动应变、动挠度值并由此确定桥梁结构动态增量等；又如在动力特性测试前，将所用仪器测试系统的灵敏度做必要的标定，那么由该系统所测的信号，就可以确定加速度或振幅大小。

实桥动载试验一般采用移动车辆荷载进行加载,对应主要测试动荷载作用下结构的动态响应参数及其随时间的变化。动载试验所采用的测试方法和仪器设备均较静力加载试验复杂,测试要求也较高。

1. 动载试验内容

(1)试验荷载

一般情况下,实桥上将规范的设计组合荷载模拟成试验动荷载(能使结构控制截面产生最大内力)并无可比性。实际桥梁动载试验时,即使是特大型桥梁,也都是采用一辆或多辆载重车作为动载试验荷载。

(2)加载方式

实桥动载试验加载有如下基本方式。

①试验车辆以不同车速(10km/h、20km/h、30km/h、40km/h 等)按指定车道匀速行驶过被测试桥跨。

②试验车辆以不同车速按指定车道行驶,并跨越指定断面上模拟桥面不平障碍物。

③试验车辆以一定速度按指定车道行驶,至指定断面紧急制动。

①~③的加载车辆可以是单辆,也可以是两辆或多辆,两辆或多辆加载时应要求车辆保持同步。动载试验前,应将加载车辆在控制断面按指定车道位置停放一遍,测量对应的静态响应,留作后续动载试验数据分析时参考比较。加载过程中,发现车辆明显偏位、车速明显不对或多辆车不同步等情况时,应重新加载。

④实时在线车辆(如超载车、特殊交通量等)荷载作用。

2. 动载试验过程

(1)仪器调试

所有仪器设备在准备阶段应已调试完毕,要考虑好记录的具体方法。

(2)车辆控制

要控制好车辆上下桥车速、位置和时间,要协助驾驶员准确控制好行车速度,注意每次上桥的行车路线,对一些大跨度桥梁,还要确定车辆行驶到各个断面的位置信息。

(3)测试记录

①跑车。跑车测试的目的是判别不同车速下桥梁结构的动态响应(如位移或应力的动态增量和时程曲线),进而可以分析出动态响应与车速之间的关系。给车辆规定各档车速,要求车辆在桥上保持匀速行驶,记录动态响应的全过程。如果跑车速度相当慢,动测仪器记录的过程曲线就是对应测点位置的内力荷载影响线或挠度荷载影响线。

②制动。车辆以一定速度行驶,到规定位置突然紧急制动,记录此制动时的动态响应时程曲线。

③跳车(跨越障碍物)。在桥上测试断面位置设置一障碍物,模拟桥面不平整。当车辆以不同的车速驶过障碍物时,测定结构的动态响应时程曲线。

④实时在线车辆荷载作用。相当于桥梁日常或特殊运营情况下的实时监测,主要测试峰值交通量或特殊车辆作用下结构的动态时程曲线、响应峰值或动态增量等。

3. 动载试验数据整理

动载试验数据整理的主要对象是动应变和动挠度,通过动应变数据(曲线)可整理出对应结构构件的最大(正)应变、最小(负)应变以及动态增量,通过动挠度数据(曲线)可得到结构的最大动挠度和结构的动态增量。

(1)动应变

如图1-7-5所示,最大动应变ε_{max}的度量可按比例换算得到

$$\varepsilon_{max} = \varepsilon_x \frac{H_{max}}{H_x} \tag{1-7-14}$$

式中:H_x、H_{max}——分别是仪器的度量值;

ε_x——H_x对应的应变度量值。

(2)动挠度

如图1-7-6所示,最大动挠度y_{max}是叠加在相应静载挠度曲线上的波峰总值,其度量可根据标定值得到,道理和动应变一样。

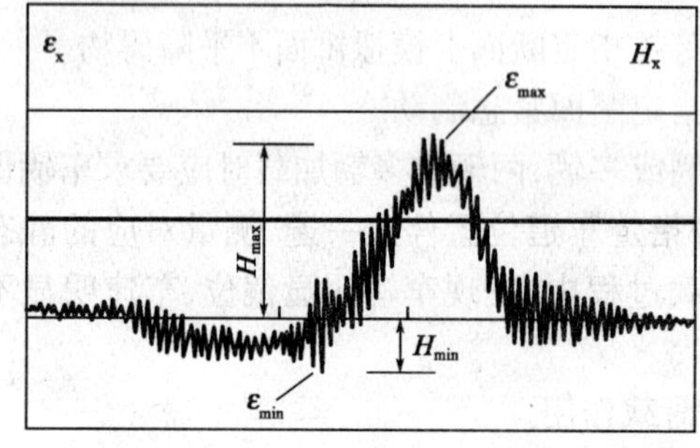

图1-7-5　应变曲线

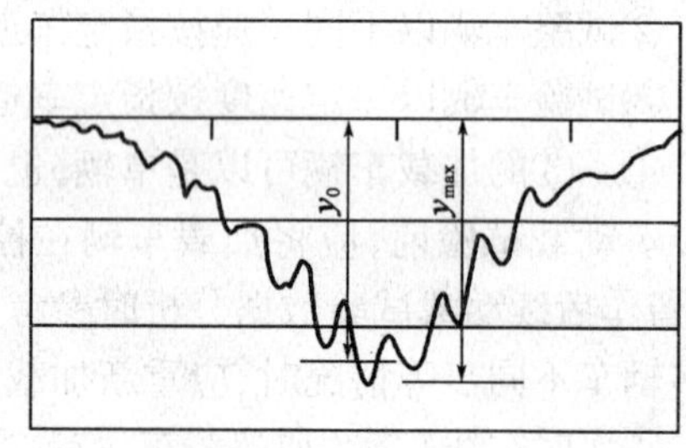

图1-7-6　动挠度曲线

(3)动态增量(动力增大系数)

动态增量即可定义为最大动应力与最大静应力之差比最大静应力的值,也可定义为最大动挠度与最大静挠度之差比最大静挠度的值。根据图1-7-5和图1-7-6,可按下列确定动态增量。

应力动态增量为

$$\varphi_{\varepsilon} = \frac{\varepsilon_{max} - \varepsilon_0}{\varepsilon_0} \tag{1-7-15}$$

挠度动态增量为

$$\varphi_y = \frac{y_{max} - y_0}{y_0} \tag{1-7-16}$$

式中:ε_0、y_0——分别是动荷载相应静荷载作用下测点的最大应变和挠度。

(4)桥梁动态增量和冲击系数

对动态增量和冲击系数应有所区分,动态增量式某特定的车辆(一辆或多辆)移动荷载作用下桥梁应力或位移响应的一个动力增大系数;冲击系数是设计汽车组合荷载所乘的考虑汽车制动力作用的一个系数。

动态增量与冲击系数的关系是

$$\mu = 1 + \varphi \tag{1-7-17}$$

第四节　桥梁承载能力评定

《公路桥梁承载能力检测评定规程(JTG/T J21—2011)》以基于概率理论的极限状态设计方法为基础,采用引入分项检算系数修正极限状态设计表达式的方法,对在用桥梁承载能力进行检测评定。

通过对桥梁缺损状况检查、材质状况与状态参数检测和结构检算,必要时再进行荷载试验的方式评定桥梁承载能力。结构检算主要依据现行规范,根据桥梁检查与检测结果,采用引入分项检算系数修正极限状态设计表达式的方法进行。在用桥梁应按承载能力极限状态和正常使用极限状态两类极限状态进行承载能力检测评定。

一、基本规定

1.一般规定

(1)在用桥梁有下列情况之一时,应进行承载能力检测评定:

①技术状况等级为四、五类的桥梁;

②拟提高荷载等级的桥梁;

③需通过特殊重型车辆荷载的桥梁;

④遭受重大自然灾害或意外事件的桥梁。

(2)在用桥梁承载能力检测评定应包含以下工作内容,必要时还应进行荷载试验评定:

①桥梁缺损状况检查评定;

②桥梁材质状况与状态参数检测评定;

③桥梁承载能力检算评定。

(3)对于多跨或多孔桥梁,应根据桥梁技术状况检查评定情况,选择具有代表性的或最不利的桥跨进行承载能力检测评定。

(4)进行检测评定时,有关作用(或荷载)及其组合在无特殊要求时宜采用设计荷载标准。经过加固的桥梁,在承载能力检测评定时,有关作用(或荷载)及其组合宜选用加固时所采用的标准。

(5)桥梁承载能力检算评定所需技术参数,宜依据竣工资料或设计文件按相关标准规范取用。对缺失技术资料的桥梁,可根据桥梁检测资料,结合参考同年代类似桥梁设计文件或标准定型图取用。

2.检测评定程序

(1)检测评定前,应通过实地调查和桥梁检查,掌握桥梁技术状况、病害成因、使用荷载和养护维修等情况,搜集相关技术资料,确定检算技术参数。调查的资料主要包括:

①勘察设计资料,主要包括桥位地质钻探资料及水文勘测资料、设计计算书及有关图纸、变更设计计算书及有关图纸等。

②施工、监理、监控与竣工技术资料,主要包括材料试验资料、施工记录、监理资料、施工监控资料、地基与基础试验资料、竣工图纸及其说明、交工验收资料、交工验收荷载试验报告、竣工验收有关资料等。

③养护、试验检测及维修与加固资料，主要包括桥梁检查与检测、荷载试验资料，历次桥梁维修、加固资料，历次特别事件记载资料等。

④调查收集桥梁运营荷载的资料，包括交通量、交通组成、车重、轴重等情况。

（2）对选定的桥跨进行桥梁缺损状况检查评估、材质状况与状态参数检测评定和实际运营荷载状况调查，确定分项检算系数。

根据检查检测情况确定各评价指标的评定标度，通过对桥梁综合技术状况、耐久性恶化状况、结构的截面缺损状况和运营荷载状况的评价，确定结构检算系数、耐久性恶化系数、截面折减系数和活载影响修正系数。

（3）按照相关标准和规程的有关规定，计算桥梁结构或构件抗力效应和作用效应，采用引入分项检算系数修正承载能力极限状态和正常使用极限状态计算表达式的方法进行检算评定。

（4）作用效应与抗力效应的比值在1．0～1．2时，应根据《公路桥梁承载能力检测评定规程（JTG/T J21—2011）》的有关规定通过荷载试验评定承载能力。

在保证桥梁安全的前提下，为充分发挥在用桥梁的承载潜力，对检算的作用效应大于抗力效应且超过幅度在20%以内的桥梁，应通过荷载试验进一步评定其承载能力。

二、桥梁缺损状况检查评定

1．桥梁缺损状况检查

（1）对需要检测评定的桥跨，应按照现行规范有关定期检查的规定，对结构构件缺损状况逐一进行详细检查。

（2）对检查中发现的缺损应进行现场标注，并做影像记录和病害状况说明。对桥梁结构构件的内部缺陷，宜采用仪器设备进行现场检测。

（3）检查时，应采用图表和文字描述等方式详细记录缺损的位置、范围和严重程度，对其成因和发展趋势作出评判。

2．桥梁缺损状况评定

（1）对需要检测评定的桥跨，应按照现行行业标准的有关规定，评定桥面系、上部和下部结构的技术状况等级。

（2）桥面系、上部和下部结构技术状况等级1、2、3、4和5，对应的缺损状况评定标度值为1、2、3、4和5。

桥梁缺损状况检查评定，主要依据《公路桥涵养护规范》（JTG H11—2004）和《公路桥梁技术状况评定标准》（JTG/T H21—2011），针对所选择的承载能力检测评定桥跨实施。重点检查记录结构或构件缺损的类别、范围、分布特征和严重程度，并推断其发展变化趋势及其可能造成的不利影响，进而评定其技术状况等级，并最终确定缺损状况评定标度值。

三、桥梁材质状况与状态参数检测评定

1．桥梁几何形态参数检测评定

（1）梁桥应测定桥跨结构纵向线形和墩（台）顶的竖向和水平变位；拱桥应测定拱轴线、桥

面结构纵向线形和墩(台)顶的竖向和水平变位;索塔应测定塔顶水平变位、桥面结构纵向线形和主缆线形。

(2)桥跨结构纵向线形,宜沿桥纵向分断面布设测点,分桥轴线和车行道上、下游边缘线三条线,按二等工程水准测量要求进行闭合水准测量。测点应布置在桥跨或桥面结构的跨径等分点截面上。对中小跨径桥梁,单跨测量截面不宜少于5个;对大跨径桥梁,单跨测量截面不宜少于9个。

(3)墩(台)顶的水平变位或塔顶水平变位,可采用悬挂垂球方法、极坐标法或其他可靠方法进行测量。拱轴线和主缆线形,宜按桥跨的8等分点分别在拱背和拱腹、主缆顶面布设测点,采用极坐标法进行平面坐标和三角高程测量。

(4)桥梁结构几何形态参数的实测数据,可用于确定桥梁结构持久荷载状态的变化,也可推求判定结构基础变位情况。对超静定结构,可依据实测的结构几何参数,采用模拟计算分析方法,对桥梁结构在持久荷载下的内力和变位状况作出评价。

2.桥梁恒载变异状况调查评估

(1)桥梁恒载变异状况调查宜包括以下几个方面内容:

①桥梁总体尺寸的测量,主要包括桥梁长度、桥宽、净空、跨径等。

②桥梁构件尺寸的测量,主要包括构件的长度与截面尺寸等。

③桥面铺装厚度及拱上填料重度测定。

④其他附加荷载调查。

(2)桥梁长度、跨径可在桥面上按桥跨结构中心线和车行道上、下游边缘线3条线进行测量。桥梁宽度可沿桥纵向分断面采用钢尺进行测量,测量断面每跨不宜少于3个。

(3)构件长度与截面尺寸可采用钢尺进行测量,对桥跨结构,跨径小于40m的桥梁量测断面单跨不得少于5个,跨径大于或等于40m的桥梁量测断面单跨不得少于9个。对桥梁墩台、主塔等主要承重构件,测量断面不得少于3个。截面突变处应布设测量断面。

(4)桥面铺装层厚度可采用分断面布点钻芯测量,也可采用雷达结合钻芯修正的方法测定。采用分断面布点钻芯测量时,测量断面宜布置在跨径四等分点位置,每断面宜布设3个钻孔测点,分设在车行道桥跨结构中心线和上、下游边缘处。

3.桥梁材质强度检测评定

(1)对桥梁主要构件,应采用无损、半破损或钻、截取试样等方法检测其材质强度。在用桥梁材质强度检测主要包括混凝土和钢材两类材料的材质强度检测,为减少对结构构件的损坏,应尽量采用无损检测方法进行。确有必要时方可考虑对混凝土采用半破损检测方法,对钢材采用截取试样方法。

(2)对桥梁混凝土强度,应在主要构件或主要受力部位布置测区,采用回弹法、超声回弹综合法、取芯法等进行检测。

(3)钢材强度可依据设计、施工有关资料确定。无资料时,宜通过调查桥梁修建年代和材料来源、查看结构外观等进行分析判定。确有必要时,可在结构有代表性的构件上截取试件通过试验确定。

(4)在桥梁上钻、截取试件时,应选择在主要承重构件的次要部位或次要承重构件上,并应采取措施保证结构安全;钻、截取试件后,应及时进行修复或加固处理。

取芯法检测混凝土强度时，应选择在主要构件的非主要受力部位（如T梁的横隔板）或主要受力部位的非应力控制区（如预应力连续箱梁的横隔板、翼板等）布置取芯测区，并应尽量避开受力钢筋且必须避开预应力钢筋（束）。为进行强度试验截取钢筋（或钢材）时，应选择在次要构件上，且应避开受力主筋（或主要受力部位）。

（5）应依据混凝土桥梁结构或构件实测强度推定值或测区平均换算强度值，按式（1-7-18）、式（1-7-19）计算其推定强度匀质系数 K_{bt} 或平均强度匀质系数 K_{bm}，按表1-7-2的规定确定混凝土强度评定标度。

桥梁混凝土强度评定标准 表1-7-2

K_{bt}	K_{bm}	强度状况	评定标度
≥0.95	≥1.00	良好	1
(0.95,0.90]	(1.00,0.95]	较好	2
(0.90,0.80]	(0.95,0.90]	较差	3
(0.80,0.70]	(0.90,0.85]	差	4
<0.70	<0.85	危险	5

①推定强度匀质系数：

$$K_{bt} = \frac{R_{it}}{R} \tag{1-7-18}$$

式中：R_{it}——混凝土实测强度推定值；

R——混凝土设计强度等级。

②平均强度匀质系数：

$$K_{bm} = \frac{R_{im}}{R} \tag{1-7-19}$$

式中：R_{im}——混凝土测区平均换算强度值。

4. 混凝土桥梁钢筋锈蚀电位检测评定

（1）对混凝土桥梁主要构件或主要受力部位应布设测区检测钢筋锈蚀电位，每一测区的测点数不宜少于20个。

（2）混凝土中钢筋锈蚀电位检测宜采用半电池电位法，参考电极可采用铜/硫酸铜半电池电极。

（3）应根据表1-7-3评定混凝土桥梁钢筋发生锈蚀的概率或锈蚀活动性。并应按照测区锈蚀电位水平最低值，确定钢筋锈蚀电位评定标度。

混凝土桥梁钢筋锈蚀电位评定标准 表1-7-3

电位水平（mV）	钢筋状况	评定标度
≥-200	无锈蚀活动性或锈蚀活动性不确定	1
(-200，-300]	有锈蚀活动性，但锈蚀状态不确定，可能坑蚀	2
(-300，-400]	有锈蚀活动性，发生锈蚀概率大于90%	3
(-400，-500]	有锈蚀活动性，严重锈蚀可能性极大	4
<-500	构件存在锈蚀开裂区域	5

注：量测时，混凝土桥梁结构或构件应为自然状态。

5. 混凝土桥梁氯离子含量检测评定

(1)对钢筋锈蚀电位评定标度值为3、4、5的主要构件或主要受力部位,应布置测区测定混凝土中氯离子含量及其分布,每一被测构件测区数量不宜少于3个。

(2)混凝土中的氯离子含量,可采用在结构构件上钻取不同深度的混凝土粉末样品的方法通过化学分析进行测定。

(3)应根据混凝土中钢筋处氯离子含量,按表1-7-4评判其诱发钢筋锈蚀的可能性。并应按照测区最高氯离子含量值,确定混凝土氯离子含量评定标度。

混凝土氯离子含量评定标准　表1-7-4

氯离子含量(占水泥含量的百分比)	诱发钢筋锈蚀的可能性	评定标度
<0.15	很小	1
[0.15,0.40)	不确定	2
[0.40,0.70)	有可能诱发钢筋锈蚀	3
[0.70,1.00)	会诱发钢筋锈蚀	4
≥1.00	钢筋锈蚀活化	5

6. 混凝土桥梁电阻率检测评定

(1)对钢筋锈蚀电位评定标度值为3、4、5的主要构件或主要受力部位,应进行混凝土电阻率测量。被测构件或部位的测区数量不宜少于30个。

(2)混凝土电阻率宜采用四电极法检测。

(3)应根据表1-7-5评定钢筋锈蚀速率,按照测区电阻率最小值确定混凝土电阻率评定标度。

混凝土电阻率评定标准　表1-7-5

电阻率(Ω·cm)	可能的锈蚀速率	评定标度
≥20 000	很慢	1
[15 000,20 000)	慢	2
[10 000,15 000)	一般	3
[5 000,10 000)	快	4
< 5 000	很快	5

混凝土电阻率反映了混凝土的导电性能,可间接评判钢筋的可能锈蚀速率。通常混凝土电阻率越小,导电能力越强,钢筋锈蚀发展速度越快。

7. 混凝土桥梁碳化状况检测评定

(1)对钢筋锈蚀电位评定标度值为3、4、5的主要构件或主要受力部位,应进行混凝土碳化状况检测。被测构件或部位的测区数量不应少于3个或混凝土强度测区数量的30%。

(2)混凝土碳化状况可采用在混凝土新鲜断面观察酸碱指示剂反应厚度的方法测定。

(3)应根据测区混凝土碳化深度平均值与实测保护层厚度平均值的比值K_c,按表1-7-6的规定确定混凝土碳化评定标度。

混凝土碳化评定标准 表 1-7-6

K_c	评定标度	K_c	评定标度
<0.5	1	[1.5,2.0)	4
[0.5,1.0)	2	≥2.0	5
[1.0,1.5)	3	—	—

8. 混凝土桥梁钢筋保护层厚度检测评定

(1)混凝土桥梁钢筋保护层厚度检测应包括钢筋位置和混凝土保护层厚度测量，对缺失资料的桥梁还应包括钢筋直径估测。

(2)混凝土桥梁钢筋保护层厚度检测部位应包括：

①主要构件或主要受力部位；

②钢筋锈蚀电位测试结果表明钢筋可能锈蚀活化的部位；

③发生钢筋锈蚀胀裂的部位；

④布置混凝土碳化测区的部位。

(3)混凝土桥梁钢筋保护层厚度可采用电磁检测方法进行无损检测。对于缺失资料的桥梁，可在结构非主要受力部位采用局部破损的方法进行校验。

(4)检测构件或部位的钢筋保护层厚度平均值 D'_n 应按下式计算：

$$D'_n = \frac{\sum_{i=1}^{n} D_{ni}}{n} \tag{1-7-20}$$

式中：D_{ni}——钢筋保护层厚度实测值，精确至 0.1mm；

n——检测构件或部位的测点数。

(5)检测构件或部位的钢筋保护层厚度特征值 D_{ne} 应按下式计算：

$$D_{ne} = D'_n - K_p S_D \tag{1-7-21}$$

式中：S_D——钢筋保护层厚度实测值标准差，精确至 0.1mm；

K_p——判定系数，按表 1-7-7 取用。

钢筋保护层厚度判定系数 表 1-7-7

n	10 ~ 15	16 ~ 24	≥25
K_p	1.695	1.645	1.595

(6)应根据检测构件或部位的钢筋保护层厚度特征值 D_{ne} 与设计值 D_{nd} 的比值，按表 1-7-8 的规定确定钢筋保护层厚度评定标度。

钢筋保护层厚度评定标准 表 1-7-8

D_{ne}/D_{nd}	对结构钢筋耐久性的影响	评定标度
>0.95	影响不显著	1
(0.85,0.95]	有轻度影响	2
(0.70,0.85]	有影响	3
(0.55,0.70]	有较大影响	4
≤0.55	钢筋易失去碱性保护，发生锈蚀	5

9. 桥梁结构自振频率检测评定

(1)桥梁自振频率检测,测点应布置在桥梁上、下部结构振型的峰、谷点,进行多点多方向的测量。

(2)宜根据实测自振频率f_{mi}与理论计算频率f_{di}的比值,按表1-7-9的规定确定桥梁自振频率评定标度。

桥梁自振频率评定标准　　表1-7-9

上部结构f_{mi}/f_{di}	下部结构f_{mi}/f_{di}	评定标度
≥1.1	≥1.2	1
[1.00,1.10)	[1.00,1.20)	2
[0.90,1.00)	[0.95,1.00)	3
[0.75,0.90)	[0.80,0.95)	4
<0.75	<0.80	5

10. 拉吊索索力检测评定

(1)拉吊索索力测量可采用振动法,也可利用锚下预先安装的测力传感器直接测量。

(2)索力偏差率K_t,可按下式计算。

$$K_t = \frac{T - T_d}{T_d} \tag{1-7-22}$$

式中:T——实测索力值(N);

T_d——设计索力值(N)。

(3)索力偏差率超过±10%时应分析原因,检定其安全系数是否满足相关规范要求,并应在结构检算中加以考虑。

11. 桥梁基础与地基检测评定

(1)桥梁基础变位检测评定应包括以下三个方面:

①基础的竖向沉降、水平变位和转角;

②相邻基础的沉降差;

③基础的不均匀沉陷、滑移、倾斜和冻拔等。

(2)对设有永久性观测点的桥梁基础,可通过测量永久性观测点平面坐标与高程的变化分析其变位。对无永久性观测点的桥梁基础,可采用几何测量、垂线测量、光学测距等间接测量的方法,也可通过测量桥跨结构几何形态参数的变化推定其变位。

(3)对桥梁基础变位应从下列两个方面进行评定。

①基础变位是否趋于稳定。若基础变位尚未稳定,应设立永久性观测点,定期进行控制检测。

②基础变位是否超出设计期望值。若超出设计期望值,除应检算评定基础变位对上部结构的不利影响外,还应对地基进行探查,检算评定其承载能力。

(4)对桥梁地基的检验应符合下列规定。

①根据桥梁结构的重要性、墩台与基础变位情况以及原位岩土工程勘察资料情况,补充勘探孔或原位测试孔,查明土层分布及土的物理力学性质。孔位应靠近基础。

②对因加固维修需要增加结构自重的桥梁，尚宜在基础下取原状土进行室内土的物理力学性质试验。

(5)简支桥梁的墩台与基础沉降和位移，超过以下容许限值，且通过观察确认其仍在继续发展时，应采取相应措施进行加固处理。

①墩台均匀总沉降(不包括施工中的沉陷)：$2.0\sqrt{L}$(cm)。

②相邻墩台均匀总沉降差(不包括施工中的沉陷)：$1.0\sqrt{L}$(cm)。

③墩台顶面水平位移值：$0.5\sqrt{L}$(cm)。

其中 L 为相邻墩台间最小跨径(m)，小于25m时以25m计。

四、桥梁结构检算要点

1. 一般要求

(1)在用桥梁结构检算宜遵循桥梁设计规范。在无明确规定的情况下，在用桥梁结构检算也可采用通过技术鉴定和经工程实际应用验证的可靠分析方法。

(2)桥梁结构检算宜依据竣工资料或设计资料，并应与桥梁实际情况进行核对修正。对缺失资料的桥梁，可根据桥梁检测结果，参考同年代类似桥梁的设计资料或标准定型图进行检算。

(3)桥梁结构检算应针对结构主要控制截面、薄弱部位和出现严重缺损部位。

(4)对受力复杂的构件或部位，应进行空间结构检算。

2. 检算荷载修正

(1)结构重力、附加重力宜根据实际调查情况进行修正。

(2)当桥梁需要临时通过特殊重型车辆荷载时，应按实际车辆荷载进行检算。

(3)对预加应力作用，应根据预应力锚固、压浆、漏张、断丝或滑丝等的检测情况，以及桥梁结构表面开裂和几何参数变化情况，结合结构拟合计算分析综合推定实际有效预应力。预应力损失会导致桥跨结构下挠和混凝土开裂，对桥梁承载能力有很大影响。桥梁检算分析时，应根据预应力体系检测结果以及结构开裂和变形情况，考虑混凝土收缩徐变等的影响，通过反演计算分析评估结构有效预应力状况。

(4)对基础变位作用，应根据桥梁墩台与基础变位以及几何形态参数的检测结果，综合确定基础变位最终值，计算基础变位产生的结构附加内力。

(5)温度作用宜按《公路桥涵设计通用规范》(JTG D60—2004)规定取值。对大跨径预应力混凝土箱形结构或复杂受力结构，也可采用结构温度场实测结果进行检算。

3. 钢结构检算要点

(1)钢板梁结构应检算以下主要内容。

①弯矩：跨中点、腹板接头处、盖板叠接处(叠接盖板第一行铆钉或螺栓截面处)、翼板接头处以及连续梁支点。

②剪力：支点中性轴及支点上下翼板铆距、栓距或焊缝强度。

③稳定性：受压翼板、支点加劲立柱及腹板。

④桥面系梁：除按上述各项检算外，尚应进行纵梁与横梁、横梁与主梁的连接检算，以及纵

梁与主梁间的横梁区段在最弱截面处的剪应力检算。

(2)钢桁梁结构应检算以下主要内容:

①杆件截面的强度与稳定性。

②连接及接头的强度。

③承受反复应力杆件的疲劳强度。

④联结系的强度与稳定性。

(3)在进行钢桁梁结构检算时,应考虑如下偏心连接及杆件损伤的影响。

①在节点处如杆件重心线不交于一点而产生偏心,当偏心量不大于杆件高度的5%时,应检算因偏心而产生的附加应力,此时容许应力可提高15%。

②受压杆件的初始弯曲矢度超过1/500时,应计算弯曲影响。

③在计算杆件的有效面积时,应考虑杆件的穿孔、缺口、裂缝及锈蚀对截面的削弱,并应计入偏心影响。

④由两个或两个以上分支组成的杆件其中一肢弯曲矢度大于1/2截面的回转半径时,杆件的有效面积只计不弯曲的分支面积。

⑤杆件的边缘或翼板角钢伸出肢弯曲或压凹,其弯曲矢度超过杆件受伤部分的回转半径时,在计算中应予考虑,此时有效面积只计不弯曲部分。

(4)钢箱梁应检算以下主要内容:

①正交异性桥面板分别检算整体结构体系和桥面结构体系的强度、稳定性和疲劳强度。

②翼缘板横向、纵向刚度。

③腹板强度和稳定性。

④横隔板强度和稳定性。

⑤横向联系横向抗弯、纵向扭转刚度。

(5)钢管结构应检算以下主要内容:

①钢管杆件强度与稳定性。

②结构焊缝强度。

③节点强度及变形。

4. 混凝土梁桥检算要点

(1)混凝土梁桥应检算板(梁)跨中正弯矩、支点附近最不利剪力、跨径1/4截面附近最不利弯剪组合效应、连续梁墩顶负弯矩和桥面板局部强度。

(2)变截面连续梁桥和T形刚构桥,除应符合上述规定外,还应检算梁高较小的腹板厚度变化区截面弯剪组合效应和牛腿处的剪力效应。

(3)对少设或不设横隔板的宽箱薄壁梁,应检算畸变应力和横向弯曲应力。

(4)对多梁结构,应根据桥梁横向联系实际情况计算荷载横向分布。

(5)混凝土桥面铺装与梁体结合较好,且缺损状况评定标度小于3时,在检算中可考虑混凝土桥面铺装扣除表面2cm磨耗层后参与梁体共同受力。

5. 拱桥检算要点

(1)拱桥应检算主拱圈最大轴力和弯矩、主拱的稳定性、立柱抗剪和桥面板局部强度。

(2)检算时应依据检测结果考虑拱轴线变化、基础变位、拱圈和立柱系梁开裂等结构状态变化的不利影响。

(3)当缺乏技术资料时,混凝土收缩产生的内力计算可等效为温度额外降低引起拱圈内力,并按下列规定取值:

①整体浇筑的混凝土拱,收缩影响相当于降温20～30℃。

②整体浇筑的钢筋混凝土拱,收缩影响相当于降温15～20℃。

③分段浇筑的混凝土拱和钢筋混凝土拱,收缩影响相当于降温10～15℃。

6. 墩台与基础检算要点

(1)墩台应检算截面强度和总体稳定性,对有环形裂缝的截面,还应检算抗倾覆和抗滑动稳定性。

(2)若墩台发生倾斜,检算墩(台)身截面和基底应力、偏心与抗倾覆稳定性时,尚应考虑斜度影响。

(3)冻土地基中墩台和基础,应检算抗冻拔稳定性和薄弱断面的抗拉强度。

(4)对冲刷严重的河段,检算时应考虑冲刷对墩台和基础的影响。

(5)摩擦桩群桩基础应按整体基础检算桩端平面处土层的承载力。当桩端平面以下有软弱土层时,尚应检算该土层的承载力。

五、桥梁承载能力评定

1. 一般要求

(1)对在用桥梁,应从结构或构件的强度、刚度、抗裂性和稳定性四个方面进行承载能力检测评定。在用桥梁承载能力评定包括持久状况下承载能力极限状态和正常使用极限状态。承载能力极限状态针对的是结构或构件的截面强度和稳定性,正常使用极限状态主要针对结构或构件的刚度和抗裂性。

(2)圬工结构桥梁在计算桥梁结构承载能力极限状态的抗力效应时,应根据桥梁试验检测结果,采用引入检算系数 Z_1 或 Z_2、截面折减系数 ξ_c 的方法进行修正计算。

(3)配筋混凝土桥梁在计算桥梁结构承载能力极限状态的抗力效应时,应根据桥梁试验检测结果,采用引入检算系数 Z_1 或 Z_2、承载能力恶化系数 ξ_e、截面折减系数 ξ_s 和 ξ_c 的方法进行修正计算。

(4)钢结构桥梁在计算桥梁结构承载能力极限状态的抗力效应时,应根据桥梁试验检测结果,采用引入检算系数 Z_1 或 Z_2 的方法进行修正计算。

《公路桥梁承载能力检测评定规程》(JTG/T J21—2011)以基于概率理论的极限状态设计方法为基础,采用引入分项检算系数修正极限状态设计表达式的方法,对桥梁承载能力进行检测评定。分项检算系数主要包括:反映桥梁总体技术状况的检算系数 Z_1 或 Z_2;考虑结构有效截面折减的截面折减系数 ξ_s 和 ξ_c;考虑结构耐久性影响因素的承载能力恶化系数 ξ_e;反映实际通行汽车荷载变异的活载影响系数 ξ_q。主要依据圬工结构桥梁、配筋混凝土桥梁和钢结构桥梁的材料组成特点,引入不同的分项检算系数修正极限状态设计表达式。

(5)对交通繁忙和重载车辆较多的桥梁,汽车荷载效应可根据实际运营荷载状况,通过活载影响修正系数 ξ_q 进行修正计算。

(6)当桥梁结构或构件的承载能力检算系数评定标度 $D \geqslant 3$ 时,应进行正常使用极限状态评定计算。对在用桥梁，当结构或构件的承载能力检算系数评定标度为1或2时，结构或构件的总体技术状况较好，可不进行正常使用极限状态评定计算；当结构或构件的承载能力检算系数评定标度为3、4或5时，应采用引入检算系数 Z_1 或 Z_2 的方式对限制应力、结构变形和裂缝宽度等，进行正常使用极限状态评定计算。

2. 圬工桥梁承载能力评定

圬工桥梁承载能力极限状态，应根据桥梁检测结果按下式进行计算评定。

$$\gamma_0 S \leqslant R(f_d, \xi_c a_d) Z_1 \tag{1-7-23}$$

式中：γ_0——结构的重要性系数；

S——荷载效应函数；

$R(f_d, \xi_c a_d)$——抗力效应函数；

f_d——材料强度设计值；

a_d——结构的几何尺寸；

Z_1——承载能力检算系数；

ξ_c——截面折减系数。

圬工桥梁承载能力极限状态评定，主要考虑采取引入桥梁检算系教、截面折减系数和活载修正系数，分别对极限状态方程中结构抗力效应和荷载效应进行修正，并通过比较判定结构或构件的承载能力状况。

3. 配筋混凝土桥梁承载能力评定

（1）配筋混凝土桥梁承载能力极限状态，应根据桥梁检测结果按下式进行计算评定。

$$\gamma_0 S \leqslant R(f_d, \xi_c a_{dc}, \xi_s a_{ds}) Z_1 (1 - \xi_e) \tag{1-7-24}$$

式中：γ_0——结构的重要性系数；

S——荷载效应函数；

$R(f_d, \xi_c a_{dc}, \xi_s a_{ds})$——抗力效应函数；

f_d——材料强度设计值；

a_{dc}——构件混凝土几何参数值；

a_{ds}——构件钢筋几何参数值；

Z_1——承载能力检算系数；

ξ_e——承载能力恶化系数；

ξ_c——配筋混凝土结构的截面折减系数；

ξ_s——钢筋的截面折减系数。

（2）配筋混凝土桥梁正常使用极限状态，宜按现行公路桥涵设计和养护规范及检测结果分以下三方面进行计算评定。

①限制应力为：

$$\sigma_d < Z_1 \sigma_L \tag{1-7-25}$$

式中：σ_d——计入活载影响修正系数的截面应力计算值（N）；

σ_L——应力限值（N）；

Z_1——承载能力检算系数。

②荷载作用下的变形为：

$$f_{\mathrm{dl}} < Z_1 f_{\mathrm{L}} \tag{1-7-26}$$

式中：f_{dl}——计入活载影响修正系数的荷载变形计算值；

f_{L}——变形限值；

Z_1——承载能力检算系数。

③各类荷载组合作用下裂缝宽度满足：

$$\delta_{\mathrm{d}} < Z_1 \delta_{\mathrm{L}} \tag{1-7-27}$$

式中：δ_{d}——计入活载影响修正系数的荷载变形计算值(N)；

δ_{L}——变形限值(N)；

Z_1——承载能力检算系数。

4. 桥梁结构或构件在持久状况下裂缝宽度应小于表1-7-10的限值

裂缝限制表 表1-7-10

<table>
<tr><th>结构类别</th><th colspan="3">裂缝部位</th><th>容许最大缝宽(mm)</th><th>其他要求</th></tr>
<tr><td rowspan="5">钢筋混凝土梁</td><td colspan="3">主筋附近竖向裂缝</td><td>0.25</td><td>—</td></tr>
<tr><td colspan="3">腹板斜向裂缝</td><td>0.30</td><td>—</td></tr>
<tr><td colspan="3">组合梁结合面</td><td>0.50</td><td>不容许贯通结合面</td></tr>
<tr><td colspan="3">横隔板与梁体端部</td><td>0.30</td><td>—</td></tr>
<tr><td colspan="3">支座垫石</td><td>0.50</td><td>—</td></tr>
<tr><td rowspan="3">全预应力混凝土梁</td><td colspan="3">梁体竖向裂缝</td><td>不容许</td><td>—</td></tr>
<tr><td colspan="3">梁体横向裂缝</td><td>不容许</td><td>—</td></tr>
<tr><td colspan="3">梁体纵向裂缝</td><td>0.20</td><td>—</td></tr>
<tr><td rowspan="3">A类预应力混凝土梁</td><td colspan="3">梁体竖向裂缝</td><td>不容许</td><td>—</td></tr>
<tr><td colspan="3">梁体横向裂缝</td><td>不容许</td><td>—</td></tr>
<tr><td colspan="3">梁体纵向裂缝</td><td>0.20</td><td>—</td></tr>
<tr><td rowspan="3">B类预应力混凝土梁</td><td colspan="3">梁体竖向裂缝</td><td>0.15</td><td>—</td></tr>
<tr><td colspan="3">梁体横向裂缝</td><td>0.15</td><td>—</td></tr>
<tr><td colspan="3">梁体纵向裂缝</td><td>0.20</td><td>—</td></tr>
<tr><td rowspan="3">砖、石、混凝土拱</td><td colspan="3">拱圈横向</td><td>0.30</td><td>裂缝高小于截面高一半</td></tr>
<tr><td colspan="3">拱圈纵向</td><td>0.50</td><td>裂缝长小于跨径的1/8</td></tr>
<tr><td colspan="3">拱波与拱肋结合处</td><td>0.20</td><td>—</td></tr>
<tr><td rowspan="7">墩台</td><td colspan="3">墩台帽</td><td>0.30</td><td rowspan="6">不容许贯通墩台身截面的一半</td></tr>
<tr><td rowspan="5">墩台身</td><td rowspan="2">经常受侵蚀性环境水影响</td><td>有筋</td><td>0.20</td></tr>
<tr><td>无筋</td><td>0.30</td></tr>
<tr><td rowspan="2">常年有水，但无侵蚀性影响</td><td>有筋</td><td>0.25</td></tr>
<tr><td>无筋</td><td>0.35</td></tr>
<tr><td colspan="2">干沟或季节性有水河流</td><td>0.40</td></tr>
<tr><td colspan="3">有冻结作用部分</td><td>0.20</td><td>—</td></tr>
</table>

注：表中所列容许最大缝宽适用于一般条件。对于潮湿和空气中含有较多腐蚀性气体等条件下的缝宽限值应要求更严格一些。

5. 钢结构承载能力评定

(1)钢结构桥梁结构构件强度、总体稳定性和疲劳强度验算应按现行公路桥涵设计规范执行,其应力限值取值为 $Z_1[\sigma]$。

(2)钢结构荷载作用下的变形应按下式计算评定。

$$f_{dl} < Z_1[f] \tag{1-7-28}$$

式中:f_{dl}——计入活载影响修正系数的荷载变形计算值(N);

$[f]$——容许变形值(N);

Z_1——承载能力检算系数。

6. 拉吊索承载能力评定

(1)拉吊索强度应按下式计算评定。

$$\frac{T_j}{A} < Z_1[\sigma] \tag{1-7-29}$$

式中:T_j——计入活载影响修正系数的计算索力(N);

A——索的计算面积(mm^2);

$[\sigma]$——容许应力限值(N);

Z_1——承载能力检算系数。

7. 桥梁地基评定

(1)经久压实的桥梁地基土,在墩台与基础无异常变位的情况下可适当提高其承载能力,最大提高系数不得超过 1. 25。

(2)当桥头填土经久压实时,填土内摩擦角 φ 可根据土质情况适当放大 5° ~ 10°。但提高后的最大取值不得超过 50°。

8. 分项检算系数确定

(1)圬工与配筋混凝土桥梁,应综合考虑桥梁结构或构件表观缺损状况、材质强度和桥梁结构自振频率等的检测评定结果,按下列规定确定承载能力检算系数 Z_1。

①按下式计算确定结构或构件承载能力检算系数评定标度 D。

$$D < \sum \alpha_j D_j \tag{1-7-30}$$

式中:α_j——某项检测指标的权重值,$\sum_{j=1}^{3}\alpha_j = 1$,按表 1-7-11 的规定取值;

D_j——结构或构件某项检测指标的评定标度,按相关规范有关规定取值。

承载能力检算系数检测指标权重值　　表 1-7-11

检测指标名称	缺损状况	材质强度	自振频率
权重 α_j	0.4	0.3	0.3

②根据结构或构件承载能力检算系数评定标度,宜按《公路桥梁承载能力检测评定规程(JTG/T J21—2011)》表 7.7. 1 -2 确定桥梁承载能力检算系数 Z_1 值,特殊情况下可采用专家调查法确定。

(2)钢结构桥梁承载能力检算系数 Z_1 宜按表 1-7-12 取值。

钢结构桥梁承载能力检算系数 Z_1 值 表 1-7-12

缺损状况 评定标度	性状描述	Z_1 值
1	焊缝完好,各节点铆钉、螺栓无松动;构件表面完好,无明显损伤,防护涂层略有老化、污垢	(0.95,1.05]
2	焊缝完好,少数节点有个别铆钉、螺栓松动变形;构件表面有少量锈迹,防护涂层油漆变色、起泡剥落,面积在10%以内	(0.90,0.95]
3	少数焊缝开裂,部分节点有铆钉、螺栓松动变形;构件表面有少量锈迹,防护涂层油漆明显老化变色并伴有大量起泡剥落,面积在10%～20%。个别次要构件有异常变形,行车稍感振动或摇晃	(0.85,0.90]
4	焊缝开裂,并造成截面削弱。联结部位铆钉、螺栓松动变形,10%～30%已损坏;构件表面锈迹严重,截面损失在3%～10%以内,防护涂层油漆明显老化变色并普遍起泡剥落,面积在50%以上。个别主要构件有异常变形,行车有明显振动或摇晃并伴有异常声音	(0.80,0.85]
5	焊缝开裂严重,造成截面削弱在10%以上。联结部位30%以上铆钉、螺栓已损坏;构件表面锈迹严重,截面损失在10%以上,材质特性明显退化;防护涂层油漆完全失效。主要构件有异常变形,行车振动或摇晃显著并伴有不正常移动	≤0.80

(3)拉吊索承载能力检算系数 Z_1 宜按表 1-7-13 取值。

拉吊索承载能力检算系数 Z_1 值 表 1-7-13

缺损状况 评定标度	性状描述	Z_1 值
1	表面防护完好,锚头无积水,锚下混凝土无裂缝	(1.00,1.10]
2	表面防护基本完好,有细微裂缝,锚头无锈蚀,锚固区无裂缝	(0.95,1.00]
3	表面防护有少量裂缝,伴有少量锈迹,锚头有轻微锈蚀,锚固区有细小裂缝	(0.90,0.95]
4	表面防护普遍开裂,并有部分脱落,锚头锈蚀,锚固区有明显的受力裂缝	(0.85,0.90]
5	表面防护普遍开裂,并有大量脱落,钢索裸露,钢索锈蚀严重,锚头积水锈蚀,锚固区有明显的受力裂缝,裂缝宽度大于0.2mm	≤0.85

(4)配筋混凝土桥梁承载能力恶化系数 ξ_e 应按下列规定确定。

①依据检测结果,按《公路桥梁承载能力检测评定规程(JTG/T J21—2011)》表 7.7.4-1 的规定确定构件恶化状况评定标度 E。

②根据恶化状况评定标度 E 及桥梁所处的环境条件,按《公路桥梁承载能力检测评定规程(JTG/T J21—2011)》表 7.7.4-2 确定配筋混凝土桥梁的承载能力恶化系数 ξ_e。

对配筋混凝土桥梁,为考虑评定期内桥梁结构质量状况进一步衰退恶化产生的不利影响,通过承载能力恶化系数 ξ_e 来反映这一不利影响可能造成的结构抗力效应的降低。引入承载能力恶化系数的目的是为了使结构质量状况进一步衰退至某一阶段时,承载能力评定结果仍能维持在一定的可靠度水平之上。承载能力恶化系数主要考虑了结构或构件的缺损状况、钢筋锈蚀电位、钢筋保护层厚度以及混凝土强度、电阻率、氯离子含量和碳化状况等影响因素,通过专家调查方式确定各因素的影响权重,并综合考虑环境的干湿、温度及侵蚀介质等条件加以

确定。

(5)圬工与配筋混凝土桥梁结构或构件的截面折减系数,应按以下规定确定:

①依据材料风化、碳化、物理与化学损伤三项检测指标的评定标度,按下式计算确定结构或构件截面损伤的综合评定标度 R。

$$R = \sum_{j=1}^{N} R_{j}\alpha_{j} \tag{1-7-31}$$

式中:R_j——某项检测指标的评定标度,按《公路桥梁承载能力检测评定规程》(JTG/T J 21—2011)表7.7.5-1、表7.7.5-2 和表5.7.3 的规定确定;

α_j——某项检测指标的权重值,按《公路桥梁承载能力检测评定规程》(JTG/T J21—2011)表7.7.5-3 的规定确定;

N——对砖、石结构,$N=2$;对混凝土及配筋混凝土结构,$N=3$。

②依据截面损伤的综合评定标度,按表1-7-14 确定截面折减系数 ξ_c。

圬工与配筋混凝土桥梁截面折减系数 ξ_c 值　　表1-7-14

截面损伤综合评定标度 R	截面折减系数 ξ_c 值	截面损伤综合评定标度 R	截面折减系数 ξ_c 值
$1\leqslant R<2$	(0.98,1.00]	$3\leqslant R<4$	(0.85,0.93]
$2\leqslant R<3$	(0.93,0.98]	$4\leqslant R<5$	≤0.85

对圬工及配筋混凝土桥梁,由于材料风化、碳化、物理与化学损伤(如混凝土剥落、疏松、掉棱、缺角、桩基与墩柱由于冲蚀引起的剥落缩径等)引起的结构或构件有效截面损失,以及由于钢筋腐蚀剥落造成的钢筋有效面积损失,对结构构件截面抗力效应会产生影响。在检算结构抗力效应时,可用截面折减系数计算这一影响。

(6)配筋混凝土结构中,发生腐蚀的钢筋截面折减系数 ξ_c,宜按表1-7-15 确定。

拉吊索承载能力检算系数 Z_1 值　　表1-7-15

评定标度	性 状 描 述	截面折减系数 ξ_s 值
1	沿钢筋出现裂缝,宽度小于限制	(0.98,1.00]
2	沿钢筋出现裂缝,宽度大于限值,或钢筋锈蚀引起混凝土发生层离	(0.95,0.98]
3	钢筋锈蚀引起混凝土剥落,钢筋外露、表面有膨胀薄锈层或坑蚀	(0.90,0.95]
4	钢筋锈蚀引起混凝土剥落,钢筋外露、表面膨胀性锈层显著,钢筋断面损失在10%以内	(0.80,0.90]
5	钢筋锈蚀引起混凝土剥落,钢筋外露、出现锈蚀剥落,钢筋断面损失在10% 以上	≤0.80

(7)依据实际调查的典型代表交通量、大吨位车辆混人率和轴荷分布情况,可按下式确定活载影响修正系数 ξ_q。

$$\xi_q = \sqrt[3]{\xi_{q1}\xi_{q2}\xi_{q3}} \tag{1-7-32}$$

式中:ξ_{q1}——典型代表交通量影响修正系数,按《公路桥梁承载能力检测评定规程》(JTG/TJ 21—2011)表7.7.7-1 确定;

ξ_{q2}——大吨位车辆混入影响修正系数,按《公路桥梁承载能力检测评定规程》(JTG/T J21—2011)表7.7.7-2 确定;

ξ_{q3}——轴荷分布影响修正系数，按《公路桥梁承载能力检测评定规程》(JTG/T J 21—2011)表7.7.7-3确定。

活载影响系数用于考虑实际桥梁所承受的汽车荷载与标准汽车荷载之间的差异。主要根据桥梁运营荷载的调查统计情况，从典型代表交通量、大吨位车辆混入率和轴荷分布情况三个方面进行综合修正确定。

六、荷载试验评定

1.一般要求

(1)按《公路桥梁承载能力检测评定规程》(JTG/T J 21—2011)有关规定检算的作用效应与抗力效应的比值在1.0~1.2时，应进行荷载试验评定。

实施荷载试验的主要目的是：当通过检算分析尚无法明确评定桥梁承载能力时，通过对桥梁施加静力荷载作用，测定桥梁结构在试验荷载作用下的结构响应，并据此确定检算系数Z_2，重新进行承载能力检算评定或直接判定桥梁承载能力是否满足要求。

(2)静力试验荷载可按控制内力、应力或变位等效原则确定。静力荷载试验效率静力荷载试验效率η_q是某一控制截面在试验荷载作用下，计算效应与该截面对应的设计控制效应的比值，可按式(1-7-1)计算。对于在用桥梁，其使用荷载变化情况复杂且长期处于各种荷载作用之下，为使荷载试验能充分反映结构的受力特点，一般要求采用较高的荷载试验效率，其取值范围宜介于0.95~1.05。

(3)静力荷载试验应针对检算存在疑问的构件或断面及结构主要控制截面进行。在满足评定桥梁承载能力的前提下，加载试验项目应抓住重点，不宜过多。

(4)静力试验荷载应分级加载。对结构变位或应变较大的测点，应实时绘制测点变位或应变与荷载的关系曲线，分析结构工作状态，保证结构安全。

为了获取结构试验荷载与变位的相关曲线以及防止结构意外损伤，对主要控制截面试验荷载的施加应分级进行。加载级数应根据荷载量和加载最小荷载增量而定。试验荷载应按控制截面最大内力或位移分成4~5级施加。受条件所限时，静力试验荷载应分级加载。至少也应分成3级施加。在前一荷载阶段内结构应变或变位相对稳定后，方可进入下一荷载阶段。

(5)试验过程发生下列情况时，应立刻停止加载并查找原因，在确保结构及人员安全的情况下方可继续试验：

①控制测点实测应力、变位(或挠度)已达到或超过计算的控制应力值时。

②结构裂缝的长度或缝宽急剧增加，或新裂缝大量出现，或缝宽超过允许值的裂缝大量增多时。

③拱桥沿跨长方向的实测挠度曲线分布规律与计算结果相差过大时。

④发生其他影响桥梁承载能力或正常使用的损坏时。

试验加载过程中，应有专门人员统一指挥加载的实施，及时掌握各方面情况，根据试验数据的实时处理分析以及有无试验现象等情况，安全有序实施加载计划。

2.结构校验系数及相对残余变形计算

(1)主要测点静力荷载试验结构校验系数ζ，是试验荷载作用下测点的实测弹性变位或应

变值与相应的理论计算值的比值，按式(1-7-7)计算。ζ 值小于1时，代表桥梁的实际状况要好于理论状况。

(2)主要测点相对残余变位或相对残余应变 S_p'，是测点实测残余变位或残余应变与对应的实测总变位或总应变的比值，按(1-7-8)计算。S_p' 越小，说明结构越接近弹性工作状况。实际加载试验中，相对残余变形(或应变)不允许大于20%。

3. 试验结果评定

(1)当出现下列情况之一时，应判定桥梁承载能力不满足要求：

①主要测点静力荷载试验校验系数大于1。

②主要测点相对残余变位或相对残余应变超过20%。

③试验荷载作用下裂缝扩展宽度超过表1-7-10的限值，且卸载后裂缝闭合宽度小于扩展宽度的2/3。

④在试验荷载作用下，桥梁基础发生不稳定沉降变位。

桥梁荷载试验的条件为：通过检算分析确定桥梁结构，或构件的作用效应大于抗力效应且超过幅度在20%以内，表明通过检算分析，已预判结构承载能力存在不满足要求的可能性。在此条件下，主要测点静力荷载试验结构校验系数 ζ 大于1，表明桥梁实际工作状况要差于理论状况；主要测点发生较大的相对残余变位或相对残余应变，以及结构裂缝超限且闭合状况不良，表明结构在试验荷载作用下有较大的不可恢复变位或应变。这都表明结构实际状况与理想状况相比偏于不安全，可直接依据试验结果判定承载能力不能满足要求。另外，对在用桥梁而言，由于地基在长期荷载作用下已趋于稳定，如在试验荷载作用下，发生基础不稳定沉降变位，可直接判定其承载能力不满足要求。

(2)不符合上述规定时，应取主要测点应变校验系数或变位校验系数较大值，按表1-7-16确定检算系数 Z_2 代替 Z_1 进行承载能力评定。

经过荷载试验的承载能力检算系数 Z_2 值　　表1-7-16

ζ	Z_2	ζ	Z_2
0.4及以下	1.30	0.8	1.05
0.5	1.20	0.9	1.00
0.6	1.15	1.0	0.95
0.7	1.10		

七、检测评定报告编制

(1)经过检测评定的桥梁应撰写桥梁承载能力检测评定报告，报告应包括以下内容：

①桥梁概况；

②评定目的；

③桥梁调查与检测情况；

④桥梁结构检算情况；

⑤典型病害成因分析；

⑥荷载试验及资料整理分析(未做荷载试验的桥梁略去此项)；

⑦桥梁承载能力评定分析；

⑧桥梁承载能力的评定结论及处置建议。

(2)桥梁承载能力检测评定报告应附有必要的原始资料、图表、照片和桥梁承载能力检测评定表,并应存入桥梁技术档案。

本规程采用的承载能力检测评定方法考虑了结构性能在一定时期内劣化的作用影响,应确保两次评定之间桥梁结构性能劣化影响不会导致结构承载能力不能满足桥梁安全运营要求。根据养护规范有关规定,定期检查的周期最长不应超过 3 年,桥梁承载能力检测评定的周期考虑以定期检查周期的 2 倍左右为宜,评定有效期限一般可取为 5 年。

复习思考题

一、单项选择题（每小题给出的四个选项中,只有一项符合题目要求,将所选项前的字母填在题后的括号内。）

1. 拱桥荷载试验工况一般应选取(　)。

①拱顶最大正弯矩;②拱顶最大负弯矩;③拱脚最大正弯矩;④拱脚最大负弯矩

A. ①③　　B. ②④　　C. ①④　　D. ①②③④

2. 静载试验效率系数可用范围为(　)。

A. 0.9 ~ 1.0　　B. 0.8 ~ 1.0　　C. 0.95 ~ 1.05　　D. 0.85 ~ 1.1

3. 斜拉桥斜拉索索力测定的方法基于的原理是(　)。

A. 索力与结构振动频率成反比　　B. 索力与结构振动频率的平方成正比

C. 索力与结构阻尼系数成反比　　D. 索力与结构阻尼系数成正比

4. 桥梁静载试验中,截面抗弯应变测点应设置在截面横桥向应力可能分面较大的部位,沿截面上、下缘布设,横桥向测点设置一般不小于(　)处。

A. 1　　B. 2　　C. 3　　D. 5

5. 某位移测点,加载前读数为 2.1mm,加载达到稳定时读数为 10.8mm,卸载后达到稳定时读数为 3.2mm,则其残余位移为(　)。

A. 1.1mm　　B. 3.2mm　　C. 5.5mm　　D. 2.1mm

6. 当墩台基础为坚硬岩层时,检测无铰拱梁桥最大挠度时,其检测设备应安装在(　)。

A. 拱顶截面　　B. 1/4 截面　　C. 1/8 截面　　D. 3/8 截面

7. 检测简支梁桥的最大压应力,其应变片应(　)。

A. 贴在跨中截面上缘　　B. 贴在跨中截面侧面中间

C. 贴在 1/4 截面上缘　　D. 贴在支截面上缘

8. 某应变测点,加载前读数为 8με,加载达到稳定时读数为 26με,卸载后达到稳定时读数为 12με,则其残余应变为(　)。

A. 4με　　B. 8με　　C. 12με　　D. 14με

9. 荷载试验加载、卸载时间最好选择在(　)。

A. 8:00 ~ 16:00　　B. 16:00 ~ 23:00　　C. 22:00 ~ 6:00　　D. 10:00 ~ 17:00

10. 弯矩控制无铰拱桥设计时，加载检测最大挠度，其测点应选在(　)。

A. 主拱圈拱顶下缘　　B. 主拱圈拱顶中轴线位置

C. 主拱圈 1/4 拱截面下缘　　D. 主拱圈 1/4 拱截面上缘

11. 检测简支梁的剪应力时，其应变片应贴在(　)。

A. 跨中下缘　　B. 跨中中性轴处　　C. 支点中性轴片　　D. 支点附近下缘

12. 已测出简支梁两支点的竖向位移分别为 1.2mm 和 1.6mm，跨中竖向位移为 9.4mm，则跨中挠度为(　)。

A. 6.1mm　　B. 8.0mm　　C. 9.4mm　　D. 8.2mm

13. 下列桥梁类型中，在跨径相同的情况下(　)跨中弯矩最大。

A. 拱式桥　　B. 梁式桥　　C. 吊桥　　D. 刚架桥

14. 简支梁 A，B 两支点的竖向位移分别为 1.2mm 和 1.6mm，距 A 点 L/4 处竖向位移为 8.4mm，则跨中挠度为(　)。

A. 6.1mm　　B. 7.1mm　　C. 6.4mm　　D. 8.4mm

15. 确定简支梁的一阶振型时，激振力应作用在(　)。

A. 四分之一截面　　B. 跨中截面

C. 四分之一截面和跨中截面　　D. 四分之三截面

16. 三跨等跨连续梁当正弯矩控制设计时，加载检测最大拉应时，其应变片贴在(　)。

A. 边跨跨中下缘　　B. 边跨跨中上缘　　C. 中跨跨中下缘　　D. 中跨跨中上缘

17. 下列桥梁技术术语中，(　)的数值最大。

A. 计算跨径　　B. 标准跨径　　C. 净跨径　　D. 桥梁全长

18. 弯矩控制无铰拱设计，加载检测最大拉应力时，其应变片贴在(　)。

A. 拱顶下缘　　B. 拱顶上缘　　C. 拱脚下缘　　D. 拱脚上缘

19. 检测简支梁的剪应力时，试验截面应选在(　)。

A. 贴在跨中截面下缘　　B. 贴在跨中截面侧面中间

C. 贴在 1/4 截面上缘　　D. 贴在支点截面下缘

20. 钢筋混凝土梁桥应力校验系数为(　)。

A. 不大于 1　　B. 0.40 ~ 0.80　　C. 0.60 ~ 0.90　　D. 0.80 ~ 1.05

二、判断题

(判断下列说法是否正确，若正确在括号内划“√”，错误划“×”)

1. 静力荷载试验过程中，控制测点实测应力、变位(或挠度)已达到或超过计算的控制值时应立刻停止加载并查找原因。(　)

2. 频率是评定桥梁承载力状态的重要参数之一。(　)

3. 桥梁动载试验的激振方法中，自振法的特点是使桥梁产生有阻尼的自由衰减振动，记录到的振动图形是桥梁的衰减振动曲线。(　)

4. 应变片的标距可以为 1mm。(　)

5. 荷载试验应选择温度较稳定的时间进行。(　)

6. 荷载试验时，工况选择应反映桥梁的最不利受力状态。(　)

7. 连续梁跨中和支点截面均产生正弯矩。(　)

8. 荷载试验时，为保证仪器支架的稳定，可与人行脚手架联成整体。（ ）

9. 进行应变测量须按其灵敏系数对测试值进行修正。（ ）

10. 无铰拱桥跨中和拱脚均为负弯矩控制设计。（ ）

11. 振动法测定斜拉索的索力是，利用索的张力与固有频率的关系计算的。（ ）

12. 静载效率系数与挠度检验系数含义相同。（ ）

13. 荷载试验时，为保证结构安全，其荷载工况不能置于可能产生最大挠度位置。（ ）

14. 桥梁的动载试验主要测定桥梁荷载的动力特性、测定桥梁结构的动力特性、测定桥梁在动载作用下的响应。（ ）

15. 构件长度与截面尺寸可采用钢尺进行测量，对桥跨结构，跨径小于40m 的桥梁量测断面单跨不得少于5 个，跨径大于或等于40m 的桥梁量测断面单跨不得少于9 个。（ ）

16. 桥梁荷载试验时，应选择深夜至凌晨时段进行。（ ）

17. 简支梁的剪切应变测点应选在支点最大剪力截面中性轴处。（ ）

18. 作用效应与抗力效应的比值在1. 0 ~ 1. 2 时，应根据《公路桥梁承载能力检测评定规程》(JTG/T J21—2011)的有关规定通过荷载试验评定承载能力。（ ）

19. 桥跨结构纵向线形，宜沿桥纵向分断面布设测点，分桥轴线和车行道上、下游边缘线3条线，按二等工程水准测量要求进行闭合水准测量。（ ）

20. 墩(台)顶的水平变位或塔顶水平变位，可采用悬挂垂球方法、极坐标法或其他可靠方法进行测量。（ ）

三、多选题

（每小题给出的备选项中，有两个或两个以上符合题目要求，选项全部正确得满分，选项部分正确按比例得分，出现错误选项该题不得分。）

1. 一般桥梁荷载试验的目的包括（ ）。

A. 检验桥梁设计与施工的质量　　B. 判断桥梁结构的实际承载力

C. 混凝土强度等级检测　　D. 验证桥梁结构设计理论和设计方法

2. 简支梁试验荷载工况一般应选取（ ）。

A. 跨中最大正弯矩工况　　B. 跨中最大负弯矩工况

C. 支点最大正弯矩工况　　D. 支点最大剪力工况

3. 荷载试验孔选择应考虑（ ）。

A. 受力最不利　　B. 施工质量差，缺陷多

C. 便于检测　　D. 施工质量好，缺陷少

4. 在用桥梁有下列情况之一时，应进行承载能力检测评定：（ ）

A. 技术状况等级为四、五类的桥梁

B. 拟提高荷载等级的桥梁

C. 需通过特殊重型车辆荷载的桥梁

D. 遭受重大自然灾害或意外事件的桥梁

5. 桥梁静载试验，主测点布设应能控制结构最大应力(应变)和最大挠度(或位移)，对连续梁桥静载试验主要测点应布设在（ ）。

A. 跨中挠度　　B. 支点沉降　　C. 跨中截面应变　　D. 支点截面应变

6. 桥梁基础变位检测评定应包括(　)。
A. 基础的竖向沉降、水平变位和转角
B. 相邻基础的沉降差
C. 基础的不均匀沉陷、滑移、倾斜和冻拔等
D. 基础混凝土强度

7. 无铰拱桥试验荷载工况一般应选取(　)。
A. 拱顶最大正弯矩　　B. 拱顶最大负弯矩
C. 拱脚最大正弯矩　　D. 拱脚最大负弯矩

8. 动载试验测试记录主要内容包括(　)。
A. 跑车时的动态响应　　B. 刹车时的动态增量
C. 跳车时的动态增量　　D. 静车时的动态响应

9. 试验过程发生下列哪种情况时,应立刻停止加载并查找原因,在确保结构及人员安全的情况下方可继续试验(　)。
A. 控制测点实测应力、变位(或挠度)已达到或超过计算的控制应力值时
B. 结构裂缝的长度或缝宽急剧增加,或新裂缝大量出现,或缝宽超过允许值的裂缝大量增多时
C. 拱桥沿跨长方向的实测挠度曲线分布规律与计算结果相差过大时
D. 发生其他影响桥梁承载能力或正常使用的损坏时

10. 斜拉桥荷载试验工况主要包括(　)。
A. 主梁最大挠度　　B. 主梁控制截面最大内力
C. 索塔塔顶水平变位　　D. 斜拉索最大拉力

11. 桥梁恒载变异状况调查宜包括以下几个方面内容(　)。
A. 桥梁总体尺寸的测量,主要包括桥梁长度、桥宽、净空、跨径等
B. 桥梁构件尺寸的测量,主要包括构件的长度与截面尺寸等
C. 桥面铺装厚度及拱上填料重度测定
D. 附加荷载调查

12. 斜拉桥施工测试的主要内容包括(　)。
A. 结构几何位置和变形　　B. 结构几何尺寸
C. 应力测试　　D. 温度测试

13. 刚架桥(包括斜腿刚架和刚架—拱式组合体系)的加载试验工况为(　)。
A. 跨中截面最大正弯矩和挠度
B. 结点截面的最大负弯矩
C. 柱脚截面最大负弯矩、最大水平推力
D. 支点截面沉降

四、问答题

1. 桥梁成桥荷载试验工作的主要内容是什么?
2. 三跨连续拱桥在荷载试验时应考虑哪些工况?

3. 桥梁荷载试验的一般程序是什么?

4. 桥梁静载试验时试验孔的选择应综合考虑哪些因素?

5. 桥梁动态测试系统是如何组成的?

6. 连续梁在荷载试验时应考虑哪些工况?

7. 在用桥梁在什么情况下,应进行承载能力检测评定?

8. 简述混凝土梁桥检算要点。

9. 试验过程中在什么情况下,应立刻停止加载并查找原因?

复习思考题参考答案

第一章　桥梁工程质量检测评定及养护管理检查

一、单项选择题

1. B　2. B　3. C　4. C　5. B

二、判断题

1. √　2. √　3. √

三、多选题

1. ABCD　2. AB　3. ABCD

四、问答题

略。

第二章　桥梁工程结构试验检测仪器设备

一、单项选择题

1. C　2. A　3. D　4. C　5. A　6. D

二、判断题

1. ×　2. √　3. √　4. ×　5. ×　6. √　7. √　8. √

三、多选题

1. ABCD　2. AD　3. ACD　4. BC　5. ACD
6. ACD

四、问答题

略。

第三章　桥梁工程原材料试验检测

一、单项选择题

1. B　2. C　3. A　4. A　5. A　6. D　7. B　8. A　9. C　10. D

11. B　12. A　13. C　14. C　15. C　16. C　17. A　18. A　19. A　20. C
21. B　22. A　23. C　24. A　25. B　26. A　27. D　28. C　29. D

二、判断题

1. ×　2. √　3. ×　4. ×　5. ×　6. √　7. ×　8. √　9. ×　10. ×
11. √　12. √　13. √　14. ×　15. ×　16. √　17. √　18. √

三、多选题

1. ABCD　2. ABC　3. ABD　4. ACD　5. ACDEF
6. BCD　7. AB　8. ABDEF　9. ABD　10. ABC
11. ABC　12. BCD　13. ACD　14. ABCD

四、问答题

略。

第四章　桥梁工程制品检测

一、单项选择题

1. A　2. B　3. A　4. B　5. D　6. D　7. A　8. B　9. D　10. A
11. A　12. C　13. A　14. B　15. B　16. C　17. C

二、判断题

1. √　2. ×　3. √　4. √　5. ×　6. √　7. ×　8. √　9. ×　10. √

三、多选题

1. BCD　2. ABD　3. ABCD　4. ACD　5. ABD
6. ABC　7. ABCD　8. ABCD

四、问答题

略。

第五章　桥梁工程地基与基础检测

一、单项选择题

1. B　2. A　3. A　4. B　5. B　6. B　7. B　8. C　9. D　10. A

二、判断题

1. × 2. √ 3. × 4. √ 5. × 6. × 7. × 8. √ 9. × 10. ×
11. × 12. √ 13. × 14. √ 15. ×

三、多选题

1. ABCD 2. ABCD 3. ABCD 4. AB 5. AC
6. ABCD 7. BC 8. ABCD

四、问答题

略。

第六章 桥梁材质状况及耐久性检测评定

一、单项选择题

1. A 2. B 3. D 4. A 5. C 6. C 7. C 8. B 9. B 10. C
11. A 12. B 13. C 14. B 15. D 16. C 17. C

二、判断题

1. × 2. √ 3. √ 4. × 5. √ 6. √ 7. × 8. × 9. × 10. √
1.. √ 12. √ 13. × 14. × 15. × 16. × 17. × 18. √ 19. × 20. ×

三、多选题

1. BCD 2. BCD 3. ABD 4. ABC 5. ABCD
6. ACD 7. ABCD 8. CD 9. AC 10. AD
11. BCD 12. BD 13. ABCD 14. ABCDE 15. ABCD

四、问答题

略。

第七章 桥梁荷载试验与承载力评定

一、单项选择题

1. C 2. C 3. B 4. C 5. A 6. A 7. A 8. A 9. C 10. B
11. D 12. B 13. C 14. B 15. B 16. A 17. D 18. A 19. D 20. A

二、判断题

1. √ 2. × 3. √ 4. × 5. √ 6. √ 7. × 8. × 9. √ 10. ×
11. √ 12. × 13. × 14. √ 15. √ 16. √ 17. √ 18. √ 19. √ 20. √

三、多选题

1. ABD 2. AD 3. ABC 4. ABCD 5. ABCD
6. ABC 7. AD 8. ABC 9. ABCD 10. ABCD
11. ABCD 12. ABCD 13. ABC

四、问答题

略。

第二篇 《隧 道》

第一章 基本知识

复习要点：

1. 公路隧道的类型、结构组成和特点；隧道围岩的分级与工程特性。

2. 公路隧道常见的质量问题；隧道设计、施工、通风照明等相关技术规范。

3. 公路隧道工程质量检测的内容；公路隧道的质量检验评定标准及竣（交）工验收相关规定。

第一节 公路隧道的类型、组成和特点

一、公路隧道的类型

(1)隧道按所处的地质条件分为土质隧道和石质隧道。

(2)按其横断面形状分为圆形、椭圆形、马蹄形、矩形、眼镜形(孪生形)等隧道。

(3)隧道按其所处的位置不同分为山岭隧道、水底隧道(河底和海底)以及城市隧道等。

(4)按照国际隧道协会(ITA)定义的隧道的横断面积的大小分为极小断面隧道($2\sim3m^2$)、小断面隧道($3\sim10m^2$)、中等断面隧道($10\sim50m^2$)、大断面隧道($50\sim100m^2$)和特大断面隧道(大于$100m^2$)。

(5)按其用途可分为交通隧道(包括公路隧道、铁路隧道、城市地铁、人行隧道等)、水工隧道、市政隧道和矿山隧道。

(6)按照隧道埋置的深度分为浅埋隧道和深埋隧道。

(7)公路隧道按其长度又分为四类，如表 2-1-1 所示。

公路隧道按长度分类表 表 2-1-1

隧道分类（m）			
特长隧道	长隧道	中隧道	短隧道
$L>3\,000$	$1\,000<L\leqslant3\,000$	$5\,000<L\leqslant1\,000$	$L\leqslant500$

注：隧道长度是指两端洞门墙墙面与路面的交线同路线中线交点间的距离。

二、公路隧道的结构组成

隧道按其构造分为主体构造物和附属构造物两大部分。

1. 隧道主体构造物

隧道主体构造物包括洞口构造物和洞身衬砌。

1)洞口构造物

洞口构造物是隧道出入口部分的建筑物，包括洞门、洞门防排水设施和边、仰坡支挡构造

物等。

洞门的修建应尽量与隧道轴线正交。隧道洞门形式有端墙式、翼墙式、柱式、环框式、削竹式、台阶式、遮光棚式等形式。

2)洞身衬砌

洞身衬砌是隧道工程的主要组成部分,按其所处地形、地质条件及施工方法的不同,分为隧道洞身和隧道明洞,明洞又分为拱式明洞和棚式明洞。

(1)隧道洞身

根据路线设计高程与地形地质情况,当有足够厚的覆盖层时,设计成由暗挖的岩土空间经衬砌而成隧道洞身。

根据地质条件的不同,隧道衬砌按功能分为承载衬砌、构造衬砌和装饰衬砌;按组成可分为整体式衬砌和复合式衬砌;就使用材料而言,有喷射混凝土、锚杆、钢筋网或铁丝网、模注混凝土、石料及混凝土预制块衬砌等。

(2)明洞

明洞是指采用明挖的方法施工的隧道。当洞顶覆盖层较薄,难以用暗挖法修建隧道时,隧道洞口或路堑地段受塌方、落石、泥石流、雪害等危害又不宜避开清理的地段,以及为了保证洞口的自然环境而延伸隧道洞口时,需设置明洞。

明洞又分为拱式明洞和棚式明洞等。拱式明洞主要由拱顶和内、外边墙组成的混凝土或钢筋混凝土结构,整体性较好,能承受较大的垂直压力和侧压力。当受地形地质条件限制难以修建拱式明洞或边坡有小量塌落掉块和侧压力较小时,可以采用棚式明洞。棚式明洞由顶盖和内、外边墙组成。顶盖通常为梁式结构;内边墙一般采用重力式挡墙结构,并应置于基岩或稳固的地基上。当岩层坚实完成,干燥无水或少水时,为减少开挖和节约圬工,可采用锚杆式内边墙。外边墙可以采用墙式、刚架式、柱式结构。

2. 隧道附属构造物

公路隧道的附属设施是为了运营管理、维修养护、给水排水、供蓄发电、通风照明、通信、安全等而修建的构造物。

1)防水排水系统

隧道防排水应遵循“防、排、截、堵结合,因地制宜,综合治理”的原则,保证隧道结构物和运营设备的正常使用和行车安全。

“防”是指采取防水混凝土或附加防水层等措施,使隧道工程具有一定防止地下水渗入的能力,防止地下水透过防水层、衬砌结构渗入洞内。

“排”是指对已经渗入隧道区域的地下水采取自流排水或机械排水的方式排出隧道区域,以减小渗水压力,防止积水和冻害发生,创造良好的防水环境和隧道运营环境。

“截”是指采用截水沟、截水导坑等措施,截断流向隧道区域的水流,即把所有可能流向隧道的地表水、地下水的通道截断,减轻隧道防排水压力。

“堵”是指采用注浆或嵌填等方法对隧道围岩裂隙、隧道结构本身存在的渗漏水路径进行封堵。

2)通风、照明与供电系统

(1)隧道通风

隧道的通风方式有机械通风和自然通风两种。

符合下列条件宜设置机械通风：

双向交通隧道：$L \times N \geqslant 6 \times 10^5$；单向交通隧道：$L \times N \geqslant 2 \times 10^6$（$L$：隧道长度，m；$N$：设计交通量，辆/h）。

隧道机械通风方式可分为：纵向式、半横向式、全横向式以及在这三种基本方式基础上的组合通风方式。

(2)隧道照明

隧道照明系统包括：中间段照明、入口段照明、过渡段照明、出口段照明、接近段减光措施、应急照明和洞外引导照明。

长度大于100m的隧道应设置照明装置。

(3)隧道供配电系统

隧道供配电系统包括供电系统、配电系统以及电力监控系统，主要是为设置在隧道区段的机电设备（包括风机、照明灯具、消防水泵及监控外场设备等）所需电能进行分配供应。供配电系统设置的基本要求是安全、可靠、经济、合理。

隧道内供电分动力供电和照明供电。一般采用三相四线供电，供电系统宜采用380/220V交流电和中性接地变压器。

3)隧道运营管理设施

隧道运营管理包括日常运营管理和应急状态下的运营管理。隧道的运营管理设施包括动力网路使用的电缆与电缆槽，通信、信号及标志，消防、救援设施，以及装饰、消音、收费设施等。救援设施包括避人洞及行人横洞和行车横洞。

4)辅助坑道

在隧道建设中，为了增加工作面、提高施工进度、缩短工期以及改善施工条件，可适当增设辅助坑道。辅助坑道有横洞、竖井、斜井和平行导坑4种形式。

5)洞内线路构筑物

公路隧道的洞内线路构筑物为路基和路面。

三、公路隧道的特点

1. 断面大

因公路隧道断面一般较大，所以围岩受扰动范围较大，其轮廓对围岩块体的不利切割增多，围岩内的拉伸区与塑性区加大，导致施工难度增大。

2. 形状扁平

公路隧道的断面形状常为扁平的马蹄形。断面扁平容易在拱顶围岩内出现拉伸区，而岩土之类的天然材料，其抗拉强度较低，施工中隧道顶部容易崩落，威胁人身安全。

3. 需要运营通风

汽车通过隧道时，不断地向隧道内排放废气。短隧道由于受自然风和交通活塞作用影响，一般有害气体的浓度不会积聚太高，不会对驾乘人员的身体健康和行车安全构成威胁。但是对于较长及特长隧道，自然风和交通活塞作用对隧道内空气的置换作用相对较小，如不采用其他措施，隧道内有害气体的浓度就会逐渐升高。其中汽车排放的CO浓度达到一定量值时，会使人感到不适甚至窒息；柴油车排出的烟尘将不断恶化行车环境，使隧道内能见度降低。因此，必须根据较长及特长的隧道的实际情况，采用适当的通风方式，将新鲜空气承受风流一起送入隧道，稀释淡化有害气体，使其浓度降至安全指标以内。

4. 需要运营照明

高速公路上高速行驶的车辆在白天接近并穿过隧道时，行车环境要经历一个“亮—暗—亮”变化过程，驾驶员的视觉在此过程中，也要发生微妙的变化以适应环境。为了减轻通过隧道时驾驶员的生理和心理压力，消除车辆进洞时的黑洞效应，清除出洞时的眩光现象，从有利于安全行车角度考虑，高等级公路隧道一般都根据实际情况，对隧道进行合理有效的照明。

5. 防水要求高

在高等级公路上，车辆行驶速度较快，如果隧道出现渗漏或路面溢水，则会造成路面湿滑，不利于行车安全。特别是在严寒地区，冬季隧道内的渗漏水、隧道上部吊挂冰柱，或在路面形成冰湖，常常会诱发交通事故。此外，长期或大量的渗漏水，还会对隧道内的机电设备、动力及通讯线路构成威胁，同时还会发生结构腐蚀病害。

四、隧道围岩分级与工程特性

隧道岩石根据岩石的坚硬程度和岩体的完整性分为六级，具体划分标准如表 2-1-2 所示。

公路隧道围岩分级表　　表 2-1-2

围岩级别	围岩或土体主要定性特征	围岩基本质量指标 BQ 或修正的围岩基本质量指标[BQ]
Ⅰ	坚硬岩，岩体完整，巨整体状或巨厚层状结构	>550
Ⅱ	坚硬岩，岩体较完整，块状或厚层状结构； 较坚硬岩，岩体完整，块状整体结构	550～451
Ⅲ	坚硬岩，岩体较破碎，巨块（石）碎（石）状镶嵌结构； 较坚硬岩或较软硬岩层，岩体较完整，块状体或中厚层结构	450～351
Ⅳ	坚硬岩，岩体破碎，碎裂结构； 较坚硬岩，岩体较破碎—破碎，镶嵌碎裂结构； 较软岩或软硬岩互层，且以软岩为主，岩体较完整—较破碎，中薄层状结构	350～251
	土体：①压密或成岩作用的黏性土及砂性土； ②黄土（Q_1、Q_2）； ③一般钙质、铁质胶结的碎石土、卵石土、大块石土	
Ⅴ	较软硬，岩体破碎； 软岩、岩体较破碎—破碎； 极破碎各类岩体，碎、裂状，松散结构	≤250
	一般第四系的半干硬至硬塑的黏性土及稍湿至潮湿的碎石土、卵石土、圆砾、角砾土及黄土（Q_1、Q_2）。非黏性土呈松散结构，黏性土及黄土呈松软结构	
Ⅵ	软塑状黏性土及潮湿、饱和粉细砂层、软土等	

第二节　公路隧道常见的质量问题

一、隧道渗漏

公路隧道在施工以及运营期间受地下水的影响较大，防水工程质量欠佳时，地下水便会通过一定的通道渗入或流入隧道内部，对行车安全以至衬砌结构的稳定构成威胁。

二、衬砌开裂

作用在隧道衬砌结构上的压力与隧道围岩的性质、地应力的大小以及施工方法等因素有关，由于受技术和资金条件的限制，一些不利因素在设计前是难以准确确定的，所以在隧道衬砌结构设计中常带有一定的盲目性，导致结构强度不足或与围岩压力不协调，造成衬砌结构开裂、破坏。工程上出现的衬砌开裂更多的则是由于施工管理不当、衬砌厚度不足，或混凝土强度不够造成的。

三、界限受侵

施工方法不当或支护形式欠佳、支护不及时，则容易导致塌方，为了保证施工安全和避免塌方，容易形成仓促衬砌，忽视断面界限，使建筑限界受侵。另一种施工中的常见现象是衬砌混凝土在浇筑过程中模板强度、刚度不足，出现走模，同样会导致限界受侵。

四、衬砌结构同围岩结合不密实

爆破效果不好存在超欠挖现象，喷浆不密实、背后填塞石块等会导致衬砌结构同围岩结合不密实。

五、通风、照明不良

造成隧道通风与照明不良的主要原因有设计欠妥、器材质量存在问题和运营管理不当三个方面。

第三节　公路隧道的要求

一、隧道位置选择与线形要求

隧道位置应选择在稳定的地层中，尽量避免穿越工程地质和水文地质极为复杂以及严重不良地质地段；当必须通过时，应采取切实可靠的工程措施。

隧道应根据地质、地形、路线走向、通风等因素确定平曲线线形。当线形设为曲线时，不宜采用设超高的平曲线，并不应采用设加宽的平曲线。当由于特殊条件限制隧道平面线形设计为需设超高的曲线时，其超高不宜大于 4.0%，技术指标应符合《公路路线设计规范》(JTG D20—2006)的有关规定。隧道洞口内外各 3s 设计速度行程长度范围内平面线形应一致。

隧道内纵断面线形应考虑行车安全、营运通风规模、施工作业效率和排水要求，隧道纵坡不应小于 0.3%，一般情况下不大于 3%；受地形等条件限制时，高速公路、一级公路的中、短隧道可适当加大，但不宜大于 4%；短于 100m 的隧道纵坡可与该公路隧道外路线的指标相同。隧道洞口内外各 3s 设计速度行程长度范围的纵断面线形应一致，有条件时宜取 5s 设计速度行程。

二、横断面

公路隧道的横断面，主要是指隧道的净空断面，即衬砌内轮廓线所包围的空间，也称为内轮廓限界。它包括隧道建筑限界，以及照明、通风等所需的空间断面。公路隧道的横断面设计除应符合建筑限界的规定外，还应考虑洞内排水、通风、照明、监控、营运、施工等要求。建筑限界高度，高速公路和一级公路、二级公路取 5.0m；三级公路和四级公路取 4.5m。

三、路面

公路隧道洞内行车道路面可采用水泥混凝土路面，有条件时可采用沥青混合料上面层与水泥混凝土下面层组成的复合式路面结构。

四、防水与排水

防水与排水设施，应结合隧道衬砌采用可靠的防水和排水措施，使洞内外形成一个完整畅通的防排水系统。基本要求要做到隧道内不滴水或不渗水，以保证在营运期内行车安全、设备的正常使用，使其具有良好的耐久性。

首要是做好堵水和截水。在围岩破碎和涌水易坍地段直接向围岩体内压水泥浆或化学浆液，堵塞裂隙水和渗涌水孔。截水主要是防止地表水的下渗，其措施有铺砌、勾补、抹面，以及坑穴、钻孔等的填平、封闭等。

公路隧道衬砌的防水方法很多，应首先采取引排措施，如设置盲沟、排水管等，将水引至水沟内排出，然后敷设聚氯乙烯塑料板或合成树脂防水卷材，以及防水混凝土等内、外贴 衬砌防水层。当采用复合式衬砌时，宜设置夹层防水层。

隧道衬砌中的施工缝、变形缝等，应采用止水条(带)嵌塞措施，以防止渗漏。

公路隧道的排水设施，包括洞内和洞外两个部分。

洞外排水应根据地形、地质、气象，以及建设工程的实际情况，结合农田水利建设的需要，全面规划，综合治理，因地制宜地设置疏水、截水、引水设施。

洞口和明洞顶，应设置截水沟、排水沟等排水设施，洞口边坡、仰坡应采取防护措施，如铺砌、抹面等，以防止地表水的下渗和冲刷。洞内一般要设置纵向排水沟、横向排水坡或横向排水暗沟、盲沟等排水设施。

五、照明与通风

1. 照明

隧道照明系统包括：中间段照明、入口段照明、过度断照明、出口段照明、接近段减光设施、应急照明和洞外引道照明等，如图 2-1-1 所示。

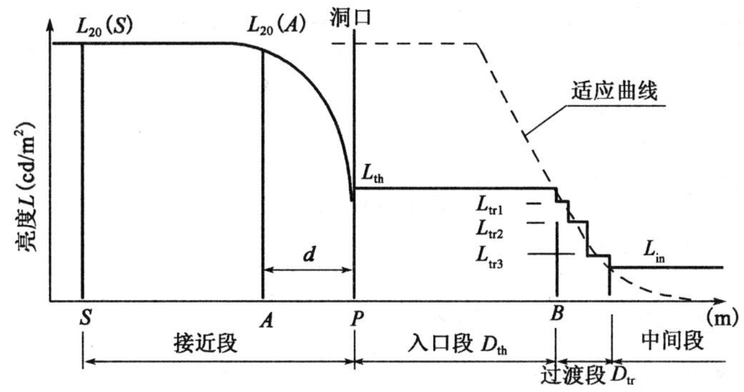

图 2-1-1　各照明段亮度与长度

P-洞口（或棚口）；S-接近段起点；A-适应点；d-适应距离；$L_{20}(S)$-洞外亮度；$L_{20}(A)$-适应点亮度；L_{th}-入口段亮度；L_{tr1}、L_{tr2}、L_{tr3}-过渡段亮度；L_{in}-中间段亮度

隧道照明设计所采用的计算行车速度不宜大于 100km/h，如大于 100km/h，应作特殊设计。

1）中间段照明

中间段亮度应符合表 2-1-3 要求。

中 间 段 亮 度 L_{in}　　表 2-1-3

计算行车速度（km /h）	L_m（cd/m²）	
	双车道单向交通 $N>2\,400$ 辆/h 双车道双向交通 $N>1\,300$ 辆/h	双车道单向交通 $N\leq700$ 辆/h 双车道双向交通 $N\leq360$ 辆/h
100	9.0	4
80	4.5	2
60	2.5	1.5
40	1.5	1.5

2）入口段照明

（1）入口段亮度

入口段亮度可按式（2-1-1）计算

$$L_{th} = k \times L_{20}(S) \tag{2-1-1}$$

式中：L_{th}——入口段亮度（cd/m²）；

k——入口段折减系数，可按表 2-1-4 取值；

L_{20}——洞外亮度（cd/m²）。

入口段折减系数表　　表 2-1-4

设计交通量 N(辆/h)		k			
		计算行车速度 v_t(km/h)			
双车道单向交通	双车道双向交通	100	80	60	40
≥2 400	≥1 300	0.045	0.035	0.022	0.012
≤700	≤360	0.035	0.025	0.015	0.01

注:当交通量在其中间值时,按内插考虑。

(2)入口段长度

入口段长度可按式(2-1-2)计算

$$D_{th} = 1.154D_s - \frac{h-1.5}{\tan10°} \tag{2-1-2}$$

式中:D_{th}——入口段长度(m);

D_s——照明停车视距(m),可按表 2-1-5 取值;

h——洞口内净空高度(m)。

照明停车视距 D_s 表　　表 2-1-5

v_t \ 纵坡(%)	-4	-3	-2	-1	0	1	2	3	4
100	179	173	168	163	158	154	149	145	142
80	112	110	106	103	100	98	95	93	90
60	62	60	58	57	56	55	54	53	52
40	29	28	27	27	26	26	25	25	25

3)过渡段照明

(1)过渡段亮度

过渡段由 tr_1、tr_2、tr_3 三个照明段组成,与之对应的亮度可按表 2-1-6 取用。

过渡段的亮度表　　表 2-1-6

照明段	tr_1	tr_2	tr_3
亮度	$L_{tr1}=0.3L_{th}$	$L_{tr2}=0.1L_{th}$	$L_{tr3}=0.035L_{th}$

(2)过渡段长度

过渡段各照明段长度可按表 2-1-7 取值。

过渡段长度 D_{tr} 表　　表 2-1-7

计算行车速度 v_t (km/h)	D_{tr1} (m)	D_{tr2} (m)	D_{tr3} (m)	计算行车速度 v_t (km/h)	D_{tr1} (m)	D_{tr2} (m)	D_{tr3} (m)
100	106	111	167	60	44	67	100
80	72	89	133	40	26	44	67

4)出口段照明

在单向交通隧道中,应设置出口段照明;出口断照明长度宜取 60m,亮度宜取中间段的 5 倍。在双向交通隧道中可不设出口段照明。

2. 通风

1)隧道通风要求

单向交通的隧道设计风速不宜大于10m/s,特殊情况可取12m/s;双向交通的隧道设计风速不应大于8m/s;人车混合通行的隧道设计风速不应大于7m/s。

2)污染空气的稀释标准

对隧道进行通风的目的,主要是使隧道内的一氧化碳和烟尘不超过国家规定的允许浓度。

根据《公路隧道设计规范》(JTG D70—2004)规定,隧道内空气中影响行车安全的有害物浓度,应低于下列规定的允许标准值。

(1)隧道内一氧化碳(CO)设计浓度

①采用全横向通风方式与半横向通风方式时,CO设计浓度可按表2-1-8取值;采用纵向通风方式时,CO设计浓度按表2-1-8所列各值提高50×10^{-6}取值。

CO设计浓度δ表　　表2-1-8

隧道长度(m)	≤1 000	≥3 000
$\delta(\times10^{-6})$	250	200

注:隧道长度为1 000 ~3 000m时,可按插入法取值。

②交通阻滞(隧道内平均车速为10km/h)时,阻滞段的平均CO设计浓度可取300×10^{-6},经历时间不超过20min。阻滞段长度不宜大于1km。

③人车混合通行的隧道,长度不宜超过2 000m,其CO设计浓度按表2-1-9取值。

CO设计浓度δ表　　表2-1-9

隧道长度(m)	≤1 000	≥2 000
$\delta(\times10^{-6})$	150	100

注:隧道长度为1 000 ~2 000m时,可按插入法取值。

(2)烟雾设计浓度

①采用钠灯光源时,烟雾设计浓度按表2-1-10取值;采用荧光灯光源时烟雾设计浓度提高一级。

烟雾设计浓度K表　　表2-1-10

计算行车速度(km/h)	100	80	60	40
$K(\mathrm{m}^{-1})$	0.006 5	0.007 0	0.007 5	0.009 0

②当烟雾浓度达到$0.012\mathrm{m}^{-1}$,应按采取交通管制等措施考虑。

③隧道内进行养护维修时现场实际烟雾浓度不大于$0.003\,5\mathrm{m}^{-1}$。

六、供电

公路隧道的照明与通风所需的原动力,主要是电力,凡设照明、通风的高速公路、一级公路的隧道,应设置独立的备用电源,以防意外的断电事故,并确保交通运输的安全,避免造成不必要损失。

七、救援及消防设施

为了便于消防及紧急救援，凡设计为眼镜形的双孔隧道，其两隧道之间，宜按规定设置供巡查、维修、救援及车辆转换方向用的行人横洞和行车横洞。

第四节　公路隧道工程质量检测的内容

一、公路隧道检测技术的内容

公路隧道按修建过程，主要检测内容如图2-1-2所示。

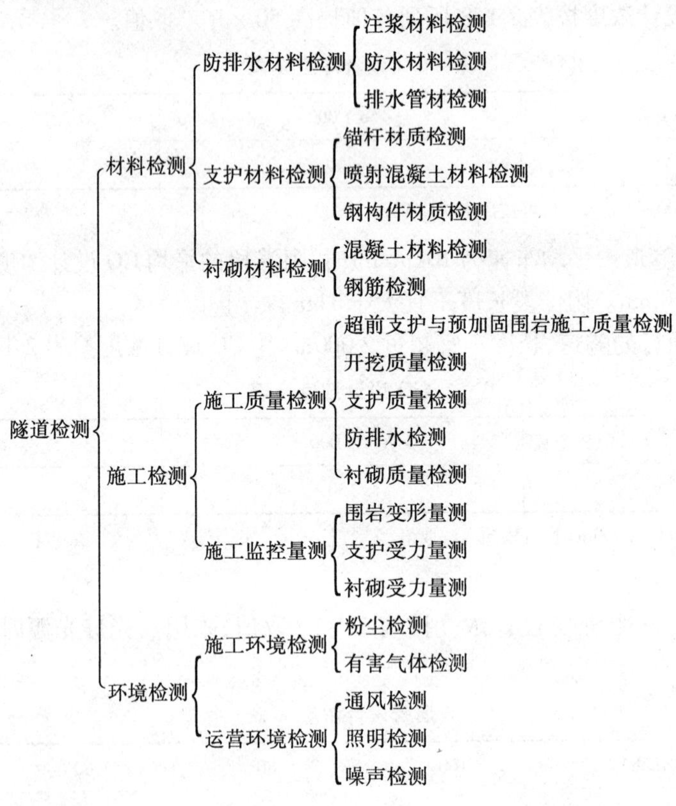

图2-1-2　隧道检测内容框图

二、公路隧道质量检验评定标准

1. 公路隧道建设项目的工程划分

根据《公路工程质量检验评定标准》(JTG F80/1—2004)的工程划分：公路隧道长隧道每座为一个单位工程，多个中、短隧道可合并为一个单位工程，每座隧道分别评定后，按中隧道权值为2，短隧道权值为1，计算加权平均值作为该单位工程得分，其中有8个分部工程，24个以上分项工程，具体划分见表2-1-11。

隧道工程划分表　　表 2-1-11

单位工程	分部工程	分项工程
隧道工程	总体	隧道总体*等
	明洞	明洞浇筑,明洞防水层,明洞回填*等
	洞口工程	洞口开挖,洞口边仰坡防护,洞门和翼墙的浇(砌)筑,截水沟、洞口排水沟等
	洞身开挖	洞身开挖*(分段)等
	洞身衬砌	(钢纤维)喷射混凝土支护,锚杆支护,钢筋网支护,仰拱,混凝土衬砌*,钢支撑支护,衬砌钢筋等
	防排水	防水层,止水带、排水等
	隧道路面	基层*,面层*等
	辅助施工	超前锚杆*、超前钢管*等

注:表内标注*为主要工程,评分时给以 2 的权值;不带*为一般工程,权值为 1。

2. 工程质量评分

1)分项工程质量评分

分项工程质量检验内容包括基本要求、实测项目、外观鉴定和质量保证资料四个部分。仅在其使用的原材料、半成品、成品及施工工艺符合基本要求的规定,且无严重外观缺陷和质量保证资料真实并基本齐全时,才能对分项工程质量进行检验评定。

涉及结构安全和使用功能的重要实测项目为关键项目(在文中以"△"标识),其合格率不得低于 90%,且检测值不得超过规定极值,否则必须进行返工处理。

实测项目的规定极值是指任一单个检测值都不能突破的极限值,不符合要求时该实测项目为不合格。关键项目,不符合要求时则该分项工程评为不合格。

分项工程的评分值满分为 100 分,按实测项目采用加权平均法计算。存在外观缺陷或资料不全时,应予减分。

$$\text{分项工程得分} = \frac{\sum[\text{检查项目得分} \times \text{相应的权值}]}{\sum \text{检查项目权值}} \tag{2-1-3}$$

$$\text{分项工程评分值} = \text{分项工程得分} - \text{外观缺陷减分} - \text{资料不全减分} \tag{2-1-4}$$

(1)基本要求检查

分项工程所列基本要求,对施工质量优劣具有关键作用,应按基本要求对工程进行认真检查。经检查不符合基本要求规定时,不得进行工程质量的检验和评定。

(2)实测项目计分

对规定检查项目采用现场抽样方法,按照规定频率和下列计分方法对分项工程的施工质量直接进行检测计分。

检查项目除按数理统计方法评定的项目以外,均应按单点(组)测定值是否符合标准要求进行评定,并按合格率计分。

$$\text{检查项目合格率}(\%) = \frac{\text{检查合格的点(组)数}}{\text{该检查项目的全部检查点(组)数}} \times 100\% \tag{2-1-5}$$

$$\text{检查项目得分} = \text{检查项目合格率} \times 100 \tag{2-1-6}$$

(3)外观缺陷减分

对工程外表状况应逐项进行全面检查,如发现外观缺陷,应进行减分。对于较严重的外观缺陷，施工单位须采取措施进行整修处理。

(4)资料不全减分

分项工程的施工资料和图表残缺，缺乏最基本的数据，或有伪造涂改者，不予检验和评定。资料不全者应予减分，减分幅度可按质量保证资料所列各款逐款检查，视资料不全情况，每款减1~3分。

(5)质量保证资料

施工单位应有完整的施工原始记录、试验数据、分项工程自查数据等质量保证资料，并进行整理分析，负责提交齐全、真实和系统的施工资料和图表。工程监理单位负责提交齐全、真实和系统的监理资料。质量保证资料应包括以下六个方面：

①所用原材料、半成品和成品质量检验结果。

②材料配合比、拌和加工控制检验和试验数据。

③地基处理、隐蔽工程施工记录和大桥、隧道施工监控资料。

④各项质量控制指标的试验记录和质量检验汇总图表。

⑤施工过程中遇到的非正常情况记录及其对工程质量影响分析。

⑥施工过程中如发生质量事故，经处理补救后，达到设计要求的认可证明文件等。

2)分部工程和单位工程质量评分

按表2-1-11所列分项工程和分部工程区分为一般工程和主要(主体)工程，分别给以1和2的权值。进行分部工程和单位工程评分时，采用加权平均值计算法确定相应的评分值。

$$\text{分部(单位)评分值}=\frac{\sum[\text{分项(分部)工程评分值}\times\text{相应的权值}]}{\sum\text{分项(分部)工程权值}} \tag{2-1-7}$$

3. 工程质量等级评定

1)分项工程质量等级评定

分项工程评分值不小于75分为合格；小于75分为不合格。

评定为不合格的分项工程，经加固、补强或返工、调测，满足设计要求后，可以重新评定其质量等级，但计算分部工程评分值时按其复评分值的90%计算。

2)分部工程质量等级评定

所属各分项工程全部合格，则该分部工程评为合格；所属任一分项工程不合格，则该分部工程为不合格。

3)单位工程质量等级评定

所属各分部工程全部合格，则该单位工程评为合格；所属任一分部工程不合格，则该单位工程为不合格。

4. 隧道工程质量检验评定的一般规定

(1)《公路工程质量检验评定标准》(JTG F80/1—2004)隧道部分适用于采用钻爆法施工的山岭隧道的检验评定。采用其他方法如盾构、掘进机、沉埋法施工的隧道的检验评定可参照本标准另行制定。

(2)隧道采用钻爆法施工，设计为复合式衬砌的隧道，承包人必须按照设计和施工规范要求的频率和量测项目进行监控量测，用量测信息指导施工并提交系统、完整、真实的量测数据和图表。

(3)隧道通风、照明、供配电、监控设施等的检验评定,应根据《公路工程质量检验评定标准》(JTG F80/1—2004)的相关章节进行质量评定。

(4)隧道洞口的开挖,应按照《公路工程质量检验评定标准》(JTG F80/1—2004)第4章路基土石方工程的标准进行检验评定;洞门和翼墙的浇(砌)筑和洞口边坡、仰坡防护按《公路工程质量检验评定标准》(JTG F80/1—2004)第6章挡土墙、防护及其他砌石工程的相应项目评定。

(5)隧道路面的基层、面层,应按照路基、路面的标准进行检验评定。

(6)每座长隧道为一个单位工程,多个中、短隧道可合并为一个单位工程,每座隧道分别评定后,按中隧道权值为2,短隧道权值为1,计算加权平均值作为该单位工程的得分。一般按围岩类别和衬砌类型每100m作为一个分项工程,紧急停车带单独作为一个分项工程。混凝土衬砌采用模板台车,宜按台车长度的倍数划分分项工程。按以上方法划分分项工程时,分段长度可结合工程特点和实际情况进行调整,分段长度不足规定值时,不足部分单独作为一个分项工程。特长隧道的单位工程、分部工程和分项工程可根据具体情况另行划分。

(7)隧道防排水工程施工质量应符合以下要求。

①高速公路、一级公路隧道和设有机电工程的一般公路隧道。

a. 隧道拱部、墙部、设备洞、车行横通道、人行横通道不渗水;

b. 路面干燥无水;

c. 洞内排水系统不淤积、不堵塞,确保排水通畅;

d. 严寒地区隧道衬砌背后不积水,排水沟不冻结。

②其他公路隧道

a. 拱部、边墙不滴水;

b. 路面不冒水、不积水,设备箱洞处不渗水;

c. 洞内排水系统不淤积、不堵塞,确保排水通畅;

d. 严寒地区隧道村砌背后不积水,路面干燥无水,排水沟不冻结。

(8)隧道装饰应按《建筑装饰装修工程质量验收规范》(GB 50210—2011)制定相应的质量检验评定标准进行检验。

复习思考题

一、单项选择题

1. 隧道岩石根据岩石的坚硬程度和岩体的完整性进行分级分为________。
   A. 四级　　B. 七级　　C. 六级　　D. 五级
2. 抗滑、抗倾覆性能要求高的隧道洞门一般采用________。
   A. 端墙式　　B. 台阶式　　C. 柱式　　D. 翼墙式
3. 隧道内的纵坡一般大于________。
   A. 0.1%　　B. 0.3%　　C. 0.03%　　D. 3.0%
4. 洞口工程是隧道出入口部分的建筑物,下列不属于洞口工程的是________。
   A. 洞门　　B. 排水设施　　C. 照明　　D. 仰坡

5. 下列环境检测的内容中不属于运营环境检测的是________。

A. 粉尘检测　　B. 照明检测　　C. 噪声检测　　D. 通风

6. 在隧道局部不良地质地段为避免塌方常用的支护方式是________。

A. 钢支撑　　B. 锚杆支护　　C. 喷射混凝土　　D. 锚喷支护

7. 当隧道外有路灯照明时，隧道内的路面亮度不应低于洞外路段亮度的________。

A. 1 倍　　B. 0.5 倍　　C. 2 倍　　D. 1.5 倍

8. 运营隧道现场照明检测的基本内容之一是________。

A. 路面照度　　B. 灯具光强　　C. 灯具光效　　D. 墙面亮度

9. 设计时速为 100km/h 的公路隧道内烟尘允许浓度为________。

A. $0.0065m^{-1}$　　B. $0.009m^{-1}$　　C. $0.0075m^{-1}$　　D. $0.009m^{-1}$

10. 非高原地区施工隧道的一氧化碳（CO）允许浓度在一个工作日内的最高容许值为________。

A. $20mg/m^3$　　B. 100×10^{-6}　　C. 150×10^{-6}　　D. $30mg/m^3$

二、多项选择题

1. 公路隧道按其长度的不同又分为四类，下列属于中隧道的有________。

A. $L=500m$　　B. $L=1\ 000m$

C. $L=800m$　　D. $L=250m$

E. $L=1500m$

2. 公路隧道按其横断面形状一般分为________。

A. 圆形　　B. 方形　　C. 马蹄形　　D. 眼镜形　　E. 椭圆形

3. 二级公路隧道的防水排水要求下列________位置不渗水。

A. 拱部　　B. 边墙　　C. 路面　　D. 设备箱洞　　E. 人行横洞

4. 公路隧道检测技术通常可以分为________。

A. 材料检测　　B. 施工检测

C. 环境检测　　D. 开挖质量检测

E. 噪声检测

5. 下列属于隧道运营管理设施的是________。

A. 电缆与电缆槽　　B. 行车横洞

C. 通风设备　　D. 收费设施

E. 消防

6. 公路隧道的横断面设计除应符合建筑限界规定外，还应考虑________。

A. 洞内排水　　B. 通风　　C. 照明　　D. 监控　　E. 施工要求

7. 明洞是指采用明挖的方法施工的隧道，一般明洞设置在________。

A. 洞口不良地质　　B. 边坡塌方

C. 偏压　　D. 落石

E. 泥石流

8. 隧道附属建筑物包括________。

A. 防水排水系统　　B. 通风、照明与供电系统

C. 隧道运营管理设施　　D. 辅助坑道
E. 洞内线路路面

9. 下列属于支护材料的是________。
A. 钢支撑　　B. 锚杆
C. 喷射混凝土　　D. 排水管
E. 注浆材料

10. 下列属于施工检测的项目是________。
A. 超欠挖检测　　B. 收敛量测
C. 支护受力量测　　D. 地表下沉量测
E. 锚杆材料检测

三、判断题

1. 预裂爆破是公路隧道开挖采用的最常见方法。（ ）
2. 防水排水系统包括洞顶防水排水、洞门排水、洞内排水和洞内防水四个方面。（ ）
3. 承载衬砌的作用是承受围岩垂直与水平方向的压力。（ ）
4. 公路隧道洞内行车道路面采用水泥混凝土路面能提高照明亮度。（ ）
5. 隧道洞口内外各 10s 设计速度行程长度范围的平面线形应一致。（ ）
6. 公路隧道的洞内线路构筑物为路基和路面以及通风和照明设施。（ ）
7. 隧道界限受侵对行车安全以至衬砌结构的稳定构成威胁。（ ）
8. 对隧道进行通风的目的，主要是使隧道内的一氧化碳和烟尘不超过规定的允许浓度。（ ）
9. 人行横洞和车行横洞都属于隧道运营管理设施。（ ）
10. 施工监控量测是施工质量检测的内容之一。（ ）

四、问答题

1. 公路隧道常见的质量问题有哪些？试分析其产生原因。
2. 公路隧道有哪些特点？
3. 公路隧道照明划分为哪几个区段？
4. 简述隧道位置选择及线形的一般要求。
5. 简述公路隧道的基本组成。
6. 简述公路隧道衬砌的防水方法。
7. 简述隧道检测中材料检测内容。
8. 简述隧道检测中施工检测内容。
9. 公路隧道有哪些运营管理设施？

第二章　超前支护与预加固围岩

复习要点：

1. 常用的辅助施工方法。
2. 超前支护施工质量检测的主要内容。
3. 注浆材料性能试验；注浆效果检查方法。

第一节　常用的辅助施工方法和施工质量检测

一、常用的辅助施工方法

隧道在浅埋地段、自稳性差的软弱破碎地层，严重偏压、岩溶流泥地段，砂土层、砂卵（砾）石层、断层破碎带以及大面积淋水或涌水地段施工时，由于开挖后围岩的自稳时间小于完成支护所需的时间，易发生开挖面围岩失稳、坍塌、冒顶等，使围岩条件更加恶化，给施工带来极大的困难，为了避免上述情况的发生，应在隧道开挖前或开挖中采用辅助施工方法以增强隧道围岩稳定。

一般可分为对地层预支护（超前支护）和预加固两类。主要有：

（1）地表砂浆锚杆或地表注浆加固，适应于浅埋、洞口、偏压地段。

（2）超前锚杆或超前小导管支护，适应于浅埋、松散破碎地层。

（3）管棚钢架超前预支护，适应于极破碎地层、塌方、岩堆。

（4）超前小导管预注浆，适应于砂、砂砾、断层破碎带和塌方等。

（5）超前围岩深孔预注浆，适应于断面较大、沉陷要求小的地下工程等。

各种辅助工程措施及适应条件见表2-2-1。

各种辅助工程措施及其适用条件　　表2-2-1

辅助工程措施		适用条件
地层稳定措施	管棚法	Ⅴ级和Ⅵ级围岩，无自稳能力或浅埋隧道及其地面有荷载
	超前导管法	Ⅴ级围岩，自稳能力低
	超前钻孔注浆法	Ⅴ级和Ⅵ级软弱围岩地段、断层破碎带地段、水下隧道或富水围岩地段、塌方或涌水事故地段以及其他不良地质地段和特殊岩土地段
	超前锚杆法	Ⅳ～Ⅴ级围岩，开挖数小时内可能剥落或局部坍塌
	拱脚导管锚固法	Ⅴ级围岩，自稳能力低
	地表锚杆与注浆加固法	Ⅴ级围岩浅埋地段和埋深≤50m的隧道
	水平旋喷桩	Ⅴ级和Ⅵ级软弱围岩（如淤泥、流沙等），土层含水率大，地下水位高（隧道位于地下水位以下），浅埋，隧道上方是交通繁忙的街道，还有纵横交错的管线，周围又紧邻高层建筑

续上表

辅助工程措施		适用条件
地层稳定措施	冻结法	含水率大于10%的含水、松散、不稳定地层
	掌子面正面喷射混凝土法	掌子面围岩破碎、渗淋水严重的临时措施
	临时仰拱法	围岩与支护变形异常的临时措施
	墙式遮挡法	浅埋隧道,且隧道上方地面两侧(或一侧)有建筑物
	注浆堵水法	地下水丰富且排水时挟带泥沙引起开挖面失稳,或排水后对其他用水影响较大的地段
	超前钻孔排水法	开挖面前方有高压地下水或有充分补给源的涌水,且适量排放地下水不会影响围岩稳定及隧道周围环境条件
	坑道排水法	
	井点降水法	均质砂土、亚黏土地段以及浅埋地段

二、辅助施工方法施工质量检测的内容

1. 超前锚杆

1)基本要求

(1)锚杆材质、规格等应符合设计和规范要求。

(2)超前锚杆与隧道轴线外插角宜为5~10°,长度应大于循环进尺,宜为3~5m。

(3)超前锚杆与钢架支撑配合使用时,应从钢架腹部穿过,尾端与钢架焊接。

(4)锚杆插入孔内的长度不得小于设计长度的95%。

(5)锚杆搭接长度应不小于1m。

2)实测项目

超前锚杆实测项目见表2-2-2。

超前锚杆实测项目 表2-2-2

项次	检查项目	规定值或允许偏差	检查方法和频率
1	长度(m)	不小于设计	尺量;检查锚杆数的10%
2	孔位(mm)	±50	尺量;检查锚杆数的10%
3	钻孔深度(mm)	±50	尺量;检查锚杆数的10%
4	孔径(mm)	符合设计要求	尺量;检查锚杆数的10%

3)外观鉴定

锚杆沿开挖轮廓线周边均匀布置,尾端与钢架焊接牢固,锚杆入孔长度符合要求。

2. 超前钢管

1)基本要求

(1)钢管的型号、规格、质量等应符合设计和规范的要求。

(2)超前钢管与钢架支撑配合使用时,应从钢架复部穿过,尾端与钢架焊接。

2)实测项目

超前钢管实测项目见表2-2-3。

3）外观鉴定

钢管沿开挖轮廓线周边均匀布置，尾端与钢架焊接牢固，入孔长度符合要求。

超前钢管实测项目 表 2-2-3

项次	检查项目	规定值或允许偏差	检查方法和频率
1	长度(m)	不小于设计	尺量;检查 10%
2	孔位(mm)	±50	尺量;检查 10%
3	钻孔深度(mm)	±50	尺量;检查 10%
4	孔径(mm)	符合设计要求	尺量;检查 10%
5	注浆压力	符合设计要求	压力表;全部检查

第二节　注浆材料性能试验、注浆效果检查方法

一、注浆材料的性能试验

1. 黏度

黏度是用来表示液体流动时，因分子之间互相作用，产生的阻碍运动的内摩擦力。其单位为帕斯卡秒(Pa·s)，工程上常用厘泊(cP)来计量，$1cP = 10^{-3}kPa \cdot s$。

2. 渗透能力

渗透能力，即渗透性，浆液注入的难易程度。对于悬浊液，渗透能力取决于颗粒大小；对于溶液，则取决于黏度。

根据试验，砂性土孔隙直径(D)必须大于浆液颗粒直径(d)的3倍以上才能注入。

即，注入条件为：$k = D/d > 3$，k 也称为注入系数。

3. 凝胶时间

凝胶时间是指参加反应的全部成分从混合至凝胶发生，浆液不在流动为止的时间。其测定方法，凝胶时间长的用维卡仪；一般浆液，通常采用手持玻璃捧搅拌浆液，以手感觉不再流动或拉不出丝为止，来测定凝胶时间。

4. 渗透系数

渗透系数表示浆液固化后结石体渗水性的高低，或表示结石体抗渗性的强弱。

5. 抗压强度

注浆材料自身抗压强度的大小决定了材料的使用范围，大者可用于加固地层，小者则仅能堵水。

常见注浆材料的主要性能指标见表 2-2-4。

二、化学浆液黏度测定

(1)本试验方法的工作原理、试样制备、结果表示等部分参照《合成胶乳黏度的测定》(SH/T 1152—1992)的规定。

注浆材料主要性能指标表　　表 2-2-4

性能 / 浆液名称	黏度（Pa·s）	可能注入的最小粒径（mm）渗透能力	凝胶时间	渗透系数（cm/s）	结石体抗强度（MPa）
纯水泥浆	15～140	1.1	12～24h	10^{-1}～10^{-3}	5.0～25.0
水泥加添加剂			6～15h		
水泥-水玻璃			十几秒－十几分钟	10^{-2}～10^{-3}	5.0～20.0
水玻璃类	(3～4)×10^{-3}	0.1	瞬间－几十分钟	10～2	<3.0
珞木素类	(3～4)×10^{-3}	0.03	几秒－几十分钟	10^{-3}～10^{-5}	0.4～2.0
脲醛树脂类	(5～6)×10^{-3}	0.06	十几秒－十几分钟	10^{-3}	2.0～8.0
丙烯酰胺类	1.2×10^{-3}	0.01	十几秒－十几分钟	10^{-5}～10^{-6}	0.4～0.6
聚氨脂类	几十～几百厘泊	0.03	十几秒～十几分钟	10^{-4}～10^{-6}	6.0～10.0

(2)仪器。

①L 型黏度计。

②玻璃烧杯：内径至少为 85mm，容量至少为 600mL。

③水浴：可控制在 25℃ ±2℃。

(3)测定步骤。

将制备好的试样倒入烧杯中，然后将烧杯放入 25℃ ±2℃的水浴中，慢慢搅拌直至其温度达到浴温，准确记录温度。立即将转子牢固地连接在电机轴上，将防护器牢固地装在黏度计的电机壳上。小心插入转子和防护器至试样中，直至试样表面转子轴上凹槽的中间刻线处。应避免带入空气。转子应处于烧杯中心并与试样液面垂直。

选择黏度计的转速为 60r/min ±0.2r/min。开动黏度计的电机，按照仪器的操作说明取平衡读数，精确至刻度盘的分刻度单位。达到平衡读数，可能需经过 20～30s。

应使用能测量黏度的最小号转子。

三、水泥细度检验

1. 方法原理

采用 45μm 方孔筛和 80μm 方孔筛对水泥试样进行筛析试验，用筛上筛余物的质量百分数来表示水泥样品的细度。

为保持筛孔的标准度，在用试验筛应用已知筛余的标准样品来标定。

2. 仪器

试验筛、负压筛析仪、水筛架和喷头、天平。

3. 操作程序

1)试验准备

试验前所用试验筛应保持清洁，负压筛和手工筛应保持干燥。试验时，80μm 筛析试验称取试样 25g，45μm 筛析试验称取试样 10g。

2）负压筛析法

（1）筛析试验前应把负压筛放在筛座上，盖上筛盖，接通电源，检查控制系统，调节负压至4 000 ~6 000Pa 范围内。

（2）称取试样精确至0.01g，置于洁净的负压筛中，放在筛座上，盖上筛盖，接通电源，开动筛析仪连续筛析2min，在此期间如有试样附着在筛盖上，可轻轻地敲击筛盖使试样落下。筛毕，用天平称量全部筛余物。

3）水筛法

1）筛析试验前，应检查水中无泥、砂，调整好水压及水筛架的位置，使其能正常运转，并控制喷头底面和筛网之间距离为35 ~75mm。

（2）称取试样精确至0.01g，置于洁净的水筛中，立即用淡水冲洗至大部分细粉通过后，放在水筛架上，用水压为0.05 ±0.02MPa 的喷头连续冲洗3min。筛毕，用少量水把筛余物冲至蒸发皿中，等水泥颗粒全部沉淀后，小心倒出清水，烘干并用天平称量全部筛余物。

4）试验结果计算

筛余百分数按下式计算

$$F = \frac{R}{W} \times 100\% \tag{2-2-1}$$

式中：F——水泥试样的筛余百分数（%）；

R——水泥筛余物的质量（g）；

W——水泥试样的质量（g）。

四、注浆效果检查

1. 分析法

分析注浆记录，查看每个孔的注浆压力、注浆量是否达到设计要求；注浆过程中漏浆、跑浆是否严重，从而以浆液注入量估算浆液扩散半径，分析是否与设计相符。

2. 检查孔法

用地质钻机按设计孔位和角度钻检查孔，提取岩芯进行鉴定。同时测定检查孔的吸水量（漏水量），单孔时应小于1L/min · m，全段小于20L/min · m。

3. 声波监测法

用声波探测仪测量注浆前后岩体声速、振幅及衰减系数等来判断注浆效果。

复习思考题

一、单项选择题

1. 超前锚杆与隧道轴线外插角宜为________。

A. 1° ~10°　　B. 5° ~10°　　C. 10° ~20°　　D. 15° ~30°

2. 超前锚杆搭接长度投影方向不小于________。

A. 0.5m　　B. 1m　　C. 2m　　D. 3m

3. 钢管插入孔内的长度不得短于设计长度的________。

A. 70%　　B. 75%　　C. 95%　　D. 100%

4. 化学浆液黏度测定温度应控制在________。

A. 20 ±1℃　　B. 23 ±2℃　　C. 25 ±2℃　　D. 25 ±1℃

二、多项选择题

1. 地表砂浆锚杆或地表注浆加固适应________。

A. 极破碎地层　　B. 塌方　　C. 浅埋　　D. 洞口　　E. 偏压地段

2. 超前小导管预注浆适应________。

A. 岩堆　　B. 砂　　C. 砂砾　　D. 断层破碎带　　E. 塌方

3. 管棚钢架超前预支护适应________。

A. 偏压地段　　B. 极破碎地层　　C. 塌方　　D. 岩堆　　E. 砂

4. 注浆材料的性能包括________。

A. 黏度　　B. 渗透能力　　C. 凝胶时间　　D. 渗透系数　　E. 抗压强度

三、问答题

1. 在什么情况下应采用辅助施工方法?
2. 常用的辅助施工方法有哪些？分析其适应条件。
3. 简述超前锚杆施工质量检测的内容及标准。
4. 简述超前钢管施工质量检测的内容及标准。
5. 注浆材料的有哪些性能?
6. 注浆效果检查有哪些方法?
7. 简述水泥细度检验方法。
8. 简述化学浆液黏度测定方法。

第三章　开　　挖

复习要点：

1. 开挖的方法与工序。

2. 超欠挖测定的各种方法。

3. 超欠挖测定原理；激光断面仪法的原理、操作方法、步骤；开挖质量评定内容及标准。

第一节　隧道开挖的方法与工序

一、隧道施工方法及特点

1. 隧道施工方法

隧道施工方法的选择主要依据地质、地形、环境条件及埋置深度，并结合隧道断面尺寸、长度、衬砌类型、隧道的使用功能和施工技术水平等因素综合考虑确定。根据隧道穿越地层的不同情况和目前隧道施工技术的发展，隧道施工方法可按以下方式分类：

(1)山岭隧道的施工方法有矿山法、新奥法、掘进机法。

(2)浅埋及软土隧道的施工方法有明挖法、地下连续墙法、浅埋暗挖法、盾构法。

(3)水底隧道的施工方法有沉埋法、盾构法。

2. 隧道施工的特点

(1)受工程地质和水文地质条件的影响较大。

(2)工作条件差，工作面小而狭窄，工作环境差。

(3)暗挖法施工对地面影响较小，但埋置较浅时，可能导致地面沉陷。

(4)有大量废渣，需妥善处理。

二、隧道开挖的方法与工序

1. 隧道开挖的方法与工序

隧道开挖的方法与工序见表 2-3-1。

隧道开挖的方法与工序表　　表 2-3-1

开挖方法名称	图　例	开挖顺序说明
全断面法	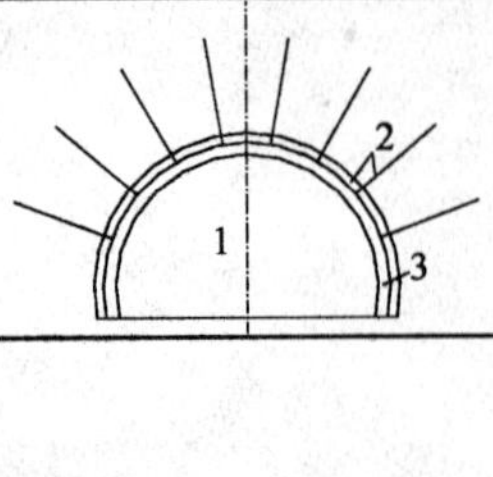 1 2 3	①全断面开挖； ②锚喷支护； ③浇筑衬砌

续上表

开挖方法名称	图　　例	开挖顺序说明
台阶法		①上半部开挖； ②拱部锚喷支护； ③下半部中央部开挖； ④边墙部开挖； ⑤边墙锚喷支护； ⑥浇筑衬砌
环形开挖留心土法		①上弧形导坑开挖； ②拱部锚喷支护； ③中核开挖； ④下部开挖； ⑤边墙锚喷支护； ⑥浇筑仰拱； ⑦浇筑衬砌
上下导坑法		①下导坑开挖； ②上弧形导坑开挖； ③拱部锚喷支护； ④拱部衬砌； ⑤设漏斗，随着推进开挖中核； ⑥下半部中部开挖； ⑦边墙部开挖； ⑧边墙锚喷支护衬砌
上导坑法		①上导坑开挖； ②上半部其他部位开挖； ③拱部锚喷支护； ④拱部衬砌； ⑤下半部中部开挖； ⑥边墙部开挖； ⑦边墙锚喷支护及衬砌
单侧壁导坑法；（中壁墙法）		①先行导坑上部开挖，锚喷支护钢架支撑等，设置中壁墙临时支撑（含锚喷钢架）； ②先行导坑下部开挖，锚喷支护钢架支撑等，设置中壁墙临时支撑（含锚喷钢架）； ③后行洞上部开挖，锚喷支护、钢架支撑； ④后行洞下部开挖，锚喷支护、钢架支撑； ⑤浇筑仰拱混凝土； ⑥拆除中壁墙，浇筑全周衬砌

续上表

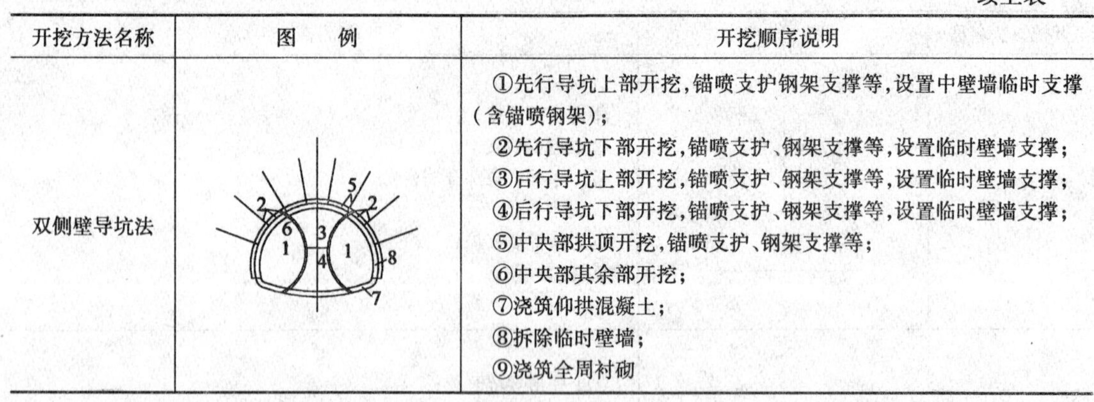

开挖方法名称	图　　例	开挖顺序说明
双侧壁导坑法	2 5 2 6 3 1 4 1 8 7	①先行导坑上部开挖，锚喷支护钢架支撑等，设置中壁墙临时支撑（含锚喷钢架）； ②先行导坑下部开挖，锚喷支护、钢架支撑等，设置临时壁墙支撑； ③后行导坑上部开挖，锚喷支护、钢架支撑等，设置临时壁墙支撑； ④后行导坑下部开挖，锚喷支护、钢架支撑等，设置临时壁墙支撑； ⑤中央部拱顶开挖，锚喷支护、钢架支撑等； ⑥中央部其余部开挖； ⑦浇筑仰拱混凝土； ⑧拆除临时壁墙； ⑨浇筑全周衬砌

2. 隧道开挖的方法与适应范围

(1)全断面适应 I～II 级围岩中小跨度隧道；中跨度和 III 级大跨度加固后可采用。

(2)台阶法适应 III～IV 级围岩中小跨度隧道；V 级围岩预加固后采用。

(3)环形开挖留心土法适应 IV～V 级围岩或土质的中小隧道。

(4)中隔壁法或交叉中隔壁法适应围岩较差、跨度大、浅埋、地表沉降需严格控制的情况。

(5)双侧壁导坑法适应于浅埋大跨度、地表沉降需严格控制的情况。

三、新奥法的施工顺序和开挖方法

1. 新奥法施工的基本原则

根据我国的实践经验，新奥法施工的基本原则为“少扰动，早支护，勤量测，紧封闭”。

少扰动是指在进行隧道开挖时，要尽量减少对围岩的扰动次数、扰动强度、扰动范围和扰动持续时间。

早支护是指开挖后及时施作初期喷锚支护，使围岩的变形进入受控制状态。

勤量测是指以直观、可靠的量测方法和量测数据来准确评价围岩的稳定状态，或判断其动态发展趋势，以便及时调整支护形式和开挖方法，确保施工得以安全顺利地进行。

紧封闭是指要尽快形成对围岩的封闭支护，以便有效控制围岩变形。

2. 新奥法的施工顺序

根据新奥法的施工技术要求和施工顺序可划分为：开挖、喷锚（初期支护）、模筑混凝土（二次衬砌）和装饰四个过程。

3. 新奥法开挖的方法与工序

开挖或称掘进是先导工作，专业分工较细，通常设有量测划线组、钻孔组、爆破组和清渣、支护等班组；施工机械配有空压机、风动凿岩机、大吨位自卸汽车、轮式装载机，以及通风和照明等设备。每一个工作循环的进尺 2m 左右。

开挖有两种不同的方法，全断面法和台阶法，其台阶的长度 4～8m 为宜，以利上半部的石渣自行抛落到路床上，采用装载机等机械进行清渣。另外一般双车道隧道，其开挖高度约 8m，当采用这种台阶法施工时，不仅增加了工作面，还可以减少开挖和初次支护工作所需配置的脚手架的安拆工作。采用全断面法施工时，则宜采用凿岩台车或其他先进的凿岩设备。

四、矿山法的施工顺序和开挖方法

1. 矿山法施工的基本原则

矿山法施工的基本原则归纳为“少扰动、早支撑、慎撤换、快衬砌”。

少扰动是指在进行隧道开挖时，尽量减少对围岩的扰动次数、扰动强度、扰动范围和扰动持续时间，这与新奥法施工的要求是一致的。

早支撑是指开挖后及时施作临时构件支撑，使围岩不致因变形松弛过度而产生坍塌失稳，并承受围岩松弛变形产生的压力——早期松弛荷载。

慎撤换是指拆除临时支撑而代之以永久性模筑混凝土衬砌时要慎重，防止撤换过程使围岩坍塌失稳。每次撤换的范围、顺序和时间要视围岩稳定性及支撑的受力状况而定。

快衬砌是指拆除临时支撑后要及时修筑永久性混凝土衬砌，并使之尽早承载参与工作。

2. 矿山法开挖的方法与工序

公路隧道常用上下导洞开挖法和下导洞扩大开挖法两种。

(1)上下导洞开挖法，将设计开挖断面划分为六个部位进行开挖，它适用于各级围岩的隧道，现按顺序说明如下：

①首先开挖下导洞，并从工作面铺设轻便轨道至弃渣处，配以斗车，以人力推运出渣，或用手推车运输出渣。轻便轨道则随洞身的延伸陆续向前接长。

②当下导洞开挖到一定的深度之后，即开始进行上导洞开挖工作。在上导洞开挖到适当的深度之后，则在上下导洞之间挖一个80cm×80cm的方形漏渣孔，以便出渣，将上导洞开挖出来的石渣通过漏渣孔落入下导洞内所敷设的轻便轨道上的斗车内，运弃于洞外。

③当上下导洞都开挖到适当的深度之后，就开始将拱部扩大部分挖除，其开挖长度宜控制在20~30m，经检查符合设计要求时，即可进行拱部衬砌。

④在拱部衬砌到一定长度之后，才能分段(2~4m)错开将中槽和马口两部分挖掉。随之将边墙衬砌好，常称为先拱后墙法。

(2)下导洞扩大开挖法，将设计横断面划分为三个部位，它适用于围岩条件较好的隧道。各个部位的开挖面积比上下导洞开挖法要大，因此开挖的效率要好，其基本要求和施工程序，与上下导洞开挖法相似。

五、明挖法

明挖法是指挖开地面，由上向下开挖土石方至设计高程后，自基底由下向上顺序施工隧道主体结构，最后回填基坑或恢复地面的施工方法，常见的施工方法有先墙后拱法、先拱后墙法和拱墙交替法三种。

第二节　隧道开挖质量评定标准

一、开挖质量标准

(1)开挖断面尺寸要符合设计要求。

(2)要严格控制欠挖。当石质坚硬完整且岩石抗压强度大于30MPa时，允许岩石个别凸出部分(小于0.1m^2/m^2)突入衬砌断面，锚喷支护时突入不大于30mm，衬砌时不大于50mm。拱脚、墙脚以上1m内严禁欠挖。

(3)要尽量减少超挖。允许超挖值规定见表2-3-2[其中平均线性超挖值=超挖面积/爆破设计开挖断面周长(不包括隧底)]。

隧道允许超挖值 表2-3-2

项目		规定值或允许偏差(mm)	检查方法与频率
拱部	破碎岩、土(Ⅳ、Ⅴ级围岩)	平均100，最大150	水准停留或断面仪：每20m一个断面
	中硬岩、软岩(Ⅱ、Ⅲ、Ⅳ级围岩)	平均150，最大250	
	硬岩(Ⅰ级围岩)	平均100，最大200	
边墙	每侧	+100，-0	尺量：每20m检查1处
	全宽	+200，-0	
仰拱、隧底		平均100，最大250	水准仪：每20m检查3处

二、钻爆作业质量要求

对于用钻爆法开挖隧道，其爆破效果应满足以下要求：

(1)开挖轮廓圆顺，开挖面平整。

(2)爆破进尺达到设计要求，爆出的石块块度满足装渣要求。

(3)采用支架式风钻打眼，炮眼深为3m；两茬炮衔接时，出现的台阶形误差不得大于15cm。

(4)采用光面爆破开挖，爆破效果应符合表2-3-3的要求。

光面爆破效果评定 表2-3-3

序号	项目	硬岩	中硬岩	软岩
1	平均线性超挖量(cm)	16~18	18~20	20~25
2	最大线性超挖量(cm)	20	25	25
3	两茬炮衔接台阶最大尺寸(cm)	15	20	20
4	炮眼痕迹保存率(%)	≥80	≥70	≥50
5	局部欠挖(cm)	5	5	5
6	炮眼利用率(%)	90	90	95

第三节　超欠挖测定方法

一、超欠挖测定方法

施工中应根据现场条件采用切实可行的超欠挖量测方法，也可参照表2-3-4选取。

超欠挖测定方法　　表 2-3-4

测定方法及采用的测定仪			测定法概要
测量断面的方法	直接测量开挖断面面积方法	以内模为参照物直接测量法	以内模为参照物，用直尺直接测量超欠挖量
		使用激光束的方法	利用激光射线在开挖面上定出基点，并由该点实测开挖断面
		使用投影机的方法	利用投影机将基点或隧道基本形状投影在开挖面上，然后据此实测开挖断面面积
	非接触观测法	三维近景摄影法	在隧道内设置摄影站，采用三维近景摄影方法获取立体像对，在室内利用立体测图仪进行定向和测绘，得出实际开挖轮廓线
		直角坐标法	利用激光打点仪照准开挖壁面各变化点，用经纬仪测出各点的水平角和竖直角，利用立体几何的原理，计算出各测点距坐标原点的纵横坐标，按比例画出断面图形
		极坐标法（断面仪法）	以某物理方向（如水平方向）为起算方向，按一定间距（角度或距离）依次一测定仪器旋转中心与实际开挖轮廓线的交点之间的矢径（距离）及该矢径与水平方向的夹角，将这些矢径端点依次相连即可获得实际开挖的轮廓线

二、以内模为参照物测量开挖断面（图 2-3-1）

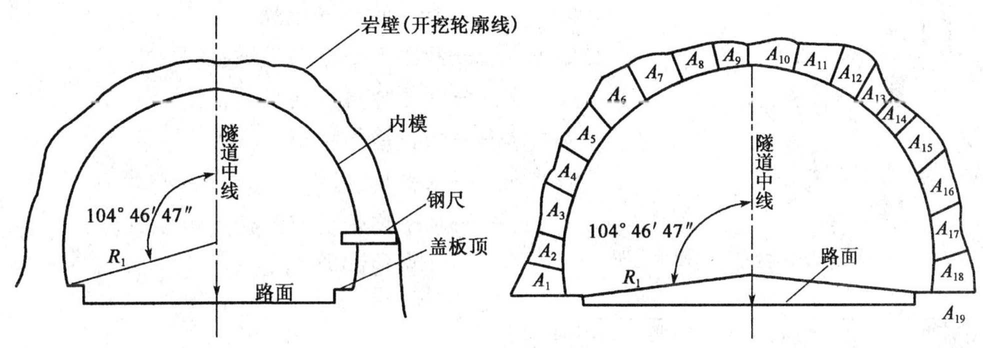

图 2-3-1　以内模为参照物测量开挖断面示意图

1. 测量方法

在二次衬砌立模后，以内模为参照物，从内模量至围岩壁的数据加上内净空即为开挖断面数据。自一侧模板底至拱顶平均分为 9 段，两侧共 18 段，19 个点。隧道内每隔 5m（10m）测量一个开挖断面。测量时，钢尺尽量与内模（梳形木、钢拱架）垂直。

2. 开挖质量评价原理

隧道开挖质量不能以某一个开挖断面为标准进行评价；而应该以某一长度段内（50m、100m）所有的实测数据的综合计算分析来评价本段开挖质量，并与设计要求进行比较分析。

三、用直角坐标法测量开挖断面(图 2-3-2)

1. 测量原理

用经纬仪测量被测开挖断面各变化点的水平角及竖直角,并已知置镜点与被测断面的距离、置镜点仪器高程、被测断面开挖底板高程,以开挖底板高程点为坐标原点,垂直向上为 Y 轴正方向,向右为 X 正方向,向左为 X 负方向,利用立体几何原理,计算出各测点距坐标原点的纵横坐标,画出断面图形,并与设计断面比较得到开挖断面的超欠挖情况。

2. 测量方法

1)仪器

经纬仪一台,水准仪一台,激光打点仪一台及钢尺、塔尺等。

2)方法

将激光打点仪置于被测断面、照准隧道或线路中线方向,拨 90°角固定水平盘,使各测点处于同一断面上,利用其发出的激光束照准被测开挖断面各变化点;同时在距被测断面一定距离置另一经纬仪,用以测量激光打点仪照准各点的水平角及竖直角(在照准隧道或线路中线方向时,可将水平度盘置为 0 或记下水平读数)。用水准仪测量经纬仪的高程,用钢尺丈量两置镜的距离。

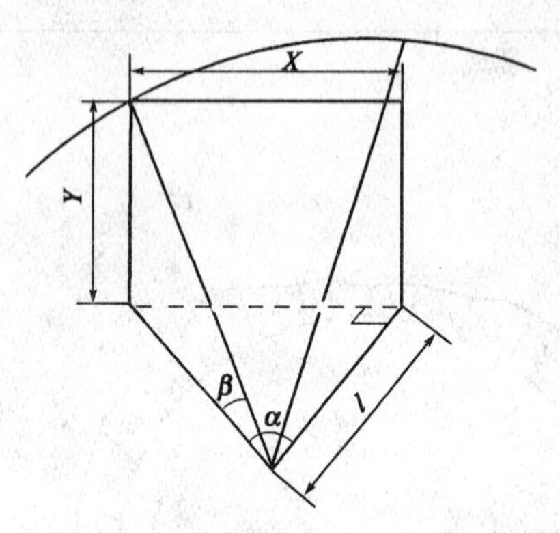

图 2-3-2　用直角坐标法测量开挖断面示意图

3)数据计算

$$X = L \times \tan(\alpha - \alpha_0) \quad (2\text{-}3\text{-}1)$$

$$Y = L \times \frac{\tan\beta}{\cos(\alpha - \alpha_0)} + \text{经纬仪的高程} - \text{开挖断面底板高} \quad (2\text{-}3\text{-}2)$$

式中:X——断面水平方向坐标;

Y——断面竖直方向坐标;

L——两置镜的距离;

α——水平角读数;

α_0——水平角中线方向初始角读数;

β——竖直角读数。

四、三维近景摄影法测量开挖断面

用摄影经纬仪分别在隧道轴线上、摄影基线的左端、右端采用正直、等倾右偏、等倾左偏等摄影方法获取立体像对。将获取的隧道开挖的立体像对利用隧道内的施工控制导线,在室内用立体测图仪进行定向和测绘,即可获得实际开挖轮廓线与设计开挖轮廓线的比较。

第四节　激光断面仪法

一、原理

以某物理方向(如水平方向)为起算方向,按一定间距(角度或距离)依次测定仪器旋转中心与实际开挖轮廓线的交点之间的矢径(距离)及该矢径与水平方向的夹角,将这些矢径端点依次相连即可获得实际开挖的轮廓线。

二、操作方法

用断面仪进行测量,断面仪可以放置于隧道中任何适合于测量的位置(任意位置),扫描断面的过程(测量记录)可以自动完成。所测的每点均由断面仪发出的红色激光指示,而且可以人工随时加以干预。

三、测量方式

(1)手动检测方法:由操作者控制移动检测指示光斑随意进行量测和记录。

(2)定点监测法:可设置起止角度及测量点数,仪器将按照所定参数自动测量并记录。

(3)自动量测法:仪器依照内部设定的间距,自动检测并记录数据。

四、操作步骤

(1)以某物理方向(如水平方向)为起算方向,按一定间距(角度或距离)依次测定仪器旋转中心与实际开挖轮廓线的交点之间的距离及该距离与水平方向的夹角。

(2)将这些距离端点依次相连即可获得实际开挖的轮廓线。

(3)通过控制导线获得断面仪的定点定向数据,利用计算机软件自动完成实际开挖轮廓线与设计开挖轮廓线的空间三维匹配,形成输出图形。

(4)同时输出各测点与相应设计开挖轮廓线之间的超欠挖值(距离、面积)。算得实际开挖方量、超挖方量、欠挖方量。

复习思考题

一、单项选择题

1. 新奥法施工方法适应于________。

A. 山岭隧道　B. 浅埋隧道　C. 软土隧道　D. 水底隧道

2. 隧道开挖要严格控制欠挖,欠挖突入衬砌断面,对于锚喷不大于________。

A. 5cm　B. 3cm　C. 1cm　D. 10cm

3. 采用光面爆破开挖时,对于硬岩爆破后平均线性超挖量不得超过________。

A. 16 ~ 18cm　B. 18 ~ 20cm　C. 20 ~ 25cm　D. 16 ~ 25cm

4. 对于中硬岩周边炮眼痕迹保存率应:________

A. ≤80%　B. ≥80%　C. ≤70%　D. ≥50%

5. 对于各种围岩的隧道矿山法施工一般采用________。

A. 全断面法　B. 台阶法　C. 上导坑法　D. 上下导坑法

二、多项选择题

1. 公路山岭隧道的常用施工方法有________。

A. 盾构法　B. 沉埋法　C. 矿山法　D. 新奥法　E. 掘进机法

2. 根据新奥法的施工技术要求和施工过程可划分为________。

A. 开挖　B. 喷锚(初期支护)

C. 支撑　D. 模筑混凝土(二次衬砌)

E. 装饰

3. 新奥法施工的基本原则归纳为________。

A. 少扰动　B. 早支护　C. 早支撑　D. 勤量测　E. 紧封闭

4. 测量开挖断面的方法下列属于非接触观测法的是________。

A. 使用投影机的方法　B. 三维近景摄影法

C. 使用激光束的方法　D. 直角坐标法

E. 极坐标法

5. 隧道开挖质量以________为标准进行开挖质量评价。

A. 一个开挖断面　B. 100m　C. 500m　D. 1km　E. 1～3km

三、判断题

1. 隧道超挖过多不仅会提高工程造价，而且会产生应力集中，影响围岩稳定性。（　）

2. 隧道开挖质量是以某一个开挖断面为标准进行评价的。（　）

3. 暗挖法施工对地面影响较小，但埋置较深时，可能导致地面沉陷。（　）

4. 极坐标法测量开挖断面的原理与断面仪法原理相同。（　）

5. 用断面仪进行测量，扫描断面的过程(测量记录)可以自动完成，而且可以人工随时加以干预。（　）

四、问答题

1. 简述隧道施工有的特点。

2. 简述开挖质量评定内容及标准。

3. 简述超欠挖测定方法。

4. 简述用坐标法测量开挖断面测量原理和方法。

5. 简述激光断面仪法的原理、操作方法、步骤。

6. 简述台阶法施工的施工顺序。

第四章　初期支护

复习要点：

1. 支护类型及其适用范围。

2. 初期支护的作用及施工工艺；影响喷射混凝土质量的因素(员了解)；钢支撑施工质量检测。

3. 锚杆加工质量与安装尺寸检测的内容；锚杆拉拔力的测试方法；砂浆锚杆砂浆饱和度检测原理及方法；喷射混凝土质量检测内容、方法及评定标准；地质雷达法检测初期支护缺陷的原理、方法(员熟悉)。

第一节　支护方式及其适用范围

一、常用支护的方式

锚杆支护、喷射混凝土支护、锚喷联合支护以及钢构件支撑。

二、适用范围

对不同级别的围岩，采用不同的支护方式：

(1)Ⅰ级围岩常用局部喷射混凝土支护或局部锚杆支护，为防止岩爆和局部落石，可局部加铺钢筋网。

(2)Ⅱ～Ⅲ级围岩可采用锚杆、锚杆挂网、喷射混凝土或锚喷联合支护。

(3)Ⅳ级围岩必要时也可加设钢支架。

(4)Ⅴ～Ⅵ级围岩采用锚喷挂网联合锚杆支护形式，并可结合辅助施工方法进行支护；当地质条件差，围岩不稳定时，可采用钢构件支撑。

第二节　初期支护的作用及施工工艺

一、锚杆的作用

锚杆具有“悬吊作用”、“组合梁作用”和“加固拱作用”等使围岩得到加固。

二、喷射混凝土的作用

喷层凝固后具有“支撑作用”、“填补作用”、“黏结作用”和“封闭作用”。

三、喷射混凝土施工工艺

喷射混凝土施工工艺有三种：干喷、潮喷、湿喷，其施工工艺见图 2-4-1 和图 2-4-2。

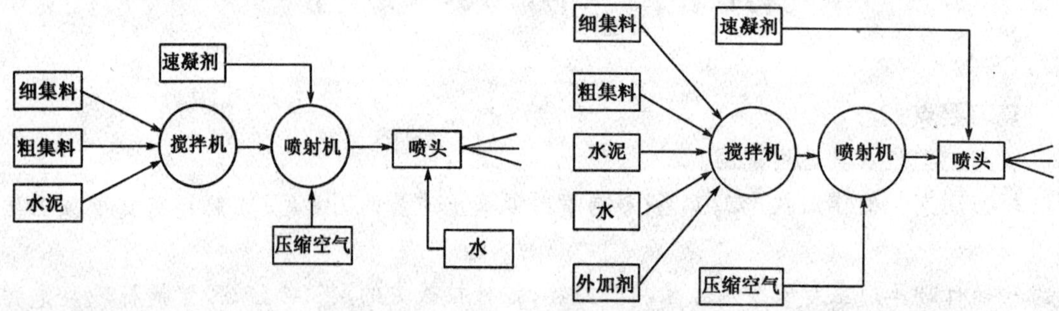

图 2-4-1　干喷工艺流程图

图 2-4-2　湿喷工艺流程图

干喷法所需设备比较简单，工艺不太复杂。但它存在混凝土均匀性差、强度低、粉尘与回弹大等缺点；目前按照《公路隧道施工技术规范》（JTG F60—2009）的规定，喷射混凝土施工不得采用干喷工艺。

湿喷比干喷可降低粉尘 50% 以上，减少耗风量 50%，提高抗压强度 50%，回弹也成倍降低。但也存在速凝剂不能和水泥同时预先加入，水泥用量高，水灰比在 0.5 以上，渗透性大，设备复杂，成本高等缺点。

潮喷工艺实质也是一种干喷工艺，通过对设备进行改进，提高喷射干料中的含水率。

第三节　锚杆加工与安装质量检测的内容

一、锚杆加工质量检查

1. 锚杆材料检测

1）抗拉强度

锚杆材料检测方法是从原材料或成品锚杆上截取试样，做拉伸试验，测定材料的力学特性，确定其是否满足工程要求。

2）延展性

有些隧道围岩变形量较大，要求锚杆材质具有一定的延展性，过脆可能导致锚杆中途断裂失效，所以必要时，应对材料的延展性进行试验，检查时，可采用现场弯折或锤击，观察其塑性变形情况。

2. 杆体规格

锚杆杆体直径必须与设计相符，可用卡尺或直尺量，并应注意杆径是否均匀一致。

3. 加工质量

检查时，首先应测量各部分的尺寸，其次检查焊接件的焊接质量；对于车丝部分，应检查丝纹质量，观察是否有偏心现象。

二、锚杆安装尺寸检查

1. 锚杆位置

钻孔前应根据设计要求定出孔位,作出标记。施工时可根据围岩壁面的具体情况,允许孔位偏差±150mm。检查时应对锚杆间距与排距的测量。

2. 锚杆方向

钻孔方向应尽量与围岩壁面和岩层主要结构面垂直。检查时应特别注意拱顶钻孔的垂直度,目测即可。

3. 钻孔深度

钻孔深度不应小于锚杆体有效长度,但深度超长值不应大于100mm。钻孔深度可用带有长度刻度的塑料管或木棍等插孔量测。

4. 孔径与孔形

水泥砂浆锚杆钻孔直径应大于锚杆杆体直径15mm。其他形式锚杆钻孔直径应满足设计要求。

第四节　锚杆拉拔力的测试方法

一、拉拔设备(图2-4-3)

锚杆拉拔试验的常用设备为中空千斤顶、手动油压泵、油压表、千分表。

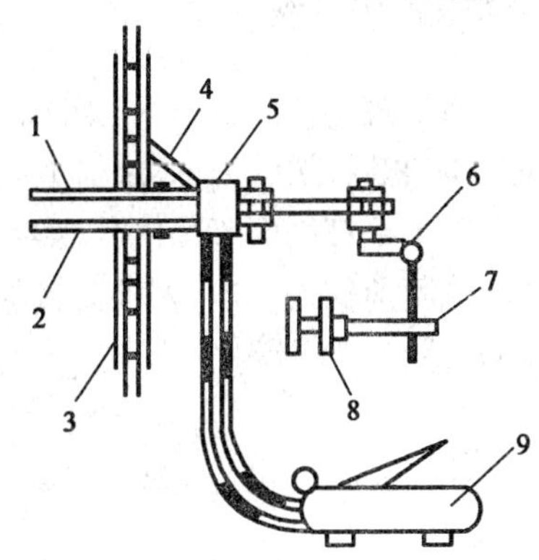

图2-4-3　锚杆拉拔力的测试示意图

1-锚杆;2-充填砂浆;3-喷射混凝土;4-反力板;5-油压千斤顶;6-千分表;7-固定梁;8-支座;9-油压泵

二、测试方法

(1)根据试验目的,在隧道围岩指定部位钻锚杆孔。

(2)按照正常的安装工艺安装待测锚杆。

(3)根据锚杆的种类和试验目的确定拉拔时间。

(4)在锚杆尾部加上垫板,套上中空千斤顶,将锚杆外端与千斤顶内缸固定在一起,并装设位移量测设备与仪器。

(5)通过手动油压泵分级加压,从油压表读取油压,根据活塞面积换算锚杆承受的拉拔力;同时读取位移值。加载速率为10kN/min。

三、注意事项

(1)安装拉拔设备时,应使千斤顶与锚杆同心,避免偏心受拉。

(2)加载应匀速,一般以10kN/min的速率增加。

(3)如无特殊需要,可不作破坏性试验,拉拔到设计拉力即停止加载。

(4)千斤顶应固定牢靠,并有必要的安全保护措施。

四、试验要求

(1)每安装300根锚杆至少随机抽样一组(3根),设计变更或材料变更时另作一组拉拔力测试。

(2)同组锚杆锚固力或拉拔力的平均值,应大于或等于设计值。

(3)同组单根锚杆的锚固力或拉拔力,不得低于设计值的90%。

第五节　砂浆锚杆砂浆注满度检测方法

一、检测的原理

Thurner方法的基本原理是:在锚杆杆体外端发射一个超声波脉冲,它沿杆体钢筋以管道波的形式传播,到达钢筋底端后反射,在杆体外端可接收此反射波。如钢筋外由密实、饱满的水泥砂浆握裹,在杆体外端测得的反射波振幅很小,甚至测不到;如果无砂浆握裹,仅是一根空杆,则超声波仅再钢筋中传播,能量损失不大,接收到的反射波振幅则较大:如果握裹砂浆不密实,中间有空洞或缺失,则得到的反射波振幅的大小界于前两者之间。

二、测量方法

在施工现场按设计参数,对不同类型的围岩,各设3~4组标准锚杆(水泥砂浆密实度分别为90%、80%、70%等),每组1~2根锚杆。在这些标准锚杆上测定反射波振幅值(若每组有一根以上锚杆则取平均值),这些值即作为检测其他锚杆的标准。这些标准值在进行其他锚杆的检测前储入仪器,在检测其他锚杆时可由测量仪器自动显示被测锚杆的长度与砂浆密实度的级别。

第六节　端锚式锚杆施工质量无损检测

一、检测原理

对于带有螺栓和托板的端锚式锚杆来说,托板和螺母安装后,可通过拧紧压在托板上的螺母使锚杆杆体受拉,拉力的大小与螺母拧紧的程度有关,拧紧程度又与加在螺母上的力矩有关,所以锚杆上的拉力取决于加在螺母上的力矩。利用锚杆拉力与所加力矩之间的关系,可通过与给待检测锚杆螺母施加力矩,来间接确定锚杆的锚固质量。由于作用在螺母上的力矩除取决于锚杆拉力外,与螺母和托板之间的摩擦力有关,因此,为了利用螺母上的力矩来检测锚杆的拉力,必须事先在实验室进行试验,建立力矩—锚固力关系,然后根据此关系检测锚杆的锚固质量以及锚杆上的预应力。

二、检测工具

锚杆螺母扭力矩的量测工具为扭力扳手。扭力扳手是机械装配和机械修理中常用的工具，它由力臂、刻度盘、指示杆和套筒组成。力臂为具有一定刚度或弹性的圆杆，标有扭力矩的刻度盘固定在力臂上，在扳手的另一端，固定了一根指示杆。

三、检测方法

(1)将套筒套在待检测锚杆的螺母上，并将扭力扳手主体与套筒连接。

(2)左手轻按扭力扳手套筒端，右手扳动手柄，同时读取扭力矩的最大读数，并做记录。

(3)根据扭力矩和锚杆拉力之间的对应关系，确定锚杆的拉力。

第七节　喷射混凝土质量检测及其影响的因素

一、喷射混凝土质量检测内容

喷射混凝土质量检测内容包括强度(抗压强度、抗拉强度、抗剪强度、疲劳强度、黏结强度)、厚度、回弹率、断面尺寸以及外观无裂缝、脱落、露筋、渗漏水等情况。

二、抗压强度试验

1. 检查试块的制作方法

1)喷大板切割法

在施工的同时，将混凝土喷射在45cm×35cm×12cm(制成6块)或45cm×20cm×12cm(制成3块)的模型内，在混凝土达到一定强度后，加工成10cm×10cm×10cm的立方体试块，在标准条件下养护至28d进行试验(精确到0.1MPa)。

2)凿方切割法

在具有一定强度的支护上，用凿岩机打密排钻孔，取出长约35cm、宽约15cm的喷射混凝土块，加工成10cm×10cm×10cm的立方体试块，在标准条件下养护至28d，进行试验(精确到0.1MPa)。

2. 检查试块的数量

试件3件为1组。双车道隧道每10延米，至少在拱部和边墙各制取1组试件。其他工程，每喷射50～100m^3混合料或小于50m^3混合料的独立工程，不得少于1组。材料或配合比变更时应重新制取试件。

3. 评定

(1)试件组数大于或等于10时，试件抗压强度平均值不低于设计值，且任一组件抗压强度不低于0.85倍的设计值。

(2)试件组数小于10时，试件抗压强度平均值不低于1.05倍的设计值，且任一组试件抗压强度不低于0.9倍的设计值。

三、喷射混凝土厚度的检测

(1)喷层厚度可用凿空法或雷达探测仪法检查。

(2)检查断面数量:每10延米检查一个断面,每个断面从拱顶中线起每3m检查1点。

(3)合格条件:平均厚度≥设计厚度;检查点的90%≥设计厚度;最小厚度≥0.5倍设计厚度,且≥50mm。

四、喷射混凝土空洞检查

(1)喷层厚度可用凿空法或雷达探测仪法检查。

(2)检查断面数量:每10延米检查一个断面,每个断面从拱顶中线起每3m检查1点。

(3)合格条件:无空洞、无杂物。

五、喷射混凝土与围岩黏结强度试验

1. 试验方法

1)成型试验法

在模型内放置面积为10cm×10cm、厚5cm且表面粗糙度近似于实际情况的岩块,用喷射混凝土掩埋。在混凝土达到一定强度后,加工成10cm×10cm×10cm的立方体试块,在标准条件下养护至28d,用劈裂法进行试验。

2)直接拉拔法

在围岩表面预先设置带有丝扣和加力板的拉杆,用喷射混凝土将加力板埋入,喷层厚度约10cm,试件面积约30cm×30cm(周围多余的部分应予清除)。经28d养护,进行拉拔试验。

2. 强度标准

Ⅲ级及以上岩石大于0.8MPa;Ⅳ级大于0.5MPa。

3. 喷射混凝上粉尘

按《公路隧道施工技术规范》(JTG F60—2009)中的规定。

六、影响喷射混凝土质量的因素

1. 影响喷射混凝土强度的因素

(1)原材料(水泥、砂、石子、速凝剂等)。

(2)施工作业(配合比的计量、拌和、喷射距离和压力)。

2. 影响喷射混凝土厚度的因素

爆破效果 、回弹率、施工管理、喷射参数。

第八节　钢支撑施工质量检测

一、加工质量检测

(1)钢架加工尺寸,应符合设计要求,其形状应与开挖断面相适应。

(2)不同规格的首榀钢架加工完成后,应放在平整地面上试拼,周边拼装允许偏差为±30mm,平面翘曲应小于20mm。当各部尺寸满足设计要求时,方可进行批量生产。

钢架必须具有足够的强度和刚度,钢架材料应满足设计要求。如果地质条件复杂,钢架用量较大,应对钢架的强度和刚度进行抽检,将一定数量的钢架样品放到试验台上进行加载试验,建立荷载与变形关系,分析计算钢架的强度和刚度。

二、安装质量检测

(1)钢架拱脚必须放在牢固的基础上。应清除底脚下的虚渣及其他杂物,脚底超挖部分应用混凝土填充。

(2)钢架应分节段安装,节段与节段之间应按设计要求连接。连接钢板平面应与钢架轴线垂直,两块连接钢板间采用螺栓和焊接连接,螺栓不应少于4颗。

(3)相邻两榀钢架之间必须用纵向钢筋连接,连接钢筋直径不应小于18mm,连接钢筋间距不应大于1.0m。

(4)钢架应垂直于隧道中线,竖向不倾斜、平面不错位,不扭曲。上、下、左、右允许偏差±50mm,钢架倾斜度应小于2°。钢架之间必须用纵向钢筋连接。施工过程中尤其要检查钢架与锚杆的连接,要保证焊接密度与焊接质量,最终使锚杆、钢架和衬砌形成整体承载结构。

(5)钢架安装就位后,钢架与围岩之间的间隙应用喷射混凝土充填密实。喷射混凝土应由两侧拱脚向上对称喷射,并将钢架覆盖,临空一侧的喷射混凝土保护层厚度应不小于20mm。

第九节　地质雷达检测初期支护缺陷的方法

一、地质雷达法的原理

地质雷达利用一个天线发射高频宽频带电磁波,另一个天线接收来自地下介质界面的反射波。电磁波在介质中传播时,其路径、电磁场强度与波形将随所通过介质的电性质及几何形态而变化。根据接收到波的旅行时间(亦称双程走时)、幅度与波形资料,可推断介质的结构。

实测时将雷达的发射和接收天线密贴于被测体表面,雷达波通过天线进入混凝土衬砌中,遇到钢筋、钢拱架、材质有差别的混凝土、混凝土中间的不连续面、混凝土与空气分界面、混凝土与岩石分界面、岩石中的裂面等产生反射,接收天线接收到反射波,测出反射波的入射、反射双向走时,就可计算出反射波走过的路程长度,从而求出天线距反射面的距离 D。

$$D = \frac{1}{2}v\Delta t \tag{2-4-1}$$

式中：D——天线到反射面的距离(km)；

Δt——雷达波从发射至接收到反射波的走时，用ns(纳秒，$1ns = 10^{-9}s$)计；

v——雷达波的行走速度(km/s)。

可以用几何光学的概念来看待直线传播雷达波的透射和反射，即有式(2-4-2)

$$v = \frac{C_0}{\varepsilon^{1/2}} \tag{2-4-2}$$

式中：C_0——雷达波在空气中的传播速度(30cm/ns)；

ε——介电常数，由波所通过的物质决定，即物体中的雷达波速由其介电常数决定，如空气的 $\varepsilon = 1$，水的 $\varepsilon = 81$，混凝土的 $\varepsilon = 4 \sim 10$。实际上，雷达波之所以会在物体界面产生反射，是因为界面两侧物质介电常数不同。

雷达天线可沿所测测线连续滑动，所测的每个测点的时间曲线可以汇成时间剖面图像。从一个测点的反射波时间曲线上去判别所表示的含义相对困难，但多个测点资料汇成的时间剖面，各测点接收到的同一反射面的反射波汇成一定图像，就能直观地反映出各种不同的反射面，根据这些图像即可辨别不同的物体。

二、地质雷达探测系统组成

地质雷达探测系统由地质雷达主机、天线、便携式计算机、数据采集软件、数据分析处理软件等组成。

地质雷达主机技术指标应符合以下要求：系统增益不低于150dB；信噪比不低于60dB；模数转换不低于16位；信号迭加次数可选择；采样间隔一般不大于0.5ns；实时滤波功能可选择；具有点测与连续测量功能；具有手动或自动位置标记功能；具有现场数据处理功能。

地质雷达天线可采用不同频率的天线组合，技术指标应符合以下要求：具有屏蔽功能；最大探测深度大于2m；垂直分辨率应高于2cm。

三、现场检测

1. 测线布置

(1)隧道施工过程中质量检测以纵向布线为主，横向布线为辅。纵向布线的位置应在隧道拱顶、左右拱腰、左右边墙和隧道底部各布1条；横向布线一般情况距离为8～12m；采用点测时每断面不小于6个点。

(2)隧道竣工验收时质量检测应纵向布线，必要时可横向布线。纵向布线的位置应在隧道拱顶、左右拱腰和左右边墙各布1条；横向布线线距8～12m；采用点测时每断面不少于5个点。需确定回填空洞规模和范围时，应加密测线或测点。

(3)三车道隧道应在隧道拱顶部位增加2条测线。

(4)测线每5～10m应标记里程。

2. 介质参数标定

(1)检测前应对衬砌混凝土的介电常数或电磁波速做现场标定，且每座隧道应不少于1处，每处实测不少于3次，取平均值为该隧道的介电常数或电磁波速。当隧道长度大于3km、衬砌材料或含水量变化较大时，应适当增加标定点数。

（2）标定方法

①在已知厚度部位或材料与隧道相同的其他预制件上测量。

②在洞口或洞内避车洞处使用双天线直达波法测量。

③钻孔实测。

（3）求取参数时应具备以下条件：

①标定目标体的厚度一般不小于15cm，且厚度已知。

②标定记录中界面反射信号应清晰、准确。

（4）标定结果应按式（2-4-3）、式（2-4-4）计算：

$$\varepsilon_r = \left(\frac{0.3t}{2d}\right)^2 \tag{2-4-3}$$

$$v = \frac{2d}{t} \times 10^9 \tag{2-4-4}$$

式中：ε_r——相对介电常数；

v——电磁波速（m/s）；

t——双程旅行时间（ns）；

d——标定目标体厚度或距离（m）。

（5）测量时窗由式（2-4-5）确定：

$$\Delta T = \frac{2d\sqrt{\varepsilon_r}}{0.3} \cdot \alpha \tag{2-4-5}$$

式中：ΔT——时窗长度（ns）；

α——时窗调整系数，一般取1.5～2.0。

其他参数意义同前。

（6）扫描样点数由式（2-4-6）确定：

$$S = 2\Delta TfK \times 10^{-3} \tag{2-4-6}$$

式中：S——扫描样点数；

ΔT——时窗长度（ns）；

f——天线中心频率（MHz）；

K——系数，一般取6～10。

（7）纵向布线应采用连续测量方式，扫描速度不得小于40道（线）/s；特殊地段或条件不允许时可采用点测方式，测量点距不宜大于20cm。

四、数据处理

（1）原始数据处理前应回放检验，数据记录应完整、信号清晰，里程标记准确。不合格的原始数据不得进行处理与解释。

（2）数据处理与解释软件应使用正式认证的软件或经鉴定合格的软件。

（3）数据处理与解释可采用图2-4-4流程。

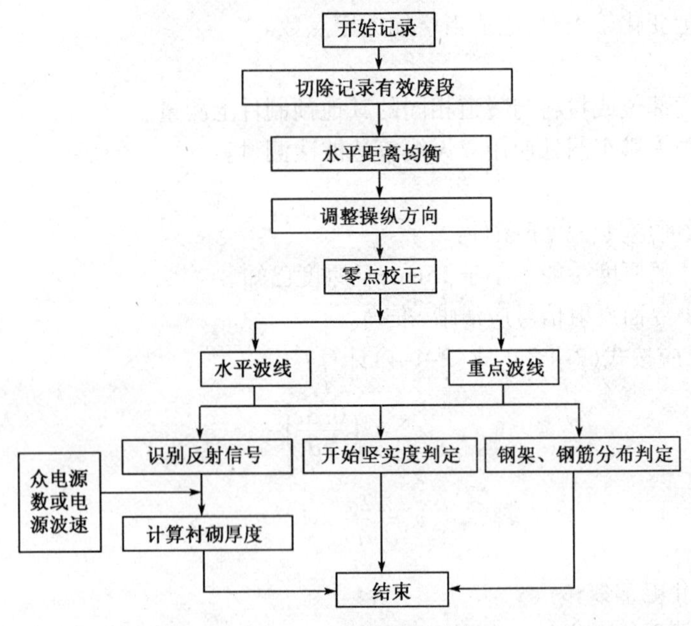

图2-4-4 数据处理流程图

(4)数据处理应确保位置标记准确、无误;确保信号不失真,有利于提高信噪比。

(5)解释工作应符合以下要求:

①解释应在掌握测区内物性参数和衬砌结构的基础上,按由已知到未知和定性指导定量的原则进行。

②根据现场记录,分析可能存在的干扰体位置与雷达记录中异常的关系,准确区分有效异常与干扰异常。

③应准确读取双程旅行时间的数据。

④解释结果和成果图件应符合衬砌质量检测要求。

(6)衬砌界面应根据反射信号的强弱、频率变化及延伸情况确定。

(7)衬砌厚度应由式(2-4-7)、式(2-4-8)确定:

$$d = \frac{0.3t}{2\sqrt{\varepsilon_r}} \tag{2-4-7}$$

或

$$d = \frac{1}{2}vt10^{-9} \tag{2-4-8}$$

式中:d——衬砌厚度(m);

ε_r——相对介电常数;

t——双程旅行时间(ns);

v——电磁波速(m/s)。

(8)衬砌背后回填密实度的主要判定特征

①密实:信号幅度较弱,甚至没有界面反射信号。

②不密实:衬砌界面的强反射信号同相轴呈绕射弧形,且不连续,较分散。

③空洞:衬砌界面反射信号强,三振相明显,在其下部仍有强反射界面信号,两组信号时程差较大。

(9)衬砌内部钢架、钢筋位置分布的主要判定特征:

①钢架:分散的月牙形强反射信号。

②钢筋:连续的小双曲线形强反射信号。

(10)检测注意事项

①测量前应检查主机、天线以及运行设备,使之均处于正常状态。

②测量时应确保天线与衬砌表面密贴(空气耦合天线除外)。

③检测天线应移动平衡、速度均匀,移动速度宜为 3 ~5km/h。

④记录应包括记录测线号、方向、标记间隔以及天线类型等。

⑤当需要分段测量时,相邻测量段接头重复长度不应小于 1m。

⑥应随时记录可能对测量产生电磁影响的物体(如渗水、电缆、铁架等)及其位置。

⑦应准确标记测量位置。

复习思考题

一、单项选择题

1. 每安装________锚杆至少随机抽样一组(3 根)作拉拔力测试。

A. 100m　　B. 100 根　　C. 1 000 根　　D. 300 根

2. 在检查锚杆安装尺寸时,孔径大于杆体直径________时,可认为孔径符合要求。

A. 10mm　　B. 15mm　　C. 20mm　　D. 25mm

3. 锚杆拉拔力试验时同组单根锚杆的锚固力或拉拔力,不得低于________。

A. 设计值　　B. 设计值的 80%　　C. 设计值的 90%　　D. 设计值的 70%

4. 喷射混凝土的黏结强度对于Ⅳ类及以上岩石大于________。

A. 1MPa　　B. 0.8MPa　　C. 0.1MPa　　D. 0.5MPa

5. 喷射混凝土抗压强度试模尺寸为________。

A. 15cm ×15cm ×15cm　　B. 10cm ×10cm ×10cm

C. 45cm ×20cm ×10cm　　D. 45cm ×35cm ×12cm

6. 在隧道局部不良地质地段为避免塌方常用的支护方式是________。

A. 钢支撑　　B. 锚杆支护　　C. 喷射混凝土　　D. 锚喷支护

7. 锚杆位置允许孔位偏差为________。

A. ±100mm　　B. ±20mm　　C. ±15mm　　D. ±50mm

8. 对于埋深较浅,固结程度低的地层,水平成层的场合________更为重要。

A. 围岩周边位移量测　　B. 拱顶下沉量测

C. 地表下沉量测　　D. 围岩内部位移量测

9. 用 Thurner 法可检测砂浆锚杆的________。

A. 抗拔力　　B. 注满度　　C. 轴力　　D. 预应力

10. 喷射混凝土时为减少粉尘和回弹率可采取________等措施。

A. 增大粗大集料的粒径　　B. 湿喷工艺,添加外加剂

C. 加大水量　　D. 加大风压

二、多项选择题

1. 隧道常用支护的方式________。

A. 锚杆　B. 喷射混凝土　C. 锚喷联合　D. 钢构件支撑　E. 模注混凝土

2. 喷射混凝土强度满足以下条件者为合格,否则为不合格________。

A. 同批试块强度平均值,不低于设计强度或 C20

B. 任意一组试块强度平均值不得低于设计强度的 80%

C. 任意一组试块强度平均值不得低于设计强度的 90%

D. 试件组数小于 10 时,试件抗压强度平均值不低于 1.05 倍的设计值,且任一组试件抗压强度不低于 0.9 倍的设计值

E. 试件组数大于或等于 10 时,试件抗压强度平均值不低于设计值,且任一组件抗压强度不低于 0.85 倍的设计值

3. 要求喷射混凝土表面平整度必须满足________（L——喷射混凝土相邻两凸面间的距离,D——喷射混凝土相邻两凸面间下凹的深度）。

A. 边墙 $D/L\leqslant\frac{1}{5}$　B. 边墙 $D/L\leqslant\frac{1}{6}$

C. 边墙 $D/L\leqslant\frac{1}{7}$　D. 拱顶 $D/L\leqslant\frac{1}{7}$

E. 拱顶 $D/L\leqslant\frac{1}{8}$

4. 影响喷射混凝土强度的因素有________。

A. 爆破效果　B. 原材料

C. 回弹率　D. 施工工艺

E. 隧道长度

5. 锚杆的支护作用有________。

A. 悬吊作用　B. 组合梁作用

C. 加固拱作用　D. 支撑围岩

6. 隧道施工过程用地质雷达检测质量以纵向布线为主,横向布线为辅。纵向布线的位置在________各布置一条。

A. 隧道拱顶　B. 左右拱腰

C. 左右边墙　D. 隧道底部

E. 隧道拱顶左右

7. 喷射混凝施工质量评判的指标有________。

A. 表面平整度　B. 强度

C. 厚度　D. 空洞

E. 抗渗强度等级

8. 喷射混凝土抗压强度常用试验方法有________。

A. 凿方切割法　B. 拉拔法

C. 劈裂法　D. 喷大板切割法

E. 称重法

9. 喷射混凝土湿喷工艺初始在搅拌机中加入的材料有________。

A. 细集料　　B. 速凝剂　　C. 水　　D. 水泥　　E. 粗集料

10. 目前我国公路隧道施工中常用的钢支撑有________。

A. 钢格栅　　B. 角钢支撑

C. 工字型钢支撑　　D. 钢管支撑

E. H 字型钢支撑

三、判断题

1. Ⅱ级围岩常用局部喷射混凝土支护或局部锚杆支护。（ ）
2. 喷射混凝土是适用各种围岩条件的支护方式。（ ）
3. 锚杆轴力是检验锚杆使用效果的依据。（ ）
4. 隧道施工所用的钢支撑不要与锚杆相连接。（ ）
5. 钢支撑是依靠“被动支撑”来维持围岩稳定的，而锚喷支护则是依赖“主动加固”来保持围岩稳定的。（ ）
6. 喷射混凝土与岩石的黏结力，Ⅳ类以上围岩不低于0.8MPa，Ⅲ类围岩不低于0.5MPa。（ ）
7. 用超声波能量损耗可判定砂浆锚杆的灌注质量。（ ）
8. 钢支撑安装质量检测时，钢架在纵断面其倾斜度不得大于15°。（ ）
9. 锚杆在工作时主要承受压力。（ ）
10. 地质雷达检测时衬砌内部钢架位置主要判定特征为连续的小双曲线形强反射信号。（ ）

四、问答题

1. 简述常用支护的方式及适用范围。
2. 简述影响喷射混凝土质量的因素。
3. 砂浆锚杆砂浆注满度检测的原理和方法。
4. 喷射混凝土的施工工艺有哪几种？简述各自的特点。
5. 简述喷射混凝土厚度的检测和评定方法。
6. 钢支撑施工质量检查的内容有哪些？
7. 简述锚杆拉拔力的测试方法。
8. 简述端锚式锚杆无损检测的方法。
9. 怎样进行喷射混凝土抗压强度的评定？
10. 简述地质雷达探测衬砌探测背部空洞的原理。

第五章　防　排　水

复习要点:

1. 隧道防排水的目的、原则及质量要求。

2. 常用防排水材料及主要性能;排水系统施工质量检查;防水板的施工工艺;止水带(条)安装工艺;土工织物主要性能。

3. 防水卷材性能检测方法;土工织物性能检测方法;混凝土抗渗性能试验;防水板施工质量检测内容、方法及质量评定标准。

第一节　隧道防排水的目的、原则及质量要求

一、隧道防排水的目的

渗漏水是隧道的常见病害之一。隧道渗漏水的长期作用,将大大地降低隧道内各种设施的使用寿命和功能,恶化隧道的营运环境。因此,良好的隧道防水与排水,是保证隧道设备的正常使用、结构的耐久性和行车安全的重要条件。另外,通过隧道的防排水,保护地下水环境也是非常重要的。

二、隧道防排水的原则

隧道防排水应遵循"防、排、截、堵结合,因地制宜,综合治理"的原则,保证隧道结构物和运营设备的正常使用和行车安全。

"防"是指采取防水混凝土或附加防水层等措施,使隧道工程具有一定防止地下水渗入的能力,防止地下水透过防水层、衬砌结构渗入洞内。

"排"是指对已经渗入隧道区域的地下水采取自流排水或机械排水的方式排出隧道区域,以减小渗水压力,防止积水和冻害发生,创造良好的防水环境和隧道运营环境。

"截"是指采用截水沟、截水导坑等措施,截断流向隧道区域的水流,即把所有可能流向隧道的地表水、地下水的通道截断,减轻隧道防排水压力。

"堵"是指采用注浆或嵌填等各种方法对隧道围岩裂隙、隧道结构本身存在的渗漏水路径进行封堵。

三、隧道防排水的质量要求

基本要求要做到隧道内不滴水或不渗,以保证在营运期内行车安全、设备的正常使用,使之具有良好的耐久性。具体质量标准如下:

1. 高速公路、一级公路、二级公路隧道

(1)拱部、边墙、路面、设备箱洞不渗水。

(2)有冻害地段的隧道衬砌背后不积水,排水沟不冻结。

(3)车行横通道、人行横通道等服务通道拱部不滴水,边墙不淌水。

2. 三级公路、四级公路隧道

(1)拱部、边墙不滴水,路面不积水,设备箱洞不渗水。

(2)有冻害地段的隧道衬砌背后不积水,排水沟不冻结。

第二节 常用防排水材料主要性能检测方法

一、高分子防水卷材性能检测

1. 高分子防水卷材的种类及性能要求

1)高分子防水卷材的种类

高分子防水卷材包括:三元乙丙橡胶防水卷材(EPDM)和氯丁橡胶薄膜、聚氯乙烯(PVC)和氯化聚乙烯(CPE)、聚乙烯(PE)、聚乙烯—醋酸乙烯(EVA)和聚乙烯—醋酸乙烯—沥青共聚物(ECB)防水卷材、高密度聚乙烯(HDPE)和低密度聚乙烯(LDPE)等。隧道防水采用的高分子防水卷材主要是ECB、EVA和LDPE等。

2)高分子防水卷材的性能要求

高分子防水卷材与传统的石油沥青油毡相比具有使用寿命长、技术性能好、冷施工、质量轻和污染性低等优点,在隧道防水工程中得到广泛应用。

常见隧道用高分子防水卷材性能要求如表2-5-1所示。

隧道用高分于防水卷材性能要求　　表2-5-1

项目	技术性能						
	EVA	ECB	LDPE	PVC-Ⅱ	PE	EPDM	SBS
拉伸强度(MPa)≥	15	L0	16	12.0	10	7.5	2.0
断裂伸长率(%)≥	500	450	500	250	400	250	150
不透水性24h(MPa)≥	0.2	0.2	0.2	0.2	0.2	0.3	0.3
低温弯折性(℃)≤	-35	-35	-35	-25	-35	-40	-30
热处理尺寸变化率(%)≤	2.0	2.5	2.0	2.0	2.0	2.0	2.0

2. 取样方法

对于出厂合格的产品,同一生产厂家、同一品种、规格的产品5 000m为一批进行验收。从每批产品的1~3卷中取样,在距端部300mm处截取约3m,用于厚度允许偏差、最小单个值检验和截取各项物理力学性能试验所需的样片。

试样截取前,在温度23±2℃,相对湿度45%~55%的标准环境下进行状态调整,调整时间不少于16h。裁取试件的部位、种类、数量及用作试验的项目,应符合图2-5-1和表2-5-2的要求。

物理力学性能试验所需的试样尺寸及数量　　表 2-5-2

试验项目	符号	尺寸(纵向×横向)(mm)	数量
拉伸强度	A	200×200	3
热处理尺寸变化率	B	100×100	3
低温弯折性	C	(50×100)(100×50)	1/1
抗渗透性	D	ϕ100	3
抗穿孔性	E	150×150	3
剪切状态下的粘合性	F	300×400	2
热老化处理	G	300×200	3
人工候化处理	H	300×200	3
水溶液处理	I	300×200	9

3. 试验方法

1)外观质量检查

外观质量检查包括:气泡、裂缝、空洞、擦伤、凹痕或任何其他能观察到的缺陷。

2)长度、宽度、厚度、平直度和平整度量测

(1)合成高分子防水卷材的长度和宽度用卷尺测量。

(2)厚度用压力为$(2\pm0.2)\times10^{-2}$MPa、压头直径为10mm的测厚仪(分度为0.01mm)量测。厚度测量点(至少10个点)均布在卷材的横向上。

(3)平直度和平整度的量测,在平整基面上展开10m,用分度值为1mm的直尺量测。

4. 拉伸性能试验

1)试验设备

(1)裁片机:由加载装置、裁刀及其装卸装置组成。裁刀所裁样品布置见图2-5-1。

(2)拉力试验机:量程范围0~1 000N,分度值2N,示值精度±1%;夹持器的移动速度应为80~500mm/min。

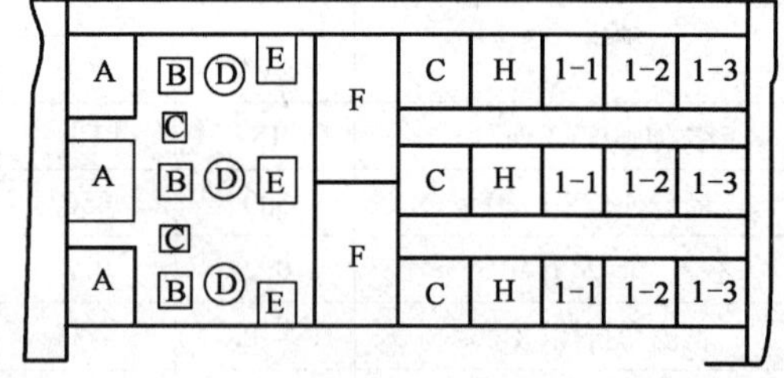

图 2-5-1　试样截取布置图

2)试验程序

拉伸性能试验在标准环境下进行。在对裁取的三块A样片上,用裁片机对每块样片沿卷材纵向和横向分别裁取上图所示形状的试样各两块。在标距区内,用测厚仪测量标距中间和两端三点的厚度。取平均值作为试样厚度d,精确到0.1mm。测量两标距线间初始长度L_0。

将试验机的拉伸速度调到250±50mm/min,再将试样置于夹持器的中心,对准夹持线夹紧。开动机器拉伸试样,读取试样断裂时的荷载P,同时量取试样断裂瞬间的标距线间的长度L_1。若试样断裂在标距外,则该试样作废,另取试样重做。

3)试验结果计算

(1)拉伸强度

试样的拉伸强度按式(2-5-1)计算,精确到0.1MPa

$$\sigma = \frac{P}{Bd} \tag{2-5-1}$$

式中：σ——试样的拉伸强度（MPa）；

P——试样断裂时的荷载（N）；

B——试样标距段的宽度（mm）；

d——试样标距段的厚度（mm）。

（2）断裂伸长率

断裂伸长率（%）按式（2-5-2）计算

$$\varepsilon = \frac{L_1 - L_0}{L_0} \times 100 \tag{2-5-2}$$

式中：ε——试样的断裂伸长率（%）；

L_0——试样标距线间初始有效长度（mm）；

L_1——试样断裂瞬间标距线间的长度（mm）。

分别计算并报告5块试样纵向和横向的算术平均值，精确到1%。

5. 热处理尺寸变化率试验

1）试验器具

（1）鼓风恒温箱：自动控温范围为50～240℃，误差为±2℃。

（2）直尺：量程为150mm，分度值为0.5mm。

（3）模板：100mm×100mm×0.4mm的金属板，边长误差不大于±0.5mm，直角误差不大于±1°。

（4）垫板：300mm×300mm×2mm的硬纸板3块，表面应光滑平整。

2）试验程序

用模板裁取3块B试样，标明卷材的纵横方向，并标明每边的中点，作为试样处理前后测量时的参考点。

在标准环境下，用直尺测量试样纵向或横向上两参考点间的初始长度S_0。将试样平放在撒有少量滑石粉的垫板上，再将垫板水平地置于鼓风恒温箱中，3块垫板不得叠放。在80±2℃的温度下恒温6h，取出垫板置于标准环境中调节24h，再测量纵向或横向上两参考点间的长度S_1。

3）结果计算

纵向和横向的尺寸变化率按式（2-5-3）分别计算

$$L_h = \frac{|S_1 - S_0|}{S_0} \times 100 \tag{2-5-3}$$

式中：L_h——试样的热处理尺寸变化率（%）；

S_0——试样同方向上两参考点间的初始长度（mm）；

S_1——试样处理后同方向上两参考点间的长度（mm）。

分别计算3块试样纵向和横向的尺寸变化率的平均值，试验结果以其中较大的数值表示，精确到0.1%。

6. 低温弯折性试验

1）试验器具

（1）低温箱：可在 0 ~ −45℃之间自动控温，误差为 ±2℃。

（2）弯折仪：主要由金属材料制成的上下平板、转轴和调距螺丝组成，间距可任意调节。

（3）放大镜：放大倍数为 6 倍。

2）试验程序

在标准环境下，用测厚仪测量 C 试样的厚度。然后将试样的耐候面朝外，弯曲 180°，使 50mm 宽的边缘重合、齐平，并确保不发生错位（可用定位夹或 10mm 宽的胶布将边缘固定），将弯折仪的上下平板间距调到卷材厚度的 3 倍。试验两块试样。

将弯折仪上平板翻开，将两块试样平放在弯折仪下平板上，重合的一边朝向转轴，且距离转轴 20mm，将弯折仪连同试样放入低温箱内，在规定温度下保持 1h。然后，在 1s 之内将弯折仪的上平板压下，达到所调间距位置，保持 1s 后将试样取出。待回复到室温后观察试样弯折处是否断裂，或用放大镜观察试样弯折处受拉面是否有裂纹。

3）结果评定

两块试样均不断裂或无裂纹时评定为无裂纹。

7. 抗渗透性试验

1）试验仪器

采用《建筑防水卷材试验方法》（GB 328—2007）规定的不透水仪，但透水盘的压盖采用如图 2-5-2 所示的金属槽盘。

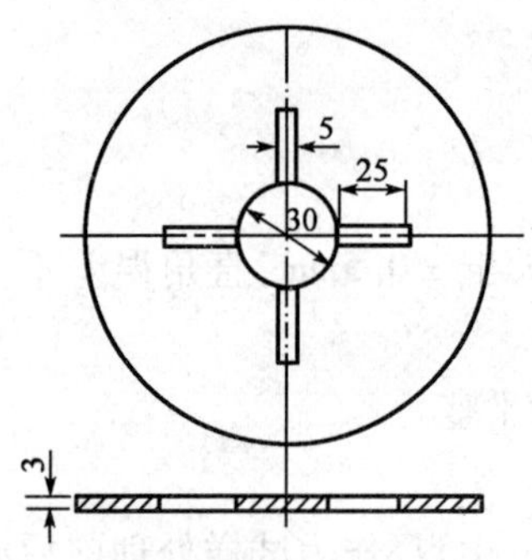

图 2-5-2　金属槽盘（尺寸单位：mm）

2）试验程序

试验在标准环境下进行。先按规定做好准备，将裁取的 3 块 D 试样分别置于 3 个透水盘中，盖紧槽盘，然后按有关规定操作不透水仪，以每小时提高 1/6 规定压力 2×10^5Pa 的速度升压，达到规定压力后保压 24h，观察试样表面是否有渗水现象。

3）结果评定

3 块试样均无渗水现象时评定为不透水。

8. 抗穿孔性试验

1）试验器具

（1）穿孔仪：由一个带刻度的金属导管、可在其中自由运动的活动重锤、锁紧螺栓和半球形钢珠冲头组成，其中导管刻度长为 0 ~ 500mm，分度值 10mm；重锤质量 500g，钢珠直径 12.7mm。

（2）铝板：厚度不小于 4mm。

（3）玻璃管：内径≥30mm，长 600mm。

2）试验程序

将裁取的 E 试样自由地铺在铝板上，并一起放在密度 25kg/m^3、厚度 50mm 的泡沫聚苯乙烯垫块上。穿孔仪置于试样表面，将冲头下端的钢珠置于试样中心部位，把重锤调节到规定的落差高度 300mm 并定位。使重锤自由下落，撞击位于试样表面的冲头，然后将试样取出，检查试样是否穿孔，试验 3 块试样。

无明显穿孔时，对试样进行水密性试验，水密性试验装置见图2-5-3将圆形玻璃管垂直放在试样穿孔试验点的中心，用密封膏密封玻璃管与试样间的缝隙。将试样置于滤纸(150mm×150mm)上。滤纸由玻璃板支承，把染色水溶液加入玻璃管中，静置16h后检查滤纸，如有渗透现象则表明试样已穿孔。

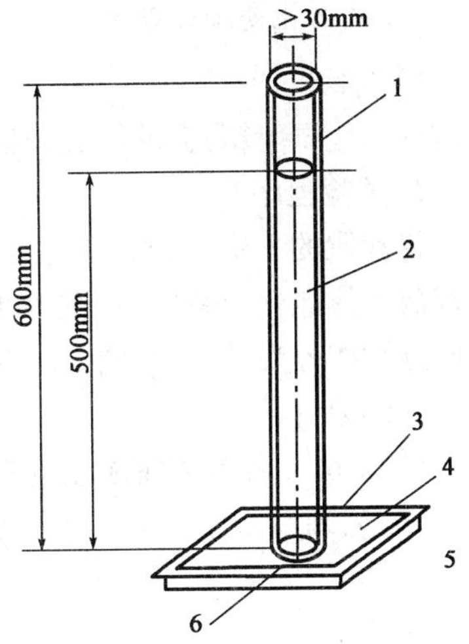

图2-5-3　水密性试验装置

1-玻璃体；2-染色水；3-滤瓶；4-试样；5-玻璃板；6-密封膏

3)结果评定

3块试样均无穿孔时评定为不渗水。

9. 剪切状态下的黏合性试验

1)试验程序

将两块裁取的F试样平放于60℃的按热处理尺寸变化率试验规定的恒温箱中15min，在样片中间部位按胶黏剂的使用说明用橡皮刮刀涂抹宽度100mm、厚度适当的胶黏剂，然后将该样片上部未涂抹胶黏剂的部分(Ⅰ)以及另一块试样下部未涂抹胶黏剂的部分(Ⅱ)裁去，在长度方向剪成宽度6为50mm的样条，得到50mm×100mm的胶黏表面(图2-5-4)。每次将两片涂抹胶黏剂的样条相互搭接黏合成试样，两样条长边的边缘必须重合齐平(图2-5-4)。取5块试样在标准环境下放置24h，再按拉伸试验方法进行拉伸剪切试验。

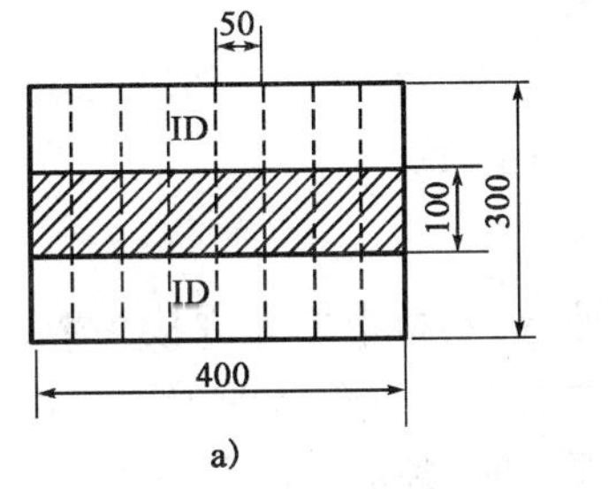

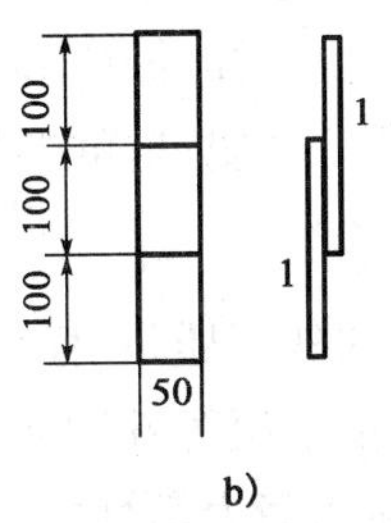

图2-5-4　黏合性试件的制作(尺寸单位:mm)

2)结果计算

如果拉伸剪切时，试样在黏结面滑脱，则剪切状态下的黏合性以拉伸剪切强度表示，按式(2-5-4)进行计算

$$\sigma = \frac{P}{b} \tag{2-5-4}$$

式中：σ——拉伸剪切强度(N/mm)；

P——最大拉伸剪切荷载(N)；

b——试样黏合面宽度(mm)。

结果以5块试样的算术平均值表示，精确到0.1N/mm。

如果在拉伸剪切时，试样在接缝外断裂，则评定为接缝外断裂。

10. 热老化处理试验

1）试验仪器

热老化试验箱：自动控温范围 50～240℃，误差为 ±2℃。

2）试验程序

将裁取的 3 块 G 试样放置在撒有滑石粉的按热处理尺寸变化率试验要求的垫板上，然后一起放入热老化试验箱中，在 80℃ ±2℃的温度下保持 7d。处理后的样片在标准环境下调节 24h，分别按外观、拉伸性能试验规定的方法进行检查和试验。

3）结果计算

（1）3 块 G 样片外观质量与低温弯折性的结果评定分别与相应试验条文相同。

（2）处理后试样拉伸强度相对变化率按式（2-5-5）计算，精确到 1%：

$$R_{\sigma} = \left(\frac{\sigma_t'}{\sigma_t} - 1\right) \times 100 \tag{2-5-5}$$

式中：R_{σ}——试样处理后拉伸强度相对变化率（%）；

σ_t'——处理后 5 块试样的平均拉伸强度（MPa）；

σ_t——未经处理时 5 块试样的平均拉伸强度（MPa）。

（3）处理后试样断裂伸长率相对变化率按式（2-5-6）计算，精确到 1%：

$$R_{t} = \left(\frac{\varepsilon_t'}{\varepsilon_t} - 1\right) \times 100 \tag{2-5-6}$$

式中：R_t——试样处理后断裂伸长率相对变化率（%）；

ε_t'——处理后 5 块试样的平均断裂伸长率（%）；

ε_t——未经处理时 5 块试样的平均断裂伸长率（%）。

11. 结果评判

对于防水卷材中的外观质量、面积允许偏差、卷材中的允许接头数、卷材平直度、平整度、厚度允许偏差和最小单个值等 6 项要求，其中有 2 项不合格即为不合格卷材。不合格卷不多于 2 卷，且卷材的各项物理力学性能均符合要求时，判定该批合格。

如不合格卷为两卷或有 1 项物理力学性能不符合要求，则判定为该批不合格。如不合格卷为两卷，但有两卷出现上述 6 项中的同 1 项不合格，则仍判该批不合格。

对于判为不合格的批，允许在批中按规定重新加倍抽样，对不合格项目进行重检。如果仍有一组试样不合格，则判定该批不合格。

二、土工布物理特性检测

土工织物也称土工布，是透水性的土工合成材料，按制造方法分为无纺或非织造土工织物和有纺或机织土工织物。

1. 试样制备及数据整理

隧道用土工布检测的试样制备必须满足以下要求。

1）试样的制备

（1）试样不应含有灰尘、折痕、损伤部分和可见疵点。

(2)每项试验的试样应从样品长度与宽度方向上随机取样,但距样品边缘至少100mm。

(3)同一试验剪取两个以上的试样时,不应在同一纵向或横向位置上剪取,如不可避免时应在试验报告中说明。

(4)取试样应满足精度要求。

(5)剪取试样时,应先制定剪裁计划,对每项试验所用的全部试样,应予编号。

2)试样的调湿与饱和

(1)试样一般应置于温度为20℃ ±2℃,相对湿度为60% ±2%和标准大气压的环境中调湿24h。

(2)如果确认试样不受环境影响,则可不调湿,但应在记录中注明试验时的温度和湿度。

(3)土工织物试样在需要饱和时,宜采用真空抽气法饱和。

3)数据的整理方法

(1)算术平均值$\bar{x}$按式(2-5-7)计算:

$$\bar{x} = \frac{\sum_{i=1}^{n} x_i}{n} \tag{2-5-7}$$

式中:n——试样个数;

x_i——第i块试验的试样值;

$\bar{x}$——n块试样试样值的算术平均值。

(2)标准差按式(2-5-8)计算:

$$\sigma = \sqrt{\sum_{i=1}^{n}(x_i - \bar{x})^2} \tag{2-5-8}$$

(3)变异系数按式(2-5-9)计算:

$$C_v = \pm \frac{\sigma}{\bar{x}} \times 100\% \tag{2-5-9}$$

(4)在资料分析中,可疑数据的舍弃,按照K倍标准差作为舍弃标准,即舍弃在$\bar{x} \pm k\sigma$范围以外的测定值,对不同的试件数量,K值按表2-5-3选用。

统计量的临界值 表2-5-3

试件数量	3	4	5	6	7	8	9	10	11	12	13	14
K	1.15	1.46	1.67	1.82	1.94	2.03	2.11	2.18	2.23	2.28	2.33	2.37

2. 单位面积质量试验

1)目的及适用范围

本试验方法适用于土工合成材料,测定其单位面积质量。

2)仪器和仪具

(1)剪刀。

(2)尺:最小分度值为1mm。

(3)天平:感量0.01g(现场测试可为0.1g)。

3)试样制备

(1)试样数量不得少于10块,对试样进行编号。

(2)试样面积:对一般土工合成材料,试样面积为10cm×10cm,裁剪和测量精度为1mm;

对于具有相对较大网孔的土工布有关产品，应从构成网格单元两个节点连线中心处剪切试样。试样在纵向和横向都应包含至少5个组成单元，应分别测定每个试样的面积。

(3)取样方法：按前述方法取试样。

4)试验步骤

将裁剪好的试样按编号顺序逐一在天平上称量，并细心测读和记录。

(1)按式(2-5-10)计算每块试样的单位面积质量 $M(g/m^2)$：

$$M = m \times \frac{10\,000}{A} \tag{2-5-10}$$

式中：m——试样质量(g)；

A——试样面积(cm^2)。

(2)按前述方法计算单位面积质量的平均值(结果修约至1 g/m^2)、标准差及变异系数。

3. 厚度试验

1)用厚度试验仪测厚度

2)目的和适用范围

本试验方法适用于测定土工合成材料在不同压力下的厚度。

3)仪器和仪具

厚度试验仪由下列部件及用具组成，如图2-5-5所示。

(1)基准板；其面积要大于2倍的压脚面积。

(2)可更换的压脚：采用表面光滑、面积为25cm^2 的圆形压脚。压脚重5N，放在试样上时，其自重对试样施加的压力为2kPa ±0.01kPa。

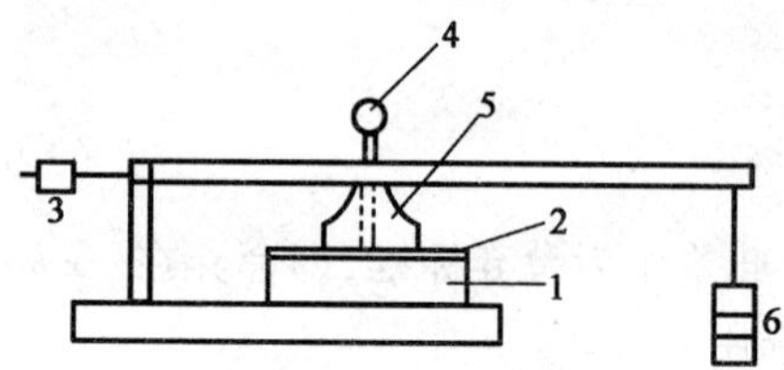

图2-5-5　厚度试验仪

1-基准板；2-试样；3-平衡锤；4-指示表；5-压脚；6-砝码

(3)采用砝码或杠杆方法对压脚加压，压力分别为：0 ±0.1kPa、200kPa ±1kPa。

(4)百分表(或千分表)：用以量测基准板至压脚间的垂直距离。试样厚度大于0.5mm时，表的最小分度值为0.01mm；厚度等于或小于0.5mm时，最小分度值为0.001mm。

(5)秒表：最小分度值为0.1s。

4)试样制备

(1)试样数量不得少于10块，对试样进行编号。

(2)试样面积为10cm×10cm。

(3)取样要求同前。

5)试验步骤

(1)擦净基准板和压脚，检查压脚轴是否灵活，调整百分表至零读数。

(2)提起压脚，将试样在不受张力情况下放置在基准板与压脚之间。轻轻放下压脚，稳压30s后记录百分表读数。

(3)土工合成材料的厚度一般指在2kPa压力下的厚度测定值，在需测定厚度随压力的变化时，尚需进行4～5步骤。

(4)增加砝码对试样施加20kPa ±0.1kPa的压力，稳压30s后读数。

(5)增加砝码对试样施加200 ±1kPa的压力,稳压30s后读数。除去压力,取出试样。

(6)重复上述步骤,测试完10块试样。

6)结果整理

(1)分别计算每种压力下10块试样厚度的算术平均值,以mm表示。当试样厚度大于0.5mm,要求计算精确至0.01mm;当厚度小于或等于0.5mm,要求精确至0.001mm。

(2)计算每种压力下厚度的标准差及变异系数。

(3)在未明确规定压力时,采用2kPa压力下的试样厚度平均值作为土工合成材料试样的厚度。

(4)以压力的对数为横坐标、厚度的平均值为纵坐标绘制厚度与压力的关系曲线图。

4. 用无侧限抗压强度试验仪测厚度

1)目的和适用范围

本试验方法适用于测定土工合成材料在不同压力下的厚度。

2)仪器和仪具

无侧限抗压强度试验仪包括以下部件及用具,见图2-5-6。

(1)可升降的基准板:其面积要大于2倍的压脚面积。

(2)可更换的压脚:面积为25cm^{2}的圆形压脚。

(3)量力系统:量力钢环(或压力传感器)、测力表,量力钢环应定期标定。

(4)其他:百分表(或千分表)、秒表。

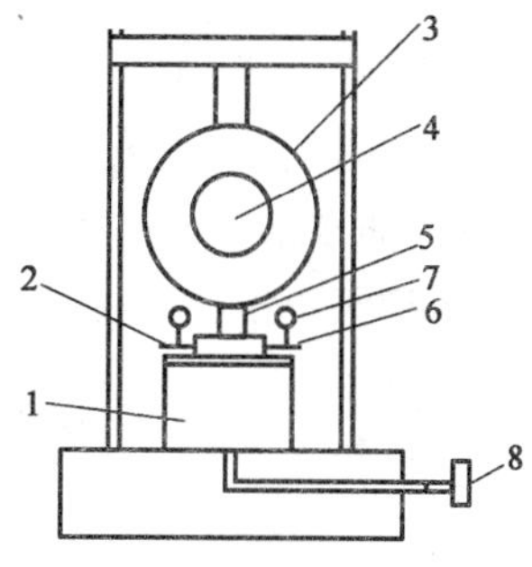

图2-5-6 无侧限抗压强度仪示意图

1-基准板;2-试样;3-测力计;4-测力表;5-加压杆;6-压脚;7-指示表;8-手柄

3)试样制备

要求同测厚仪量测法。

4)试验步骤

(1)转动手柄,使基准板上升,待其与压脚接触,调整百分表至零读数。

(2)转动手柄,使基准板下降,将试样放在板上。

(3)再转动手柄,使基准板上升,试样受压。可根据1~300kPa的压力范围和量力环的钢环系数来确定加压时量力环中测力表的读数范围,一般在此读数范围内分三级加压,施加压力分别为2kPa ±0.01kPa、20kPa ±0.01kPa、200kPa ±0.01kPa,每次加压后需稳压30s再读数。

(4)土工合成材料的厚度一般指2kPa压力下的厚度测定值,在只需测定该压力下的厚度时,可只对试样施加2kPa ±0.1kPa的压力。

(5)重复上述步骤,测试10块试样。

5)结果整理

由量力环变形读数和钢环系数,计算各变形值时试样所受的压力。其他数据的整理方法同测厚仪方法。

三、土工织物力学特性测试

土工布的机械性能包括抗拉强度及延伸率、握持强度及延伸率、抗撕裂强度、顶破强度、刺破强度、抗压缩性能等。

隧道用土工布的力学性能测试一般有：条带拉伸试验、撕裂试验、顶破强度试验、刺破试验等。

1. 条带拉伸试验

条带拉伸试验适用于土工合成材料的宽条拉伸试验和窄条拉伸试验。

1）仪器和仪具

（1）拉力机：具有等速拉伸功能，能测读拉伸过程中土工合成材料的拉力和伸长量或直接记录拉力—伸长量曲线，见图 2-5-7。

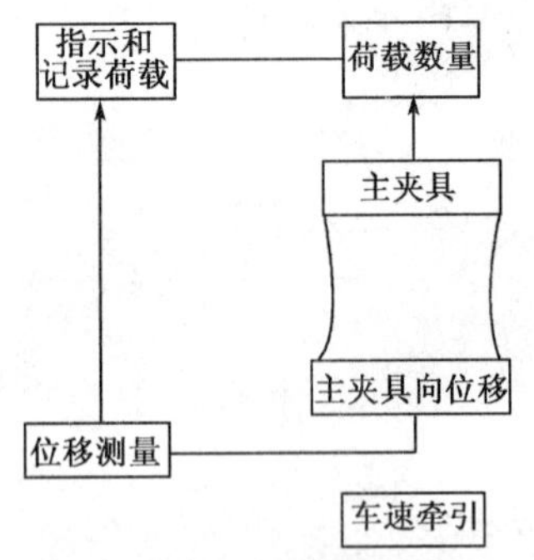

图 2-5-7　平面拉伸试验装置图

（2）夹具：一对夹持试样的夹具，其钳口面要有一定的约束作用，防止试样在钳口打滑，同时又要防止试样在钳口内被损坏。并满足：①宽条试样有效宽度 200mm，夹具实际宽度不小于 210mm；②窄条试样有效宽度 50mm，夹具实际宽度不小于 60mm；③为满足某些土工合成材料变形较大的要求，两夹之间的最大净距不小于 300mm。

（3）动力装置：采用调速电机油压或机械设施调节拉伸速率。

（4）测量和记录装置：①指示或记录荷载的误差不得大于相应实际荷载的 2%。②对延伸率超过 10% 的试样，测量伸长量可用有刻度的钢尺，精度为 1mm；对延伸率小于 10% 的试样，应采用精度不小于 0.1mm 的位移测量装置。③可通过传动机构直接记录土工合成材料试样的拉力—伸长量曲线，也可用拉力传感器和位移传感器测量拉力和伸长量。

2）试样制备

（1）试样数量

分别以土工合成材料纵向和横向作试样长边，剪取试样各 6 块。

（2）试样尺寸

①宽条试样：裁剪试样宽度 200mm，长度至少 200mm，实际长度视夹具而定，必须有足够的长度使试样伸出夹具，试样计量长度为 100mm。对于有纺土工织物，裁剪试样宽度 210mm，再拆去两边大约相同数量的纤维，使试样宽度达到 200mm，见图 2-5-8b）。

②窄条试样：裁剪试样宽度 50mm，长度至少 200mm，必须有足够的长度使试样伸出夹具，试样计量长度为 100mm。对于有纺土工织物，裁剪试样宽度 60mm，再在两边拆去大约相同数量的纤维，使试样宽度达到 50mm，见图 2-5-8a）。

③除测干态强度外，要求测定湿态强度时，裁剪两倍的长度，然后截为等长度的两块。

④对湿态试样，要求从水中取出到上机拉伸的时间间隔不大于 10min。

⑤取样方法：取样原则与厚度测试相同。

3）试验步骤

（1）调整两夹具的初始间距为 100mm。两个夹具中一个的支点能自由旋转或为万向接头，保证两个夹具平行并在一个平面内。

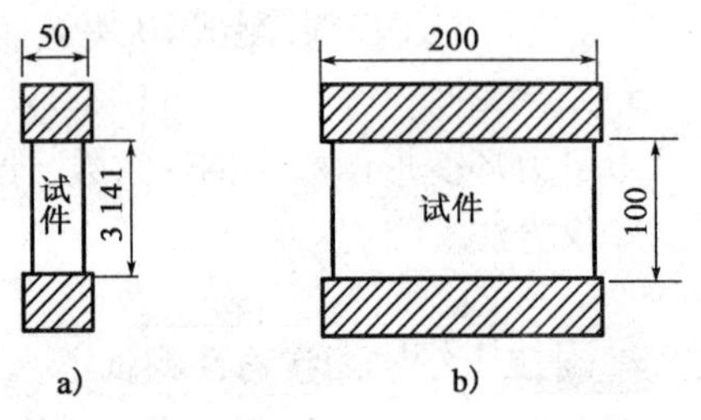

图 2-5-8　宽条和窄条试样（尺寸单位：mm）
a）窄条 $B/L=1/2$；b）宽条 $B/L=2.0$

（2）选择拉力机的满量程范围，使试样的最大断裂力在满量程的10% ~90%范围内，设定拉伸速率为50mm/min。

（3）将试样对中放入夹具内，为方便对中，可在试样上画垂直于拉伸方向的两条相距100mm的平行线作为标志线。

（4）测读试样的初始长度L_0。

（5）开动试验机，以拉伸速率50mm/min进行拉伸，同时启动记录装置，连续运转直到试样破坏时停机。对延伸率较大的试样，应拉伸至其拉力明显降低时方能停机。

（6）测量伸长量：在拉伸过程中，测定拉力的同时测定伸长量。

4）结果整理

（1）抗拉强度：土工织物或小孔径土工网的抗拉强度按式（2-5-11）计算：

$$T_s = \frac{P_f}{B} \tag{2-5-11}$$

式中：T_s——抗拉强度（N/m，kN/m）；

P_f——测读的最大拉力（N，kN）；

B——试样宽（m）。

（2）延伸率：延伸率按式（2-5-12）计算：

$$\varepsilon_p = \frac{L_f - L_0}{L_0} \tag{2-5-12}$$

式中：ε_p——延伸率（%）；

L_0——初始长度（mm）；

L_f——对应最大拉力时的试样长度（mm）。

（3）拉伸模量：由拉伸过程中的拉力—伸长量可转化成应力—应变曲线，并可计算拉伸模量。拉伸模量可由以下方法求出：

①初始拉伸模量E：如果应力—应变曲线在初始阶段是线性的，利用初始切线可取得比较准确的模量值［图2-5-9a）］。由于应力—应变曲线方程一般是未知的，初始拉伸模量一般由作图法求出或选择初始直线段斜率代替。

②偏移拉伸模量：当应力—应变曲线开始段坡度很小，在中间部分接近线性，则把开始段的曲线舍弃，将纵轴向右移到直线部分的延长线与横轴相交的位置，再求出E_0和偏移量［图2-5-9b）］。偏移初始拉伸模量一般由作图法求出或用直线段斜率代替。

③割线拉伸模量E：当应力—应变曲线始终呈非线性变化，用上述两种方法不能取得合适的模量时，则可采用割线法。从原点到曲线上某一点（如应变为10%或20%）连一直线，该线斜率即为割线拉伸模量［图2-5-9c）］。

④计算抗拉强度、延伸率及各拉伸模量的平均值，并计算它们的标准差及变异系数C_v。

2. 撕裂试验

土工织物抵抗扩大破损裂口的能力用撕裂强度表示。

公路行业采用梯形法测定土工织物的撕裂强度。

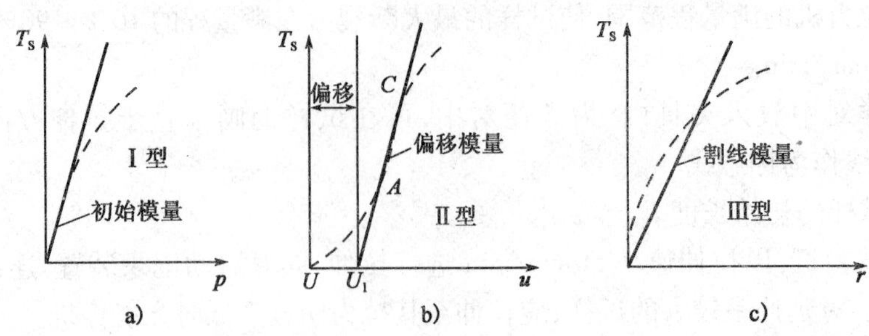

图 2-5-9　拉伸模量表示法

1）仪器和仪具

（1）拉力机：同条带拉伸试验用的拉力机，其拉伸速率为 100mm/min。

（2）夹具：夹持面尺寸（长×宽）为 50mm×84mm，宽度要求不小于 84mm，宽度方向垂直于力的作用方向。要求夹具上下夹持面平行、光滑，夹紧时不损坏试样，同时要求试验中试样不发生打滑。

（3）梯形模板：用于剪样，标有尺寸，如图 2-5-10a）所示。

2）试样制备

（1）试样数量：经向和纬向各取 10 块试样。

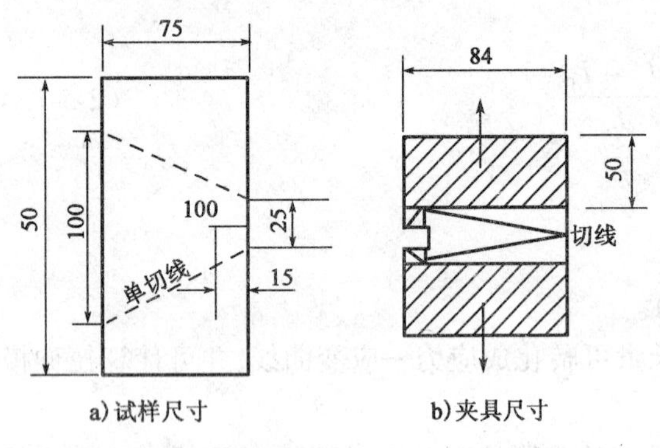

图 2-5-10　梯形撕裂试验（尺寸单位：mm）
a）试样尺寸；b）夹具尺寸

（2）试样尺寸：试样为宽 75mm、长 150mm 的矩形试样，在矩形试样中部用梯形模板画一等腰梯形，尺寸如图 2-5-10b）所示。

（3）取样方法：应符合试样制备的一般原则。

（4）有纺土工织物试样：测定经向纤维的撕裂强度时，剪取试样长边应与经向纤维平行，使试样切缝切断和试验时拉断的为经向纤维。测定纬向撕裂强度时，剪取试样长边应与纬向纤维平行，使试样被切断和撕裂拉断的为纬向纤维。

（5）无纺土工织物试样：测定经向的撕裂强度时，剪取试样长边应与织物经向平行，使切缝垂直于经向；测定纬向撕裂强度时，剪取试样长边应与织物纬向平行，使切缝垂直于纬向。

（6）在已画好的梯形试样短边 1/2 处剪一条垂直于短边的长 15mm 的切缝。

（7）准备好试样，如进行湿态撕裂试验，要求同条带拉伸试验。

3）试验步骤

（1）调整拉力机夹具的初始距离到 25mm，设定拉力机满量程使试样最大撕裂荷载在满量程的 10%～90% 范围内，设定拉伸速率为 100mm/min。

（2）将试样放入夹具内，沿梯形不平行的两腰边缘夹住试样。梯形的短边平整绷紧，其余呈起皱叠合状，夹紧夹具。

（3）开动拉力机，以拉伸速率 10mm/min 拉伸试样，并记录拉伸过程中的撕裂力，直至试样破坏时停机。撕裂力可能有几个峰值和谷值，也可能是单一上升而只有一个最大值，如

图 2-5-11所示。取最大值作为撕裂强度,单位以 N 表示。

(4)在夹具内有打滑现象或有 1/4 以上的试样在夹具边缘 5mm 范围内发生断裂时,则夹具可作如下处理:①夹具内加垫片;②与夹具接触部分的织物用固化胶加固;③修改夹具面。

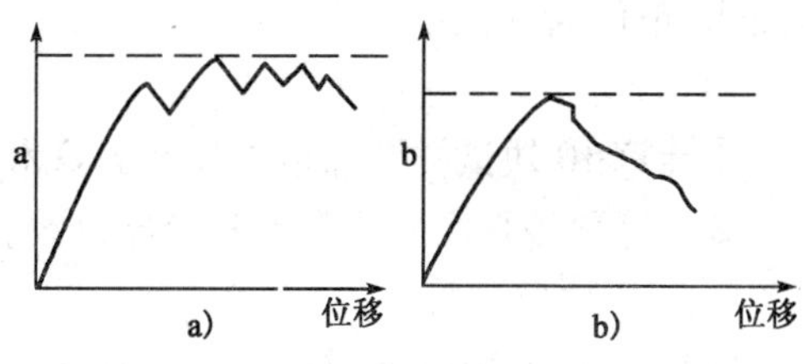

图 2-5-11　撕裂过程曲线

4)结果整理

(1)分别计算顺机向和横机向的平均撕裂强度$\overline{T_t}$。

(2)分别计算顺机向和横机向撕裂强度的标准差和变异系数。

3. 顶破强度试验

在隧道工程中,土工织物按接触面的受力特征和破坏形式可分为顶破、刺破和穿透几种受力状态。

顶破强度是反应土工织物抵抗垂直物平面的法向压力的能力,顶破强度试验与刺破强度试验相比,压力作用面积相对较大,材料呈双向受力状态。

下面介绍顶破试验中常用的圆球顶破试验和 CBR 顶破试验。

1)圆球顶破试验

以规定直径圆球顶杆均匀垂直顶压于土工合成材料平面时,土工合成材料所能够承受的最大顶压力。

(1)仪器和设备

试验可在测定土工合成材料的条带拉伸强度的拉力机上进行,仪器主要包括下列附件,其结构及功能见图 2-5-12。

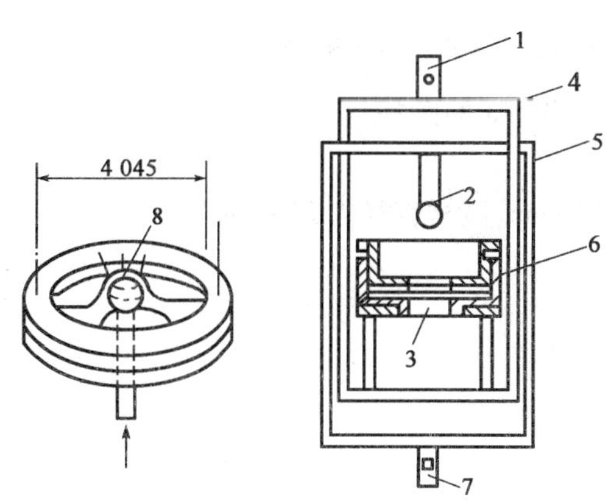

图 2-5-12　圆球顶破试验示意图(尺寸单位:mm)

1-土工织物;2-球形杆;3-接拉力机上夹具;4-反向器的上框架;5-反向器的下框架;6-环形夹具;7-接拉力机下夹具;8-织物

①配有反向器的拉力机,反向器结构简单,由套在一起的上下两框架组成,上框架连至拉力机的固定夹具,下框架连至拉力机的可移动夹具,当下框架向下拉伸时,固定在上下框架上的圆球顶装置产生顶压。

②圆球顶破装置由两部分组成,即一端部带有钢球的顶杆和一个安装试样的环形夹具。其中,钢球直径为 25.4mm;环形夹具内径为 44.5mm。

(2)试样制备

①试样数量:每组试验取 10 块试样。

②试样尺寸:试样尺寸为 ϕ120mm。

③取样方法:按前述原则取样。

(3)试验步骤

①选择拉力机的拉力量程范围,使最大压力在满量程的 10% ~90% 范围内。

②将试样在不受拉力的状态下放入环形夹具内,将试样夹紧。

③开动拉力机,顶压速率为 100mm/min。在此速率下连续运行直至试样被顶破,记下最

大压力,单位为 N。

(4)计算

①计算 10 块试样圆球顶破强度的算术平均值。

②计算顶破强度的标准差和变异系数。

2)CBR 顶破试验

以 CBR 仪的圆柱顶杆均匀垂直顶压于土工合成材料平面时,土工合成材料所能够承受的最大顶压力。

(1)仪器和仪具

①CBR 试验仪:见图 2-5-13a),试验仪最大压力约 50kN,行程为 100mm;顶压时可用电动驱动或人工驱动,要求顶压速率为 60mm/min。

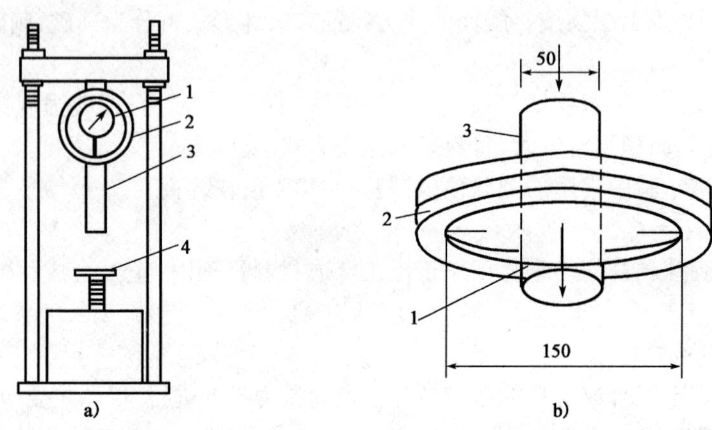

图 2-5-13　CBR 试验仪及环形夹具示意(尺寸单位:mm)

a)1-百分表;2-量力计;3-圆柱顶杆;4-托盘;b)1-织物;2-夹具;3-顶压杆

②量力环:安装在加荷框架上,量力环下部装有 50mm 的圆柱形平头顶压杆,量力环中的百分表用于测定量力环变形计算顶压力。

③环形夹具:如图 2-5-13b)所示,夹具内径为 150mm,试样直径为 230mm。

(2)试样制备

①试样数量:每组试验取 10 块试样。

②试样尺寸:试样尺寸为 ϕ230mm。

③取样方法:按前述原则取样。

(3)试验步骤

①试样放入环形夹具内,拧紧夹具,使试样在自然状态下绷紧。

②将夹具放在加荷系统的托盘上,调整高度,使试样与顶杆刚好接触。

③将顶压速率设定在 60mm/min。

④开动机器。

⑤圆柱顶压杆接触并顶压试样过程中,记录百分表读数和量力环读数,到确认试样破坏为止。

⑥停机,取下已破坏的试样。

⑦重复 1 ~6 步骤进行试验,每组共进行 10 块试样。

(4)结果整理

①由量力环标定曲线,将量力环中百分表的读数换算为力(N)。

②计算每块试样的顶破强度 T_c(N)。

③计算10块试样的顶破强度平均值、标准差及变异系数。

4. 刺破强度试验

刺破强度是反映土工织物抵抗小面积集中荷载,如抵抗有棱角的石子、支护用钢构件端头等的能力。试验方法与圆球顶破试验相似,只是以金属杆代替圆球。

1)仪器和仪具

(1)等速伸长型试验机(CRE),符合下列要求:

①自动记录刺破过程的力—位移曲线。

②测力误差≤1%。

③行程不小于100mm。

④试验速度300mm/min。

(2)夹持试样的装置由环形夹具和夹具底座组成,如图2-5-14所示。夹具底座的高度应大于100mm,并有较高的支撑力和稳定性。环形夹具为一中央有孔的圆盘,内径为45mm ± 0.025mm,其中心应在顶压杆的轴心上。夹具表面有沟槽,能握持住试样不会产生滑移。

(3)平头顶杆:实心钢质杆,直径为8mm ±0.01mm,顶端边缘倒成450、深0.8mm的倒角,与试验机连接部分的尺寸应根据试验机夹具的尺寸确定,参见图2-5-15。

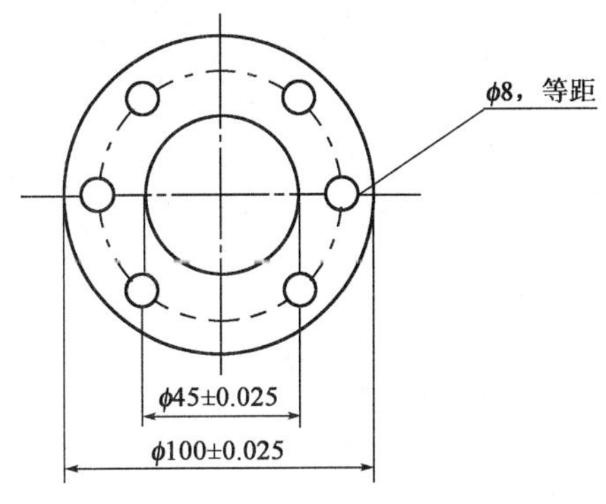

图2-5-14 夹具底座示意图(尺寸单位:mm)

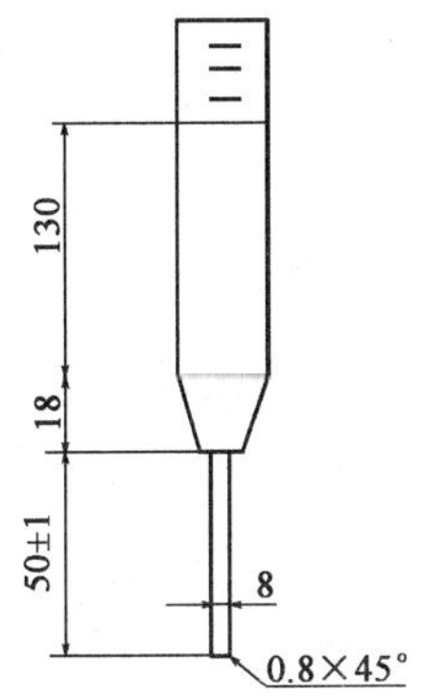

图2-5-15 顶杆示意图(尺寸单位:mm)

2)试样准备

直径为100mm的圆形试样10块。如果试验结果不匀率较大可以增加试样数量。

3)试验步骤

(1)安装夹具:将顶杆和夹具底座安装在试验机上,保证夹具在顶杆的轴心线上。

(2)设定仪器:选择力的量程使输出值在满量程的10%~90%。设定试验机的运行速度为300±10mm/min。

(3)夹持试样:试样在无张力和折皱的情况下,固定住环形夹具上,确保试样不会产生滑移,并将夹好试样的环形夹具放在试验台上。

对于湿态试样,在从水中取出后3min内进行试验。

(4)测定刺破强力:开动试验仪运行,直至试样被刺破,记录其最大值作为该试样的刺破强力，以 N 为单位。对于土工复合材料，可能出现双峰值的情况下，无论第二个峰值是否大于第一个峰值，均以第一个峰值作为试样的刺破强力。

如果试验过程中出现纱线从环形夹具中滑出或试样滑脱，应舍弃该试验数据，另取一块试样测定。

4）计算

计算 10 块试样刺破强力的平均值，结果修约到三位有效数字。如果需要，计算刺破强力的变异系数，结果修约到 0.1%。

四、土工织物水力学特性试验

土工布的渗透性表明其在反滤和排水方面的能力。隧道用土工布，必须具有以下特性：

（1）保土性：防止被保护围岩、衬砌的颗粒随水流流失。

（2）渗水性：保证渗流水通畅排走。

（3）防堵性：防止材料被细土粒堵塞失效。

这被称为反滤三准则，都与土工布的水力学性能密切相关。主要包括两个方面：一是透水与导水能力，二是阻止颗粒流失的能力。这些特性主要取决于土工织物的孔隙特征和渗透特性等。

1. 土工织物孔隙的特征

1）孔隙率

土工织物的孔隙率是指其孔隙体积与总体积的比值，以 n（%）表示，它是无纺织物的主要物理性质之一。孔隙率的确定不需要直接进行试验，可通过式（2-5-13）计算求得。

$$n = \left(1 - \frac{m}{\rho\delta}\right) \times 100\% \tag{2-5-13}$$

式中：m——单位面积质量（g/m^2）；

ρ——原材料密度（g/m^3）；

δ——织物厚度（m）。

2）筛分法试验

土工布的有效孔径（EOS）或表观孔径（AOS）表示能有效通过的最大颗粒直径。目前具体试验方法有两种：干筛法（GB/T 14799—2005）和湿筛法（GB/T 17634—1998）。目前国内应用的仍以干筛法为主。用土工布试样作为筛布，将已知直径的标准颗粒材料放在土工布上面振筛，称量通过土工布的标准颗粒材料重量，计算出过筛率，调换不同直径颗粒标准颗粒材料进行试验，由此绘出土工布孔径分布曲线，并求出 O_{90} 值。

（1）仪器和仪具

①支撑网筛：直径 200mm。

②标准筛振筛机：横向摇动频率 220 ± 10 次/min；回转半径 12 ± 1mm。垂直振动频率 150 ± 10 次/min；振幅 10 ± 2mm。

③标准颗粒材料：标准颗粒材料通常可选用玻璃珠或球形砂粒。标准颗粒材料应该洁净，必要时需进行洗涤烘干。标准颗粒材料粒径（mm）分组如下：0.045 ~ 0.063，0.063 ~ 0.071，0.071 ~ 0.090，0.090 ~ 0.125，0.125 ~ 0.180，0.180 ~ 0.250，0.250 ~ 0.280，0.280 ~ 0.355，

0.355 ~ 0.500,0.500 ~ 0.710。

④天平:称量200g感量0.01g。

⑤其他用品:秒表、细软刷子、剪刀、画笔等。

(2)材料与试样

①试样数量:剪取试样数量为$5n$块,n为选取的粒径组数。

②试样的准备按前述原则进行。

③标准颗粒材料的准备:将洗净烘干的颗粒材料用筛析法制备分级标准颗粒。可参照《公路土工试验规程》(JTG E40—2007)。

(3)试验步骤

①试验前应将标准颗粒材料与试样同时放在标准大气压下进行调湿平衡。

②将同组5块试样平整、无皱褶地放入能支撑试样而不致下凹的支撑网筛上。

③选用较细粒径的标准颗粒材料称取50g,然后均匀地撒在试样表面上。

④将筛框、试样和接收盘夹紧在振筛机上。开动机器,摇筛试样10min。

⑤关机后,称量通过试样的标准颗粒材料质量,并记录,然后更换新的试样。

⑥用下一组较粗标准颗粒材料重复①~⑤规定的程序,直至取得不少于三组连续分级标准颗粒材料的过筛率,并有一组的过筛率低于5%。

(4)结果整理

①按式(2-5-14)计算过筛率将结果修约到小数点后两位。

$$B = \frac{m_1}{m} \times 100\% \tag{2-5-14}$$

式中:B——某组标准颗粒材料通过试样的过筛率,%;

m_1——5块试样同组粒径过筛量的平均值(g);

m——每次试验用的标准颗粒材料量(g)。

②以每组标准颗粒材料粒径的下限值作为横坐标(对数坐标),相应的平均过筛率作为纵坐标,描点绘制过筛率与孔径的分布曲线,找出曲线上纵坐标10%所对应的横坐标值即为O_{90},找出曲线上纵坐标5%所对应的横坐标值即为O_{95},读取两位有效数字。

③绘制孔径分布曲线:以每组标准颗粒材料粒径的下限值为横坐标,过筛率的平均值为纵坐标绘制孔径分布曲线。

2. 土工织物的渗透特性

土工织物的渗透特性是其重要水力学特性之一。在过滤标准及其他有关水力学设计中,是一项不可缺少的重要指标。

1)垂直渗透系数试验

垂直渗透系数指与土工织物平面垂直方向渗流的水力梯度等于1时的渗透流速。测定单层土工布及其相关产品的垂直向渗透性能的两个试验方法为恒水头法和降水头法,本书只介绍恒水头法。

(1)目的及适用范围

本试验方法适用于任何类型的土工织物,但不适用于含有膜类材料的复合土工布。

(2)试样

样品不得折叠,并尽量减少取放次数,以避免影响其结构。样品应置于平坦处,不得施加任何压力。从样品中剪取5个试样,试样尺寸要同试验仪器相适应。试样应清洁,表面无污物,无可见损坏或折痕。

(3)仪器和仪具

①恒水头渗透仪(图2-5-16)

仪器夹持试样处的内径至少为50mm,并满足下列要求:

a.仪器可以设置的最大的水头差至少为70mm,并在试验期间可以在试样的两侧保持恒定的水头。要有达到250mm的恒定水头的能力。

b.仪器夹持试样处的平均内径尺寸应已知,并至少精确到0.1mm试样过水外径应同仪器夹持试样处的内径相同。在试样两侧,仪器的内径至少应在二倍内径的范围内保持恒定,见图2-5-16a)和图2-5-16b),避免直径的突然变化。或者,水流可以充入直径至少为试样外径4倍的水槽中。在这种情况下,从土工布到水槽底部的距离至少为试样外径的1.5倍,见图2-5-16c)。如果产品有明显的图案,则这种图案在试样直径的范围内至少重复三次。

c.如有必要,为避免试样明显变形,要使用直径1mm的金属丝网格和10±1mm尺寸的筛网放置在试样的下面,以在试验期间支撑试样。

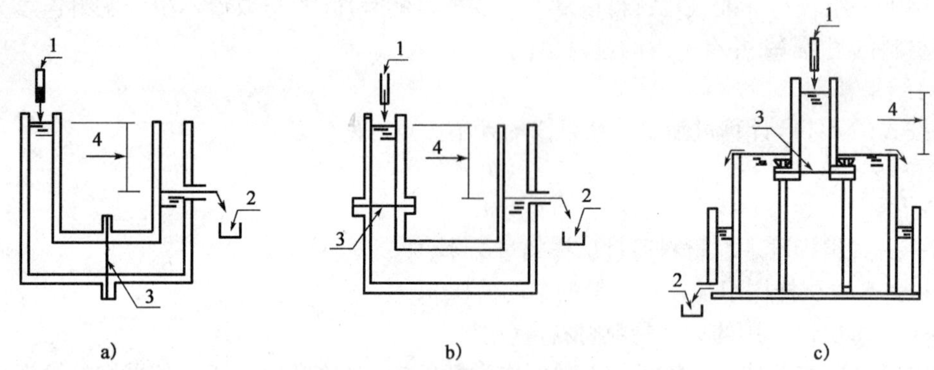

图2-5-16　恒水头法渗透仪器示例

a)水平式;b)立式;c)开放式

1-进水;2-出水收集;3-试样;4-水头差(H)

d.当仪器中无试样但有试样支撑网格时,在任何流速测定的水头差必须小于1mm。

②水的供给、质量和调温

a.水温宜在18~22℃。

b.由于试样会截留气泡而影响试验,水不能直接从主给水处直接进入仪器,最好要经过消泡处理或者从静止水槽中引入。水不宜连续重复使用。

c.水中的溶解氧不得超过10m g/kg,溶解氧含量的测定在水进入仪器处实施。

d.如果水中的固体悬浮物明显可见,或者固体积聚于试样上或试样内而使流量随时间减少,要对水进行过滤处理。

③溶解氧的测定仪器或仪表,符合相关规定。

④秒表,精确到0.1s。

⑤温度计,精确到0.2℃。

⑥量筒,用来测定水的体积,精确到10cm^3,如果直接测量流速,测量表要校正准确到其读数的5%。

⑦测量施加水头的装置,精确到1mm。

(4)试验步骤

①在试验室温度下,置试样于含湿润剂的水中,轻轻搅动以驱走空气,至少浸泡12 h。湿润剂采用体积分数为0.1%的烷基苯磺酸钠。

②将1个试样放置于仪器内,并使所有的连接点不漏水。

③向仪器注水,直到试样两侧达到50mm的水头差。关掉供水,如果试样两侧的水头在5min内不能平衡,查找仪器中是否有隐藏的空气,重新实施本程序。如果水头在5min内仍不能平衡,应在试验报告中注明。

④调整水流,使水头差达到70mm ± 5mm,记录此值,精确到1mm。待水头稳定至少30s后,在固定的时间内,用量杯收集通过试样的水量,水的体积精确到10cm,时间精确到秒。收集水量至少1 000ml或收集时间至少30s。

如果使用流量计,宜设置能给出水头差约70mm的最大流速。实际流速由最小时间间隔15s的3个连续读数的平均值得出。

⑤分别在最大水头差的约0.8、0.6、0.4和0.2倍时,重复④步骤,从最高流速开始,到最低流速结束。

如果使用流量计,适用同样的原则。

⑥记录水温,精确到0.2℃。

⑦对其余试样重复②~⑥进行试验。

(5)计算及结果表达

①按式(2-5-15)计算20℃的流速v_{20}(m/s):

$$V_{20} = \frac{VR_T}{At} \tag{2-5-15}$$

式中:V——水的体积(m^3);

R_T——20℃水温校正系数;

A——试样过水面积(m^2);

t——达到水的体积V的时间(s)。

如果流速v_T直接测定,温度校正按照式(2-5-16):

$$v_{20} = v_T R_T \tag{2-5-16}$$

注:单位为mm/s的流速v_{20}同单位为L/(m^2·s)的流量q相等。

②对于每个试样,计算每个水头差H的流速v_{20}。

③计算5块试样50mm或其他水头差的平均流速指数值及其变异系数值。

④土工布垂直渗透系数是指单位水力梯度下,在垂直于土工布平面流动的水的流速,即:

$$k = \frac{v}{i} = \frac{v\delta}{H} \tag{2-5-17}$$

式中:k——土工布垂直渗透系数(mm/s);

v——垂直于土工布平面的水流速(mm/s);

i——土工布试样两侧的水力梯度;

δ——土工布试样厚度(mm);

H——土工布试样两侧的水头差(mm)。

土工布的透水率可按式(2-5-18)计算：

$$\theta = \frac{v}{H} \tag{2-5-18}$$

式中：θ——透水率(1/s)；

v——垂直于土工布的水流速(mm/s)；

H——土工布试样两侧的水头差(mm)。

(6)报告

①土工织物在标准温度20℃的渗透系数，也可同时给出透水率。

②如果进行了不同压力下的渗透试验，给出渗透系数与压力的变化曲线。

3. 水平渗透系数试验

水平渗透系数是指在土工织物内部沿方向渗流的水力梯度等于1时的渗透流速。

1)目的和适用范围

本试验方法适用于测定土工织物和塑料排水板沿其平面方向输导水流的特性。

2)仪器和仪具

(1)常水头渗透仪

要求：能安装一层或数层土工织物试样，试样为长方形，长边沿着渗透方向；试样与渗透仪内壁之间不得发生漏水现象。如图2-5-17所示，可将织物试样包于乳胶套内，两边套口与上下游容器相接，水在套内流动；在试样上下游的器壁上各有一个测压管接出口；上下游水位容器应具有溢流装置，使在试验过程中能保持常水头，水位容器的有效宽度应大于试样宽度，试验水头可以调节。

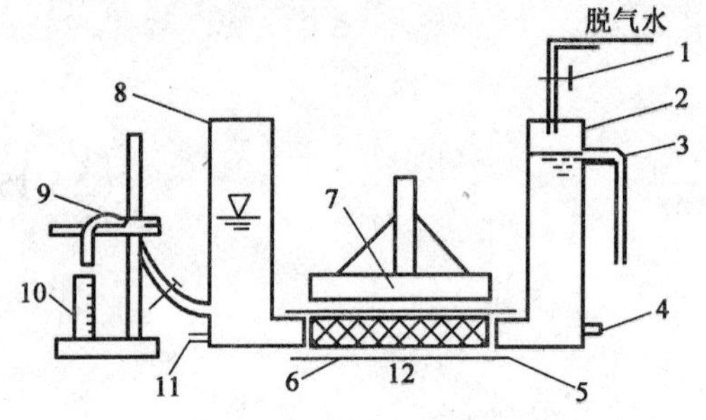

图2-5-17 测试土工织物水平导水性的装置示意图

1-供水阀门；2-上游容器；3-溢流管；4-测压管口；5-橡胶圈；6-乳胶管；7-加压装置；8-下游容器；9-调节管；10-量筒；11-出压管；12-织物试样

(2)测压管装置、供水系统、其他设备与用品

要求与垂直渗透系数试验相同。

(3)加压设备

在包有乳胶膜的织物与金属槽座之间可垫以橡胶板，使受力均匀。

3)试样制备

(1)制备试验用脱气水。

(2)根据渗透仪的规格，裁剪6组试样，其中3组试样的长度沿顺机向，另外3组的长度沿横机向。

(3)试样用抽气法饱和。

(4)安装好试验仪器及设备。

4)试验步骤

试验步骤与垂直渗透系数试验类似。

5)计算

(1)按式(2-5-19)计算沿织物平面的渗透系数：

$$k_t = \frac{QL}{tB\delta\Delta h} \tag{2-5-19}$$

式中：k_t——渗透系数(cm/s)；

δ——土工织物的厚度(cm)；

t——测量透水量的历时(s)；

B——土工织物试样的宽度(cm)；

Q——t 时间内的透水量(cm^3)；

Δh——土工织物长度上两端测压管水位差(cm)；

L——试样沿渗流方向的长度(cm)。

(2)按式(2-5-20)、式(2-5-21)计算透水率：

$$\theta = \frac{QL}{tB\Delta h} \tag{2-5-20}$$

$$\theta = k_t\delta \tag{2-5-21}$$

式中：θ——透水率(s^{-1})。

(3)标准温度(20℃)下的渗透系数 k_t^{20} 和透水率 θ_{20} 的换算方法与垂直渗透系数试验相同。

(4)确定织物在某个压力下的渗透系数(或透水率)。

采用在该压力下 3～4 个计算值的平均值，它们的差值应在允许差值范围之内。

(5)确定不同压力下的渗透系数

以渗透系数 k_t^{20}(或导水率 θ_{20})为纵坐标，压力为横坐标绘制关系曲线。

五、防水混凝土抗渗性能试验

1.防水混凝土种类及其特性

防水混凝土一般可分为普通水泥与新品种水泥的防水混凝土、外加剂防水混凝土和塑料混凝土等。其中塑料混凝土由于施工不便、造价高，应用受到限制。

隧道工程常用防水混凝土的种类及其特性见表2-5-4。

隧道工程常用防水混凝土的种类及其特性 表2-5-4

种类	普通防水混凝土	外加剂防水混凝土外加剂类型				
		引气剂	减水剂	三乙醇胺	氯化铁	明矾石膨胀剂
抗渗压力(MPa)	>3.0	>2.2	>2.2	>3.8	>3.8	>3.8
主要技术要求	水灰比 0.5～0.6；坍落度 30.50mm；水泥用量 ≥ 320kg/m^3；粗骨料粒径 ≤ 40mm	含气量 3%～6%；水泥用量 ≥ 250～300kg/m	加气型减水剂，可以为缓凝、促凝和普通型的减水剂	可单独掺用三乙醇胺，也可以与氯化钠、亚硝酸钠配合	液体中氯化铁含量≥0.4kg/L，掺量一般为水泥质量的 3%	必须掺入 32.5 级以上的普通矿渣、火山灰和粉煤灰水泥，不得单独代替水泥，外掺量为水泥质量的 20%
适用范围	一般地下防水工程	抗冻性能要求高	含筋率高或薄壁结构	要求早强及抗渗要求高	水中结构	有后浇缝

2. 混凝土抗渗性试验

1)目的和适用范围

主要用于检测混凝土硬化后的防水性能以测定其抗渗强度等级。

防水混凝土的抗渗强度等级可分为三种：

(1)设计强度等级:它是根据地下工程的埋深以及水力梯度(即最大作用水头与建筑物最小壁厚之比)综合考虑而确定的,由勘测设计确定。

(2)试验强度等级:用于确定防水混凝土施工配合比时测定的强度等级,最终的强度等级在设计抗渗强度等级的基础上提高0.2MPa来确定。

(3)检验强度等级:它是对防水混凝土抗渗试块进行抗渗试验所测定的强度等级,检验强度等级不得低于设计抗渗强度等级。

2)试件制备

(1)每组试件为6个,如用人工插捣成型时,分两层装入混凝土拌和物,每层插捣25次,在标准条件下养护。如结合工程需要,则在浇筑地制作,每单位工程制件不少于两组,其中至少一组应在标准条件下养护,其余试件与构件相同条件下养护,试块养护期不少于28d,不超过90d。

(2)试件成型后24h拆模用钢丝刷刷净两端面水泥浆膜,标准养护龄期为28d。

(3)试件形状有两种:圆柱体,直径、高度均为150mm;圆台体,上底直径175mm,下底直径185mm,高为165mm。

3)仪器设备

(1)混凝土渗透仪:应符合现行行业标准《混凝土抗渗仪》(JG/T 249—2009)的规定,并应能使水压按规定的制度稳定地作用在试件上。抗渗仪施加水压力范围应为0.1~2.0MPa。

(2)试模应采用上口内部直径为175mm,下口内部直径为185mm和高为150mm的圆台体。

(3)密封材料宜用石蜡加松香或水泥加黄油等材料,也可采用橡胶套等其他有效密封材料。

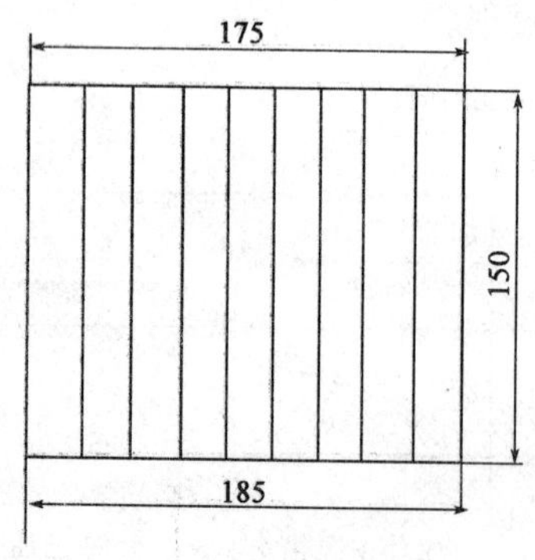

图2-5-18 梯形板示意图(尺寸单位:mm)

(4)梯形板(图2-5-18)应采用尺寸为200mm×200mm透明材料制成,并应画有十条等间距、垂直于梯形底线的直线。

(5)钢尺的分度值应为1mm。

(6)钟表的分度值应为1min。

(7)辅助设备应包括螺旋加压器,烘箱、电炉、浅盘、铁锅和钢丝刷等。

(8)安装试件的加压设备可为螺旋加压或其他加压形式,其压力应能保证将试件压入试件套内。

4)试验步骤

(1)试件拆模后,应用钢丝刷刷去两端面的水泥浆膜,并应立即将试件送入标准养护室进行养护。

(2)抗水渗透试验的龄期宜为28d。应在到达试验龄期的前一天,从养护室取出试件,并擦拭干净。待试件表面烘干后,应按下列方法进行试件密封：

①当用石蜡密封时，应在试件侧面裹涂一层融化的内加少量松香的石蜡。然后应用螺旋加压器将试件压入经过烘箱或电炉预热过的试模中，使试件与试模底平齐，并应在试模变冷后解除压力。试模的预热温度，应以石蜡接触试模，即缓慢熔化，但不流淌为准。

②用水泥加黄油密封时，其质量比应为2.5∶1～3∶1。应用三角刀将密封材料均匀地刮涂在试件侧面上，厚度应为1～2mm。应套上试模并将试件压入，应使试件与试模底齐平。

③试件密封也可以采用其他更可靠的密封方式。

(3)试件准备好之后，启动抗渗仪，并开通6个试位下的阀门，使水从6个孔中渗出，水应充满试位坑，在关闭6个试位下的阀门后应将密封好的试件安装在抗渗仪上。

(4)试件安装好以后，应立即开通6个试位下的阀门，使水压在24h内恒定控制在1.2±0.05MPa，且加压过程不应大于5min，应以达到稳定压力的时间作为试验记录起始时间(精确至1min)。在稳压过程中随时观察试件端面的渗水情况，当有某一个试件端面出现渗水时，应停止该试件的试验并应记录时间，并以试件的高度作为该试件的渗水高度。对于试件端面未出现渗水的情况，应在试验24h后停止试验，并及时取出试件。

(5)将从抗渗仪上取出来的试件放在压力机上，并应在试件上下两端面中心处沿直径方向各放一根直径为6mm的钢垫条，并应确保它们在同一竖直平面内。然后开动压力机，将试件沿纵断面劈裂为两半。试件劈裂后，应用防水笔描出水痕。

(6)应将梯形板放在试件劈裂面上，并用钢尺沿水痕等间距量测10个测点的渗水高度值，读数应精确至1mm。当读数时若遇到某测点被集料阻挡，可以靠近集料两端的渗水高度算术平均值来作为该测点的渗水高度。

(4)试验结果计算及处理应符合下列规定：

①试件渗水高度应按式(2-5-22)进行计算。

$$\overline{h_i}=\frac{1}{10}\sum_{j=1}^{10}h_j \tag{2-5-22}$$

式中：h_j——第i个试件第j个测点处的渗水高度(mm)；

$\overline{h_i}$——第i个试件的平均渗水高度(mm)。应以10个测点渗水高度的平均值作为该试件渗水高度的测定值。

②一组试件的平均渗水高度应按式(2-5-23)进行计算。

$$\overline{h}=\frac{1}{6}\sum_{i=1}^{6}h_i \tag{2-5-23}$$

式中：$\overline{h}$——一组6个试件的平均渗水高度(mm)。应以一组6个试件渗水高度的算术平均值作为该组试件渗水高度的测定值。

第三节　排水系统施工质量检查

一、环向排水管

1.外观检查

检查弹簧管质量时，首先检查玻璃纤维布或塑料滤布是否套紧；其次检查弹簧涂塑层是否均匀，涂层有无老化；然后用直尺量测弹簧管的直径，检查其是否与设计尺寸一致；最后从轴向和横向用力压弹簧管。观察其是否有较大的塑性变形，孔径是否有异常变化。

2. 安装检查

施工检查中首先要按要求布设环向弹簧排水管，要保证基本问距，局部涌水量大时还应适当加大其密度。其次，安装时弹簧排水管应尽量紧贴渗水岩壁，尽量减小地下水由围岩到弹簧排水管的阻力。第三，弹簧排水管布置时沿环向应尽量圆顺，尤其在拱顶部位不得起伏不平。第四，弹簧排水管安装时应先用钢卡等固定，再用喷射混凝土封闭。最后，应检查弹簧排水管与下部纵向排水盲管的连接，确保弹簧排水管下部排水畅通。

二、纵向排水盲管

1. 外观检查

(1)纵向排水盲管材质及规格检查。

(2)管身透水孔检查。

2. 安装检查

(1)安装坡度检查。

(2)包裹安装检查。

(3)与上下排水管的连接检查。

三、横向盲管

对横向盲管的检查，主要是接头应靠牢、密实，保证纵向盲管与中央排水管间水路畅通，严防接头处断裂，由纵向盲管排出之水在路面下漫流，造成路面翻浆冒水，影响行车安全；其次是在横向盲管上部应有一定的缓冲层，以免路面荷载直接对横向盲管施压，造成横向盲管破裂或变形，影响其正常的排水能力。

四、中央排水管

1. 外观检查

(1)预制管段的规整性。

(2)管壁的强度。

(3) 检查混凝土强度是否满足设计与施工要求。

2. 施工检查

1)中央排水管基础检查

施工中应特别注意检查基础的坡度，不仅总体坡度应符合要求，而且局部的几个管段间也应符合要求。

2)管段铺设检查

保证透水孔面朝上，并应逐段进行通水试验，发现漏水，及时处理。

第四节　防水板的施工及质量检测

一、防水板的施工工艺

1. 无钉热合法

无钉热合铺设法是指先将土工布垫衬用机械方法铺设在喷射混凝土基面上，然后用“热合”方法将 EVA 或 LDPE 等卷材粘贴在固定垫衬的圆垫片上，从而使 EVA 或 LDPE 卷材无机械损伤。施工步骤如下：

（1）用塑料胀管、木螺丝或射钉枪和塑料垫片将土工布固定在已达基面要求的喷射混凝土上。

（2）用塑料胀管和木螺丝或射钉枪、射钉将热塑性塑料圆垫片覆盖在垫衬上，固定点间距 50～150cm 梅花形布设，一般拱部应为 0.5～0.7m，侧墙 1.0～1.2m，底板 150cm，在凹凸处应适当增加固定点。

（3）铺设防水板：首先裁剪卷材，要考虑搭接在底板上，如高边墙≥30cm。先在隧道拱顶部的 PE 泡沫塑料垫衬上正确标出隧道纵向中心线，再使防水膜的横向中心线与这一标志相重合，将拱顶部与塑料圆垫片热熔焊接，与 PE 泡沫塑料垫衬一样从拱顶开始向两侧下垂铺设，边铺边与圆垫片热熔焊接。

（4）防水板接缝的焊接，一般采用自动爬焊机双焊缝焊接。

2. 有钉冷粘法

施工中，先将初期衬砌基面整平。将防水卷材自下而上或自外而内边涂胶边固定。固定时采用射钉枪固定塑料垫片，塑料垫片外压防水卷材。卷材片间的粘接采用卷材厂家提供的专用胶，可冷涂施工。最后用比固定塑料垫片稍大的卷材块涂胶后修补射钉孔。这种工艺的特点是防水卷材铺成的表面留有钉疤，接茬时用胶冷粘。

二、施工质量检测内容及方法

1. 焊缝质量检测

用 5 号注射针与压力表相接，用打气筒充气（脚踏式或手动式皆可），充气时检查孔会鼓起来，当压力达 0.1～0.15MPa 时，停止充气。保持该压力时间不少于 1min。

2. 防水层破损的检查

（1）补钉不得过小，离破坏孔边沿不得小于 7cm。

（2）补钉要剪成圆角，不要有正方形、长方形、三角形等的尖角。

3. 施工检查

防水板施工质量检查标准见表 2-5-5。

防水板施工质量检查标准　　表 2-5-5

序号	项目		规定值或允许偏差	检查方法和频率
1	搭接宽度(mm)		≥100	尺量;全部搭接均要检查,每个搭接检查3处
2	缝宽(mm)	焊接	两侧焊缝宽≥25	尺量;每个搭接检查5处
		粘接	粘缝宽≥50	
3	固定点间距(mm)	拱部	符合设计要求	尺量;检查总数的10%
		侧墙	符合设计要求	
4	接缝与施工缝错开距离(mm)		≥500	尺量;每个接缝检查5处

第五节　止　水　带

一、安装工艺

(1)沿衬砌1/3厚度处之轴线在挡头板每隔0.5m钻ϕ12mm的钢筋孔,将制成的钢筋卡由待灌混凝土的一侧穿入另一侧,内、外分别卡紧止水带的1/2。

(2)将制成的钢筋卡由待灌混凝土的一侧穿入另一侧,内侧钢筋卡卡紧止水带之半,另一半止水带紧贴在挡头板上。

(3)待混凝土凝固后拆除挡头板,将原贴在挡头板上的止水带拉直后,弯曲钢筋卡套卡紧另一半止水带,浇筑施工缝另一半混凝土。

二、预埋位置检查

首先要检查止水带安装的横向位置,用钢卷尺量测内模到止水带的距离,与设计尺寸相比,偏差不应超过5cm。其次检查止水带安装的纵向位置,通常止水带以施工缝或伸缩缝为中心两边对称,即埋在相邻两衬砌环节内的宽度是相等的;用钢卷尺检查,要求止水带偏离中心不能超过3cm 。在工程上,还发现止水带与衬砌端头模板不正交,浇筑混凝土前应用角尺检查。

三、现场检查

1. 接头留设部位与压茬方向

应尽量避开排水坡度小与容易形成壁后积水的部位,最好留设在起拱线上下。其次应检查接头处上下止水带的压茬方向,此方向应以排水顺畅、将水外引为正确方向,即上部止水带靠近围岩,下部止水带靠近隧道内壁。

2. 接头强度

检查时,用手轻撕接头,观察接头强度和表面打毛情况,不合格时重新焊接或粘接。

3. 止水带材质、规格、性能应符合设计要求

止水带与衬砌端头模板应正交。止水带施工质量应符合表2-5-6的规定。

止水带施工质量标准　　表 2-5-6

序　　号	项　　目	规定值或允许偏差	检查方法与频率
1	纵向偏离(mm)	±50	尺量;每环至少 3 处
2	偏离衬砌中心线(mm)	≤30	尺量;每环至少 3 处

复习思考题

一、单项选择题

1. 土工织物是柔性材料,主要通过________来承受荷载以发挥工程作用。

A. 抗压强度　　B. 抗剪强度

C. 顶破强度　　D. 抗拉强度

2. 合成高分子防水卷材做拉伸强度、扯断伸长率试验试件的形状为________。

A. 圆形　　B. 哑铃状　　C. 矩形　　D. 正方形

3. 隧道排水系统地下水的流程,以下哪一个流程是对的________。

A. 围岩→纵向排水管→环向排水管→横向盲管→中央排水管

B. 围岩→纵向排水管→横向排水管→环向盲管→中央排水管

C. 围岩→横向盲管→环向排水管→纵向排水管→中央排水管

D. 围岩→环向排水管→纵向排水管→横向盲管→中央排水管

4. 试样截取前,在温度 23±2℃,相对湿度 45%～55% 的标准环境下进行状态调整,时间不少于________。

A. 4h　　B. 8h　　C. 16h　　D. 24h

5. 防水卷材在厚度和宽度上有不同的规格,使用时有________两种铺设方式。

A. 环向铺设和纵向铺设　　B. 冷粘法和热合法

C. 有钉铺设和无钉铺设　　D. 纵向铺设和无钉铺设

6. 土工织物抵抗扩大破损裂口的能力用撕裂强度表示,撕裂强度试验试件为________。

A. 圆形　　B. 哑铃状

C. 矩形 75mm×150mm　　D. 正方形

7. 焊缝质量检测用 5 号注射针与压力表相接,用打气筒充气,当压力达时所需压力时,停止充气。一般保持该压力时间不少于________,说明焊接良好。

A. 5min　　B. 1min　　C. 2min　　D. 10min

8. ________用来度量土工织物抵抗垂直织物平面的法向压力的能力。

A. 抗拉强度　　B. 撕裂强度

C. 顶破强度　　D. 刺破强度

9. 防水层破损的补钉一般采用________。

A. 圆角　　B. 三角形　　C. 长条形　　D. 正方形

10. 止水带安装的横向位置,用钢卷尺量测内模到止水带的距离,与设计尺寸相比,偏差不应超过________

A. 0.5cm　　B. 3cm　　C. 5cm　　D. 1cm

二、多项选择题

1. 隧道衬砌常用的防水混凝土有________。
   A. 普通防水混凝土　　B. 引气剂防水混凝土
   C. 减水剂防水混凝土　　D. 密实剂防水混凝土
   E. 膨胀水泥防水混凝土

2. 高速公路、一级公路、二级公级隧道防排水应满足的要求________。
   A. 拱部不渗水　　B. 边墙不滴水
   C. 路面不积水　　D. 设备箱洞不渗水
   E. 排水沟不冻结

3. 反映土工织物力学特性的指标主要有________。
   A. 抗压强度　　B. 抗拉强度
   C. 撕裂强度　　D. 刺破强度
   E. 顶破强度

4. 要求喷射混凝土表面平整度必须满足________。（L——喷射混凝土相邻两凸面间的距离，D——喷射混凝土相邻两凸面间下凹的深度）
   A. 边墙 $D/L \leqslant \frac{1}{5}$　　B. 边墙 $D/L \leqslant \frac{1}{6}$
   C. 边墙 $D/L \leqslant \frac{1}{7}$　　D. 拱顶 $D/L \leqslant \frac{1}{7}$
   E. 拱顶 $D/L \leqslant \frac{1}{8}$

5. 隧道防水与排水，是保证隧道________重要条件。
   A. 施工进度　　B. 结构的耐久性
   C. 行车安全　　D. 施工安全
   E. 设备的正常使用

6. 纵向排水盲管的施工质量检查包括________。
   A. 纵向排水盲管材质及规格检查　　B. 管身透水孔检查
   C. 安装坡度检查　　D. 包裹安装检查
   E. 与上下排水管的连接检查

7. 土工织物也称土工布的物理特性检测内容主要包括________。
   A. 单位面积质量　　B. 厚度
   C. 抗拉强度　　D. 断裂伸长率
   E. 长度和宽度

8. 土工织物水力学特性指标包括________。
   A. 渗透系数　　B. 透水率
   C. 某级标准颗粒的筛余率　　D. 单位面积质量
   E. 孔隙率

9. 混凝土抗渗试件现状和尺寸为________。

A. 150mm×150mm×150mm 立方体

B. 上底直径 175mm,下底直径 185mm,高为 165mm 圆台体

C. 150mm×150mm×515mm

D. 直径、高度均为 150mm 圆柱体

E. 直径、高度均为 200mm 圆柱体

10. 下列符合混凝土抗渗强度等级分级方法的有________。

A. S12　　B. S8　　C. S10　　D. S11　　E. S18

三、判断题

1. 隧道的防排水,对保护环境起到非常重要的作用。（ ）

2. 对于出厂合格的高分子防水卷材,同一生产厂家、同一品种、规格的产品 1 000m 长为一批进行验收。（ ）

3. 刺破强度是反映土工织物抵抗小面积集中荷载的能力。（ ）

4. 有些土工合成材料受压力时厚度变化很大,为标准计,需规定在某固定压力下测定厚度,工程上常规定此压力为 0.5kPa。（ ）

5. 条带拉伸试验方法能完全反映土工织物的现场工程特性。（ ）

6. 测定土工合成材料厚度的试件数量不得小于 10 块。（ ）

7. 隧道用土工布,必须具有保土性、渗水性、防堵性等特性。（ ）

8. 混凝土的抗渗强度等级以每组 6 个试件中发现有 4 个有渗水现象时的最大水压力表示。（ ）

9. 防水层破损补钉不得过小,离破坏孔边沿不得小于 10cm。（ ）

10. 对土工织物做撕裂强度试验时,应取撕裂力的几个峰值平均值计算撕裂强度。（ ）

四、问答题

1. 简述隧道防排水的目的及原则。

2. 简述隧道防排水的质量要求。

3. 简述高分子防水卷材外观质量检查的内容和方法。

4. 简述隧道用土工布条带拉伸试验的方法和步骤。

5. 简述防水混凝土抗渗强度等级的试验步骤。

6. 简述防水板无钉热和铺设焊缝的检测方法。

7. 高分子防水卷材的检测项目有哪些?

8. 目前隧道防水做法有哪些?

9. 简述防水材料热老化处理实验方法和步骤。

10. 简述止水带的安装和检测方法。

第六章　隧道施工监控量测

复习要点：

1. 监控量测的目的和意义。

2. 监控量测必测项目与选测项目内容、测点布置及其量测频率等；选测项目量测的基本原理；选测项目量测仪器的原理、使用方法、量测数据的分析及应用。

3. 必测项目量测仪器的使用方法、量测数据的处理方法及分析应用。

第一节　监控量测项目

一、监控量测必测项目、方法、工具及频率

监控量测必测项目见表2-6-1。

监控量测必测项目表　　表2-6-1

序号	项目名称	方法及工具	布　置	测试精度	量测间隔时间			
					1～15d	16d～1个月	1～3个月	大于3个月
1	洞内、外观察	现场观测、地质罗盘等	开挖及衬期支护后进行	—	—			
2	周边位移	各种类型收敛计	每5～50m一个断面，每断面2～3对测点	0.1mm	1～2次/d	1～2次/d	1～2次/周	1～3次/月
3	拱顶下沉	水准测量的方法，水准仪、钢尺等	每5～50m一个断面	0.1mm	1～2次/d	1～2次/d	1～2次/周	1～3次/月
4	地表下沉	水准测量的方法，水准仪、铟钢尺等	洞口段、浅埋段（$h_0 \leq 2b$）	0.5mm	开挖面距量测断面前后 $<2b$ 时，1～2次/d；开挖面距量测断面前后 $<5b$ 时，1次/2～3d；开挖面距量测断面前后 $>5b$ 时，1次/3～7d			

注：b-隧道开挖宽度；h_0 - 隧道埋深。

二、监控量测选测项目、方法、工具及频率

监控量测选测项目见表2-6-2。

监控量测选测项目表　　表 2-6-2

序号	项目名称	方法及工具	布　置	测试精度	量测间隔时间			
					1～15d	16d～1个月	1～3个月	大于3个月
1	钢架内力及外力	支柱压力计或其他测力计	每代表性地段1～2个断面,每断面钢支撑内力3～7个测点,或外力1对测力计	0.1MPa	1～2次/d	1次/2d	1～2次/周	1～3次/月
2	围岩体内位移(洞内设点)	洞内钻孔中安设单点、多点杆式或钢丝式位移计	每代表性地段1～2个断面,每断面3～7个钻孔	0.1mm	1～2次/d	1次/2d	1～2次/周	1～3次/月
3	围岩体内位移(地表设点)	地面钻孔中安设各类位移计	每代表性地段1～2个断面,每断面3～5个钻孔	0.1mm	同地表下沉要求			
4	围岩压力	各种类型岩土压力盒	每代表性地段1～2个断面,每断面3～7个测点	0.01MPa	1～2次/d	1次/2d	1～2次/周	1～3次/月
5	两层支护间压力	压力盒	每代表性地段1～2个断面,每断面3～7个测点	0.01MPa	1～2次/d	1次/2d	1～2次/周	1～3次/月
6	锚杆轴力	钢筋计、锚杆测力计	每代表性地段1～2个断面,每断面3～7个锚杆(索),每根锚杆2～4测点	0.01MPa	1～2次/d	1次/2d	1～2次/周	1～3次/月
7	支护、衬砌内应力	各类混凝土内应变计及表面应力解除法	每代表性地段1～2断面,每断面3～7个测点	0.01MPa	1～2次/d	1次/2d	1～2次/周	1～3次/月
8	围岩弹性波速度	各种声波仪及配套探头	在有代表性地段设置	—	—			
9	爆破振动	测振及配套传感器	临近建(构)筑物	—	随爆破进行			
10	渗压力、水流量	渗压计、流量计	—	0.01MPa	—			

三、连拱隧道中隔墙的监控量测项目和方法

连拱隧道中隔墙的监控量测项目和方法见表2-6-3。

连拱隧道中隔墙现场监控量测项目及方法　　表2-6-3

序号	项目名称	方法、工具	布　　置	间隔时间		
				1~30d	1~3个月	大于3个月
1	中岩墙土压力	钢弦式压力盒	每10~30m一个断面，每个断面3个压力盒	1~2次/d	1次~2d	1次/周
2	围岩内位移	多点位移计及千分表	每10~30m一个断面，每个断面2个测点			
3	围岩压力	钢弦式压力盒	每10~30m一个断面，每个断面1个压力盒			

第二节　监控量测方法及其数据处理和分析判断

一、地质和支护状况观测的目的和观测内容

1. 目测的目的

(1)预测开挖面前方的地质条件。

(2)为判断围岩、隧道的稳定性提供地质依据。

(3)根据喷层表面状况及锚杆的工作状况，分析支护结构的可靠程度。

2. 目测内容

1)开挖后没有支护的围岩

(1)岩石的种类和产状。

(2)岩性特征：岩石的颜色、成分、结构、构造。

(3)地层时代归属及产状。

(4)节理性质、组数、间距、规模，节理裂隙的发育程度和方向性，断面状态特征，充填物的类型和产状等。

(5)断层的性质、产状、破碎带宽度、特征。

(6)地下水类型，涌水量大小、涌水位置、涌水压力、水的化学成分等。

(7)开挖工作面的稳定状态。

2)开挖后支护段

(1)初期支护完成后对喷层表面的观察以及裂缝状况的描述和记录。

(2)有无锚杆被拉坏或垫板陷入围岩内部的现象。

(3)喷射混凝土是否产生裂隙或剥离，要特别注意喷射混凝土是否发生剪切破坏。

(4)有无锚杆和喷射混凝土施工质量问题。

(5)钢拱架有无被压曲现象。

(6)是否有底鼓现象。

二、围岩周边位移量测

1. 量测断面间距

量测断面间距应保证沿隧道轴线每级围岩至少有一个量测断面。

2. 量测频率

应按表2-6-4和表2-6-5检查周边位移和拱顶下沉的量测频率，并与按表2-6-1确定的量测频率比较最大值。施工情况发生变化时（开挖下台阶、仰拱或撤除临时支护等），应增加检测频率。

净空位移和拱顶下沉的量测频率（按位移速度）　表2-6-4

位移速度(mm/d)	量测频率	位移速度(mm/d)	量测频率
≥5	2~3次/d	0.2~0.5	1次/3d
1~5	1次/d	<0.2	1次/3~7d
0.5~1	1次/2~3d		

净空位移和拱顶下沉的量测频率（按距开挖面距离）　表2-6-5

量测断面距开挖面距离(m)	量测频率	量测断面距开挖面距离(m)	量测频率
$(0\sim1)b$	2次/d	$(2\sim5)b$	1次/2~3d
$(1\sim2)b$	1次/d	$>5b$	1次/3~7d

注：b-隧道开挖宽度。

3. 量测点埋设时间

一般情况下，测点距开挖工作面应小于1~2m。测点埋设后，第一次量测时间应在上次爆破后24h内，并在下次爆破前进行。第一次量测的初读数是关键性数据，应反复测读；当连续量测3次的误差$R\leqslant0.18$mm时，才能继续爆破掘进（R根据收敛计而异）。

4. 收敛测线布置

全断面开挖时，埋深小于两倍洞径地段或浅埋隧道，采用3~6条测线；一般地段应采用2~3条测线，但拱脚处必须有一条水平测线。若位移值较大或偏压显著，可同时进行绝对位移量测。

5. 量测仪器

目前我国公路隧道施工中常用的收敛计为机械式的收敛计。

6. 原始记录和量测资料整理

（1）量测原始记录。

（2）量测资料整理

①原始记录表及实际测点布置图。

②位移随时间以及开挖面距离的变化图。

③位移速度、位移加速度随时间以及开挖面距离的变化图。

7. 数据处理

对现场量测数据绘制时态曲线（或散点图）和空间关系曲线。

8. 收敛量测结果的应用

（1）应根据量测数据处理结果，及时提出调整和优化施工方案和工艺；围岩变形和速率较大时，应及时采取安全措施，并建议变更设计。

（2）围岩稳定性、二次支护时间应根据所测得位移量或回归分析所得最终位移量、位移速度及其变化趋势、隧道埋深、开挖断面大小、围岩等级、支护所受压力、应力、应变等进行综合分析判定。

三、拱顶下沉量测

1. 量测方法

对于浅埋隧道，可由地面钻孔，使用挠度计或其他仪表测定拱顶相对地面不动点的位移值。对于深埋隧道，可用拱顶变位计，将钢尺或收敛计挂在顶点作为标尺，后视点可设在稳定衬砌上，用水平仪进行观测。

2. 量测要求

（1）拱顶下沉量测断面间距、量测频率、初读数的测取等同收敛量测。

（2）每个断面布置 1 ~ 3 个测点，侧点设在拱顶中心或其附近。

（3）量测精度为 ±1mm。

（4）量测时间应延续到拱顶下沉稳定后。

3. 量测仪器

拱顶下沉量测主要用隧道拱部变位观测计。

4. 原始记录和量测资料积累

量测的原始记录与收敛量测相同，用下沉量、下沉速度与时间关系图来表示。

四、地表下沉量测

1. 量测方法

一般用水准仪量测，量测精度 ±1mm。

2. 量测断面及测点的布置

量测断面沿纵向（隧道中线方向）布置，其间距：当埋深 $h>2D$ 时，为 20 ~ 50m；当埋深 $D<h<2D$ 时，为 10 ~ 20m；当埋深 $h<D$ 时，为 5 ~ 10m。（D 为隧道跨度）。每个隧道至少两个断面。

横向测点布置间距范围为 2 ~ 5m；至少布置 11 个测点，隧道中线附近密些，远离隧道中线处疏些。

3. 量测频率

开挖面距量测断面前后距离 $d<2D$ 时，每天 1 ~ 2 次；$2D<d<5D$ 时，每两日一次；$d>5D$ 时，每周 1 次。

4. 原始记录和量测资料积累

分别作出纵向下沉—时间曲线和横向下沉—时间曲线。

五、围岩内部位移量测

1. 量测断面选择

量测断面应设在有代表性的地质地段;在一般围岩条件下,每隔 200 ~ 500m 设一个量测断面比较适宜。

2. 量测断面上的测点布置

每一量测断面应布设 3 ~ 11 个测点;要尽量靠近锚杆或周边位移量测的测点处,以便计算分析。

3. 量测频率

围岩内位移的量测频率与同一断面其他项目量测频率相同。

4. 量测仪器

量测仪器为多点位移计。安装方法:一般在拱部或顶部导洞开挖后,立即钻孔安装伸长计,然后进行扩挖,隔一定时间测读各点位移值;进行校正后,求出相对于最深一点的位移值,作出时间—位移曲线,分析各点的变形速率及稳定性。

5. 测读方法

用 0 ~ 300mm 的深度游标卡尺(精度为 ±0.2mm)测读。每点需进行 5 次测读,取其 3 次相近的读数平均值作为此处测读结果;测读间隔时间由数小时到数天,一般间隔 1d 测读一次。

6. 量测资料的应用

实用中,一般根据量测结果,先绘出位移—深度关系曲线和位移—时间关系曲线。通过位移—时间曲线,掌握围岩内部随时间变形的规律,则可更好地用于指导施工。

六、锚杆轴力量测

1. 量测方法及仪器

机械式量测锚杆是在中空的杆体内放入四根细长杆,将其头部固定在锚杆内预计的位置上。量测锚杆一般长度在 6m 以内,测点最多为 4 个,用千分表直接读数。量出各点间的长度变化。而后被测点间距除得出应变值、再乘以钢材的弹性模量,即得各测点间的应力。了解锚杆轴力及其应力分布状态;再配合以岩体内位移的量测结果就可以设计锚杆长度及锚杆根数,掌握岩体内应力重分布的过程。

振弦式锚杆轴力计是在锚杆内壁或在实际使用的锚杆上安装四个锚杆轴力计,分别测得不同位置的轴力值。

2. 成果整理

(1)绘制不同时间(t_1,t_2,…)锚杆轴力(应力 σ)与深度 L 关系曲线。

(2)绘制各测点(1,2,…)轴力(应力)与时间关系曲线。

七、钢支撑压力量测

1. 量测方法

(1)根据量测目的选择量测断面。

(2)在量测断面内布置测点;测点一般为5个,也可视需要灵活设置。

(3)根据压力盒的使用要求,安装压力盒于钢支撑上面。

(4)通过数据线将压力表接到读数方便位置,固定压力盒于钢支撑或隧道壁面上。

(5)读取初读数,并定期记录测点压力值。

2. 成果整理

绘制各测点的压力—时间变化曲线。

八、衬砌混凝土应力量测

1. 量测仪器

测试系统一般由钢弦式传感器(或调频弦式传感器)和钢弦频率测定仪组成。

2. 压力盒的类型

钢弦式传感器根据它的用途、结构形式和材料不同,一般有多种类型,可根据用途选择。

3. 传压囊的设置

为了增大钢弦压力盒接触面,避免由于埋设接触不良而使压力盒失效或测值很小,有时采用传压囊增大其接触面。

装配传压囊时,必须将油尽量注满,且囊内无空气;钢弦压力盒与传压囊接触处,用O型密封圈密封、压紧套管要压紧压力盒。

4. 钢弦压力盒的性能试验

1)钢弦抗滑性能试验

钢弦通常用销钉夹紧装置安装并经过热处理。抗滑性试验时,将压力盒放在频率为50周/s的电振动台上持续振动10~15s,然后检查其结构的初频变化情况。此外,还应作锤击试验。用小木锤以每分钟15次的速度、垂直敲打压力盒承压膜,持续2min再测量其初频变化;若初频变化在±10Hz以内,则可认为性能良好。

2)密封防潮试验

试验时,将压力盒放在专设的压力罐中,先让其在水中浸泡7d,然后加0.4MPa的压力,恒压6h取出压力盒并启开,检查其密封质量。

3)稳定性试验

把已经作过抗滑和密封防潮试验的压力盒在完全不受载荷的情况下静置1年,再测量其初始频率值;若仍在±10Hz的频差范围内,可认为是稳定可靠的。

4)重复性试验

其试验方法与压力盒的标定方法相同。

5. 压力盒的布置与埋设

埋设压力盒总的要求是：接触紧密和平稳，防止滑移，不损伤压力盒及引线，并且需在上面盖一块厚6~8mm、直径与压力盒直径大小相等的铁板。

6. 压力盒的布置及观测方法

混凝土应力量测与其他选测项目的布置基本相同，通常每个断面布置三测点、六测点、九测点等多种形式。量测频率与其他量测项目相同。

观测时，根据具体情况及要求，定期进行测量；每次每个压力盒的测量应不少于3次，力求测量数值可靠、稳定，并作好原始记录。

复习思考题

一、单项选择题

1. 围岩周边位移量测时，对于IV级围岩量测断面的间距应为________。
   A. 5~10m　B. 10~20m　C. 10~30m　D. 30~50m
2. 隧道施工监控量测的必测项目之一是________。
   A. 地表下沉　B. 围岩弹性波
   C. 拱顶下沉　D. 围岩体内位移
3. 拱顶下沉速度在1~5mm/d内的量测频率是________。
   A. 2次/d　B. 1次/d　C. 1次/2d　D. 1次/周
4. 隧道施工监控量测中，________的主要目的之一是确定二次衬砌时间。
   A. 地质和支护状况观察　B. 拱顶下沉量测
   C. 地表下沉量测　D. 围岩内部位移量测
5. 隧道施工监控量测的必测项目为________。
   A. 洞内、外观察　B. 围岩压力
   C. 衬砌内应力　D. 围岩体内位移(洞内设点)
   E. 锚杆或锚索内力及抗拔力
6. 多点位移计一般用深度游标卡尺(精度为±0.2mm)测读。每点需进行5次测读，取________作为此处测读结果。
   A. 5次读数平均值　B. 3次相近的读数平均值
   C. 4次相近的读数平均值　D. 去掉最大值和最小值取平均值
7. 围岩内部位移量测量测断面应设在有代表性的地质地段；在一般围岩条件下，每隔________设一个量测断面比较适宜。
   A. 5~10m　B. 10~50m　C. 100~200m　D. 200~500m
8. 钢弦压力盒所受到的压力与________成正比。
   A. 压力盒受压后钢弦的频率
   B. 压力盒未受压时钢弦的频率
   C. 压力盒受压后钢弦的频率与压力盒未受压时钢弦的频率之差

D. 压力盒受压后钢弦频率的平方与压力盒未受压时钢弦频率的平方之差

9. 隧道施工监控量测中，________的主要目的是了解隧道围岩的径向位移分布和松驰范围，优化锚杆参数，指导施工。

A. 围岩周边位移量测
B. 拱顶下沉量测
C. 地表下沉量测
D. 围岩内部位移量测

10. 对于埋深较浅.固结程度低的地层，水平成层的场合________更为重要。

A. 围岩周边位移量测
B. 拱顶下沉量测
C. 地表下沉量测
D. 围岩内部位移量测

二、多项选择题

1. 围岩周边位移量测要求________。

A. 测点距开挖工作面应小于 1 ~ 2m
B. 测点距开挖工作面应大于 5m
C. 第一次读数应在爆破后 24h 内
D. 第一次读数应在爆破后 12h 内
E. 第一次读数应在下次爆破前进行

2. 隧道施工监控量测的选测项目为________。

A. 地质和支护状况观察
B. 围岩压力
C. 衬砌内应力
D. 拱顶下沉
E. 锚杆或锚索内力及抗拔力

3. 隧道施工监控量测的测力项目为________。

A. 衬砌内应力
B. 地表下沉
C. 周边位移
D. 拱顶下沉
E. 两层支护间压力

4. 隧道施工监控量测的要求是________。

A. 能快速埋设测点
B. 每次量测数据所需时应尽可能短
C. 测试元件应具有良好的防振、防冲击波能力
D. 测试数据应准确可靠
E. 测试元件在埋设后能长期有效工作，应有足够的精度

5. 隧道施工监控量测的必测项目为________。

A. 地质和支护状况观察
B. 周边收敛
C. 衬砌内应力
D. 拱顶下沉
E. 锚杆或锚索内力及抗拔力

6. 公路隧道施工规范规定周边收敛和拱顶下沉的量测频率应符合下列哪些要求________。

A. 位移速度≥5mm/d 时，量测频率为 2 ~ 3 次/d
B. 位移速度≥5mm/d 时，量测频率为 1 ~ 2 次/d
C. 量测断面距离开挖断面为(1 ~ 2)b(隧道开挖宽度)时，量测频率为 2 次/d
D. 量测断面距离开挖断面为(0 ~ 1)b(隧道开挖宽度)时，量测频率为 2 次/d

E. 位移速度(1 ~5)mm/d 时,量测频率为 1 次/d

7. 地表下沉量测量测断面沿纵向(隧道中线方向)布置,其间距为________。

A. 当埋深 $h>2D$ 时,为 20 ~50m

B. 当埋深 $h>2D$ 时,为 50 ~100m

C. 当埋深 $D<h<2D$ 时,为 10 ~20m

D. 当埋深 $D<h<2D$ 时,为 20 ~50m

E. 当埋深 $h<D$ 时,为 5 ~10m

8. 隧道施工监控量测的测位移的项目是________。

A. 地表下沉

B. 围岩弹性波

C. 衬砌内应力

D. 拱顶下沉

E. 围岩体内位移

9. 隧道施工监控量测的任务有________。

A. 确保安全

B. 指导施工

C. 修正设计

D. 积累资料

E. 保证质量

10. 钢弦压力盒的性能试验包括________。

A. 重复性试验

B. 钢弦抗滑性能试验

C. 密封防潮试验

D. 稳定性试验

E. 强度试验

三、判断题

1. 隧道内壁面两点连线方向的位移之和称为“收敛”,收敛值为两次量测的长度之差。( )

2. 拱顶下沉量测对于深埋隧道,可由地面钻孔,使用挠度计或其他仪表测定拱顶相对地面不动点的位移值。( )

3. 地质和支护状况观察采用目测,因此不是隧道施工监控量测的项目。( )

4. 地表下沉量测时,测点的布设沿横向应该是隧道中线附近密集,远离隧道中线处稀疏,并至少布置 11 个测点。( )

5. 围岩内部位移量测每一量测断面应布设 3 ~11 个测点,要尽量离开锚杆或周边位移量测的测点处。( )

6. 可以用量测锚杆来测量锚杆的轴力。( )

7. 拱顶下沉量测的仪器主要用球铰式收敛计。( )

8. 锚杆轴力量测一般每一断面布置 3 ~5 个测孔,每一量测孔内设 3 ~6 个测点。( )

9. 围岩内部位移量测的目的是校核锚杆的长度。( )

10. 钢弦抗滑性能试验是将压力盒放在频率为 50 周/s 的电振动台上持续振动 10 ~15s,然后检查其结构的初频变化情况。( )

四、问答题

1. 隧道施工量测,力的量测有哪些项目?

2. 隧道施工量测,位移的量测有哪些项目?

3. 隧道施工量测，哪些项目为必测项目？
4. 简述周边位移量测目的和方法以及数据的整理和应用。
5. 简述地质和支护状况观测的目的和观测内容
6. 简述拱顶下沉量测目的和方法以及数据的整理和应用。
7. 简述表面下沉量测目的和方法以及数据的整理和应用。
8. 简述围岩体内位移(洞内设点) 量测目的和方法以及应用。
9. 简述两层支护间压力量测目的和方法。
10. 简述钢支撑内力量测目的和方法。

第七章　混凝土衬砌

复习要点：

1. 模板的要求；泵送混凝土技术要求。

2. 混凝土材料检测与钢筋检测；二次衬砌质量检测内容、方法及仪器；隧道衬砌裂缝检测方法；混凝土内部缺陷的检测方法；二次衬砌施作时间的确定。

3. 回弹法、超声波法、超声回弹综合法、钻芯法检测混凝土强度的原理、方法及强度确定；激光断面仪检测隧道断面的原理、方法及数据处理；地质雷达法探测二次衬砌质量的原理、方法及数据处理。

第一节　混凝土衬砌的分类及检测内容

从结构形式上，隧道混凝土衬砌可以分为：复合式衬砌结构中的喷射混凝土和模筑混凝土，整体式衬砌，明洞衬砌，装配式衬砌等；按施工方法可以分为：喷射混凝土、模筑现浇混凝土、预制拼装混凝土衬砌三种。根据围岩条件和隧道结构特征的不同，部分衬砌需要设置仰拱，并根据衬砌受力特点确定是否需要配筋及配筋率大小。

隧道混凝土衬砌常见的质量问题有：混凝土开裂和内部缺陷、混凝土强度不够、衬砌厚度不足、钢筋锈蚀和背后存在空洞等。

检测内容可以分为：衬砌混凝土强度、厚度、平整度、钢筋、混凝土缺陷和几何尺寸等检测；根据检测与施工工序的时间关系可以分为施工检测和工后或运营检测。

第二节　泵送混凝土的技术要求

采用泵送混凝土应符合下列规定：

(1)碎石最大粒径与输送管内径之比，宜小于或等于 1∶3；卵石小于或等于 1∶2.5，通过 0.315mm筛孔的砂应不少于 15%，砂率宜控制在 35% ~45%。

(2)泵送混凝土的胶凝材料总量不宜小于 300kg/m^3。

(3)混凝土的入泵坍落度不宜小于 10cm。

(4)混凝土掺加的外加剂的品种和掺量宜由试验确定，不得随意使用。

(5)混凝土的供应必须保证输送混凝土的泵能连续工作。

(6)输送管强度应与泵送条件相适应，不得有龟裂、孔洞、凹凸损伤和弯折等缺陷，其接头应密封良好，具有足够强度，并能快速装拆。输送管线布置宜横平竖直，尽量缩短管路长度，尽可能减少弯管使用数量。

(7)泵送前应先用适量与混凝土中成分相同的水泥浆润滑输送管内壁。

(8)在泵送过程中，受料斗内应具有足够的混凝土，以防止吸入空气产生阻塞。

第三节　衬砌混凝土施工检查

一、衬砌施工的条件

1. 整体式衬砌的开挖轮廓线要求

隧道开挖后，如果出现超、欠挖或是围岩变形较大，使隧道轮廓局部严重凹凸不平，壁面不够平顺，若不予处理，就会造成衬砌混凝土厚度不足或衬砌背后出现不密实区。所以在衬砌混凝土浇筑之前，应用尺量或用隧道断面仪对衬砌施工前的隧道毛洞实际轮廓进行检测。浇筑前进行处理，以保证衬砌混凝土厚度。超、欠挖的要求同前面开挖质量检测中的有关内容。

2. 隧道围岩稳定性要求

(1)复合式衬砌采用仰拱超前时，应根据对围岩和支护量测的变形规律，确定二次衬砌施工时间。

(2)在一般情况下，二次衬砌应在围岩和初期支护变形基本稳定后施工。

(3)在特殊条件下（如松散堆积体、浅埋地段等）修建隧道，应及时施作二次衬砌。

3. 基础地基承载能力要求

基础施工检查的重点是基坑及地基承载能力检查。首先基坑的基本尺寸应符合设计要求。在不良地质条件下，基坑开挖可能会遇到困难，这时应采用锚喷支护或其他措施，加强对外壁围岩的支护，保证基坑基本尺寸。其次，浇筑混凝土前，应清理基坑内的浮渣，排清基坑内的积水，当地质条件发生不利变化时，还应注意检查基底承载力。

二、衬砌混凝土浇筑施工检查

1. 模板

衬砌模板施工应符合以下规定：

(1)混凝土衬砌模板及支架必须具有足够的强度、刚度和稳定性。

(2)应按设计要求设置沉降缝。衬砌施工缝应与设计的沉降缝、伸缩缝结合布置。

(3)安装模板时应检查中线、高程、断面和净空尺寸。

(4)安装模板前，应仔细检查防水板、排水盲管、衬砌钢筋、预埋件等隐蔽工程，做好记录。

2. 钢筋

安装钢筋时，钢筋长度、间距、位置、保护层厚度应满足设计要求。钢筋加工应符合下列规定：

(1)钢筋在加工弯制前应调直。

(2)钢筋表面的油渍、铁锈等应清除干净。

(3)钢筋拉直、弯钩、弯折、弯曲应采用冷加工。

钢筋安装应符合下列规定：

(1)横向钢筋与纵向钢筋的每个节点均必须进行绑扎或焊接。

(2)钢筋焊接搭接长度及焊缝应满足设计要求。

(3)相邻主筋搭接位置应错开,错开距离不应小于1 000mm。

(4)同一受力钢筋的两个搭接距离不应小于15mm。

(5)箍筋连接点应在纵横向筋的交叉连接处,必须进行绑扎或焊接。

(6)钢筋的其他连接方式应符合相关规范的规定。

3. 仰拱和底板

仰拱混凝土施工应符合下列规定:

(1)仰拱混凝土应超前拱墙混凝土施工。

(2)仰拱混凝土浇筑前应清除积水、杂物、废墟等。

(3)仰拱混凝土浇筑必须使用模板,混凝土应振捣密实。

(4)仰拱施工缝和变形缝处应按设计要求进行防水处理。

(5)仰拱施工前,超挖在允许范围内时,应采用与衬砌相同强度等级的混凝土进行浇筑;超挖大于规定时,应按设计要求回填,不得用洞渣随意回填,严禁片石侵入仰拱断面。

底板施工前应清除虚渣、杂物和积水,底板坡面应平顺。

仰拱填充采用片石混凝土时,片石应距模板50mm以上,片石间距应大于粗集料的最大粒径,并应分层摆放,捣固密实。

4. 拆模检查

在衬砌混凝土达到一定强度之后才能拆除衬砌模板。施工中常常为了加快工程进度而提前拆模,造成低强度混凝土过量承载,致使衬砌出现裂缝。适宜的拆模时间应根据实际采用的混凝土的强度—时间(龄期)关系曲线确定。

拆除拱架、墙架和模板,应符合以下要求:

(1)不承受外荷载的拱、墙混凝土强度应达到5.0MPa。

(2)承受围岩压力的拱、墙以及封顶和封口的混凝土应满足设计要求。

5. 养护

(1)普通混凝土养护7d,加外加剂者14d。

(2)覆盖或洒水养护。

(3)混凝土内部温度与环境温度差不得超过20℃;混凝土的降温速率最大不应超过3℃/d。

第四节 混凝土缺陷的检测方法

衬砌混凝土在施工和使用过程中所生成的缺陷有裂缝、孔洞、蜂窝和层状破坏等。根据缺陷的部位,隧道衬砌缺陷检测内容可以分为:外观表面缺陷检测和内部缺陷检测两部分。内部缺陷检测常用的检测方法有水压法、超声波法、钻孔取芯法、地质雷达法、红外成像法、冲击—回波法等。

一、外观缺陷检测

隧道衬砌混凝土的外观缺陷检测包括:裂缝、蜂窝、麻面、平整度和几何轮廓等。蜂窝、露面、平整度和内轮廓线的检测的方法参照《公路工程质量检验评定标准》(JTG F80/1—2004)第10章第10.11条进行混凝土衬砌。裂缝检测采用刻度放大镜和塞尺。

1. 刻度放大镜

刻度放大镜也称为裂缝显微镜。操作方法是将物镜对准待观测裂缝，通过旋转显微镜的旋钮可将图像聚焦，目镜可以读出裂缝的宽度。

2. 塞尺

塞尺由标有厚度的数个薄钢片组成，可以量测裂缝的宽度和厚度。根据插入裂缝的钢片的厚度和深度，得出宽度较大的裂缝的宽度和深度。

二、混凝土内部缺陷检测

1. 冲击—回波法

1)原理

冲击—回波法是基于瞬态应力波应用于无损检测的一种技术。利用一个短时的机械冲击波(用一个小钢球或小锤轻敲混凝土表面)产生低频的应力波，应力波传播到结构内部，被构件底面反射回来，这些反射波被安装在冲击点附近的传感器接收下来，并被送到一个内置高速数据采集及信号处理的便携式仪器。将所记录的信号进行幅值谱分析，谱图中的明显峰正是由于冲击表面、缺陷及其他外表面之间的多次反射产生瞬态共振所致，它可以被识别出来并被用来确定结构混凝土的厚度和缺陷位置，混凝土厚度按下式计算。

$$h = v_p/2f \tag{2-7-1}$$

2)密实衬砌检测及分析

对于密实的混凝土衬砌，其冲击波产生的应力波首先沿衬砌的厚度传播，当遇到对面界面时立即返回。装在受冲击表面附近的接受器，监测反射波到达所产生的表面位移。最大位移由P波即疏密波所引起。当P波在板的前后表面之间来回反射，将发生共振的状态。该共振处可以观察到一个高峰振幅。这个峰值与板上、下表面之间P波的反射频率相对应。如果在混凝土内部P波速度为已知，衬砌的实测厚度h可计算。

$$h = \left(\frac{C_p}{2f}\right) \times \left(\frac{1}{h_{max}}\right) \times 100\% \tag{2-7-2}$$

式中：C_p——衬砌混凝土为P波在混凝土内的传播速度(m/s)；

f——实测频率(kHz)；

h_{max}——设计衬砌厚度。

3)背后存在孔洞的衬砌检测及分析

对衬砌背后存在孔洞的混凝土。此种情况，可以观察到一个高峰振幅，但是与同设计厚度的密实衬砌相比，该峰值出现在频率值较大处，而对应于设计厚度的频率值峰值不显著。

4)存在内部缺陷的衬砌检测及分析

在频谱中仍有一个大的振幅峰值，但由于应力波需绕过孔洞传播，与密实混凝土的厚度频率相比略有偏移。因为传播的路径加长，故反射频率降低。由于孔洞的反射作用，还形成一个较低的振幅峰值。该峰值的频率则明显较大。

2. 超声波法检测裂缝深度

采用超声波法检测裂缝深度，被测裂缝中不得有积水或泥浆等。

1）单面平测法

当结构的裂缝部位只有一个可测表面，估计裂缝深度又不大于 500mm 时，可采用单面平测法。平测时应在裂缝的被测部位，以不同的测距，按跨缝和不跨缝布置测点（布置测点时应避开钢筋的影响）进行检测，其检测步骤如下。

（1）不跨缝的声时测量：将 T 和 R 换能器置于裂缝附近同一侧，以两个换能器内边缘间距（l'）等于 100mm，150mm，200mm，250mm，……分别读取声时值 t_i，绘制“时—距”坐标图（图 2-7-1）或用回归分析的方法求出声时与测距之间的回归直线方程

$$l_i = a + bt_i \tag{2-7-3}$$

每测点超声波实际传播距离 l_i 为

$$l_i = l' + |a| \tag{2-7-4}$$

式中：l_i——第 i 点的超声波实际传播距离（mm）；

l'——第 i 点的 R、T 换能器内边缘间距（mm）；

a——“时—距”图中 l' 轴的截距或回归直线方程的常数项（mm）。

不跨缝平测的混凝土声速值为

$$v = \frac{l'_n - l'_1}{t_n - t_1} \tag{2-7-5}$$

或

$$v = b \tag{2-7-6}$$

式中：l'_n、l'_1——第 n 点和第 1 点的测距（mm）；

t_n、t_1——第 n 点和第 1 点读取的声时值（μs）；

b——回归系数。

（2）跨缝的声时测量：如图 2-7-2 所示，将 T，R 换能器分别置于以裂缝为对称的两侧，l' 取 100mm，150mm，200mm，……分别读取声时值 t_i^0，时观察首波相位的变化。

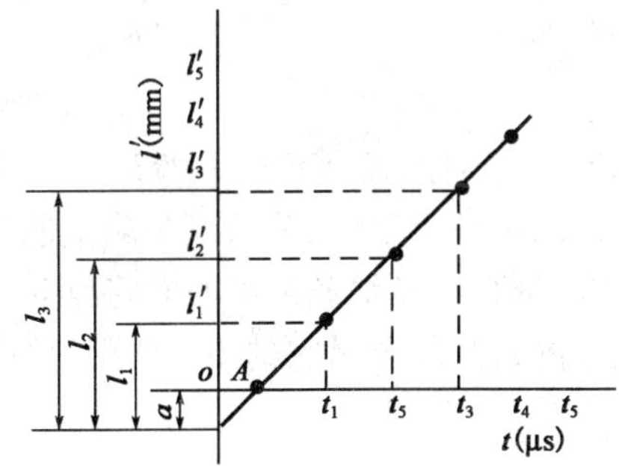

图 2-7-1　平测“时—距”图

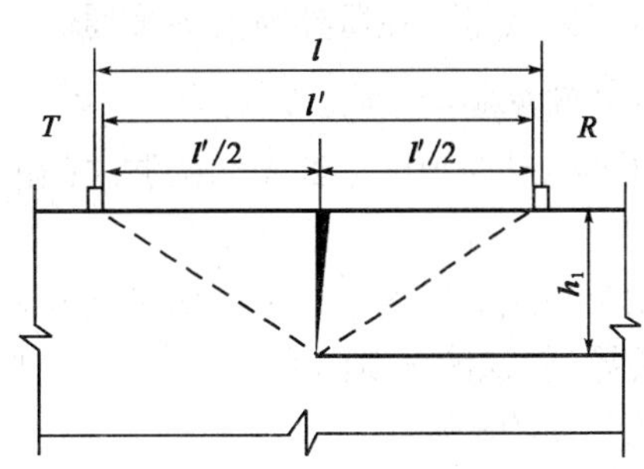

图 2-7-2　绕过裂缝示意图

平测法检测，裂缝深度应按下式计算

$$h_{ci} = \frac{l_i}{2} \cdot \sqrt{\left(\frac{t_i^0 v}{l_i}\right)^2 - 1} \tag{2-7-7}$$

$$m_{hc} = \frac{1}{n} \cdot \sum_{i=1}^{n} h_{ci} \tag{2-7-8}$$

式中：l_i——不跨缝平测时第 i 点的超声波实际传播距离（mm）；

h_{ci}——第 i 点计算的裂缝深度值（mm）；

t_i^0——第 i 点跨缝平测的声时值（μs）；

m_{hc}——各测点计算裂缝深度的平均值（mm）；

n——测点数。

（3）裂缝深度的确定方法如下：

跨缝测量中，当在某测距发现首波反相时，可用该测距及两个相邻测距的测量值按式（2-7-7）计算 h_{ci} 值，取此三点 h_{ci} 的平均值作为该裂缝的深度值 h_c。

跨缝测量中如难于发现首波反相，则以不同测距按式（2-7-7）、式（2-7-8）计算 h_{ci} 及其平均值 m_{hc}。将各测距 l_i' 与 m_{hc} 相比较，凡测距 l_i' 小于 m_{hc} 和大于 $3m_{hc}$，应剔除该组数据，然后取余下 h_{ci} 的平均值，作为该裂缝的深度值 h_c。

2）双面斜测法

当结构的裂缝部位具有两个相互平行的测试表面时，可采用双面穿透斜测法检测。测点布置如图 2-7-3 所示，将 T、R 换能器分别置于两测试表面对应测点 1、2、3，……的位置，读取相应声时值 t_i 波幅值 A_i 及主频率 f_i。

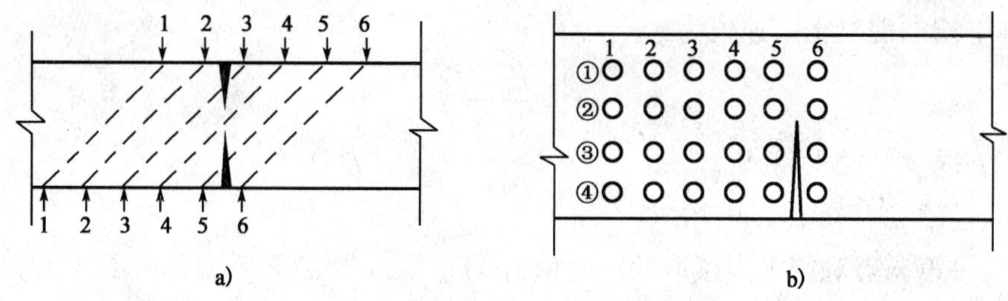

图 2-7-3　斜测裂缝测点布置示意图

a）平面图；b）立面图

裂缝深度判定：当 T、R 换能器的连线通过裂缝，根据波幅、声时和主频的突变，可以判定裂缝深度以及是否在所处断面内贯通。

3. 红外成像法

红外线是介乎可见红光和微波之间的电磁波，任何高于绝对温度零度（－273℃）的物体都是红外辐射源。由于红外线是辐射波，被测物具有辐射的现象，红外无损检测是测量通过物体的热量和热流来鉴定该物体质量的一种方法。当物体内部存在裂缝和缺陷时它将改变物体的热传导，使物体表面温度分布产生差别。利用红外成像的检测仪测量它的不同辐射，可以检查隧道衬砌的缺陷。

第五节　混凝土厚度的检测

一、冲击—回波法

1. 原理

见本章第四节

2. 仪器

冲击—回波测试系统,一般由冲击器(为可更换系列)、接收器、采样分析系统（主机、可与计算机连接)等组成。

3. 检测中应注意的问题

1)表面处理

在检测之前,一定要对表面进行处理,用砂轮将待测点周围磨平,至少将拉毛层磨掉使传感器与待测表面吻合良好。

2)传感器的设计

用于测厚的传感器必须具有较宽的频带范围,以适应不同厚度混凝土的检测,另外传感器还必须有适宜的灵敏度,使得有用信号突出,干扰信号减低到最低限度,从而使信号质量测试结果更精确。

3)冲击器的选择

对于不同厚度的混凝土结构,其瞬态共振频率是不一样的:对于较厚的混凝土结构频率值较低;对于较薄的混凝土结构,此频率值较高。因此应选择一种能产生相应频率应力波,但又有足够的能量的冲击器,使得接收信号较强。

4)声速的测量

在冲击—回波法测厚时,声速的测量也是至关重要的,声速越精确,所得的测厚结果就越精确。在实际应用中,可用超声平测法测量混凝土的声速。

5)厚度的计算

检测出频率后利用前述式(2-7-1)计算衬砌混凝土厚度。

二、激光断面仪

基于隧道激光断面仪能快速检测各类隧道界限（内轮廓线),并根据衬砌浇筑前的初期支护内轮廓线或围岩开挖轮廓线的检测结果实现自动数据比较,快速指导施工决策或验收。利用该方法必须满足以下条件:

(1)拥有衬砌浇筑前的初期支护内轮廓线或围岩开挖轮廓线的实测结果,可作为衬砌外轮廓线的测试结果。

(2)衬砌背后不存在孔洞或裂缝。

(3)必须将衬砌外轮廓线的测试结果与内轮廓线的测试结果换算至同一坐标系中。

该方法所用仪器及其测试原理,见前面有关内容。

三、地质雷达法

地质雷达可检测混凝土衬砌背后的空洞、衬砌厚度的变化、衬砌内部钢拱架和钢筋的分布等。地质雷达检测属电磁波检测范围。在隧道内通过电磁波发射器向隧道衬砌发射高频宽频带短脉冲。电磁波经衬砌界面或空洞的反射,再返回到接收天线。如衬砌介质的传播速度和介电常数已知时,按电磁波传播时间,即可求得反射界面的深度。电磁波穿透隧道结构的深度受频率、反射和导电率三个因素的影响。

隧道衬砌厚度检测，可设不同的测线，从而分别测出拱顶、拱腰、拱脚及边墙位置的衬砌厚度，必要时也可测出仰拱的厚度。

当天线在隧道内运动，由于电磁波反射角和传播时间的改变，传播时间曲线就可绘制出来，从而检测出不同深度的缺陷和异常及厚度。

具体仪器及操作方法见第四章第九节。

四、直接量测法

直接量测法是在混凝土衬砌中打孔或凿槽，直接量测衬砌厚度。该方法是量测衬砌厚度最直接、最准确的方法。目前常用的方法有两种：冲击钻孔取芯量测法和钻打孔量测法。

第六节　回弹法检验混凝土强度

一、回弹法的基本原理

回弹法是采用回弹仪的弹簧驱动重锤，通过弹击杆弹击混凝土表面，并以重锤被反弹回来的距离（称回弹值指反弹距离与弹簧初始长度之比）作为强度相关指标来推算混凝土强度的一种方法。

二、测定内容

对试件的检验结果有怀疑或供检验用的试件数量不足时，可采用回弹法检测，并将检测结果作为处理混凝土质量问题的一个主要依据。

三、适用范围

回弹法的使用前提，是要求被测结构或构件混凝土的内外质量基本一致。因此，当混凝土表层与内部质量有明显差异，例如遭受化学腐蚀或火灾、硬化期间遭受冻伤等或内部存在缺陷时，不能用回弹法评定混凝土强度。

四、现场操作步骤

（1）混凝土批量检测规定。

对于混凝土生产工艺、强度等级相同，原材料、配合比、养护条件基本一致且龄期相近的一批同类构件的检测应采用批量检测。按批量进行检测时，应随机抽取构件，抽检数量不宜少于同批构件总数的30%且不宜少于10件。当检验批构件数量大于30个时，抽样构件数量可适当调整，并不得少于国家现行有关标准规定的最少抽样数量。

（2）单个构件的检测规定。

①对于一般构件，测区数不宜少于10个，当受检构件数量大于30个且不需要提供单个构件推定强度或受检构件某一方向尺寸不大于4.5m且另一方向尺寸不大于0.3m时，每个构件

的测区数量可适当减少,但不应少于5个。

②相邻两测区的间距不应大于2m,测区离构件端部或施工缝边缘的距离不宜大于0.5m,且不宜小于0.2m。

③测区宜选在能使回弹仪处于水平方向的混凝土浇筑侧面。当不能满足这一要求时,也可选在使回弹仪处于非水平方向混凝土浇筑表面或底面。

④测区宜布置在构件的两个对称的可测面上,当不能布置在对称的可测面上时,也可布置在同一可测面上,且应均匀分布。在构件的重要部位及薄弱部位应布置测区,并应避开预埋件。

⑤测区的面积不宜大于0.04m^2。

⑥测区表面应为混凝土原浆面,并应清洁、平整,不应有疏松层、浮浆、油垢、涂层以及蜂窝、麻面。

⑦对于弹击时产生颤动的薄壁、小型构件,应进行固定。

(3)每一测区应读取16个回弹值,每一测点的回弹值读数应精确至1。测点宜在测区范围内均匀分布,相邻两测点的净距离不宜小于20mm;测点距外露钢筋、预埋件的距离不宜小于30mm;测点不应在气孔或外露石子上,同一测点只弹击一次。

(4)测量回弹值时,回弹仪的轴线应始终垂直于检测面,缓慢施压,准确读数,快速复位。

(5)回弹值测量完毕后,应在有代表性的测区上测量碳化深度值,测点数不应少于构件测区数的30%,应取其平均值作为该构件每个测区的碳化深度值。当碳化深度值极差大于2.0mm时,应在每一个测区分别测量碳化深度值。

(6)碳化深度值的测量:

①可采用工具在测区表面形成直径约15mm的孔洞,其深度应大于混凝土的碳化深度。

②应清除孔洞中的粉末和碎屑,且不得用水擦洗。

③应采用浓度为1%~2%的酚酞酒精溶液滴在孔洞内壁的边缘处,当已碳化与未碳化界限清晰时,应采用碳化深度测量仪测量已碳化与未碳化混凝土交界面到混凝土表面的垂直距离,并应测量3次,每次读数应精确至0.25mm。

④应取三次测量的平均值作为检测结果,并应精确至0.5mm。

(7)检测泵送混凝土强度时,测区应选在混凝土浇筑侧面。

(8)回弹值的计算。

①计算测区平均回弹值时,应从该测区的16个回弹值中剔除3个最大值和3个最小值,其余的10个回弹值按式(2-7-9)计算:

$$R_m = \frac{\sum_{i=1}^{10} R_i}{10} \tag{2-7-9}$$

式中:R_m——测区平均回弹值,精确至0.1;

R_i——第i个测点的回弹值。

②非水平方向检测混凝土浇筑侧面时,测区的平均回弹值应按式(2-7-10)修正:

$$R_m = R_{ma} + R_{aa} \tag{2-7-10}$$

式中:R_{ma}——非水平方向检测时测区的平均回弹值,精确至0.1;

R_{aa}——非水平方向检测时回弹值的修正值,按规范查用。

③水平方向检测混凝土浇筑表面或浇筑底面时,应按式(2-7-11)、式(2-7-12)修正:

$$R_m = R_m^t + R_a^t \tag{2-7-11}$$

$$R_m = R_m^b + R_a^b \tag{2-7-12}$$

式中:R_m^t、R_m^b——水平方向检测混凝土浇筑表面、底面时,测区的平均回弹值,精确至0.1;

R_a^t、R_a^b——混凝土浇筑表面、底面回弹值的修正值,按规范查用。

④当回弹仪为非水平方向且测试面为混凝土的非浇筑侧面时,则应先对回弹值进行角度修正,并应对修正后的回弹值进行浇筑面修正。

(9)混凝土强度的推算。

①构件第 i 个测区混凝土强度换算值,可按平均回弹值 R_m 及求得的平均碳化深度值 d_m 由规范查得。有地区或专用测强曲线时,混凝土强度换算值应按地区或专用测强曲线换算得出。

②构件的测区混凝土强度平均值应根据各测区的混凝土强度换算值计算。当测区数为10个及以上时,还应计算强度标准差。平均值及标准差应按下式计算:

$$m_{f_{cu}^c} = \frac{\sum_{i=1}^{n} f_{cu,i}^c}{n} \tag{2-7-13}$$

$$S_{f_{cu}^i} = \sqrt{\frac{\sum_{i=1}^{n}(f_{cu,i}^c)^2 - n(m_{f_{cu}^c})^2}{n-1}} \tag{2-7-14}$$

式中:$m_{f_{cu}^c}$——构件测区混凝土强度换算值的平均值(MPa),精确至0.1MPa;

n——对于单个检测的构件,取该构件的测区数;对批量检测的构件,取所有被抽检构件测区数之和;

$S_{f_{cu}^i}$——结构或构件测区混凝土强度换算值的标准差(MPa),精确至0.01MPa。

③构件的现龄期混凝土强度推定值($f_{cu,e}$)应符合下列规定:

a. 当构件测区数少于10个时,应按下式计算:

$$f_{cu,e} = f_{cu,min}^c \tag{2-7-15}$$

式中:$f_{cu,min}^c$——构件中最小的测区混凝土强度换算值。

b. 当构件的测区强度值中出现小于10.0MPa时,应按下式确定:

$$f_{cu,e} < 10.0\text{MPa} \tag{2-7-16}$$

c. 当构件测区数不少于10个时,应按下式计算:

$$f_{cu,e} = m_{f_{cu}^c} - 1.645 S_{f_{cu}^c} \tag{2-7-17}$$

d. 当按批量检测时,应按下式计算:

$$f_{cu,e} = m_{f_{cu}^c} - kS_{f_{cu}^c} \tag{2-7-18}$$

式中:k——推定系数,宜取1.645。当需要进行推定强度区间时,可按国家现行有关标准的规定取值。

④对按批量检测的构件,当该批构件混凝土强度标准差出现下列情况之一时,该批构件应全部按单个构件检测。

a. 当该批构件混凝土强度平均值小于25MPa、$S_{f_{cu}^c}$ 大于4.5MPa时。

b. 当该批构件混凝土强度平均值不小于25MPa且不大于60MPa、$S_{f_{cu}^c}$ 大于5.5MPa时。

五、注意问题

(1)符合下列条件的非泵送混凝土，测区强度应按《回弹法检测混凝土抗压强度技术规程》(JGJ/T 23—2011)中的附录A进行强度换算：

①混凝土采用的水泥、砂石、外加剂、掺合料、拌和用水符合国家现行有关标准。

②采用普通成型工艺。

③采用符合国家标准规定的模板。

④蒸气养护出池经自然养护7d以上，且混凝土表层为干燥状态。

⑤自然养护且龄期为14～1 000d。

⑥抗压强度为10.0～60.0MPa。

(2)符合上述条件的泵送混凝土，测区强度可按《回弹法检测混凝土抗压强度技术规程》(JGJ/T 23—2011)中的附录B的曲线方程计算或按附录B的规定进行强度换算。

(3)测区混凝土强度换算表所依据的统一测强曲线，其强度误差应符合下列规定：

①平均相对误差(δ)不应大于±15.0%。

②相对标准差(e_r)不应大于18.0%。

(4)当有下列情况之一时，测区混凝土强度不得按《回弹法检测混凝土抗压强度技术规程》(JGJ/T 23—2011)中的附录A或附录B进行强度换算：

①非泵送混S凝土粗集料最大公称粒径大于60mm，泵送混凝土粗集料最大公称粒径大于31.5mm。

②特种成型工艺制作的混凝土。

③检测部位曲率半径小于250mm。

④潮湿或浸水混凝土。

六、回弹仪的校验时间要求

回弹仪检定周期为半年，当回弹仪具有下列情况之一时，应由法定计量检定机构按现行行业标准进行检定：

(1)新回弹仪启用前。

(2)超过检定有效期限。

(3)数字式回弹仪数字显示的回弹值与指针直读数示值相差大于1。

(4)经保养后，在钢砧上的率定值不合格。

(5)遭受严重撞击或其他损害。

第七节　超声—回弹综合法检验混凝土强度

超声回弹综合法检测混凝土强度。它较之单一的超声或回弹非破损检验方法具有受混凝土龄期和含水量影响小、精度高、适用范围广等优点，它也是对常规检验补充的一种办法，当对结构的混凝土强度有怀疑时，可按此办法进行检验，以推定混凝土的强度，作为处理其质量问题的依据。

一、现场操作步骤

(1)测区布置规定

①当按单个构件检测时,应在构件上均匀布置测区,每个构件上的测区数不应少于10个。

②对同批构件按批抽样检测时,构件抽样数应不少于同批构件的30%,且不少于10件,对一般施工质量的检测和结构性能的检测,可按照现行国家标准《建筑结构检测技术标准》(GB/T 50344—2004)的规定抽样。

③对某一方向尺寸不大于4.5m且另一方向尺寸不大于0.3m的构件,其测区数量可适当减少,但不应少于5个。

(2)当按批抽样检测时,符合以条件的构件可作为同批构件

①混凝土设计强度等级相同。

②混凝土原材料、配合比、成型工艺、养护条件和龄期基本相同。

③构件种类相同。

④施工阶段所处状态基本相同。

(3)构件的测区,应满足以下要求

①在条件允许时,测区宜优先布置在构件混凝土浇注方向的侧面。

②测区可在构件的两个对应面、相邻面或同一面上布置。

③测区宜均匀布置,相邻两测区的间距不宜大于2m。

④测区应避开钢筋密集区和预埋件。

⑤测区尺寸宜为200mm×200mm;采用平测时宜为400mm×400mm。

⑥测试面应清洁、平整、干燥,不应有接缝、施工缝、饰面层、浮浆和油垢,并应避开蜂窝、麻面部位。必要时,可用砂轮片清除杂物和磨平不平整处,并擦净残留粉尘。

(4)结构或构件上的测区应编号,并记录测区位置和外观质量情况。

(5)对结构或构件的每一侧区,应先进行回弹测试,后进行超声测试。

(6)计算混凝土抗压强度换算值时,非同一测区内的回弹值和声速值不得混用。

二、回弹值的计算

超声回弹综合法中回弹值的测试和计算与回弹法相同。

三、超声声速值的测量与计算

(1)超声测点应布置在回弹测试的同一测区内,每一测区布置3个测点。超声测试宜优先采用对测或角测,当被测构件不具备对测或角测条件时,可采用单面平测。

(2)超声测试时,换能器辐射面应通过耦合剂与混凝土测试面良好耦合。

(3)声时测量应精确至0.1μs,超声测距测量应精确至1.0mm,且测量误差不大于±1%。声速计算应精确至0.01km/s。

(4)当在混凝土浇筑方向的侧面对测时,测区混凝土中声速代表值应根据该测区中3个测点的混凝土中声速值,按下列公式计算:

$$v = \frac{1}{3}\sum_{i=1}^{3}\frac{l_i}{t_i - t_0} \tag{2-7-19}$$

式中：v——测区混凝土中声速代表值(km/s)；

l_i——第 i 个测点的超声测距(mm)；

t_i——第 i 个测点的声时读数(μs)；

t_0——声时初读数(μs)。

(5)当在混凝土浇筑的顶面与底面测试时，测区声速代表值应按下列公式修正：

$$v_a = \beta v \tag{2-7-20}$$

式中：v_a——修正后的测区声速值(km/s)；

β——超声测试面修正系数，在混凝土浇注面的顶面及底面对测或斜测时，$\beta = 1.034$；在混凝土浇筑的顶面或地面平测时，顶面平测 $\beta = 1.05$，底面平测 $\beta = 0.95$。

四、混凝土强度的推定

(1)构件第 i 个测区的混凝土强度换算值，可根据修正后的测区回弹代表值 R_{ai} 及修正后声速代表值 v_{ai}，优先采用专用或地区测强曲线推定。当无该类测强曲线时，可按规范查阅混凝土强度或按式(2-7-21)、式(2-7-22)计算：

①当粗集料为卵石时

$$f_{cu,i}^{c} = 0.005\,6(v_{ai})^{1.439}(R_{ai})^{1.769} \tag{2-7-21}$$

②粗集料为碎石时

$$f_{cu,i}^{c} = 0.016\,2(v_{ai})^{1.656}(R_{ai})^{1.410} \tag{2-7-22}$$

式中：$f_{cu,i}^{c}$——结构或构件第 i 个测区混凝土强度换算值(MPa)，精确至 0.1MPa。

(2)当结构或构件所采用的材料及其龄期与制定测强曲线所采用的材料及其龄期有较大差异时，应采用同条件立方体试件或从结构或构件测区中钻取的混凝土芯样的抗压强度进行修正。试件数量不应少于 4 个，得到的测区混凝土强度换算值应乘以修正系数。

(3)结构或构件混凝土抗压强度推定值 $f_{cu,e}$，应按下列规定确定。

①当结构或构件的测区抗压强度换算值中出现小于 10.0MPa 的值时，该构件的混凝土抗压强度推定值 $f_{cu,e}$ 取小于 10MPa。

②当结构或构件中测区少于 10 个时：

$$f_{cu,e} = f_{cu,min}^{c} \tag{2-7-23}$$

式中：$f_{cu,min}^{c}$——结构或构件最小的测区混凝土抗压强度换算值(MPa)，精确至 0.1MPa。

③当结构或构件中测区数不少于 10 个时或按批量检测时：

$$f_{cu,e} = m_{f_{cu}^{c}} - 1.645 S_{f_{cu}^{c}} \tag{2-7-24}$$

式中各测区混凝土强度换算值的平均值 $m_{f_{cu}^{c}}$ 及标准差 $S_{f_{cu}^{c}}$，应按下列公式(2-7-25)、式(2-7-26)计算

$$m_{f_{cu}^{c}} = \frac{1}{n}\sum_{i=1}^{n} f_{cu,i}^{c} \tag{2-7-25}$$

$$S_{f_{cu}^{c}} = \sqrt{\frac{\sum_{i=1}^{n}(f_{cu,i}^{c})^2 - n(m_{f_{cu}^{c}})^2}{n-1}} \tag{2-7-26}$$

（4）当按批量检测的构件，当一批构件的测区混凝土抗压强度标准差出现下列情况之一时，该批构件应全部按单个构件进行强度推定：

①一批构件的混凝土抗压强度平均值 $m_{f_{cu}^c}<25.0\text{MPa}$，标准差 $S_{f_{cu}^c}>4.50\text{MPa}$。

②一批构件的混凝土抗压强度平均值 $m_{f_{cu}^c}=25.0\sim50.0\text{MPa}$，标准差 $S_{f_{cu}^c}>5.50\text{MPa}$。

③一批构件的混凝土抗压强度平均值 $m_{f_{cu}^c}>25.0\text{MPa}$，标准差 $S_{f_{cu}^c}>6.50\text{MPa}$。

五、注意问题

（1）操作回弹仪时，回弹仪的轴线始终应与测试面垂直。

（2）超声声时测量时，换能器与混凝土之间的良好耦合是十分重要的。

（3）同批构件的条件是：混凝土强度等级相同、混凝土原材料、配合比、成型工艺、养护条件基本相同，构件种类相同，在施工阶段所处状态相同。

（4）如缺少专用或地区测强曲线时，在采用基准测强曲线前，应进行验证，验证方法如下：

①选用该地区常用的混凝土原材料，按最佳配合比配制强度等级为 C15、C20、C30、C40、C50、C60 的混凝土，制作边长为 150mm 的立方体试块各 3 组（共 18 组），7d 潮湿养护后再用自然养护。

②使用符合技术要求的回弹仪和超声波检测仪。

③按龄期为 28d、60d 和 90d 进行综合法测试及试块抗压试验。

④根据每个试块测得的回弹值和超声声速值由表查出强度值 $f_{cu,i}^c$。

⑤将实测试块抗压强度 $f_{cu,i}$ 与查表所得的抗压强度 $f_{cu,i}^c$ 计算相对标准误差：

$$e_r=\sqrt{\frac{\sum_{i=1}^{n}(f_{cu,i}/f_{cu,i}^c-1)^2}{n-1}}\times100\% \tag{2-7-27}$$

如 $e_r\leqslant15\%$，可使用全国统一测强曲线；如 $e_r\geqslant15\%$，则应另行建立专用或地区测强曲线。

第八节　钻芯取样法检验混凝土强度

一、测定内容

钻芯取样法检验混凝土强度指从混凝土结构物中钻取芯样和检查芯样，测定混凝土的劈裂抗拉强度或抗压强度，作为评定结构的主要品质指标。也可作为抽检混凝土均匀性和内部缺陷的指标。

二、适用范围

（1）对试块抗压强度的测试结果有怀疑时。

（2）因材料、施工或养护不良而发生混凝土质量问题时。

（3）混凝土遭受冻害、火灾、化学侵蚀或其他损害时。

（4）需检测多年使用的建筑结构或构造物中混凝土强度。

三、现场操作步骤

1. 芯样钻取

芯样应在结构或构件的下列部位钻取：

(1)结构或构件受力较小的部位。

(2)混凝土强度质量具有代表性的部位。

(3)便于钻芯机安放与操作的部位。

(4)避开主筋、预埋件和管线的位置。

2. 钻取的芯样数量应满足下列规定：

(1)钻芯法确定检验批的混凝土强度推定值时，样试件的数量应根据检验批的容量确定。标准芯样试件的最小样本量不宜少于15个，小直径芯样试件的最小样本量应适当增加。

(2)钻芯确定单个构件的混凝土强度推定值时，有效芯样试件的数量不应少于3个；对于较小构件，有效芯样试件的数量不得少于2个。

(3)当采用修正量的方法时，芯样试件的数量不应少于6个，小直径芯样的试件数量宜适当增加。

3. 芯样的尺寸

抗压试验的芯样试验宜使用标准芯样试件，其公称直径不宜小于集料最大粒径的3倍；也可采用小直径芯样试件，但其公称直径不应小于70mm且不得小于集料最大粒径的2倍。

芯样抗压试件的高度和直径之比宜为1.0。

4. 钻取芯样检查

芯样试件尺寸偏差及外观质量超过下列数值时，相应的测试数据无效。

(1)芯样试件的实际高径比高径比(H/d)小于要求高径比的0.95或大于1.05时。

(2)沿芯样试件高度的任一直径与平均直径相差大于2mm。

(3)抗压芯样试件端面的不平整度在100mm长度内大于0.1mm。

(4)芯样试件端面与轴线的不垂直度大于1°。

(5)芯样有裂缝或有其他较大缺陷。

5. 芯样的测量

在试验前应按下列规定测量芯样试件尺寸：

(1)平均直径用游标卡尺在芯样试件中部相互垂直的两个位置上测量，取测量的算术平均值作为芯样试件的直径，精确至0.5mm。

(2)芯样试件高度用钢卷尺或钢板尺进行测量，精确至1mm。

(3)垂直度用游标量角器测量芯样试件两个端面与母线的夹角，精确至0.1°。

(4)整度用钢板尺或角尺紧靠在芯样试件端面上，一面转动钢板尺，一面用塞尺测量钢板尺与芯样试件端面之间的缝隙；也可采用其他专用设备量测。

6. 试件的制作

锯切后的芯样应进行端面处理，宜采取在磨平机上磨平端面的处理方法。承受轴向压力芯样试件端面，也可采取下列处理方法：

(1)用环氧胶泥或聚合物水泥砂浆补平。

(2)抗压强度低于40MPa的芯样试件,可采用水泥砂浆、水泥净浆或聚合物水泥砂浆补平,补平层厚度不宜大于5mm;也可采用硫磺胶泥补平,补平层厚度不宜大于1.5mm。

7.芯样试件的混凝土抗压强度计算

$$f_{cu,cor} = \frac{F_c}{A} \tag{2-7-28}$$

式中:$f_{cu,cor}$——芯样试件的混凝土抗压强度值(MPa);

F_c——芯样试件的抗压试验测得的最大压力(N);

A——芯样试件抗压截面面积(mm^2)。

四、强度推定

(1)钻芯确定检测批混凝土强度推定值时,可剔除芯样试件抗压强度样本中的异常值。剔除规则应按现行国家标准《数据的统计处理和解释 正态样本离群值的判断和处理》(GB/T 4883—2008)的规定执行。当确有试验依据时,可对芯样试件抗压强度样本的标准差Scor进行符合实际情况的修正或调整。

(2)单个构件的混凝土强度推定值不再进行数据的舍弃,而应按有效芯样试件混凝土抗压强度值中的最小值确定。

五、注意问题

(1)对混凝土强度大于80MPa的结构,不宜采用钻芯法检测。

(2)芯样试件内不宜含有钢筋。如不能满足此项要求时,抗压试件应符合下列要求:

①标准芯样试件,每个试件内最多只允许有二根直径小于10mm的钢筋。

②公称直径小于100mm的芯样试件,每个试件内最多只允许有一根直径小于10mm的钢筋。

③芯样内的钢筋应与芯样试件的轴线基本垂直并离开端面10mm以上。

(3)将芯样取出并稍晾干后,应标上芯样的编号,并应记录取芯构件名称、取芯位置、芯样长度及外观质量等,必要时应拍摄照片。

(4)锯切后的芯样应进行端面处理,宜采取在磨平机上磨平端面的处理方法。承受轴向压力芯样试件端面,也可采取下列处理方法:

①用环氧胶泥或聚合物水泥砂浆补平。

②抗压强度低于40MPa的芯样试件,可采用水泥砂浆、水泥净浆或聚合物水泥砂浆补平,补平层厚度不宜大于5mm;也可采用硫磺胶泥补平,补平层厚度不宜大于1.5mm。

(4)芯样在搬运之前应采用草袋废水泥袋等材料仔细包装,以免碰坏。

(5)芯样有裂缝或有其他较大缺陷时不得用作抗压强度试验。

(6)芯样试件应在自然干燥状态下进行抗压试验。

(7)当结构工作条件比较潮湿,需要确定潮湿状态下混凝土的强度时,芯样试件宜在20±5℃的清水中浸泡40~48h,从水中取出后立即进行试验。

复习思考题

一、单项选择题

1. 新奥法施工的隧道，二次衬砌一般采用________。

A. 整体式衬砌　　B. 喷射混凝土　　C. 模筑混凝土　　D. 块石衬砌

2. 用回弹仪检测混凝土强度，计算测区平均回弹值时，应从测区的16个回弹值中剔除最大值和最小值各________个。

A. 1　　B. 2　　C. 3　　D. 4

3. 隧道衬砌拆模后，衬砌表面蜂窝麻面面积应不超过总表面积的________，其深度不超过10mm。

A. 0.5%　　B. 1%　　C. 2%　　D. 5%

4. 采用泵送混凝土碎石最大粒径与输送管内径之比，宜小于或等于________。

A. 1∶2.5　　B. 1∶2　　C. 1∶4　　D. 1∶3

5. 施工规范规定，不承受外荷载的拱、墙、混凝土强度应达到________，或在折模时混凝土表面积和棱角不被损坏并能承受自重，才可拆除拱架、墙架和模板。

A. 5.0MPa　　B. 设计强度的100%

C. 设计强度的70%　　D. 3.0MPa

6. 回弹法检测混凝土强度时，每一测区应记取________个回弹值，每一测点的回弹值读数精确至1。

A. 3　　B. 9　　C. 12　　D. 16

7. 测量碳化深度时，用浓度为1%的________滴在孔洞内壁的边缘处，观察孔洞内壁的颜色变化，再用深度测量工具测量碳化深度。

A. 高锰酸钾溶液　　B. 硫酸溶液

C. 酚酞酒精溶液　　D. 氯化钠溶液

8. 回弹值测量完毕后，应选择不少于________测区数在有代表性的位置上测量碳化深度值。

A. 30%　　B. 20%　　C. 100%　　D. 50%

9. 采用泵送混凝土砂率宜控制在35%～45%；混凝土的入泵坍落度不宜小于________。

A. 12cm　　B. 8cm　　C. 10cm　　D. 6cm

10. 碳化深度测试时每次读数的精度应精确至________。

A. 0.15mm　　B. 0.1mm　　C. 0.2mm　　D. 0.25mm

二、多项选择题

1. 衬砌混凝土施工期间的质量检查内容主要有________。

A. 开挖轮廓检查　　B. 基础检查

C. 模板检查　　D. 混凝土浇筑检查

E. 外观检查

2. 采用泵送混凝土应符合下列规定________。

A. 碎石粒径与输送管内径之比小于或等于 1∶3

B. 卵石粒径与输送管内径之比小于小于或等于 1∶2.5

C. 通过 0.315mm 筛孔的砂应不少于 15%

D. 砂率宜控制在 25% ~35%

E. 通过 0.315mm 筛孔的砂应不少于 25%，砂率宜控制在 60% ~70%

3. 隧道混凝土衬砌常见的质量问题有________。

A. 混凝土强度不够　B. 衬砌厚度不足

C. 钢筋锈蚀　D. 背后存在空洞

E. 混凝土开裂

4. 声波探测混凝土强度的影响因素有________。

A. 湿度　B. 温度

C. 结构尺寸　D. 水泥用量

E. 粗集料粒径

5. 下列哪些情况回弹值应进行修正________。

A. 回弹仪非水平方向检测混凝土浇筑侧面

B. 回弹仪水平方向检测混凝土浇筑表面

C. 回弹仪水平方向检测混凝土浇筑侧面

D. 混凝土表面碳化深度为 6mm

E. 回弹仪非水平方向检测混凝土浇筑底面

6. 经端面补平后的芯样高度应符合下列要求________。

A. 小于 1.05d　B. 小于 2.0d

C. 大于 0.95d　D. 大于 0.9d

E. 在 0.85 ~2.1d

7. "回弹—超声"综合法测定混凝土强度的影响因素有________。

A. 水泥品种　B. 集料性质

C. 最大集料粒径　D. 细集料所占比例

E. 水泥用量

8. 回弹法检测混凝土强度同批构件的条件是________。

A. 混凝土强度等级相同　B. 混凝土原材料、配合比相同

C. 成型工艺相同　D. 养护条件基本相同

E. 所处环境状态相同

9. 衬砌混凝土外观缺陷检测时裂缝宽度检测一般采用________。

A. 超声波　B. 游标卡尺

C. 塞尺　D. 雷达

E. 刻度放大镜

10. 衬砌混凝土厚度的检测常用的方法有________。

A. 激光断面仪　B. 地质雷达法

C. 射线法　　　　　　　　　　　　D. 凿孔法

E. 冲击—回波法

三、判断题

1. 钢筋安装时，同一受力钢筋的两个搭接距离不应小于15mm。（ ）

2. 仰拱填充采用片石混凝土时，片石应距模板50mm以上，片石间距应大于粗集料的最大粒径，并应分层摆放，捣固密实。（ ）

3. 混凝土内部温度与环境温度差不得超过20℃；混凝土的降温速率最大不应超过3℃/d。（ ）

4. 承受围岩压力较小的拱、墙，封顶和封口的混凝土达到设计强度的100%方可拆模。（ ）

5. 回弹法检测混凝土强度时，回弹仪的轴线应始终平行于衬砌混凝土检测面，缓慢施压，准确读数、快速复位。（ ）

6 测量碳化深度值时，可用合适的工具在测区表面形成直径约15mm的孔洞，然后用水冲洗，除净孔洞中的粉末和碎屑。（ ）

7. 隧道混凝土龄期的增长其表面硬化，加上混凝土表面碳化结硬，使回弹值偏高。（ ）

8. 冲击回波法检测混凝土缺陷的原理是由于应力波需绕过孔洞传播，与密实混凝土的频率相比有偏移。（ ）

9. 用超声波法检测混凝土强度时，混凝土的湿度越大，超声波的传播速度越小。（ ）

10. 红外线是介乎可见红光和微波之间的电磁波，任何高于绝对温度零度（-273℃）的物体都是红外辐射源。（ ）

四、问答题

1. 衬砌混凝土施工检查的内容有哪些？
2. 隧道混凝土衬砌内部缺陷的检测内容和方法有哪些？
3. 简述回弹法测混凝土强度的原理、方法及强度确定。
4. 简述超声波法测混凝土强度的原理、方法及强度确定。
5. 简述钻芯法检测混凝土强度的方法及强度确定。
6. 简述激光断面仪检测隧道厚度的方法。
7. 简述地质雷达法检测混凝土厚度的原理与方法。
8. 简述二次衬砌施工的条件。
9. 简述钢筋与模板的要求。
10. 简述泵送混凝土技术要求。

第八章　超前地质预报

复习要点：

1. 隧道地质灾害的特点和危害；隧道施工超前地质预报的目的。

2. 隧道施工超前地质预报的各种方法、原理及使用条件。包括：地质调查法、超前钻探法、地震波反射法、电磁法、直流电法（激发极化法、高密度法）、红外探测法、超前导坑预报法。

3. 地质调查法、地震波反射法、地质雷达探测法的原理、方法、资料分析与判释。

第一节　概　　述

一、隧道地质灾害的特点和危害

隧道地质灾害主要有塌方、岩爆、涌水、岩爆、膨胀岩等。

1. 隧道围岩塌方的形式、特点和条件

（1）松散体结构的土状围岩或极破碎的围岩，主要是Ⅴ、Ⅵ级围岩容易发生整体不稳定塌方。其特点是隧道开挖后，围岩在爆破振动、松动压力和变形压力的影响下，发生解体溃散、分离剥落，形成塌方；在地下水的作用下，则可形成突泥、涌泥或泥砂石流状塌方。

（2）局部不稳定的围岩或完整性较差的块状围岩，如断层带、剪切带、片理化带、破碎带等部位的围岩容易发生局部不稳定塌方。其特点是由关键块体（冠石）的滑塌引起局部破碎围岩塌方，它受上述这些断层带等结构的控制。

（3）围岩中的结构面和隧道开挖面相交，构成不利组合，形成具有滑塌趋势的块体，这就容易形成局部不稳定块体塌方，又分为坠落型、滑动型和倾倒型。其特点是，严格受结构面控制，塌方体呈较规则的几何形体。

2. 隧洞内岩爆的特点

（1）在未发生前，并无明显的征兆，虽经过仔细寻找，并无空响声，一般认为不会掉落石块的地方，也会突然发生岩石爆裂声响，石块有时应声而下，有时暂不坠下。

（2）岩爆发生的地点多在新开挖的工作面附近，个别的也有距新开挖工作面较远，常见的岩爆部位以拱部或拱腰部位为多；岩爆在开挖后陆续出现，多在爆破后的 2 ~ 3h，24h 内最为明显，延续时间一般 1 ~ 2 个月，有的延长 1 年以上，事前一般无明显预兆。

（3）岩爆时围岩破坏的规模，小的只有几厘米厚，大的可达几十吨重。石块由母岩弹出，小者形状常呈中间厚、周边薄、不规则的片状脱落，脱落面多与岩壁平行。

（4）岩爆围岩的破坏过程，一般新鲜坚硬岩体均先产生声响，伴随片状剥落的裂隙出现，裂隙一旦贯通就产生剥落或弹出，属于表部岩爆；在强度较低的岩体，则在离隧洞掌子面以里

一定距离产生，造成向洞内临空面冲击力量最大，这种岩爆属于深部冲击型。

3. 膨胀岩土的承载力

一般较高，承载力问题不是主要矛盾，但应注意承载力随含水量的增加而降低。膨胀岩土裂隙很多，易沿裂隙面破坏，故不应采用直剪试验确定强度，应采用三轴试验方法。

膨胀岩土往往在坡度很小时就发生滑动，故坡地场地应特别重视稳定性分析。本条根据膨胀岩土的特点对稳定分析的方法做了规定。其中考虑含水量变化的影响十分重要，含水量变化的原因有：

(1)挖方填方量较大时，岩土体中含水状态将发生变化。

(2)平整场地破坏了原有地貌、自然排水系统和植被，改变了岩土体吸水和蒸发。

(3)坡面受多向蒸发，大气影响深度大于平坦地带。

(4)坡地旱季出现裂缝，雨季雨水灌入，易产生浅层滑坡；久旱降雨造成坡体滑动。

二、超前地质预报的目的

(1)进一步查清隧道开挖工作面前方的工程地质与水文地质条件，指导工程施工的顺利进行。

(2)降低地质灾害发生的几率和危害程度。

(3)为优化工程设计提供地质资料。

(4)为编制竣工文件提供地质资料。

三、超前地质预报的内容

(1)地层岩性预测预报，特别是对软弱夹层、破碎地层、煤层及特殊岩土的预测预报。

(2)地质构造预测预报，特别是对断层、节理密集带、褶皱轴等影响岩体完整必的构造发育情况的预测预报。

(3)不良地质预测预报，特别是对岩溶、人为坑洞、瓦斯等发育情况进行预测预报。

(4)地下水预测预报，特别是对岩溶管道水及富水断层、富水褶皱轴、富水地层中的裂隙水等发育情况。

四、超前地质预报的方法

(1)地质调查法：包括补充地质调查、洞内开挖工作时的地质素描和洞身地质素描、地层分界线及构造线地下和地表相关必分析、地质作图等。

(2)超前钻探法：包括超前地质钻探、加深炮孔探测及孔内摄影。

(3)物探法：包括弹性波反射法(地震波反射法、水平声波剖面法、负视速度法和陆地声呐法等)、电磁波反射法(地质雷达探测)、红外探测、高分辨率直流电法等。

(4)超前导坑预报法：包括平行超前导坑法、正洞超前导坑法等。

(5)超前地质预报长度的划分和预报方法的选择可执行以下规定。

①长距离预报：预报长度100m以上。可采用地质调查法、地震波反射法及100m以上的超前钻探法等。

②中距离预报:预报长度 30 ~ 100m。可采用地质调查法、弹性波反射法及 30 ~ 100m 的超前钻探法等。

③短距离预报:预报长度 30m 以内。可采用地质调查法、弹性波反射法、电磁波反射法、红外探测及小于 30m 的超前钻探法等。

第二节　超前地质预报实施

一、断层预报

断面预报可按以下步骤进行:

(1)根据区域地质资料、工程地质平面图与纵断面图以及必要的补充地质调查,进一步核实断层的性质、产状、位置与规模等。

(2)采用弹性波反射法确定断层在隧道内的大致位置和宽度。

(3)必要时采用红外探测法、高分辨率直流电法探测断层带地下水的发育情况。

(4)必要时采用超前钻探预报断层的确切位置和规模、破碎带的物质组成及地下水的发育情况等。

(5)采用隧道内地质素描、断层趋势分析等手段预报断层的分布位置。

(6)地质综合判析,提交地质综合分析成果报告。

二、岩溶预报

岩溶预报可按以下步骤进行。

(1)研究隧址区岩溶规律

①地层岩性。

②地质构造。

③岩溶地下水。

④隧道处于岩溶垂直分带的部位。

⑤岩溶发育的层数。

⑥依据岩溶发育的垂直分带性、高程和地下水季节的变化。

⑦岩溶形态。

⑧结合有利于岩溶发育的岩层层位和构造位置。

⑨根据褶皱轴、断层、节理密集带、可溶岩带与非可溶岩带。

(2)核查、领会设计中地质复杂程度分级和超前地质预报方案设计。

(3)隧道内地质素描。

(4)物探探测。

(5)超前地质钻探。

(6)加深炮孔探测。

(7)地质综合判断,提交地质综合分析成果报告。

三、煤层瓦斯预报

煤层瓦斯预报可按以下步骤进行:

(1)根据区域地质资料、工程地质勘察报告、工程地质平面图与纵断面图、煤层地表钻探资料和必要的地表补充调查,通过地质作图进一步核实煤层的与厚度等。

(2)采用物探法确定煤层在隧道内的大致位置和厚度。

(3)采用洞内地质素描,利用地层层序、地层厚度、标志层和岩层产状等,通过作图分确定煤层的里程位置。

(4)接近煤层前,必须对煤层位置进行超前钻探,标定各煤层准确位置。

(5)揭煤前应进行瓦斯突出危险性预测。

(6)综合分析,提交地质综合分析成果报告。

第三节　地质调查法

一、隧道地表补充地质调查

(1)对已有地质勘察成果的熟悉、核查和确认。

(2)地层、岩性隧道地表的出露及接触关系,特别是对标志层的熟悉和确认。

(3)断层、褶皱、节理密集带等地质构造在隧道地表的出露位置、规模、性质及其产状变化情况。

(4)地表岩溶发育位置、规模及分布规律。

(5)煤层、石膏、膨胀岩、含石油天然气、含放射性物质等特殊地层在地表的出露位置、宽度及其产状变化情况。

(6)人为坑洞位置、走向、高程等,分析其与隧道等空间关系。

(7)根据隧道地表补充地质调查结果,结合设计文件、资料和图纸,核实和修正超前地质预报重点区段。

二、隧道内地质素描

1. 工程地质

(1)地层岩性。

(2)地质构造。

(3)岩溶:描述岩溶规模、形态、位置、所属地层和构造部位。

(4)特殊地层:煤层、沥青层、含膏层。

(5)人为坑洞。

(6)地应力。

(7)塌方。

(8)有害气体及入射性危害源的存在情况。

2. 水文地质

(1)地下水的分布。

(2)水质分析。

(3)出水点和地层岩性、地质构造、岩溶、暗河等的关系分析。

(4)必要时进行地表相关气象、水文观测,判断洞内涌水与表径流、降雨的关系。

(5)必要时应建立涌突水点地质档案。

3. 围岩稳定性特征及支护情况

记录工程地质、水文地质条件下隧道围岩稳定性、支护方式以及初期支护后的变化情况。

4. 进行隧道施工围岩分级

5. 拍摄影像

三、地质调查法隧道超前地质预报

地质调查法隧道超前地质预报,应编制以下资料:

(1)地质调查法预报报告。

(2)开挖工作面地质素描图,比例尺根据需要确定。

(3)隧道洞身地质展视图,比例为1:100～1:500。

(4)地层分界线及构造线隧道内和地表相关性分析预报图。

(5)地质复杂地段纵、横断面图,比例为1:100～1:500。

(6)地质监测与测试资料。

(7)有关影像资料。

第四节　超前钻探法

一、超前地质钻探方法

利用钻机在隧道开挖工作面进行钻探获取地质信息的一种超前地质预报方法。

适用于各种地质条件下的隧道超前地质预报,在富水软弱断层破碎带、富水岩溶发育区、煤层瓦斯发育区、重大物探异常区等地段必须采用,主要采用冲击钻和回转取芯钻。

二、超前钻探技手术要求

1. 孔数

(1)断层、节理密集带或其他破碎富水地层每循环可只钻一孔。

(2)富水岩溶发育区每循环宜钻3～5个孔,揭示岩溶时,应适当增加,以满足安全施工和溶洞处理所需资料为原则。

(3)煤层瓦斯预报超钻探孔数应符合。

2. 孔深

(1)不同地段不同目的钻孔应采用不同的钻孔深度。

(2)钻探过程中应进行动态控制和管理。

(3)在需连续钻探时前后两钻孔应重叠5～8m。

3. 孔径

钻孔直径应满足钻探取芯、取样和孔内测试的要求。

4. 富水岩溶发育区超前钻探应终孔于隧道开挖轮廓线以外5～8m

第五节　物　探　法

一、地震波反射法

1. 地震波反射法原理

地震波反射法原理是通过小药量爆破所产生的地震波信号沿隧道方向以球面波的形式传播,在不同岩层中地震波以不同的速度传播,在其界面处被反射,并被高精度的接收器接收。通过计算机软件分析前方围岩性质、节理裂隙分布、软弱岩层及含水状况等。该法适用于划分地层界线、查找地质构造、探测不良地质体的深度和范围。

2. 预报距离

地震波反射法连续预报时前后两次应重叠10m以上,预报距离应符合以下要求:

(1)在软弱破碎或岩溶发育区,一般每次预报距离100m左右,不宜超过150m。

(2)在岩体完整的硬质岩地层每次可预报120～180m,但不宜超过200m。

(3)隧道位于曲线上时,预报距离不宜太长。

3. 地震波反射超前地质预报方法

1)观测系统设计

2)现场数据采集

(1)标志。

(2)钻孔。

(3)安装套管。

(4)填装炸药。

(5)仪器安装与测试。

(6)数据采集。

(7)质量控制要求。

4. 地震波反射法探测资料地质判释经验

(1)反射波振幅越高,反射系数和波阻抗的差别越大。

(2)若横波S反射比纵波P强,则表明岩层包含地下水。

(3)v_p/v_s有较大的增加或泊松比突然增大,常常因流体的存在而引起。

(4)若 v_p 下降,则表明裂隙密度或孔隙度增加

二、电磁波反射法

1. 探测前提

(1)探测目的体与周边介质之间应存在明显介电常数差异,电磁波反射信号明显。

(2)探测目的体,有足以被探测的规模。

2. 探测距离

地质雷达在完整灰岩地段预报距宜在30m以内,报时前后两次重叠长度应在5m以上。

3. 地质雷达探测的数据采集要求

(1)通过试验选择雷达天线的工作频率,确定介电常数。

(2)测网密度、天线间距和天线移动速度应反映出探测对象的异常。

(3)选择合适的时间窗口和采样间隔。

(4)采用连续测量的方式,不能连续测量的地段可采用测点。

(5)隧址区内不应有较强的电磁波干扰。

(6)支撑天线的器材应选用绝缘材料。

(7)测线上天线经过的表面应相对平整,无障碍。

4. 地质雷达探测的资料与解释

(1)参与解释的雷达剖面应清晰。

(2)解释前宜做编辑、滤波、增益等处理。

(3)结合地质情况、电性特征、探测体的和几何牲综合分析。

三、红外探测

红外探测是根据红外辐射原理,即一切物质都在向外辐射红外电磁波的原理,通过接收和分析红外辐射信号,探测局部地温异常现象,判断地下脉状含水带、隐伏含水体等所在的位置进行超前地质预报的一种物探方法。有效报长度应在30m以内,连续预报时前后两次重叠长度应在5m以上。

四、高分辨直流电法

高分辨直流电法是以岩石的电性差异(电阻率差异)为基础,在全空间条件下建立电场,电流通过布置在隧道内的供电电极在围岩中建立起全空间稳定电场,通过研究电场或电磁场的分布规律预报开挖工作面前方储水、导水构造分布和发育情况的一种直流电法探测技术。

适用于探测任何地层中存在的地下水体位置及相应含水量大小,如断层破碎带、溶洞、溶隙、暗河等地质体中的地下水。

高分辨直流电法有效预报距离不宜超过80m,连续探测时应重叠10m以上。

五、超前导坑预报法

超前导坑预报法可分为平行超前导坑法和正洞超前导坑法。超前导坑预报法适用于各种地质条件。

用比例作超前导坑预报隧道地质平面简图,预报内容主要包括以下各项:

(1)地层岩性、地质构造的分布位置及范围等。

(2)岩溶的发育分布位置、规模、形态、充填情况及其展布情况。

(3)在采及废弃矿巷与隧道的空间关系。

(4)在害气体及方射性危害源的分布层位。

(5)涌泥、突水及高地应力现象出现的隧道里程段。

(6)其他可以预报的内容。

第九章 隧道环境

复习要点：

1. 隧道通风、照明的目的和方式。

2. 隧道不同阶段环境检测内容及方法；隧道内风压、风速、照明（亮度）检测原理及方法。

3. 粉尘浓度、瓦斯浓度、一氧化碳浓度、烟雾浓度检测原理、方法及评定标准。

第一节 隧道通风、照明

一、通风

隧道内保持良好的空气是行车安全的必要条件，所以，隧道应具备良好的通风条件，以排出污浊空气，补充新鲜空气，或吹入新鲜空气，稀释污浊空气。

隧道的通风方式有机械通风和自然通风两种。交通量小的中、短隧道可采用自然通风，交通量大的长隧道应采用机械通风。采用机械通风时，常采用纵向通风形式，配以射流风机，并按正常通风量的50%配置备用通风机。

二、照明

为了保证车辆的正常行驶和交通安全，隧道应设电光照明，隧道的照明要考虑洞内有合理的光过渡。尤其是白天，要避免“黑洞”效应，使之由亮到暗（洞外到洞内）或由暗到亮（洞内到洞外）有个很好的适应过程。

对于能通视、交通量较小和行人密度不大的短隧道，可以不设白天照明设施。但长度超过100m的高速公路，一、二级公路的隧道，则仍应设置白天照明设施。照明的光源，一般选用在烟雾中有较好的透视性的低压纳灯或显色性较好的荧光灯，而在隧道的出入口处，则选用小型、大光通量的高压锅灯或高压荧光灯。

第二节 隧道环境检测内容及方法

一、隧道环境检测内容

环境检测可分为施工环境检测和运营环境检测。施工环境检测的主要任务是检测施工过程中隧道内的粉尘和有害气体。这里的有害气体主要指CH_4，若CH_4达到一定浓度，施工中防治措施不当，则可能引发爆炸，造成人身伤亡或经济损失。

运营环境检测包括通风、照明和噪声等。其中通风检测相对比较复杂，检测内容较多，主要有 CO 浓度、烟尘浓度和风速等，受来往车辆的影响不易获得准确的数据。照明检测技术较为先进，现有专供照明检测的车载照度仪、亮度仪，只要随车从隧道通过一趟，隧道内各区段的照明情况便可查清。噪声的检测也比较简单，用噪声计可直接数显隧道内噪声。

二、粉尘浓度、瓦斯浓度、一氧化碳浓度、烟雾浓度检测方法

1. *粉尘浓度检测方法*

我国《公路隧道施工技术规范》(JTG F60—2009) 规定工作场所空气中粉尘容许浓度如表 2-9-1 所示。

工作场所空气中粉尘容许浓度(mg/m^3) 表 2-9-1

中文名(CAS No.)	TWA	STEL
白云石粉尘		
总尘	8	10
呼尘	4	8
沉淀 SiO_2(白炭黑)(总尘)	5	10
大理石粉尘		
总尘	8	10
呼尘	4	8
电焊烟尘(总尘)	4	6
沸石粉尘(总尘)	5	10
硅灰石粉尘(总尘)	5	10
硅藻土粉尘		
游离 SiO_2 含量 $<10\%$(总尘)	6	10
滑石粉尘(游离 SiO_2 含量 $<10\%$)		
总尘	3	4
呼尘	1	2
煤尘(游离 SiO_2 含量 $<10\%$)		
总尘	4	6
呼尘	2.5	3.5
膨润土粉尘(总尘)	6	10
石膏粉尘		
总尘	8	10
呼尘	4	8
石灰石粉尘		
总尘	8	10
呼尘	4	8

续上表

中文名（CAS No.）	TWA	STEL
石墨粉尘		
总尘	4	6
呼尘	2	3
水泥粉尘（游离 SiO_2 含量 < 10%）		
总尘	4	6
呼尘	1.5	2
炭黑粉尘（总尘）	4	8
矽尘		
总尘		
含 10% ~ 50% 游离 SiO_2 的粉尘		
含 50% ~ 80% 游离 SiO_2 的粉尘	1	2
含 80% 以上游离 SiO_2 的粉尘	0.7	1.5
呼尘	0.5	1.0
含 10% ~ 50% 游离 SiO_2	0.7	1.0
含 50% ~ 80% 游离 SiO_2	0.3	0.5
含 80% 以上游离 SiO_2	0.2	0.3
稀土粉尘（游离 SiO_2 含量 < 10%）（总尘）	2.5	5
萤石混合性粉尘（总尘）	1	2
云母粉尘		
总尘	2	4
呼尘	1.5	3
珍珠岩粉尘		
总尘	8	10
呼尘	4	8
蛭石粉尘（总尘）	3	5
重晶石粉尘（总尘）	5	10
其他粉尘	8	10

注：①TWA—时间加权平均容许浓度（8h）；MAC—最高容许浓度，指在一个工作日内任何时间都不应超过的浓度；STEL—短时间接触容许浓度（15min）。

②"其他粉尘"指不含有石棉且游离 SiO_2 含量低于 10%，不含有毒物质，尚未制定专项卫生标准的粉尘。

③"总粉尘"指直径为 40mm 的滤膜，按标准粉尘测定方法采样所得的粉尘。

④"呼尘"即呼吸性粉尘，指按呼吸性粉尘采样方法所采集的可进入肺泡的粉尘粒子，其空气动力学直径均在 7.07μm以下，空气动力学直径 5μm 粉尘粒子的采样效率为 50%。

检测方法常采用质量法测定粉尘浓度，目前普遍采用滤膜测尘法。

1）滤膜测尘法的原理

用抽气装置抽取一定量的含尘空气，使其通过装有滤膜的采样器，滤膜将粉尘截留，根据滤膜所增加的质量和通过的空气量计算出粉尘的浓度。

2)主要器材

(1)滤膜　滤膜是用超细合成纤维制成的网状薄膜,孔隙细小,表面呈细绒状,具有电荷性、憎水性、耐酸碱等特点,还有阻尘率高、阻力小、质量轻等优点。

滤膜有直径为75mm和40mm两种规格。当粉尘浓度高于200mg/m^{3}时,用直径75mm的滤膜;当粉尘浓度低于200mg/m^{3}时,用直径40mm的滤膜。

(2)采样器　采样器由采样滤斗和滤膜夹两部分构成的。

(3)抽气装置　抽气装置是以微型电池或蓄电池为动力,采用密闭触点开关,带动小型电动抽气机抽取含尘空气,使其通过装一虑膜的采样器及流量计,进行粉尘测定。

3)粉尘浓度测定过程

(1)准备滤膜

将待用滤膜置于玻璃干燥器中干燥,然后用镊子将其两面的衬纸取下,置于分析天平或扭力天平上称量,记下初值,再把称好的滤膜装入滤膜夹(直径40mm的滤膜平铺夹紧,直径75mm的滤膜折成漏斗形夹紧),把已装好的滤膜夹编号后放在样品盒内,以备采样。

(2)采样

掘进工作面可在风筒出口后面距工作面4～6m处采样,其他作业点一般在工作面上方采样。采样器进风口要迎着风流,距地板高度为1.3～1.5m。采样时间应在测点粉尘浓度稳定以后,一般在作业开始半小时后进行。同时采集两个样品。

4)计算

采样后的滤膜放在实验室干燥箱中放置30min后便可称重。如果在滤膜表面发现水珠,应放在干燥箱干燥,每隔30min称重一次,直到相邻两次质量差不超过0.2mg为止(计算时取其中最低的值)。然后按式(2-9-1)计算出粉尘浓度

$$G = \frac{m_2 - m_1}{QT} \tag{2-9-1}$$

式中:G——粉尘浓度(mg/m^3);

m_2——采样前的滤膜质量(mg);

m_1——采样后的滤膜质量(mg);

Q——流量计读数(m^3/min);

T——采样时间(min)。

两个平行样品分别计算之后,其偏差小于20%方为合格,合格的两个平行样品的平均值作为测点的粉尘浓度。

2. 瓦斯检测

瓦斯主要成分是甲烷(CH_4),我国《公路隧道施工技术规范》(JTG F60—2009)规定:瓦斯隧道装药爆破时,爆破地点20m内风流中瓦斯浓度必须小于1.0%;总回风道风流中瓦斯浓度必须小于0.75%。开挖面瓦斯浓度大于1.5%时,所有人员必须撤至安全地点。

1)催化型瓦斯测量仪

利用载体催化元件测量瓦斯浓度的原理:利用一个简单的测量电桥,催化元件T1(黑元件)为工作件,没有催化剂的元件T2(白元件)为补偿元件,无瓦斯时,通过调整,使电桥处于平衡状态,此时在工作电流加热下,元件温度为500℃左右。当有瓦斯时,瓦斯与氧气在工作

元件表面发生反应，反应热被元件吸收引起温度升高。由于铂丝是电阻温度系数很高的热敏材料，元件的温度增量ΔT将引起电阻增量ΔR，从而使电桥不平衡，产生一个与瓦斯浓度成正比的输出信号，利用这个信号以检测瓦斯浓度。

现场检测有两类携带型瓦斯测量仪：一类是由桥路输出直接推动电表指示；另一类是测量大桥的输出信号经过电子线路放大后，推动电表指示或推动数字显示电路指示瓦斯浓度。检测时，直接将携带型瓦斯测量仪置于现场读数。

2）光干涉瓦斯检定器

光干涉瓦斯检定器。仪器内部为一光学系统。由同一光源发出的光经过聚光镜到达平面镜后分为反射和折射两部分。第一部分光束穿经平面透镜过气室的侧室，经折光镜将其折回穿过另侧的小室后又回到平面镜，折射入平面镜后在其后表面（镀反射膜）反射，穿出平面镜向反射镜前进，经偏折后进入望远镜。第二部分光束折射入平面镜后在其后表面反射，然后穿过气室中央小室回到平面镜，反射后与第一部分光束会合，一并进入望远镜。两束光在物镜的焦平面上产生白光特有的干涉现象：干涉条纹中央为黑纹，两旁为彩纹。人眼通过目镜进行观测。根据条纹移动的大小可测知气体折射率。如使两通路的温度、压力相同，当被测气体的化学成分已知时，则可作定量分析。测出气体的浓度。这就是光干涉检定器的工作原理。

现场检测时在气室中两侧的部分为空气室，充有新鲜空气；中间的部分为气样室，使用时吸入被测气样。空气室与气样室不相通。

3. 一氧化碳检测

我国《公路隧道施工技术规范》（JTG F60—2009）和《公路隧道通风照明设计规范》（JTJ 026.1—1999）分别对一氧化碳浓度作了规定，见表2-9-2。

一氧化碳容许浓度 表2-9-2

中文名（CAS No.）	MAC	TWA	STEL
CO			
非高原	—	20	30
高原			
海拔2 000～3 000m	20	—	—
海拔>3 000m	15	—	—

注：MAC—时间加权平均容许浓度（8h）；TWA—最高容许浓度，指在一个工作日内任何时间都不应超过的浓度；STEL—短时间接触容许浓度（15min）。

对于运营隧道：采用全横向通风方式与半横向通风方式时，隧道长度小于1 000m时，一氧化碳浓度小于250×10^{-6}；隧道长度大小3 000m时小于200×10^{-6}。采用纵向通风方式时：一氧化碳浓度按上列各值提高50×10^{-6}取值。交通阻滞时，阻滞段的平均一氧化碳浓度可取300×10^{-6}，经历时间不超过20min。人车混合通行的隧道：隧道长度小于1 000m时，一氧化碳浓度小于150×10^{-6}；隧道长度大小2 000m时，小于100×10^{-6}。

1）检知管

早先用于矿井一氧化碳测定的是检知管，有比色式与比长式两种。检知管是一支直径4～6mm、长150mm左右的密封玻璃管内装有易与一氧化碳发生反应的药品，使用时将检知管封口打开，通过一定容积的吸气球，使一定量的被测气体通过检管。吸入气体中的一氧化碳与药品作用，白色的药品颜色迅速变化。

(1)比色式检知管是根据管内药品与一氧化碳作用后颜色的变化，来判断一氧化碳浓度的，仪器备有一块标准比色板，上面标有与各种颜色相对应的一氧化碳浓度。对比检知管与标准比色板的颜色，找出与检知管颜色最接近的标准色条，它所对应的一氧化碳浓度就是被测气样的一氧化碳浓度。

(2)比长式仪器有一块标准浓度板，它是一支按长度标度一氧化碳浓度的尺子。当检知管吸入被测气体后，白色药品由进气端开始变成深黄色，变色的长度与一氧化碳浓度成比例，与标准浓度尺对比，即可确定被测气体中一氧化碳的浓度。

2)AT2 型一氧化碳测量仪

与检知管不同的另外一种类型的一氧化碳检测仪器，是利用控制电位电化学原理来检测一氧化碳浓度的。

检测原理：被测量的 CO 通过传感器聚四氟乙烯薄膜扩散到工作电极 W，W 电极受到恒电位环节变控制作用，具有一个恒定的电位，CO 在 W 电极上发生氧化发应(图 2-9-1)。

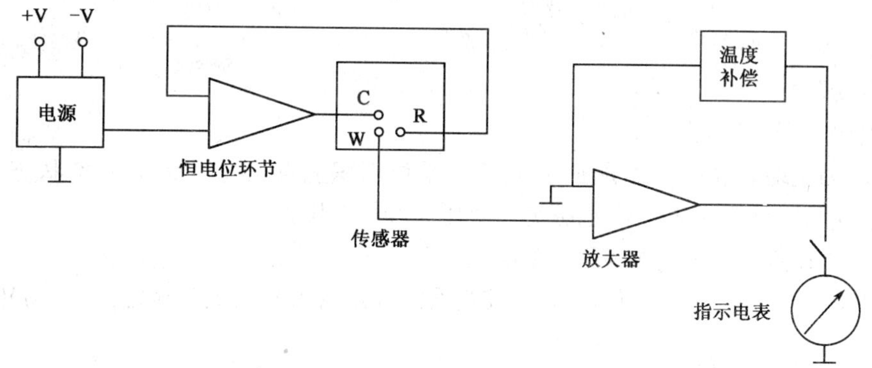

图 2-9-1　AT2 型 CO 测量仪工作原理

$$CO + H_2O \rightarrow CO_2 + 2H^+ + 2e^- \tag{2-9-2}$$

同时在电极 C 上发生氧化还原反应

$$\frac{1}{2}O_2 + 2H^+ \rightarrow H_2O \tag{2-9-3}$$

总化学反应式为

$$CO + \frac{1}{2}O_2 \rightarrow CO_2 \tag{2-9-4}$$

R 是参考电极，给定一个恒电位。在传感器工作电极 W 和电极 C 之间产生了微电流，其大小与 CO 浓度成比例。该电流经放大后由电表指示出 CO 的浓度值。

4. 烟雾浓度检测

柴油车排放的气体中，除 SO_2 等物质外，还有大量的游离碳素(煤烟)。煤烟对空气的污染程度用烟雾浓度表示。烟雾浓度可通过测定光线在烟雾中的透过率来确定。光线在烟雾中的透过率用 τ 表示。

$$\tau = \frac{E}{Ev} \tag{2-9-5}$$

式中：E、Ev——同一光源通过污染空气和洁净空气后的照度。

τ 与烟雾的厚度 L(m)有关

$$\tau = e^{\alpha l} \tag{2-9-6}$$

式中：α——烟雾吸光系数。

用 $\ln\tau = \lg\tau/0.4343$ 代入上式，并令 $k = 0.4343a$ 则

$$k = \frac{1}{L}\lg\tau \tag{2-9-7}$$

k 称为烟雾浓度。在隧道通风中取 $L = 100$m，测定 τ 后确定 k，并用 K 代替 k，则

$$K = -\frac{1}{100}\lg\tau \tag{2-9-8}$$

式中：τ——100m 厚烟雾光线的透过率，测试时检测同一光源通过 100m 污染空气和洁净空气后的照度 E、Ev 带入公式计算即可。

三、隧道内风压、风速、照度（亮度）检测方法

1. 隧道内风压的测定

1）基本概念

（1）空气静压（静压强）

大气压力是地表静止空气的压力，它等于单位面积上空气柱的重量，真空状态下静压为零；因此空气静压所选择基准不同，分为绝对压力和相对压力。

绝对压力以真空状况绝对零压为基准、恒正。

相对压力：从当地大气压力 P_a 为比较基准。即绝对静压与大气压之差 h_s，可正可负为：$P_s - P_a = h_s$

（2）空气动压，当风流受阻对受阻障碍产生压力，风压 hv 恒正方向。

（3）全压静压与动压之和。

2）隧道空气压力测定（绝对静压、相对静压）

（1）绝对静压测定

①水银气压计：它主要由一个水银盛槽与一根玻璃管组成。玻璃管上端密闭，下端插入水银盛槽中，管内上端形成绝对真空，下部充满水银。当水银盛槽中的水银表面受到空气压力时，管内水银柱高度随着空气压力而变化，此管中水银面与盛槽中的水银面的高差即为所测空气的绝对静压。

②空气压力盒气压计：它主要由一个被抽成真空的皱纹状金属空盒与连接在盒上带指针的传动机构组成。盒内抽成真空，当大气压作用于盒面上时，盒面被压缩，并带动传动杠杆使指针转动，根据转动的幅度可读得大气压力数值。

测量时将盒面水平放置在被测地点，停留 10～20min 待指针稳定后读数，读数时视线应该垂直于盒面。

（2）相对静压的测定

①U 形压差计：亦称 U 形水柱计，有垂直和倾斜两种类型，它们都是一内径相同，装有蒸馏水或酒精的 U 形玻璃管与刻度尺组成。U 形玻璃管两侧液面承受相同的压力时，液面处于同一水平，当两侧液面承受不同的压力时，压力大的一侧液面下降，另一侧液面上升。对 U 形

水柱计来说，两水面的高差即为两侧压力差。对倾斜 U 形压差计，则要考虑实际的高差。

通常使用 U 形压差计、单管倾斜压差计或补偿式微压计与皮托管配合测定风流的静压、动压和全压。

②补偿式微压计。

③皮托管：由两根金属小圆管构成，内管和外管同心套结成一整体，但互不相通。内管前开一小孔与标有“+”的脚管相通，小孔正对风流，内管就能接收测点的全压。外管前端不通，在前端不远处的管侧壁上开有 4~6 个小孔，与标有“-”的脚管相通，孔与风流垂直不受动压作用，只能接收静压。

皮托管它是接收和传递压力的工具，与压差计相配合使用，测定相对风压。

2. 隧道风速检测

(1)用风表检测：常用的风表有杯式和翼式两种。杯式风表用在检测大于 10m/s 的高风速；翼式风表用在检测 0.5~10m/s 的中等风速，具有高灵敏度的翼式风表也可以用在检测 0.1~0.5m/s 的低风速。

杯式和翼式风表内部结构相似，由一套特殊的钟表传动机构、指针和叶轮组成。杯式的叶轮是四个杯状铝勺，翼式的叶轮则是八张铝片。风表上有一个启动和停止指针转动的小杆，打开时指针随叶轮转动，关闭时叶轮虽转动但指针不动。用风表检测隧道断面的平均风速时，测风员应该使风表正对风流，在所测隧道断面上去一定的路线均匀移动风表。

风速检测时根据测风员与风流方向的相对位置，分迎面和侧面两种测风方法。

①迎面法：测风员面向风流站立，手持风表，手臂向正前方伸直，然后按一定的线使风表均匀移动。由于人体位于风表的正后方，人体的正面阻力减低流经风表的流速，因此，用该法测得的风速 v_s，需经校正后才是真实风速 v，即乘以 1.14 的系数。

②侧面法：测风员背向隧道壁站立，手持风表，手臂向风流垂直方向伸直，然后按一定的路线使风表均匀移动，使用此法时，人体与风表在同一断面内，风流断面减小，造成流经风表的流速增加。如果测得风速为 v_s，那么实际风速则为

$$v = \frac{S-0.4}{S} v_s \tag{2-9-9}$$

式中：S——所测隧道的断面积（m^2）；

0.4——人体占据隧道的断面积（m^2）。

(2)用热电式风速仪和皮托管与压差计检测。

①热电式风速仪

热电式风速仪分热线和热球式两种，其原理相同。由热球式探头、电表和运算放大器组成。在测杆的端部有一个直径约 0.8mm 的玻璃球，球内绕有加热玻璃球用的镍丝线圈和两个串联的热电偶，热电偶的冷端连接在磷铜质的支柱上，直接暴露在风流中。当一定大小的电流通过加热线圈后，玻璃球的温度上升，则热电势小，反之热电势大。热电势再经运算放大器后就可以在电表上指示出来，校正后的电表读数即为风流的真实速度。

②皮托管和压差计检测

皮托管和压差计可用于通风机风筒内高风速的测定：它是通过测量测点的动压然后按式(2-9-10)换算出测点风速 v_1

$$v_1 = \sqrt{\frac{2gH_v}{\gamma}} = \sqrt{\frac{2H_v}{\rho}} \tag{2-9-10}$$

(3)平均风速的计算。

在检测平均风速时，先把断面划分成若干个面积大致相等的小块，再逐块在其中心测量各点风速 $v_1, v_2, v_3, \cdots, v_n$。最后取得平均风速 v 即

$$v = \frac{v_1 + v_2 + \cdots + v_n}{N} \tag{2-9-11}$$

式中：N——划分的等面积小块数。

3. 照度(亮度)检测原理及方法

1)照明段落的划分

综合考虑安全和经济两个方面，隧道白天照明被划分成：接近段、入口段、过渡段、中间段、出口段五个区段。我国对各区段亮度、长度作了规定。详见第一节有关内容。

2)基本概念

(1)光谱光效率：人眼在可见光光谱范围内视觉灵敏度的一种度量。在明视觉(照度较高)条件下，人眼对 555mm 的光波的视觉灵敏度最高；在暗视觉(照度较低)条件下，人眼对 507mm 的光波的视觉灵敏度最高。偏离峰值，无论是短波长，还是长波长，人眼的灵敏度都要下降，离峰值愈远，人眼的视觉灵敏度愈低。

(2)光通量：光通量是光源发光能力的一种度量，是指光源在单位时间内发出的能被人眼感知的光辐射能的大小。光通量常用符号 φ 表示，单位为流明 1m。

(3)光强：光强用于反映光源光通量在空间各个方向上的分布特性，它用光通量的空间角密度来度量。光强常用符号 I 表示。

光强单位是坎德拉(cd)，1cd = 11m/sr，坎德拉是国际单位制的基本单位之一。

(4)照度：照度是用来表示被照面上光的强弱的，以被照场所光通量的面积密度 E 来表示。照度的单位为勒克斯(lx)，也即在 $1m^2$ 的面积上均匀分布 11m 光通量的照度值。

(5)亮度：亮度用于反映光源发光面在不同方向上的光学特性。亮度用 L_θ 表示，单位为坎德拉每平方米(cd/m^2)。

3)光检测器

光检测器将光能转换成可作显示的信号，并且具有与人眼相对光谱光效率 V(A)曲线相同的光谱灵敏度。电测法使用的检测器主要是光电器件即光电池。最常用的是晒光电池。

晒光电池利用钢板作为光电池的底板并作为光电池的正极，钢板上涂盖一层不透光的纯半导体晒层，晒层表面镀上一层极薄的半透明的金层，金层边缘上加一金属环作为光电池的负极。将正负极用导线通过电流计连接起来。金与晒的接触界面形成阻挡层，光线透过时金属膜在阻挡层产生光电效应。光电流从正极到负极流过电流计，光电流与入射光通量成正比。

4)照度检测

一般采用将光检测仪器和电流表连接起来，并且表头以勒克斯(lx)为单位进行分度构成的照度计，检测时将光检测仪器放到要测量的地方，当它的全部表面被光照射时，由表头可以直接读出照度的数值。

5）现场照度和亮度检测

（1）照度检测

①洞口段照度检测

a. 纵向照度曲线检测

第一个测点可设在距洞口10m处，之后向内每米设一测点，测点深入中间段10m，测试各点照度，并以隧道路面中线为横轴、以照度为纵轴绘制隧道纵向照度变化曲线。

b. 横向照度曲线设置

洞口照明段分为入口段和过渡段，过渡段由TR1、TR2、TR3三个照明段组成。可在各区段各设一条测线位于各区段的中部。测点由中央向两边对称布置，间距0.5m。并以各测线为横轴、以照度为纵轴纵制隧道横向照度变化曲线。

②中间段路面平均照度检测

检测测区的总长度可占隧道总长度的5%～10%；各测区长度以20m单位。在各区划分网格，使各单位长为2m、宽约1m；给各单位编号，并测取各单元中心点的照度E_i。若某测区的单元数n，则该测区的平均照度E为

$$E=\frac{\sum E_i}{n} \tag{2-9-12}$$

各测区的照度再平均，即得全隧道基本段的平均照度。

（2）亮度检测

在实用中用公式$L=E/C$进行亮度与照度的换算；对混凝土路面$C=13$，对沥青路面$C=22$。

①路面平均亮度

其检测方法可参考中间段路面平均照度检测方法，并根据式（2-9-12）确定

$$L_{av}=\frac{E_{av}}{C} \tag{2-9-13}$$

②路面亮度均匀度

a. 总均匀度（U_0）

$$U_0=\frac{L_{min}}{L_{av}} \tag{2-9-14}$$

式中：L_{av}——计算区域内路面平均亮度；

L_{min}——计算区域内路面最低亮度。

b. 纵向均匀度（U_1）

纵向均匀度是沿中线的局部亮度的最大值与最小值之比

$$U_1=\frac{L'_{min}}{L_{max}} \tag{2-9-15}$$

复习思考题

一、单项选择题

1. 光通量的单位是________。

A. cd　　B. Lm　　C. Lx　　D. nt

2. 公路隧道设计规范规定,设计时速为40km/h公路隧道内的烟尘允许浓度为________。

A. 0.007 5m^{-1}　　B. 0.007 0m^{-1}　　C. 0.009 0m^{-1}　　D. 0.009 5m^{-1}

3. 穿越煤系地层的隧道其施工环境检测的主要任务是检测________。

A. CO　　B. CO_2　　C. SO_2　　D. CH_4

4. 开挖面瓦斯浓度大于________时,所有人员必须撤至安全地点。

A. 1.5%　　B. 2%　　C. 1%　　D. 2.5%

5. 照度检测时通常将光检测器和电流表连接起来,并且表头以________为单位进行分度而构成照度计。

A. 安培　　B. 流明　　C. 尼特　　D. 勒克斯

6. 双向交通隧道内最大风速不宜超过________。

A. 7m/s　　B. 8m/s　　C. 10m/s　　D. 12m/s

7. 瓦斯(CH_4)常赋存于________。

A. 石灰岩　　B. 花岗岩

C. 富水地层　　D. 煤系地层

8. 运营隧道现场照明检测的基本内容之一是________。

A. 路面照度　　B. 灯具光强

C. 灯具光效　　D. 墙面亮度

9. 如把路面的光反射视为漫反射,那么亮度 L 与照度 E、反射系数 ρ 间的关系为________。

A. $L=\pi\rho E$　　B. $L=\frac{\pi E}{\rho}$　　C. $E=\pi\rho L$　　D. $L=\frac{\rho E}{\pi}$

10. 眩光造成的不舒适感是用眩光等级 G 来表示的,那么 $G=5$ 表示________。

A. 有干扰　　B. 无影响　　C. 允许的极限　　D. 很满意

二、多项选择题

1. 运营环境检测中通风检测相对比较复杂,检测内容较多,主要有________。

A. CO浓度检测　　B. 瓦斯检测

C. 风速检测　　D. 烟尘浓度检测

E. 粉尘浓度检测

2. 粉尘浓度测定采样规定________。

A. 距工作面4~6m处　　B. 在工作面上方

C. 距地板高度为1.3~1.5m　　D. 作业开始半小时后进行

E. 作业开始2h后进行

3. 隧道照明被划分成________。

A. 入口段　　B. 过渡段

C. 适应段　　D. 中间段

E. 出口段

4. 隧道施工通风的主要目的是________。

A. 排除炮烟
B. 降低温度
C. 稀释施工车辆废气
D. 降低粉尘浓度
E. 减少一氧化碳浓度

5. 风流的全压、静压、动压的正确关系是(全压、静压、动压分别用 h_t,h_s,h_v 表示)________。

A. 压入式通风时,$h_t = h_s + h_v$
B. 压入式通风时,$h_t = h_s - h_v$
C. 抽出式通风时,$|h_t| = |h_s| - h_v$
D. 抽出式通风时,$|h_s| = |h_t| - h_v$
E. 抽出式通风时,$h_t = |h_s| - h_v$

6. 以下隧道照明工程中的基本概念正确的有________。

A. 光谱光效率是人眼在可见光光谱范围内视觉灵敏度的一种度量
B. 光强是用来表示被照面上光的强弱的
C. 亮度用于反映光源发光面在不同方向上的光学特性
D. 照度用于反映光源光通量在空间各个方向上的分布特性
E. 光通量是指光源在单位时间内发出的能被人眼感知的光辐射能的大小

7. 滤膜测尘法的主要器材有________。

A. 滤膜
B. 采样器
C. 比色卡
D. 抽气装置
E. 检知管

8. 隧道风速检测的方法有________。

A. 迎面法
B. 侧面法
C. 热电式风速仪
D. 皮托管和压差计检测
E. U 形压差计检测

9. 一氧化碳的检测仪器和设备有________。

A. 比色式检知管
B. 比长式检知管
C. AT2 型一氧化碳测量仪
D. 催化型一氧化碳测量仪
E. 光干涉一氧化碳测量仪

10. 以下哪些仪器可以直接用来测定隧道内空气的相对静压________。

A. 水银气压计
B. U 形压差计
C. 单管倾斜压差计
D. 空盒气压计
E. 补偿式微压计

三、判断题

1. 动压因空气运动而产生,它恒为正值。 ( )
2. 用检知管和 AT2 型一氧化碳测量仪检测一氧化碳浓度的原理是相同的。 ( )
3. 用检知管可检测隧道内瓦斯(CH_4)浓度。 ( )
4. 空气中瓦斯含量达到一定浓度时就会发生瓦斯爆炸。 ( )
5. 补偿式微压计可用来测量相对静压。 ( )
6. 车辆在白天驶出公路隧道时,司机的视觉会出现白洞现象。 ( )
7. 隧道照明的亮度曲线在进洞端和出洞端总是对称的。 ( )

8. 检知管是一支装有易与一氧化碳发生反应药品的玻璃管。 （ ）

9. AT2 型一氧化碳测量仪检测隧道内一氧化碳浓度时，在传感器工作电极之间产生的微电流，其大小反映了一氧化碳浓度的高低。 （ ）

10. 一般来说，人的视觉对暗适应的适应时间比明适应的适应时间要短。 （ ）

四、问答题

1. 简述粉尘浓度检测原理及方法。
2. 简述瓦斯浓度检测原理及方法。（任选一种方法）
3. 简述一氧化碳浓度检测原理及方法。
4. 简述烟雾浓度检测原理及方法。
5. 简述光检测器的原理和构造。
6. 简述隧道运营通风、照明的目的和方式。
7. 简述用风表检测隧道风速的方法。
8. 请列举出隧道照明中常用的几个基本概念
9. 简述隧道亮度检测的方法。

复习思考题参考答案

第一章 基本知识

一、单项选择题

1.C 2.D 3.B 4.C 5.A 6.A 7.C 8.A 9.A 10.A

二、多项选择题

1.BC 2.ACDE 3.ABCD 4.ABCD 5.ABDE
6.ABCDE 7.ABDE 8.ABCDE 9.ABC 10.ABCD

三、判断题

1.× 2.√ 3.√ 4.√ 5.× 6.× 7.√ 8.√ 9.√ 10.×

四、问答题

略。

第二章 超前支护与预加固围岩

一、单项选择题

1.B 2.B 3.C 4.D

二、多项选择题

1.CDE 2.BCDE 3.BCD 4.ABCDE

三、问答题

略。

第三章 开挖

一、单项选择题

1.A 2.B 3.A 4.C 5.B

二、多项选择题

1.CDE 2.ABDE 3.ABDE 4.BDE 5.C

三、判断题

1. √ 2. × 3. × 4. √ 5. √

四、问答题

略。

第四章 初期支护

一、单项选择题

1. D 2. B 3. C 4. B 5. D 6. A 7. C 8. B 9. B 10. B

二、多项选择题

1. ABCD 2. DE 3. BE 4. BD 5. ABC
6. ABCD 7. BCD 8. AD 9. ABCDE 10. ACDE

三、判断题

1. √ 2. × 3. √ 4. × 5. √ 6. √ 7. √ 8. × 9. × 10. ×

四、问答题

略。

第五章 防排水

一、单项选择题

1. D 2. B 3. D 4. C 5. B 6. C 7. B 8. C 9. A 10. C

二、多项选择题

1. ABCE 2. ADE 3. BCDE 4. BE 5. BCE
6. ABCDE 7. AB 8. ABCE 9. BD 10. ABC

三、判断题

1. √ 2. × 3. √ 4. × 5. × 6. √ 7. √ 8. × 9. × 10. ×

四、问答题

略。

第六章　隧道施工监控量测

一、单项选择题

1. C　2. C　3. B　4. B　5. A　6. B　7. D　8. D　9. D　10. B

二、多项选择题

1. ACE　2. BC　3. AE　4. ABCDE　5. ABD
6. ACE　7. ACE　8. ADE　9. ABCD　10. ABCD

三、判断题

1. √　2. √　3. ×　4. √　5. ×　6. √　7. ×　8. √　9. √　10. √

四、问答题

略。

第七章　混凝土衬砌

一、单项选择题

1. C　2. C　3. A　4. D　5. A　6. D　7. C　8. A　9. C　10. D

二、多项选择题

1. ABCD　2. ABCD　3. ABCDE　4. ABCDE　5. ABDE
6. AC　7. ABCDE　8. ABCDE　9. CE　10. ABDE

三、判断题

1. √　2. √　3. √　4. ×　5. ×　6. ×　7. √　8. √　9. ×　10. √

四、问答题

略。

第九章　隧 道 环 境

一、单项选择题

1. B　2. C　3. D　4. A　5. D　6. B　7. D　8. A　9. D　10. C

二、多项选择题

1. ACD　2. ABCD　3. ABDE　4. ACDE　5. AC
6. ACE　7. ABD　8. ABCD　9. ABC　10. BCE

三、判断题

1. √　2. ×　3. ×　4. √　5. √　6. √　7. ×　8. √　9. √　10. ×

四、问答题

略。

参考文献

[1] 中华人民共和国行业标准. JTG/T F50—2011 公路桥涵施工技术规范. 北京:人民交通出版社,2011.

[2] 中华人民共和国行业推荐性标准. JTG/T J21—2011 公路桥梁承载能力检测评定规程. 北京:人民交通出版社,2011.

[3] 中华人民共和国行业推荐性标准. JTG/T H21—2011 公路桥梁技术状况评定标准. 北京:人民交通出版社,2011.

[4] 中华人民共和国行业标准. JTG/T F80/1—2004 公路工程质量检验评定标准 第一册 土建工程. 北京:人民交通出版社,2004.

[5] 中华人民共和国行业标准. JTG H11—2004 公路桥涵养护规范. 北京:人民交通出版社,2004.

[6] 中华人民共和国行业标准. JTG E41—2005 公路工程岩石试验规程. 北京:人民交通出版社,2007.

[7] 中华人民共和国国家标准. GB/T 50081—2002 普通混凝土力学性能试验方法标准. 北京:中国建筑工业出版社,2003.

[8] 中华人民共和国推荐性行业标准. JTG/T F81-01—2004 公路工程基桩动测技术规程. 北京:人民交通出版社,2004.

[9] 中华人民共和国行业标准. JTG D60—2004 公路桥涵设计通用规范. 北京:人民交通出版社,2004.

[10] 中华人民共和国行业标准. JTG D61—2005 公路圬工桥涵设计规范. 北京:人民交通出版社,2005.

[11] 中华人民共和国行业标准. JTG D62—2004 公路钢筋混凝土及预应力混凝土桥涵设计规范. 北京:人民交通出版社,2004.

[12] 中华人民共和国行业标准. JTG D63—2007 公路桥涵地基与基础设计规范. 北京:人民交通出版社,2007.

[13] 中华人民共和国行业标准. JGJ/T 23—2011 回弹法检测混凝土抗压强度技术规程. 北京:中国建筑工业出版社,2011.

[14] 中国工程建设标准化委员会标准. CECS 03:2007 钻芯法检测混凝土强度技术规程. 北京:中国建筑工业出版社,2007.

[15] 中国工程建设标准化委员会标准. CECS 02:2005 超声回弹综合法检测混凝土强度技术规程. 北京:中国建筑工业出版社,2005.

[16] 中国工程建设标准化委员会标准. CECS 02:2005 超声回弹综合法检测混凝土强度技术规程. 北京:中国建筑工业出版社,2005.

[17] 中华人民共和国交通行业标准. JT/T 4—2004 公路桥梁板式橡胶支座. 北京:人民交通出版社,2004.

[18] 中华人民共和国行业标准. JT/T 391—2009 公路桥梁盆式支座. 北京:人民交通出版

社,2009.

[19] 中华人民共和国国家标准. GB/T 17955—2009 桥梁球型支座. 北京:中国标准出版社,2009.

[20] 中华人民共和国交通行业标准. JT/T 502—2004 公路桥梁波形伸缩装置. 北京:人民交通出版社,2004.

[21] 中华人民共和国交通行业标准. JT/T 327—2004 公路桥梁伸缩装置. 北京:人民交通出版社,2004.

[22] 中华人民共和国国家标准. GB/T 5224—2003 预应力混凝土用钢绞线. 北京:中国标准出版社,2003.

[23] 中华人民共和国国家标准. GB/T 5223—2002 预应力混凝土用钢丝. 北京:中国标准出版社,2002.

[24] 中华人民共和国国家标准. GB/T 14370—2007 预应力用锚具、夹具和连接器. 北京:中国标准出版社,2008.

[25] 中华人民共和国国家标准. GB/T 228—2002 金属材料室温拉伸试验方法. 北京:中国标准出版社,2002.

[26] 中华人民共和国国家标准. GB/T 238—2002 金属材料线材反复弯曲试验方法. 北京:中国标准出版社,2002.

[27] 中华人民共和国国家标准. GB 1499.1—2008 钢筋混凝土用钢 第1部分:热轧光圆钢筋. 北京:中国标准出版社,2008.

[28] 中华人民共和国国家标准. GB 1499.2—2007 钢筋混凝土用钢 第2部分:热轧带肋钢筋. 北京:中国标准出版社,2007.

[29] 中华人民共和国国家标准. GB/T 232—1999 金属材料弯曲试验方法. 北京:中国标准出版社,2000.

[30] 中华人民共和国国家标准. GB/T 5223.3—2005 预应力混凝土用钢棒. 北京:中国标准出版社,2005.

[31] 中华人民共和国国家标准. GB/T 10120—1996 金属应力松弛试验方法. 北京:中国标准出版社,1997.

[32] 中华人民共和国国家标准. GB/T 20065—2006 预应力混凝土用螺纹钢筋. 北京:中国标准出版社,2006.

[33] 中华人民共和国国家标准. GB/T 229—2007 金属材料夏比摆锤冲击试验方法. 北京:中国标准出版社,2008.

[34] 中华人民共和国国家标准. GB/T 1591—2008 金低合金高强度结构钢. 北京:中国标准出版社,2009.

[35] 中华人民共和国国家标准. GB/T 714—2008 桥梁用结构钢. 北京:中国标准出版社,2008.

[36] 中华人民共和国行业标准. JGJ 18—2003 钢筋焊接及验收规程. 北京:中国建筑工业出版社,2004.

[37] 中华人民共和国行业标准. GJ/T 27—2001 钢筋焊接接头试验方法标准. 北京:中国建筑工业出版社,2002.

[38] 中华人民共和国行业标准. JGJ 107—2003 钢筋机械连接通用技术规程. 北京:中国建筑工业出版社,2003.

[39] 中华人民共和国行业标准. JT/T 529—2004 预应力混凝土桥梁用塑料波纹管. 北京:人民交通出版社,2004.

[40] 中华人民共和国行业标准. JG 225—2007 预应力混凝土用金属波纹管. 北京:中国标准出版社,2007.

[41] 中国工程建设标准化委员会标准. CECS 21:2000 超声法检测混凝土缺陷技术规程. 北京:中国标准出版社,2000.

[42] 王建华,孙胜江. 桥涵工程试验检测技术. 北京:人民交通出版社,2004.

[43] 章关永. 桥梁结构试验.2 版. 北京:人民交通出版社,2010.

[44] 张劲泉,宿健,程寿山,等. 混凝土旧桥材质状况与耐久性检测评定指南及工程实例. 北京:人民交通出版社,2010.

[45] 张劲泉,王文涛. 桥梁检测与加固手册(上). 北京:人民交通出版社,2007.

[46] 林维正. 土木工程质量无损检测技术. 北京:中国电力出版社,2008.

[47] 何玉珊,章关永. 公路工程试验检测人员考试用书 桥梁. 北京:人民交通出版社,2010.

[48] 中华人民共和国行业标准. JTG F60—2009 公路隧道施工技术规范. 北京:人民交通出版社,2009.

[49] 中华人民共和国行业标准. JTG/T F60—2009 公路隧道施工技术细则. 北京:人民交通出版社,2009.

[50] 中华人民共和国行业标准. JTG D70—2004 公路隧道设计规范. 北京:人民交通出版社,2004.

[51] 中华人民共和国行业标准. JTJ 026.1—1999 公路隧道通风照明设计规范. 北京:人民交通出版社,2000.

[52]《公路工程竣(交)工验收办法》(2004 年 3 月 31 日 交通部令 2004 年第 3 号).

[53]《公路工程竣(交)工验收办法实施细则》(2010 年 2 月 25 日 交通运输部 交公路发[2010]65 号).

[54] 中华人民共和国行业标准. TB 10223—2004 铁路隧道衬砌质量无损检测规程. 北京:中国铁道出版社,2004.

[55] 中华人民共和国行业标准. JTG H12—2003 公路隧道养护技术规范. 北京:人民交通出版社,2003.

[56] 中华人民共和国国家标准. GB 50086—2001 锚杆喷射混凝土支护技术规范. 北京:中国计划出版社,2001.

[57] 中华人民共和国行业标准. JTG E40—2007 公路土工试验规程. 北京:人民交通出版社,2007.

[58] 中华人民共和国国家标准. GB 50011—2010 爆破安全规程. 北京:中国建筑工业准版社,2010.

[59] 中华人民共和国国家标准. GB 3096—2008 声环境质量标准. 北京:中国环境科学出版社,2008.

[60] 中华人民共和国行业标准. JTG D20—2006 公路路线设计规范. 北京:人民交通出版社,2006.
[61] 中华人民共和国国家标准. GB 50210—2001 建筑装饰工程质量验收规范. 北京:中国建筑工业出版社,2008.
[62] 中华人民共和国行业标准. SH/T 1152—1992 合成胶乳粘度的测定. 北京:中国标准出版社,1992.
[63] 中华人民共和国国家标准. GB/T 1345—2005 水泥细度检验方法筛析法. 北京:中国标准出版社,2005.
[64] 中华人民共和国国家标准. GB/T 328—2007 建筑防水卷材试验方法. 北京:中国标准出版社,2007.
[65] 中华人民共和国国家标准. GB/T 14800—2010 土工合成材料试验规程. 北京:中国标准出版社,2010.
[66] 中华人民共和国行业标准. JTJ/T 10—2011 混凝土泵送技术规范. 北京:中国建筑工业出版社,2011.
[67] 中华人民共和国国家标准. GB 50204—2002 混凝土结构工程施工质量验收规范. 北京:中国建筑工业出版社,2011.
[68] 中华人民共和国国家标准. GB/T 50082—2009 普通混凝土长期性能和耐久性能试验方法标准. 北京:中国标准出版社,2009.
[69] 中华人民共和国国家标准. JTJ/T 50081—2002 普通混凝土力学性能试验方法标准. 北京:中国建筑工业出版社,2002.
[70] 中华人民共和国行业标准. JTJ/T 23—2011 回弹法检测混凝土抗压强度技术规程. 北京:中国建筑工业出版社,2011.
[71] 中国人民共和国行业标准. TB 10120—2002 铁路瓦斯隧道技术规范. 北京:中国铁道出版社,2008.
[72]《铁路隧道超前地质预报技术指南》(铁建设[2008]105 号).
[73] 陈建勋. 公路工程试验检测人员考试用书 隧道. 北京:人民交通出版社,2012.
[74] 王毅才. 隧道工程. 北京:人民交通出版社,2011.
[75] 贾仁辉. 隧道工程. 重庆:重庆大学出版社,新疆大学出版社. 2010.